长沙市开发区志系列丛书

长沙岳麓科技产业园志

2002—2016

Chorography Of ChangshaYuelu Science And Technology Industrial Park

◉长沙市地方志编纂委员会

方志出版社
Publishing House of Local Records

图书在版编目（CIP）数据

长沙市开发区志·岳麓科技产业园志：2002—2016/长沙市地方志编纂委员会编.—北京：方志出版社，2021.8

ISBN 978-7-5144-4817-7

Ⅰ.①长… Ⅱ.①长… Ⅲ.①技术开发区—概况—长沙—2002—2016 Ⅳ.①F127.641

中国版本图书馆CIP数据核字（2021）第255491号

长沙市开发区志·岳麓科技产业园志（2002—2016）

编　　者：长沙市地方志编纂委员会

责任编辑：齐 笑

出 版 者：方志出版社

地址　北京市朝阳区潘家园东里 9 号（国家方志馆4层）

邮编　100021

网址　http://www.zgfzcb.cn

发　　行：方志出版社图书经销中心

电话（010）67110500

经　　销：各地新华书店

印　　刷：长沙湘之印彩色印刷有限公司

开　　本：889 × 1194　　1/16

印　　张：32

字　　数：567千字

版　　次：2021年8月第1版　2021年8月第1次印刷

印　　数：001 ~ 400册

ISBN 978-7-5144-4817-7　　定　价：200元

长沙市开发区志丛书编纂委员会

主　　任　张迎春　舒行钢　夏建平　彭华松　彭　楠

副 主 任　蒋集政　卢兴映　涂文清　王习加

委　　员　姚　兰　张列群　贺国成　肖清平　赵祖翔　曾牧野　高　路
张　毅　吴　皓　戴中亚　黎春秋　谭小平　杨应龙　袁政国
曾超群　张庆红　李科明　沈裕谋　师大学　刘正文　彭泽南
刘永红　郑　旗　屈志峰　黄　燕　曾跃平　张永久　罗　政
周庆年　谭　勇　罗社辉　郭四军　李国军　周　剀　喻　辉
寻院豪　周耀辉　侯烛天　王　剑　黄　勇　王曙光　黄　滔
卓精华　易新宇　缪晨光　郭力夫　谈文昌　周岳云

《长沙岳麓科技产业园志（2002—2016）》编纂委员会

顾　　问　曾跃平　张永久　周浩波　黄　燕

主　　任　屈志峰

副 主 任　罗　政

委　　员　周建华　张俊雄　方胜昔　舒　拉　厉雅硕　吴清萍　刘铁刚
李国斌　单旭红　张双武　黄　颖　张　驰　林长茂　陈建湘

《长沙岳麓科技产业园志（2002—2016）》
编 辑 部

岳麓高新技术产业开发区区域图

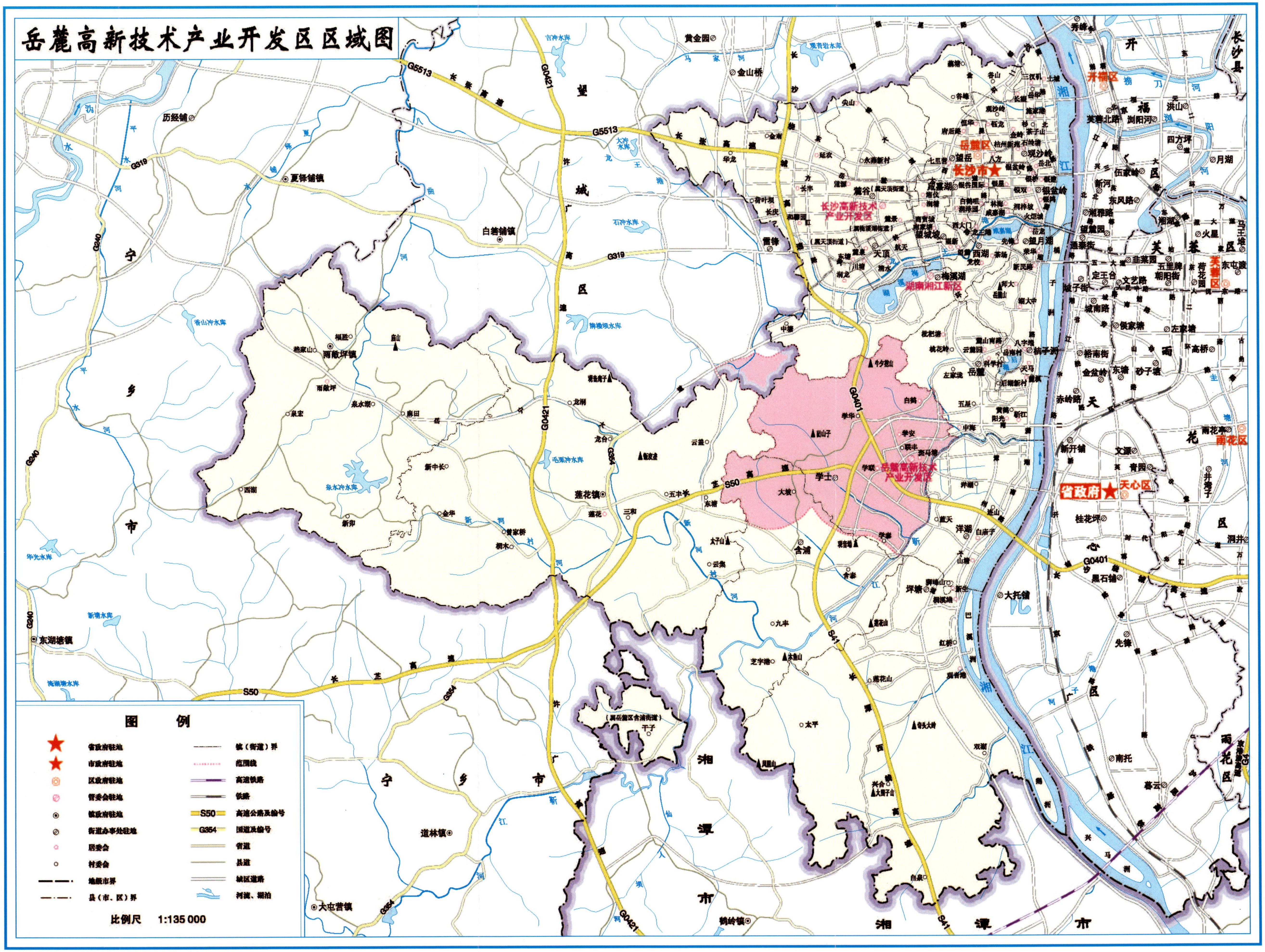

湖南省第三测绘院制作 湖南省自然资源厅监制

审图号：湘S（2021）025号 二〇二一年三月

长沙市开发区志总述

长沙市自二十世纪八十年代末开始兴办开发区。按照“布局合理、集约用地、产业集聚、形成特色”的总体要求，紧紧围绕新型工业化和城镇化这两大战略，充分利用现有基础条件和优势，全力招商引资，着力引进战略投资者，以发展现代制造业为主，着力优化产业、产品结构，培育优势产业和骨干企业，发展配套和关联企业，拉长产业链条，开发区逐步成为长沙经济社会发展特别是工业发展的主力军、主战场和主阵地。

2015 年长沙市全部工业增加值占全省比重 1/3，成为全省工业经济增长的关键支撑。全市规模工业总产值达到 10565 亿元，规模工业增加值 3228 亿元。2015 年产值过 100 亿的企业 8 家，湖南中烟、三一集团、中联重科等企业先后入围中国企业 500 强，企业实力不断增强。

工业发展对全市经济社会的贡献更加凸显。2015 年全市全部工业增加值占 GDP 比重 42.3%，工业对全市经济的贡献率 43.1%；贡献税收 972.2 亿元，占全部税收的比重为 62.5%；规模工业企业创造利税总额 1590.7 亿元，实现主营业务收入 9638.36 亿元，利润总额 618.44 亿元。工业成为拉动就业的主渠道。2015 年全市规模工业企业期末从业人员 64.36 万人，占全社会从业人员的比重 13.9%。

开发区的发展使企业逐步向园区集中，产业向园区集群聚集。2015 年，园区规模工业增加值 1881.4 亿元，占全市规模工业的比重 58.3%。全市开发区共集聚了 1213 家规模工业企业，占全市规上工业企业总数的 46%；规模工业企业前 100 强中，开发区占 91 家。初步形成工程机械、新材料、食品烟草三大支柱产业，以电子信息、汽车、生物医药三个为补充的多点支撑的产业发展格局。2015 年，开发区工程机械、汽车及零部件、食品、新材料、电子信息、生物医药六大产业集群实现规模工业总产值、规模工业增加值分别达到 7395.95 亿元、2367.21 亿元，占全市规模工业总产值和增加值的比重分别达到 70% 和 73.3%。

据统计，“十二五”时期，开发区工业累计投资 7469.64 亿元。全市开发区共引进上海大众、广菲克、联通长沙云数据、中兴通讯长沙基地、格力电器生产基地项目等重大项目 105 个，总投资 2736 亿元，全部竣工投产、达产后预计新增产值 6800 亿元。在建工程中德有色工业园、蓝思科技新材料面板项目、杉杉新能源、比亚迪电动卡车、大学科技城等，10亿元以上项目共计56个，总投资1400亿元，项目竣工、达产后预计新增产值4200亿元。竣工投产的广汽菲亚特及广菲克SUV项目、上海大众、广汽三菱、尔康制药、中联环境产业园、中电软件园等10亿元以上项目共计28个，完成投资600亿元，将新增产值860亿元。

2015年，开发区规模工业企业拥有自建研发机构数500余个，机构人数超过3万人；2015年全市共取得省部级以上科技成果340项；专利申请和授权专利分别达17763件和11448件，城市万人有效发明专利拥有量居全国省会城市第4位；以中联重科、三一重工、楚天科技、千山制药为代表的工业企业专利授权量达7070件。2015年全市高新技术产业实现产值8611.3亿元，实现增加值2730亿元，占GDP的比重达32.1%；全市高新技术产业增加值占全省比重44.5%。

全市规模工业企业计算机普及率达99.9%，85%的规模企业配有信息技术人员。推进“两型社会”（资源节约型、环境友好型社会）建设，构建绿色工业体系，指导企业推广应用节能新技术、新工艺和新设备，突出目标责任，强化重点企业节能监管，49家企业获批“两型示范企业”、5家园区获批“两型示范园区”。据统计，“十二五”期间全市规模万元增加值能耗累计下降42.09%，年均下降12.6%，规模工业综合能耗量实现年均下降1.2%。

按照“政府扶持枢纽平台—平台聚合服务中介—中介集合服务企业—企业集体受益发展”的思路，开发区着力打造融资担保、就业辅导、管理咨询、技术创新、市场开拓、人才培育、法律维权、信息服务八个服务平台，为全市中小微企业提供全方位、立体化的服务，2014年成为国家工信部认定的国家中小企业公共服务示范平台。深度服务中小微企业800余家，举办各类培训讲座近300场，辐射服务企业数千家，帮助大批中小微企业有效突破了技术和管理瓶颈，得到人民日报、经济日报、湖南日报等多家媒体报道，并被称为企业服务的“长沙模式”。

序 言

山清水秀风景美，人杰地灵英才雄。长沙岳麓科技产业园地处湘江西岸，坐落千年文脉岳麓山南麓，占地 46 平方千米，辖区内生态资源丰富，自然环境优美。南麓峰、白鹤山、象鼻山，云雾缭绕，峰峦竞秀，湘江、靳江、玉赤河，秀水涟漪，碧波萦回。周边洋湖垸湿地公园、橘子洲头、梅溪湖、岳麓山名胜区、千年学府岳麓书院，历史沉淀，自然恩赐。学华村、农趣谷、玉赤景观廊道、大王山旅游度假区，环绕青山绿水之间，完美叠加、美不胜收。学士桥、颜家桥遗址历史悠久，留下先民的足迹。一代帝师（同治帝师）刘崐，是清末著名的历史人物，曾任翰林侍读学士、内阁学士、湖南学政、湖南巡抚等职，葬于园区学华村。老一辈革命家，中国共产党杰出的妇女领导干部章蕴，对越自卫反击战一级战斗英雄吴建国，均出生于园区学士境内。如今英雄烈士故乡的长沙岳麓科技产业园，享有“岳麓智谷、活力新城”的盛誉。周边云集以中南大学、湖南大学、湖南师范大学、湖南中医药大学为代表的 20 余所高等院校和科研机构，集聚 26 位卓有建树的“两院”院士，12 万科技人员，20 多万在校大学生，各类院士工作站，国家、省市级工程技术中心，重点实验室汇聚园区。

岳麓青山靓，智谷科技兴。十五个春夏秋冬，岳麓科技产业园解放思想，开拓创新，探索强园路径，破解发展难题，奉献兴业智慧，打造特色园区。十五载顽强拼搏，艰苦创业，敢为人先。抚今追昔，触景生情，从农村小镇，如今蝶变成商铺林立、楼盘高耸的宜业新城；从仅一条“晴天一身灰雨天一身泥”的乡村公路，如今拓展成宽敞明亮、四通八达的“五纵七横”城市主次干道的交通网络；从居住人口 3.5 万人，如今常住人口 20 万人；从仅有一所农村小改中学，如今湖南中医药大学、湖南工业职业技术学院、长沙南方职业学院、湖南食品药品职业学院 4 所高等院校和师大学士博才中学、周南学士实验中学 2 所知名度颇高的扎根园区；从一个乡镇农机厂，如今入驻高科技产业企业已达 480 余家，园区技工贸总产值达到 120 亿元，其中，主导产业检验检测产值高达 36 亿元，园区实施“5511”区校合作工程，企业孵化基地 5 万平方米，科技产业园中园 50 亩，科技研发总部 100 亩，中南大学科技园 1000 亩，项目均已建成投产。如今的岳麓科技产业园获批国家检验检测认证服务平台示范区、国家检验检测高技术服务业集聚区、国家智能网联汽车（长沙）测试区，系中部地区首个国家级新区湘江新区的核心区，先后获批为省工业集中区、省科技成果转化示范基地、省检验检测服务示范集聚区，省检验检测特色产业园以及省服务外包示范园区。

盛世重修志，志载颂盛世。修书编志，功在当代，利在千秋，历为古今所重，备受关注的《长沙市开发区志·长沙岳麓科技产业园志（2002—2016）》成书付梓，是园区奉献改革开放40周年的一份厚礼，是园区政治建设、经济建设、文化建设的一大丰硕成果，既是业绩，也是荣耀，更是名片。展篇捧读，感奋不已。“治天下者以史为鉴、治郡国者以志为鉴”，志书的功能在于“资政、存史、教化”，修志的目的在于用志，岳麓科技产业园干部职工要高度重视读志、用志，学习和借鉴历史，使之成为科学决策的重要依据，成为各行各业总结经验，展开工作的重要信息库，成为爱国主义、社会主义和革命传统教育的教材，成为让社会各界了解长沙岳麓科技产业园的窗口和长沙岳麓科技产业园走向世界的重要宣传媒介。

阔步迈进新时代，携手共创新辉煌。展望未来，宏图绘就，扬帆破浪，大纛高举，更需策马扬鞭。新的希望，新的征程，希望园区广大干部群众以志为鉴，汲取历史教益，规划宏伟蓝图、付诸开拓实践、励精图治、万众一心，为将园区建设成为引领转型创新发展的科技现代园区做出积极贡献。

岳麓区委常委、长沙岳麓科技产业园党工委书记 屈志峰

2018年8月10日

凡 例

一、《长沙市开发区志·长沙岳麓科技产业园志（2002—2016）》以马克思列宁主义、毛泽东思想、邓小平理论、“三个代表”重要思想、科学发展观和习近平新时代中国特色社会主义思想为指导，坚持辩证唯物主义和历史唯物主义的立场、观点和方法，全面系统地记述长沙岳麓科技产业园的历史和现状，力求思想性、资料性和科学性的统一。

二、记述时限：本志上限为2002年1月，下限为2016年12月。个别事项根据需要适当上溯或下延。

三、记述范围：2016年长沙岳麓科技产业园区域。

四、篇目设置：从长沙岳麓科技产业园的实际出发，以园区现行管理体制为基础，参照现代城市的社会分工、学科分类和志书篇目格式的传统进行分设。

五、全志采用篇章节体结构。体裁采用述、记、志、传、图、表、录，以志体为主。

六、本志的文字、标点符号用法、数字用法、计量单位等均遵循国家相关规定。

七、记述中多次涉及机关、团体和会议名称时，首次记述采用全称，再次出现时用简称。

八、人物记述坚持“生不立传”原则，凡对社会有较大贡献或有影响的市以上党代表、人大代表、政协委员、劳动模范、高级工程师等人物列表予以记述。

九、本志书的资料来源均经长沙岳麓科技产业园各有关单位、部门核实，付印稿在多次校改的基础上，并经有关单位、部门负责人签字确认，入志时不再注明出处。

目　录

第三篇　征地拆迁安置

第四篇　招商引资

第五篇　产业经济

第六篇　科学技术

第七篇　财政　融资　税务　审计

第八篇　园区管理

第九篇　党政群团

第十篇　社会事业

第十一篇　人物篇

第十二篇　附　录

概　述

长沙岳麓科技产业园（以下简称“岳麓科技产业园”）地处长沙大河西先导区的核心区和起步区，毗邻梅溪湖国际功能区和洋湖总部经济区。园区北靠国家AAAAA级自然风景名胜区岳麓山，东临湘江一级支流靳江河，南接莲坪大道，西临含浦街道边界。为长沙市区西南门户，距离长沙火车站、长沙港口、长沙黄花国际机场均30分钟车程，长韶娄高速，长潭西高速，绕城高速穿园而过。园区学士路、含浦大道等8条主干道，形成“四纵四横”格局。初步建成高校云集、检验检测特色产业、科研集聚孵化、文化创意、商业物流服务、两型宜居宜业新城。

2002年1月，望城县委、县政府在“含浦组团”规划21平方千米成立长沙含浦科教产业园。10月，时任副省长唐之享到园区主持召开省长办公会议明确长沙含浦科教园是以教育产业为主，其他高科技产业为辅的综合性开发园区。是年，长沙南方职业学院、湖南中医学院（新校区）签约征地。12月，园区参加（2002）长沙经贸洽谈会，中国工程院院士何继善领衔的湖南继善高科技有限公司等10家院校、高科技企业落户园区。

2003年，望城县委、县政府实施“科教兴湘”“融城强县”战略，成立长沙含浦科教产业园开发建设指挥部，由县委、县人大、县政府、县政协领导兼任正副指挥长，县直相关部门负责人及园区主要负责人任成员，办公室设园区管委会。6月6日，省委副书记 、代省长周伯华率省、市主要领导调研园区。是年，长沙含浦科教产业园开发建设有限公司成立，实行“两块牌子，一套人马”的公司运作模式。园区投资1.2亿元，启动基础设施建设和湖南中医药大学新校区、麓山别墅项目用地征地拆迁。启动香格里拉大道、象嘴路建设，象嘴路简易互通建成通车。促成市自来水二厂落户园区，选址坪塘。是年，引进湖南晚安家居有限公司等5家科工贸企业入园。

2004年5月，园区经国家发改委等四部委审核，被确定为湖南省保留的99个开发园区之一。是年，贯穿园区段南北向的长潭西线高速公路开工建设。时任省委常委、市委书记梅克保一行到园区调研。园区制定《长沙含浦科教产业园招商引资工作若干规定》，引进湖南楚盛园置业发展有限公司等12家项目。全年园区实现技工贸 8.8 亿元，利税总额 1820 万元，其中税收 1726 万元。

2005 年，园区围绕县政府提出的“项目建设年”和加快“五百工程”建设决策，启动含浦大道、学士路建设。完成从岳麓区桃花村自来水供水管网敷设，解决园区近期用水。投入资金 1.5 亿元，用于 8 个基础设施项目。完善节会招商、以商招商、中介招商等细则。全年引进湖南华裕环保科技实业公司等 13 个项目。园区共有各类企业 17 家，实现技工贸总收入 10 亿元，实缴税收 2370 万元。

2006 年，望城县委发文成立中共长沙含浦科教产业园工作委员会，长沙含浦科教产业园建设指挥部职能逐步移交园区。是年，完成高排、低排和靳江河泵站及裕园公园建设。启动拆迁户在裕园安置小区按规划要求自主建房。园区充分利用区位优势，产业特色，投资环境，推进招商引资，共引进天和钻具公司等项目 12 个。总投资金额 15.87 亿元，完成固定资产投入 12.87 亿元。园区共有各类企业 22 家，从业人员 12100 人，实现技工贸总收入 18 亿元，上缴税收 3171 万元，中共望城县委、县政府授予园区“文明单位”称号、“2006 年度目标管理考核一等奖”。

2007 年，园区遵循“两型社会”建设和长、株、潭一体化要求，夯实基础配套，融资到位 5.4 亿元。上缴县人民政府收益 15.36 亿元。投入基础设施建设 1.8 亿元，启动 1200 平方米综合服务楼和 46000 平方米统建安置房建设工程。引进上城国际广场和广东广晟资产管理公司等项目 16 个，完成固定资产投入 14.5 亿元。

2008 年，长沙市委市政府提出“建设大河西，打造先导区”的战略决策，长沙含浦科教产业园于 6 月 15 日成建制划归岳麓区管辖，2009 年 3 月更名为长沙岳麓科技产业园。园区按照大河西先导区产业结构布局规划，将产业结构定位为科技成果转化基地、新型都市工业基地、宜居宜业新城。园区调整产业定位，做好扩规工作，并将湖南岳麓经济开发有限责任公司并入园区，作为园区下属国有独资公司和融资平台载体，为园区产业发展和财源培植提供发展空间。是年，积极参与和承办岳麓（北京）项目推荐会等大型招商活动，全年接待客商 70 余批，引进湖南网优科技发展有限公司、湖南比扬医疗科技有限公司等项目 10 个，融资到位 2.3 亿元。园区各类企业 33 个，从业人员 1.56 万人，实现技工贸收入 25 亿元，比 2005 年增长 52%，上缴税收 1.2 亿元，比 2005 年增长 84%。投入基础设施建设资金 1.63 亿元，园区“三纵三横”道路网络基本形成。

2009 年，长沙市人民政府印发《关于进一步明确对长沙岳麓科技产业园优惠政策》的通知。园区紧扣“产业发展年”和“科技兴园、特色立园”主题，投资 4000 万元用于科技研发项目，引进科技成果孵化企业 10 家，实现科研成果转化21项，科技成果转化的新产品产值达15亿元。投入3.5亿元，启动望江路、学士路（三期）主干道建设。举办深圳招商投资说明会，引进湖南海普科技有限公司等项目8个，1亿元以上产业项目3个，储备项目21个。到位外资9.9亿元，形成固定资产投资15.8亿元。造就一批中小型高新技术企业，初步形成高新技术产业企业集聚。园区被湖南省科技厅授予“湖南省科技成果转化基地”。

2010年，园区落实区委经济工作会议精神，以发展新型工业化和促进科技成果转化为主线，以基础设施建设为重点，全面启动茯苓冲路、有成路等6条主次干道建设，按市政府部署实施湘江一级支流靳江河截污工程项目。10月，参加（2010）中国（长沙）科技成果转化交易会，并承办岳麓专场。引进湖南中大建设工程检测技术有限公司、长沙赛恩斯环保科技有限公司、湖南宏尚土木工程检测有限公司等8家文化创意、电子商务、信息技术和检验检测高科技企业。完成固定资产投入18.8亿元。实现技工贸总收入38亿元，上缴税收2.1亿元。

2011年是“十二五”开局之年，也是园区“道路建设年”，园区着力发展服务外包产业，是以“海普声域”为龙头的服务外包产业链得到省、市商务部门的重视和支持，园区荣获长沙服务外包示范区称号。园区全面启动云栖路北侧汽车4S城和白鹤博才小学建设，新拉通有成路等10千米路网建设工程。以晚安家居、继善高科为代表的科工贸企业投产达效，以中大检测、爱威科技为代表的高科技企业提速建设，以汀湘十里、江山帝景为代表的房地产项目建成入住。是年，园区完成固定资产投资18亿元，到位资金12.8亿元。

2012年，园区紧扣两型发展主题，按照总部商务基地、科技研发中心、文化创意高地、两型宜业新城的发展思路，全面开启与中南大学等高校的战略合作，实施“5511”工程。省人民政府同意设立岳麓工业集中区，为副县级机构，与岳麓科技产业园合署办公。市人民政府批复同意《岳麓科技产业园总体规划（2010—2020）》，规划面积为46.14平方千米。明确园区的定位为：岳麓山大学城的拓展区、国家级科技成果转化基地、新型工业化示范基地、新型城市化生态宜居区，多位一体的综合型园区。共引进联东U谷等7个项目，完成固定资产投资12.6亿元，省外到位资金12亿元。园区共有各类企业56家，实现技工贸产值51亿元，比2008年增长51%，上缴税收2.6亿元，比2008年增长54%。是年，省发改委授予园区“湖南省服务外包示范区”、长沙市政府授予园区“市文化创意产业示范区”和全市“加速推进新型工业化工作优胜单位”荣誉。长沙市委、市政府授予园区“长沙市文明单位”称号、市推进创业富民工作领导小组授予“一地一品”创业示范基地等荣誉。

2013 年，园区检验检测装备产业初具雏形，产业项目强力推进，中大检测、浦洋节能、达嘉维康等 6 个科技产业“园中园”全面启动基础工程建设。商业氛围日渐浓厚，上城国际广场、江山帝景商业街、九城集团和三马名车总部、中国红木馆相继开业。园区引进各类企业 360 个，融资到位资金 14.8 亿元，实现技工贸产值 65 亿元，上缴税收 3.1 亿元。

2014 年，园区招商引资强劲。引进亿元以上重大项目 9 个，总投资 50 亿元，其中中铁城建集团、洋湖创富项目投资 10 亿元以上，区校合作日渐深入，按照“5511”工程计划，成果申报国家级、省级中南大学科技园，启动中南大学 33.33 公顷创业基地征地手续，加速建设 5000 平方米孵化基地，园区实现技工贸收入 80 亿元，完成固定资产投资 48 亿元，园区拆迁腾地 43.2 公顷，储备土地 86 公顷，出让土地 51.67 公顷，基础设施建设投资 30 亿元，园区内基本形成了“三纵三横三环”路网骨架。

2015 年，园区围绕检测、大健康、大创意、新能源等战略性新兴产业深耕细作，努力培养经济新增长点。园区产值 5 亿元以上有长沙赛恩斯环保科技有限公司、湖南达嘉维康科技有限公司，产值突破 1 亿元的企业有湖南继善高科技服务有限公司、湖南爱威科技有限公司、长沙晚安家纺有限公司，产值 3000 万元以上的企业有湖南宏尚检测科技有限公司、长沙比扬医疗科技有限公司、湖南文泰能源有限公司。区校合作，实现科技成果转化产值 20 亿元，拥有国家级工程技术中心 2 家，省级重点实验室 1 家，省级工程技术中心工程研究中心 2 个，院士工作站 2 家。园区实现技工贸收入 102 亿元，完成固定资产投资 62 亿元，上缴税收 4.8 亿元。

2016 年，园区产业培育成效明显，检验检测产业、医疗健康产业、文化创意产业快速壮大，全年完成检验检测产值 40 亿元，医疗健康产业 31 亿元，文化创意产业 10 亿元。园区实现技工贸收入 120 亿元，上缴税收 5.94 亿元，社会固定资产投资 82 亿元，园区其建成主干道 5 条，次干道 15 条，形成“五纵五横”的网络格局。园区获批的省政府四个职能部门联合发文的湖南省检验检测特色产业园称号。

人民市政府批复《长沙岳麓科技产业园白鹤片洋湖西片望江路北片长潭西线以西片控制性详细规划》，园区规划城市建设用地面积 24.42 平方千米，已开发土地面积 8.36 平方千米，共引进企业 512 家，其中检验检测企业 56 家，医疗健康企业 12 家，文化创意企业 320 家，工业企业 8 家，商贸企业及其他企业 116 家，园区实现到位外资 16.8 亿美元，省外境内到位资金 810 亿元，完成固定资产总投资365亿元。建成“五纵五横”的路网框架，共完成主干道5条，总长度66千米，次干道15条，总长度40千米。总投资约21.06亿元。共完成20条路网供水、供电、排水排污、电信通信网络管网等配套设施建设合计约110千米。总投资6.3亿元，建成4所大学、1所中学、2所小学和3座公园。建成裕园、白鹤、学士、车塘河、联丰5处安置小区，366栋，建筑面积达81.8万平方米。建成开发房地产业大小楼盘24处，总建筑面积586万平方米。园区人口增至12万人。园区15年间经历从无到有、从小到大、从弱到强的艰辛历程。入驻高科技产业企业512家，园区技工贸总产值120亿元。园区实施“5511”区校合作工程，企业孵化基地5万平方米，科技产业园中园3.33公顷，科技研发总部36.67公顷，中南大学科技园66.7公顷，项目均已建成投产。近60家科工贸企业投产达效。园区拥有高科技企业24家，建立科技研发平台有中南大学干细胞工程研究中心、湖南继善高科技有限公司企业技术中心、长沙赛恩斯环保科技有限公司国家重金属污染防治工程技术研究中心等8家。有中国工程院院士何继善、刘业翔、程京、邱定蕃、黄伯云领办高科技企业4家。园区科学技术研发项目480项，获得科技成果138项，获国家重点新产品奖12项，获国家发明专利60项，自主知识产权项目1256件。岳麓科技产业园获批国家检验检测认证服务平台示范区、国家检验检测高技术服务业集聚区、国家智能网联汽车（长沙）测试区，系中部地区首个国家级新区湘江新区的核心区，先后获批为省工业集中区、省科技成果转化示范基地、省检验检测服务示范集聚区，省检验检测特色产业园以及省服务外包示范园区。

大事记

▲2001年

6月12日，为解决园区道路对外连接问题，在市政府四楼东会议室召开含浦科教产业园增设互通立交桥规划方案审查会议。参加会议人员共28人，形成《关于含浦科技教育产业园区增设互通立交桥规划方案审查会议纪要》。

7月31日，在望城县规划管理办公室召开长沙含浦科教产业园规划评审专题会议，由时任长沙市规划局副局长冯意刚主持，参会单位的领导和专家共23人，形成《长沙市规划管理局关于长沙含浦科教产业园规划评审会议纪要》。原则同意长沙含浦科教产业园规划、建设用地布局。

8月13日，望城县人民政府《关于长沙含浦科教产业园规划的批复》，同意长沙含浦科教产业园规划，园区定性为教育产业为主，其他科技产业为辅的综合性园区。人口规模为6万人，建设用地规划为715.6公顷（7.16平方千米）。

▲2002年

4月4日，中共望城县委、县政府《关于成立“院士（博导）科技产业园”的决定》，决定明确在含浦科教产业园区内设立院士（博导）科技园，及“规划选址、园区定位、优惠政策”等事项。

4月28日，望城县机构编制委员会《关于成立长沙含浦科教产业园管理委员会的通知》，同意成立长沙含浦科教产业园管理委员会，为县财政全额拨款的全民事业单位，归口县政府办管理，定行政编制10名，事业编制1人。

9月17日，望城县人民政府《关于黄必武等同志任职的通知》，决定黄必武兼任含浦科教产业园管委会主任；姚尧任含浦科教产业园管委会副主任（正科级）；姚寿主任含浦科教产业园管委会副主任。

9月17日，中共望城县委、县政府《关于明确长沙含浦科教产业园管理体制的通知》，明确园区开发范围、产业导向、规划建设、相关政策等。

9月25日，望城县机构编制委员会印发《关于明确长沙含浦科教产业园管理委员会内设机构时任湖南省通知》，设办公室、招商联络处、规划建设处、拆迁安置处4个职能处（室），及职能职责。

10月23日，时任副省长唐之享在含浦镇召开长沙含浦高教园区规划和建设专题研究会议。形成《关于长沙含浦高教园区规划建设有关问题的会议纪要》。纪要确定成立长沙含浦高教园区领导小组，由唐之享任组长，许云昭、蒋作斌、张放平、赵小明任副组长，省教育厅陈元魁、杨国旗和省计委焦秀生、省财政厅王新国、省建设厅向世林、省国土资源厅葛洪亮、省物价局龚秀松、望城县政府王武亮为成员。统筹、协调、指导高教园区的建设。"政府统筹、统一规划，市场运作，分校建设"。长沙含浦高教园区列入省重点建设工程项目，享受省重点工程优惠政策。园区内科研成果转化的中试基地和孵化基地是岳麓山大学科技园区的一部分，享受大学科技园的优惠政策。

12月3日，望城县人民政府《关于同意成立长沙含浦科教产业园开发建设投资有限公司的批复》同意园区管委会设立国有独资的长沙含浦科教产业园开发建设投资有限公司，以土地使用权等资产作价出资作为公司注册资本，公司法人代表由园区管委会指定。

12月21日，园区参加2002年长沙经贸洽谈会，在中维神龙大酒店与中国工程院院士何继善领衔的院士科技项目，湖南继善高科技有限公司举行入园签约仪式。

△长沙业翔科技发展有限公司签约入园征地。该公司系中国工程院院士、中南大学原校长刘业翔主导团队的高科技产业实体经营公司。

▲2003年

1月28日，长沙含浦科教产业园开发建设有限公司挂牌成立，注册资本1.5亿元，法人代表黄必武（兼），公司主要负责园区基础设施建设、房地产开发及土地整理等。

2月，望城县人民政府任命姚尧为长沙含浦科教产业园管委会主任职务，主持园区全面工作。

2月22日，望城县委、县政府在园区召开项目建设现场办公会议，决定成立长沙含浦科教产业园开发建设指挥部，县委副书记、县纪委书记梁英飞担任指挥长，县人大副主任佘建良、县政府副县长许卫华、县政协副主席蔡峰任副指挥长，园区管委会和相关县职能部门主要负责人为指挥部成员，办公室设园区管委会。

2月28日，园区境内象嘴路道路建设工程和自来水引水工程相继启动施工。

3月10日，湖南省教育厅印发《关于对含浦高教园区入园学校进行摸底的通知》，省委、省政府决定在长沙市望城县建设含浦高教园区，将含浦科教产业园列入省重点工程建设项目。

4月，园区投资1800万元，云栖路（三环线—含浦大道）东西向，启动建设，道路全长2991米，宽70米，是年8月10日建成通车。

5月7日，时任园区管委会主任姚尧主持召开关于象嘴路、左栗线水利水系设施会议。

5月，湖南中医学院、凯达财信、南方大学（二期）、长沙市自来水二厂四个入园项目工程相继开工建设，园区管委会，实行干部留营值班制度，24小时保持与各项目单位联络服务。

5月28日，园区境内象嘴路（学士联络线—含浦大道）南北向，全长2426米，宽46米，总投资6650万元，开工建设之道路，是年10月30日建成通车。

6月6日，时任省委副书记、代省长周伯华到园区现场办公，主持召开第9次省长办公会议。周伯华指出，科教园要坚持高起点规划、高标准建设和高效率管理，要坚持突出高教园发挥的功能是为兴办高校服务的方向，是为整合教育资源适应高等教育、科研和产业化的需要。

6月19日，《湖南省人民政府（〔2003〕第9次）省长办公会议纪要》指出：规划建设含浦科教园是“科教兴湘”战略的一项重大举措。建立以省市政府及有关部门领导为成员的协调会议制度。

6月26日，时任长沙市市长谭仲池主持召开市政府常务会议，听取园区管委会关于含浦高教园规划编制工作的汇报。

8月6日，园区指挥长梁英飞等县委、县政府领导在长沙含浦科教产业园召开斑马安置小区详细规划评审会议，原则同意该规划，并明确了标高、撇洪渠、基础设施、商贸楼铺面、风格、户型等事项。

8月10日，云栖路（学士路联络线简易互通）东西向，全长1872.3米，宽70米，投资1800万元，全面竣工通车。

8月14日，《望城县人民政府关于〈含浦分区规划〉的批复》，确定园区建设的长远规划。

8月27日，园区指挥长梁英飞在县政府二楼会议室主持召开科教园开发建设座谈会，确定规划设计、项目用地报批、征拆补偿、园区与企业合同等政策与办法。

10月，园区投资1200万元，启动建设香格里拉大道（绕城高速—象嘴路简易互通）东西向，全长1500米，宽26米，于2004年8月建成通车。

10月13日，县政府印发《关于袁钊等同志职务任免的通知》，袁钊、徐勋两人任长沙含浦科教产业园管理委员会副主任职务。

10月14日，时任望城县委副书记邱俊杰在海天宾馆主持召开含浦科教产业园分区专项规划评审会。评审会议纪要指出："道路规划设计要充分考虑竖向标高及防洪安全，科学处置含浦大道与靳江大堤交错方式"。

▲2004年

2月2日，县政府印发望政干〔2004〕1号《关于杨建武同志职务任免的通知》，周浩波任长沙含浦科教产业园管委会主任。

△望城县人民政府发文任命刘铁刚为长沙含浦科教产业园管委会副主任职务。

2月24日，园区管委会《关于园区管委会班子成员分工的通知》，管委会主任周浩波，主持园区全面工作，分管财经审批；管委会副主任姚寿主，分管办公室、规划建设处工作；管委会副主任徐勋，分管征拆安置、安全保卫工作；管委会副主任刘铁刚，分管招商引资和对外联络工作；财务总监丁永胜，分管财务监督、审核、融资工作。

2月，县委、县政府授予科教园"2003年度联系服务乡镇先进单位"荣誉称号。

3月8日，时任省委常委、市委书记梅克保考察科教园。

5月，通过国家四部委审核，长沙含浦科教产业园被纳入湖南省明确保留的99个开发区之一。

6月19日，长潭西线高速公路奠基典礼在园区白鹤、斑马村交界处举行。时任省政府副秘书长匡彦博、省交通厅副厅长詹新华、长沙市市长谭仲池、湘潭市市长彭宪法等领导参加典礼。长潭西线高速公路全长27.95千米（望城段20.56千米），北起长沙三环线。南连接潭邵路，途经科教园，（五星村—含浦街道）贯穿园区南北向4050米。

6月26日，望城县人民政府任命朱若平任长沙含浦科教产业园管委会副主任。

11月18日，望城县发展计划和物价局《关于长沙含浦科教产业园开发建设有限公司建设学士路项目主项的批复》，同意建设学士路项目。该路段起点为三环线，终点接含浦大道，道路全长1872.3米，项目总投资4890万元，所需资金（由园区）自筹解决。

▲2005年

4月8日，施工单位在蚂蚁山（湖南工业职业技术学院）建设工地进行基础施工时发现古墓葬，编号为蚂蚁山1号。墓主为明朝谷王朱穗的乳母，葬于永乐十一年（1413）。

4 月 19 日，对蚂蚁山明古墓进行发掘，至 9 月 16 日发掘工作结束。历时 94 天的明古墓发掘，在石砌建筑物里发现保持完好的纸质文物——漆函经书《集行经》共 20 余册。

6 月 12 日，国家文物局局长单霁翔到园区蚂蚁山工地考察明古墓发掘情况。

7 月，园区境内车塘河路（学士联络线—象嘴路）南北向，全长 2025 米，宽 26 米开工建设，至 2008 年 10 月，全线竣工通车。

10 月 8 日，望城县政府办印发《长沙含浦科教产业园管理委员会职能配置、内设机构和人员编制规定》，文件规定科教园 6 项主要职责、4 个内设机构，10 名公务员编制与 1 名事业编制。

10 月，园区境内，含浦大道（学士联络线—三环线）南北走向，长 3817 米，设计路宽 46 米，，至 2006 年 12 月建成通车。

10 月 10 日，园区境内联丰路（含浦大道—象嘴路）东西向开工建设，全长 1470 米，宽 26 米，投资 3665.85 万元，是年 12 月 30 日，全线竣工通车。

▲ 2006年

2 月，县委、县政府授予含浦科教产业园“2005 年度全县工作目标管理年终考核一等奖”。

3 月 27 日，时任望城县委副书记、县长黄佳惠主持召开科教园开发建设有关问题会议，会议确定园区用地规划、管理、经营及部分基础设施建设等问题的政策与办法。

6 月 28 日，时任望城县委副书记、县长黄佳惠在科教园主持召开园区项目建设专题会议。会议协调解决继善高科、泽岱床具、业翔科技、春光药业、瑞盛房地产、楚盛滨江花园等项目的建设问题。

7 月 26 日，望城县委《关于成立中共望城县长沙含浦科教产业园工作委员会和纪律检查工作委员会的通知》，党工委由苏春光、周浩波、张俊雄、朱若平、刘铁刚、李国斌组成，苏春光任党工委书记，周浩波任党工委副书记；张俊雄、朱若平、刘铁刚、李国斌任党工委委员；李国斌任纪工委书记。

11 月 10 日，时任望城县委副书记、县长黄佳惠在园区主持召开科教园与含浦镇有关工作会议，明确土地变性融资、白鹤互通项目融资、天池项目融资等问题的政策与办法。

▲2007年

2月，县委、县政府授予长沙含浦科教产业园“2006年度社会治安综合管理先进单位”“2006年度学雷锋优秀集体”“县文明单位”称号。

2月，长沙含浦科教产业园获“2006年度全县工作目标考核一等奖”。

3月，望城县委、县政府授予长沙含浦科教产业园“2006年度招商引资目标管理考核一等奖”。

4月5日，时任望城县委书记罗衡宁主持召开科教园专题研究会议，明确科教园发展定位、发展重点、发展理念等战略性问题。

8月22日，时任县委宣传部部长喻金平在科教园主持召开重建地选址及汀湘十里等项目建设协调会议，原则同意科教园的选址、规划、基础设施建设、征拆等事项的建议。

△园区境内学士路（自三环线—望江路段），启动建设，全长2972米，宽36米，投资7600元，至2010年6月底建成通车。

11月9日，时任望城县委副书记、县长黄佳惠主持召开园区科教公园（即裕园）建设专题研究会议。明确该项目用地、设计、基础设施建设，以及公交站设置，征地，投资等事项。

▲2008年

2月，望城县委，县政府授予科教园“2007年度工作绩数考核一等奖”“2007年度招商引资目标管理二等奖”。

△园区境内湘和路（象嘴路—斑马撇洪渠），东西向，开工建设。湘和路全长1200米，宽8米，投资380万元，是年5月底竣工通车。

3月，望城县委办公室、县政府办公室授予科教园信访接待室为“文明接访室”称号。

5月，含浦镇党委、镇政府赠予科教园“支持群众文化，共建和谐社会”匾牌。

6月12日，省民政厅印发《关于将望城县含浦等三个镇划归岳麓区管辖的批复》，同意长沙市政府将含浦、坪塘、莲花3个镇成建制划归岳麓区管辖。园区地处含浦镇境内，同步划入岳麓区。

6月15日，园区成建制划归岳麓区管辖。

9月9日，长沙市岳麓区人民政府发文《关于同意周浩波同志任湖南岳麓经济开发建设有限责任公司法人代表的通知》，区人民政府同意周浩波任湖南岳麓经济开发有限责任公司法人代表。

12月4日，时任长沙市副市长王扣柱在岳麓区政府主持召开园区规划专题会议，原则同意《长沙岳麓科技产业园概念规划》草案。

12月28日，中共岳麓区委举行第35次常委会议，专题研究园区建设相关问题，确定长沙含浦科教产业园更名为长沙岳麓科技产业园，以及园区定位、体制、政策等事项。

▲2009年

1月，中共岳麓区委、岳麓区人民政府授予科技园“2008年度产业发展先进单位”“2008年度城市建设先进单位”和授予园区/公司“纳税过百万明星企业”荣誉称号。

3月10日，时任长沙市委常委、常务副市长谢建辉在区政府主持召开研究岳麓科技产业园工作对接会议，明确科技园机构名称，行政级别、政策支持、配套建设、园区规划、专项资金以及协调原含浦镇遗留问题处置等事项。

3月17日，岳麓区机构编制委员会印发《关于长沙含浦科教产业园更名为长沙岳麓科技产业园的通知》。

5月，岳麓区推进创业富民工作领导小组授予科技园“岳麓区大学生创业基地”匾牌。

7月22日，区委分管领导胡亚军在科技园主持召开科技园专题会议，明确科技园工作目标、产业基本定位、招商引资、基础设施建设、大学生创新创业孵化基地等工作的政策与办法。

7月29日，时任岳麓区委书记赵建强在园区主持召开科技园和含浦镇现场办公会议。就科技园与先导区协调、理顺体制、推进规划、加快融资、加快基础设施建设等工作明确政策与办法。

9月3日，长沙市人民政府印发《关于进一步明确长沙岳麓科技产业园优惠政策的通知》。

9月11日，岳麓区政府发文任命成京辉任园区党工委委员、管委会副主任职务。

9月29日，岳麓区政府印发《关于王军等同志职务任免的通知》，罗政任科技园党工委副书记、管委会副主任。

10月16日，岳麓区副区长彭放良在园区管委会主持召开岳麓科技产业园孵化组团办公会议。

10月，岳麓区优化办确认科技园为“2010—2012年区优化经济发展环境监测点”，并授匾牌。

△岳麓区人民政府任命李曼任园区管委会副主任。

11 月 12 日，时任长沙市副市长王扣柱在区政府主持召开《岳麓科技产业园概念规划》专题研究会议，原则同意规划用地调整到 60 平方千米。

▲2010年

1 月，有成路、医专路两条道路开工建设。是年 12 月，建成通车。

2 月 5 日，时任岳麓区委书记赵建强在科技园主持召开现场办公会议，明确园区 2010 年工作目标。

2 月，岳麓区委、区政府授予科技园“2009 年度招商引资优质服务奖”“2009 年度产业发展优秀单位”称号。

3 月，黎张路（三环线辅道—茯苓路）观音路（长潭西辅道—茯苓路）两道路同步开工建设，是年 12 月底建成通车。

3 月 19 日，在含浦大道中段 726 号隆重举行师大附中博才实验中学（学士校区）奠基仪式，陈中、康小平、吴江、周浩波等出席。

4 月 1 日，时任先导区项目建设部部长谈文昌在科技园主持召开先导区管委会与科技园工作对接会议，明确含浦大道第三段、莲坪大道、望山路、学士泵站等项目建设的对接问题。

6 月 2 日，区文物保护委员会致学士路二期工程指挥部《关于保护清晚期湖南巡抚刘崐墓地的函》，建议暂停张家村路刘崐墓段施工。刘崐曾任翰林院侍读学士，在湖南任职期间，曾督修《湖南通志》、重修天心阁、大修岳麓书院等。

7 月 6 日，岳麓区在杭州凯悦大酒店举行 2010 年招商说明会，园区管委会率团参会推介园区招商项目。

7 月 10 日，时任长沙市委副书记、常务副市长谢建辉在市政府主持召开长沙大河西先导区管委会主任办公会议，时任园区管委会主任周浩波参加会议。会议明确：先导区在规划政策、项目建设等方面全力支持岳麓科技产业园的工作。

7 月 22 日，时任岳麓区委书记赵建强在园区主持召开岳麓科技产业园与含浦镇相关工作现场办公会。园区管委会主任周浩波等参加。

8 月，园区境内望江路（含浦大道—学苑路），全长 4800 米，路宽 36 米启动建设，至 2011 年 6 月建成通车。

△含浦大道二期（三环线—莲坪路）开工建设，至 2015 年 12 月建成通车。

9 月 15 日，时任长沙市副市长王扣柱在区政府主持召开区城市建设项目规划会议，明确科技园规划编制方案的几项要求。

9月30日，省科技厅印发《关于同意长沙岳麓科技产业园为湖南省科技成果转化基地的批复》，批准科技园为省科技成果转化基地。

10月1日，园区境内茯苓冲路（三环线—玉赤河）开工建设。

10月14日，2010中国（长沙）科技成果转化交易会在岳麓山大学城举行，“岳麓科技产业园招商投资推介暨省科技成果转化基地授牌仪式”同时举行。通过洽谈有10个项目达成入园意向，签约金额近8亿元。

11月，湖南省银行协会授予岳麓科技产业园“2009年度信贷诚信单位”证书匾牌。

▲2011年

1月，岳麓区委、区政府授予科技园“2010年度招商引资优质服务先进单位”“2010年度产业发展先进单位”“2010年度项目建设先进单位”“2010年度城市管理专项整治工作先进单位”等称号。

3月，园区对学士路1900米，联丰路1970米，象嘴路2300米，三条道路总投资5763万元，进行绿化亮化，提质改造。

△区人民政府任命刘正文任园区党工委委员、管委会副主任。

5月20日，经岳麓区政府同意，园区发文，周浩波任湖南岳麓经济开发有限责任公司董事长，罗政、成京辉、张俊雄、刘正文为董事成员。

8月16日，省科技厅印发《关于认定浏阳市等14个单位为湖南省首批科技成果转化示范单位的通知》，科技园被认定为首批湖南省科技成果转化示范园区之一。

8月，岳麓区委任命曾跃平同志任园区党工委书记，主持全面工作。

10月12日，岳麓区政府印发《关于周浩波同志职务任免的通知》，周浩波任长沙岳麓科技产业园管委会主任职务（高配副县，试用期一年）。

11月，湖南省科技厅授予科技园“2010—2015年湖南省科技成果转化示范基地”匾牌。

12月15日，市商务局认定园区为“长沙市服务外包示范区”。

12月，园区与长沙市科技局、湖南省科技厅于8日、12日先后签署《湖南省科技成果转化示范专项计划合同书》，园区建设“湖南省科技成果转化示范基地”纳入政府计划。

△ 岳麓区委、区政府授予科技园“2011年度长沙市岳麓区‘两型’示范园区”“岳麓区创建全国文明城市工作优秀集体”称号。

▲ 2012年

1月，园区委托湖南师范大学区域经济与社会发展研究中心设计的《长沙岳麓科技产业园发展规划（2011—2020年）》编制成册。

2月，区政府办公室授予科技园“2011年度城市管理工作先进单位”奖牌。

2月23日，时任长沙市人民政府副市长何寄华、副秘书长严凤枝、市工信委等领导和部门调研岳麓科技产业园。提出园区定位、提升园区品质、制定省级工业集中区规划和申报国家级科技成果转化基地等指导意见。

△《长沙晚报》报道：湖南中医药大学升格为一本院校。

3月，区委、区政府授予科技园“2011年度城市管理专项整治工作先进单位”奖牌。

5月17日，园区党工委、管委会向岳麓区委、区政府呈报《关于拟聘园区开发建设顾问团的请示》，拟聘顾问团成员5人：吴向东（湖南省人大常委会副主任、党组书记）、肖雅瑜（湖南省人大常委会副主任、党组成员）、陈叔红（湖南省人大常委会 副主任、党组成员）、罗海藩（湖南省人大常委会原副主任）、李映华（湖南省人大常委会委员，省人大农业农村委员会副主任）。

6月，岳麓区政府任命方胜昔任园区管委会副主任。

8月10日，省发展开放经济领导小组发文认定长沙岳麓科技产业园为“湖南省服务外包示范区”。

9月，园区编制完成《长沙岳麓科技产业园总体规划（2010—2030）（送审稿）》。

11月5日，岳麓区委印发《关于张永久等同志职务任免的通知》，张永久任科技产业园党工委副书记、管委会主任。

11月23日，湖南省人民政府办公厅印发《关于设立安仁工业集中区等29家省级工业集中区的通知》，园区被纳入岳麓工业集中区为全省29家之一。

12月5日，长沙市政府印发《关于长沙岳麓科技产业园总体规划的批复》，同意科技园四至为靳江河—望江路—莲坪大道一含浦街道边界，总规划面积4613.84公顷（46.14平方千米），人口规模控制在32.64万人以内。

12月12日，湖南省机构编制委办公室印发《关于中共岳麓工业集中区管理委员会机构规格的批复》，明确中共岳麓工业集中区工作委员会、岳麓工业集中区管理委员会为副处级机构合署办公，分别作为长沙市委、市政府派出机构。

▲ 2013年

1月，岳麓区政府任命黄颖任园区管委会副主任。

1 月 31 日，岳麓区委印发《关于万千等同志职务任免的通知》，周建华、刘正文任科技园党工委委员、副书记职务。

2 月 18 日，岳麓区政府印发《关于张选等同志职务任免的通知》，吴清萍任科技园财政分局局长。

2 月 26 日，岳麓区政府任命单旭红为园区管委员副主任。

2 月 27 日，岳麓区政府办印发《关于表彰 2012 年度城市管理工作先进集体和先进个人的通报》，科技园被授予“城市管理先进集体”称号。

2 月，长沙市加速推进新型工业化工作领导小组授予科技园“2012 年度全市加速推进新型工业化工作优胜单位”称号。

3 月 14 日，副区长刘雄辉在科技园管委会主持召开联东 U 谷・长沙国际企业港一期建设专题研究会议。

3 月，岳麓区委、区政府授予科技园“2012 年度岳麓区文明创建工作优秀集体”“2012 年度绩效考核工作先进单位”称号。

4 月 12 日，岳麓区委印发《关于赵琳雪等同志职务任免的通知》，任命单旭红为科技园纪工委书记职务。

4 月 17 日，岳麓区政府任命张双武任园区管委会副主任。

5 月 2 日，园区机关开展学雷锋“一联一、一帮一、一助一”活动。

5 月 7 日，时任先导区国土规划部副部长、市城乡规划局党委委员唐子可，副区长刘雄辉主持召开科技园概念性规划专题研究会议，原则同意《长沙岳麓科技产业园产业战略研究及发展规划》（中期成果）。

5 月，中共长沙市委、市政府授予园区“长沙市文明单位”称号。

7 月 4 日，岳麓区委、区政府印发《关于成立岳麓科技产业园建设领导小组的通知》。

7 月 15 日，长沙市文化体制改革和文化产业发展领导小组发文认定科技园为长沙首批文化产业示范园区之一。

7 月 25 日，时任岳麓区委书记陈中主持召开区委常委（扩大）会议，研究部署科技园建设发展工作。与会考察汽车 4S 城、含浦大道（三段）、上城国际广场、联丰苑安置小区、长韶娄高速学士入口、联东 U 谷长沙国际企业港等项目建设现场，并参观晚安家居生产车间。

7 月，长沙市文化体制改革和文化产业发展领导小组办公室授予科技园“长沙市文化产业示范园区”，并授匾牌。

8 月，园区境内张家村路（学士路—茯苓冲路）东西向，开工建设，全长 510 米，路幅设计宽16米，投资3525万元，于2014年12月建成通车。

8月5日，市城乡规划局印发《岳麓科技产业园战略研究与发展概念规划专家咨询会会议纪要》。

9月2日，时任副市长何寄华在科技园主持召开园区电力建设专题会议。

△园区举行“共树道德风尚，共建文明园区”主题活动暨道德讲堂半年度总结会。

9月5日，长沙市机构编制委员会印发《中共岳麓工业集中区工作委员会岳麓工业集中区管理委员会主要职责内部机构和人员编制规定》。

10月，园区编制完成《长沙岳科技产业园服务外包公共平台建设规划方案（送审稿）》。

10月12日，时任岳麓副区长刘雄辉在继善高科五楼会议室主持召开专题调度会。纪要“充分肯定继善高科在园区推进新型工业化进程中的示范引领作用”。

11月4日，中共中央总书记习近平视察园区企业长沙赛恩斯环保科技有限公司的重金属废水生物制剂深度净化和回用系统及相关工程技术装备，评价该项目技术先进、成本低。

△长沙市推进创业富民工作领导小组印发《关于表彰长沙市“一地一点”创业示范基地的决定》，园区荣获“一地一点”创业示范基地表彰。

△时任区委书记陈中到科技园调研。区领导周凡、蔡锋、刘雄辉、周建华、王友长等参加调研。

11月11日，园区承办中国（长沙）科技成果转化交流会岳麓专场和2013年全国大学生（岳麓）创新创业年会。

11月21日，中心商务岛项目签约仪式在园区办公大楼五楼会议厅举行，时任副区长刘雄辉，科技园及湖南顺元投资有限公司主要负责人出席签约仪式。

12月22日，园区管委会编写《关于中南大学科技成果孵转化基地企业入驻扶持的暂行办法》，初稿报市、区送审。

12月26日，时任副市长夏建平在岳麓科技产业园主持召开中南大学科技园项目建设会议。明确该项目为岳麓区、中南大学共建，纳入市科技重点项目，拨付专项资金500万元。

▲2014年

1月7日，时任副省长李友志主持召开中南大学科技园建设专题会议，协调中南大学科技园建设有关问题。

1月14日，省发改委印发《关于〈岳麓工业集中区发展规划（2011—2020）〉的批复》，批准园区工业集中区规划面积为577.61公顷，东至长潭西线，西至梅苑路、莲浦大道，南至望江路，北至莲花路。

1月26日，区委印发《关于曾跃平等同志职务任免的通知》，曾跃平任岳麓工业集中区党工委书记（副县）。

2月7日，时任岳麓区委书记陈中率队到园区调研，主持召开现场办公会议。

2月18日，时任岳麓区委办印发《关于明确"十区一园"项目指挥部（领导小组）机构的通知》，科技园发展协调领导小组，由陈中任组长，周志凯任第一副组长，袁精华等8人任副组长。

3月12日，市文化改革发展领导小组办公室印发《关于印发〈长沙市2014年文化产业倍增暨国际文化名城项目建设推进方案〉的通知》，园区《岳麓文化创意产业园》被列入项目建设目录。

3月24日，时任岳麓区委书记陈中率队调研园区项目建设情况。

4月2日，时任岳麓区政协民主评议岳麓科技产业园工作动员大会在区委党校三楼召开，参加会议的有：区委副书记刘汇，区政协主席袁精华，民主评议科技园工作组全体成员，园区管委会全体班子成员等。区政协副主席刘平部署评议工作。

4月10日，区委、区政府在园区管委会召开岳麓山国家大学科技园建设会议，中南大学负责人与区政府相关部门负责人以及园区主要负责人与会，会议明确科技园在岳麓山国家大学科技园建设中的职责与任务。

4月16日，园区组织参加"十七届北京国际科技产业博览会"，签约清华大学微电子信息项目。

5月2日，园区贯彻落实中共十七届六中全会精神，深入开展"争当雷锋精神传人、弘扬社会文明新风"活动，结合园区实际，成立机构，制定方案，开展学雷锋"一联一、一帮一、一助一"活动。

5月19日，时任湖南省委常委、市委书记易炼红在岳麓科技产业园调研时强调，园区发展要科学定位，高起点、高标准抓好规划设计，建设引领转型创新发展的高科技现代园区，打造城市经济升级版的核心示范区。市领导文树勋、陈献春等参加调研。

5月30日，时任岳麓区副区长刘雄辉在区政府主持召开学士路、象嘴路、联丰路、车塘河路改造工程。

6月6日，岳麓区发改委印发《关于岳麓科技产业园规划展示馆项目建设立项的批复》。

7月9日，时任长沙市委副书记、市长胡衡华到园区调研。

9月3日，时任岳麓区委书记陈中到园区创业服务中心调研，并主持召开现场办公会。强调创业服务中心：准确定位、整合资源、错位发展；拓展空间、做大平台、提升品质；理顺机制、强化服务、打造品牌。

9月4日，时任岳麓区委副书记、区长周志凯一行到园区调研。要求园区逐渐形成检测产业的集群优势，推进招商工作进度，建设好基础配套设施，保障资金链的有效运转。

9月20日，园区组织参加"湖南长沙国际项目合作洽谈周"，并成功签订中铝国际项目。

10月8日，岳麓区政协委印发《关于提交〈关于岳麓科技园工作民主评议报告〉的报告》。

10月13日，园区在"深洽会"签订中铁城建集团总部项目。同时在深圳主办"中南学子·圆梦岳麓"投资恳谈会，与中南大学深圳研究院签署战略合作协议，与中南大学深圳青年商会企业深圳中南联合投资公司达成合作意向。

10月27日，时任副区长刘雄辉在园区主持召开含浦大道三段和靳江河东山湾堤防工程项目专题研究会议，就相关拆迁、补偿、供水等工作作出决议。

10月28日，长沙市委印发《关于何匡时等同志职务任免的通知》，屈志峰任岳麓工业集中区党工委书记。

11月6日，长沙市委办公厅、长沙市政府办公厅印发《关于印发〈工业园区转型提质发展三年行动计划〉的通知》，确定岳麓工业集中区的发展目标为：重点培育公共检测（第三方检测）平台，产业增幅100%以上，产业占比70%以上。

11月8日，园区规划展示馆启动建设。

11月11日，中南大学校长陈春阳、岳麓副区长刘雄辉在中南大学主持召开中南大学科技园研发总部建设专题会议，明确长沙含浦科教产业园开发建设有限公司代表园区参与中南大学科技园项目建设工作、运营平台公司。

11月14日，岳麓区委印发《关于屈志峰曾跃平同志职务任免的通知》，屈志峰任科技园党工委书记，主持全面工作。

12月1日，时任长沙市副市长何寄华率市直机关部门负责人对岳麓科技产业园检验检测产业进行现场调研。重点考察中大检测、联东U谷、达嘉维康、爱威科技等园区内的检测企业，共同研讨《长沙市检验检测产业三年行动计划》。

▲2015年

1月16日，时任省委常委、副省长陈肇雄在中南大学主持召开中南大学科技园（研发）总部建设专题会议，省、市、区政府领导和园区主要负责人参加会议。

1月22日，园区企业联东U谷·长沙国际企业港创业投资说明会暨项目启动仪式在联东U谷招商中心举行。湖南晶网科技经贸有限公司、长沙学府教学仪器有限公司等多家企业与联东U谷·长沙国际企业港签订5000余平方米的标准厂房入驻意向协议。同时，湖南海捷精工、湖南大学深圳研究院与联东U谷公司签署湖南大学工程机械产业基地的三方合作协议。

3月13日，时任岳麓区委副书记、区长周志凯在园区主持召开区长办公会议。

3月17日，时任岳麓区委副书记、区长周志凯到园区调研发展情况。周志凯一行重点考察联东U谷、中大检测、达嘉维康、爱威科技等园区企业的发展情况和部分在建项目建设情况。

3月20日，国际知名检验检测机构SGS集团正式落户园区。园区提供1000平方米支持SGS集团办公和实验室等场地设施。

3月29日，岳麓科技产业园进行中层干部竞职演讲，选聘园区第一批中层正副职。

4月1日，园区与留美博士创业的生物化学检测赛奥维生物项目签署合作协议。

4月13日，时任岳麓副区长刘雄辉在学士街道办事处主持召开科技园与街道工作对接会议。

5月，时任岳麓副市长张迎春带队开展小分队招商，赴上海考察英国天祥（上海）汽车部，引进天祥汽车检测项目落户园区。

5月8日，湖南省委全面深化改革领导小组办公室副主任秦国文一行到园区调研区校合作情况，园区管委会主任张永久参加调研。

5月15日，时任岳麓区委书记陈中率队调研岳麓科技产业园。陈中一行深入检验检测专业园区、联东U谷、中大检测、达嘉维康、爱威科技等项目现场，并主持现场办公会议。

5月22日，区委印发《关于印发〈中共岳麓区委常委会2015年工作要点〉的通知》指出：科技园要汇聚国内外检验检测、工业设计等方面的优质要素，大力培育公共检测平台，打造中部最佳、全国一流的检验检测产业专业园区。

5月27日，时任岳麓区政协主席袁精华率队到园区考察“民主评议回头看”，对园区民主评议工作及项目建设情况进行再跟踪考察。园区党工委书记屈志峰、管委会主任张永久参加考察。袁精华一行考察联东U谷、中大检测等园区企业建设情况，并召开座谈会，听取园区有关情况的汇报。

5月30日，园区与中南大学合作主办的“2015年大学生创新创业年会”在中南大学国际报告厅举行。时任中南大学副校长胡岳华、岳麓区人民政府副区长刘雄辉、岳麓科技产业园管委会主任张永久、副主任张双武等出席。

7月，园区境内大塘路（新星路—学士路）长510米，宽16米，投资2867.68万元，启动建设。于2017年1月竣工通车。

7月13日，岳麓区人大常委会主任胡杰夫率区人大常委会常委调研岳麓科技产业园项目建设工作。先后到检验检测专业园区、联东U谷·长沙国际企业港、达嘉维康医药物流园等项目施工现场考察，园区党工委书记屈志峰参加调研。

7月20日，长沙市政府政策研究室副主任周海毅到园区进行调研，重点了解检验检测、区校合作等园区特色品牌发展情况，并与园区部分企业进行座谈。

7月23日，区人大常委会主任胡杰夫主持召开主任会议，听取科技园关于玉江片区新型城镇化建设项目的汇报。

7月28日，园区管委会向区政府提交《关于申报湖南省知识产权示范基地的报告》。

8月14日，园区印发《关于中南大学科技园孵化器启用管理方案》。

9月11日，《长沙晚报》A10版刊载长篇特别报道《筑巢引凤打造“长沙检测”城市新名片——岳麓科技产业园引进检验检测企业30多家，年业务收入超过10亿元》。

9月15日，《湖南日报》、新华网、中国检测网、璀璨星城等媒体刊载、转载《湖南日报》记者撰写的《长沙：打造检验检测产业高地》的长篇报道。

△ 时任岳麓区委副书记、区长周志凯在科技园主持召开区长办公会议，提出园区在产业发展、战略合作、精准招商等三方面指导意见。

9月24日，岳麓区委副书记、区长周志凯调研岳麓科技产业园检验检测产业工作。

9月28日，中铁城建集团湖南总部基地项目正式奠基开工。湘江新区、岳麓区、科技园等相关负人出席仪式。

10月21日，园区与安徽路网集团、浙江金诚集团就玉赤河景观廊道PPP项目签署战略合作框架协议。

11月2日，《长沙晚报》A6版刊登《资本抢驻46平方千米中部智谷》，揭示园区建设发展前景的长篇报道。

11月7日，园区中南大学科技园孵化项目“非接触性智能手术室”荣获第四届中国创新创业大赛（湖南赛区）暨第二届湖南省创新创业大赛一等奖。

11 月 20 日，岳麓区委书记周志凯主持召开办公会议，会议决定科技园财政管理体制问题，原则同意按照“划分收支范围、收入全额上解、核定补助基数、一定三年不变”的原则实行。

11 月，园区被评为“2015 年中国改革年度十大案例单位”之一。

12 月 1 日，省发改委授予中南大学科技园研发孵化公共服务平台为省级特色产业园公共服务平台称号。

12 月 7 日，省卫计委发函致北京博奥医学检验所有限公司，同意该公司在长沙岳麓科技产业园设置“长沙博奥医学检验所”的申请。

12 月 22 日，时任湖南省质监局党组成员、副局长周笑春率省质监局认证评审处、科技处等相关处室负责人到园区调研检验检测产业发展工作。时任长沙市委常委、副市长张迎春出席调研会议，岳麓区委副书记、代区长刘汇，长沙市经济和信息化委，长沙市质监局，岳麓区政府，科技园等单位负责人参加座谈会。园区主要负责人汇报检验检测产业发展情况，研讨《第三方检测认证及认证产业发展意见（送审稿）》，和《关于中南大学科技成果孵化基地企业入驻扶持的暂行办法》等。

12 月 25 日，时任岳麓市委副书记、市长胡衡华率队考察岳麓科技产业园重点建设项目。

12 月 31 日，首届“全国异地长沙商会联席会暨长沙投资推介会”，园区与湖南致力工程有限公司签署项目合作协议。该公司系中南大学学科性公司，从事土木工程质量检验检测的高科技企业。

▲2016年

1 月 7 日，岳麓区政府印发《关于李明清等同志职务任免的通知》，姚寿主任科技园管委会办公室主任，龙略成任科技园管委会经济发展局局长，黄志怀任科技园管委会规划建设局局长，陈建湘任科技园管委会招商合作局局长，虢旭任科技园管委会社会事务局局长。

1 月 11—16 日，长沙地区连续低温雨雪，农作物遭受冰冻灾害。道路结冰，出行困难，园区机关干部职工全体出动，投入抗冰救灾，清除道路冰雪。

1 月 25 日，岳麓区政府印发《关于明确岳麓科技产业园财政管理体制的通知》。

2 月 25 日，时任岳麓区委副书记、区长刘汇率队到园区调研工作。园区党工委书记屈志峰，管委会副主任张俊雄、刘正文等参加调研。

3月6日，时任湖南省质监局党组书记、局长欧阳彪到园区调研检验检测产业和检测装备制造产业。长沙市人民政府副秘书长王体泽、市质监局局长陈光、岳麓区委副书记、区长刘汇等参加调研。欧阳彪一行参观园区检验检测认证产业园、联东U谷、规划展示馆，听取岳麓科技产业园党工委书记屈志峰关于园区工作情况汇报。

3月9日，时任岳麓区委书记周志凯到园区调研，区领导周春晖、周凡、杨利成、刘雄辉参加调研，园区屈志峰、张永久，区发改局，区财政局等相关区直部门以及学士街道主要负责人参加调研。

4月6日，岳麓区与中国汽车零部件工业公司举行中汽（湖南）汽车服务产业基地项目签约仪式。中汽斥资60亿元在岳麓区打造汽车服务产业基地，策划5年时间建成云栖路国际汽车文化长廊。时任长沙市委常委、副市长张迎春，湖南湘江新区党工委委员、管委会副主任罗社辉，岳麓科技产业园党工委书记屈志峰、管委会主任张永久等出席。

5月4日，岳麓区委副书记、区长刘汇率队调研中铁城建集团总部，园区党工委书记屈志峰、管委会主任张永久等参加调研。

5月17日，省发改委、科技厅、经信委、财政厅4家省政府部门联合发文《关于授予检验检测特色产业园称号的决定》，园区荣获"湖南省检验检测特色产业园"称号。

△长沙市政府办公厅发布《关于第三方检验检测和认证产业发展的意见》。

5月25日，长沙市委副书记、市长胡衡华，长沙市委常委、副市长张迎春在科技园主持"湖南省检验检测特色产业园"挂牌与项目建设启动仪式，岳麓区委区政府、省、市相关部门、园区检验检测企业主要负责人和园区全体干部职工参加。

5月26日，岳麓区政府在园区召开区长办公会议，研究含浦大道（一段）拆迁建设工作。

5月28日，园区参加央企对接会，湖南大学创新创业园、长沙博奥医学检验所有限公司等项目签约入园。

5月，园区完成学士路等五条主次干道提质改造工程。园区企业湖南致力工程科技有限公司参加国土资源部"中国开发区"目录修订。

6月23日，岳麓区委书记周志凯率区委常委到园区调研。实地考察洋湖创富、中铁城建、检验检测园、达嘉维康及园区规划展示馆。

6月24日，岳麓区委书记周志凯，副书记、区长刘汇一行对含浦大道项目进行考察调研。

7月14日，海普声域信息技术服务有限公司落户园区，享受文化创意企业孵化政策待遇，与园区签订租房协议。

7月18日，园区参加湖南大数据交易中心专家评审会，推介园区大数据产业发展情况。

7月22日，岳麓区委、区政府出台《关于促进岳麓科技产业园转型创新发展的若干意见》，为园区创新引领高科技园区和检验检测专业园区，提供政策支撑。

8月5日，新疆维吾尔自治区质监局总工程师鹿毅，昌吉高新区党工委书记赵小炜到长沙岳麓科技产业园调研检验检测特色产业，在中大检测集团有限公司举行考察座谈会。

8月17日，沪洽周期间，园区举办了湖南省检验检测招商推介会，引进10余家检验检测企业入驻意向。

8月25日，湖南省科技厅印发《关于认定长沙软件园有限公司等12家单位为湖南省科技企业孵化器的通知》，园区被认定为全省12家省科技企业孵化器之一。

8月，园区参加“走进中国500强”活动，成功引进无人驾驶测试区、北京德利迅达等项目。

9月，区委任命黄燕任园区党工委副书记、管委会主任。

9月6日，岳麓区人民政府与湖南中医药大学签订战略合作协议，双方在医药医学研发、科研成果转化等方面开展全方位合作。园区党工委书记屈志峰，管委会主任黄燕出席工作对接会。

9月13日，“2016‘创响中国’巡回接力长沙站‘中国梦·微创梦’——岳麓创新创业论坛”在园区举行。湘江新区领导、14家创新创业企业、6家创业服务机构、高校科研院创业导师及创业群体企业代表100余人参加。

9月，长沙含浦科教产业园开发建设有限公司获得大公国际（评级机构）主体信用评级AA级。

10月21日，岳麓区委印发《关于席文诗等同志职务任免的通知》，单旭红任区纪委驻科技园纪检组组长。

10月31日，市加速推进新型工业化工作领导小组办公室印发《关于印发〈长沙市优化园区规划完善园区功能配套的指导意见〉的通知》，明确岳麓工业集中区（科技园）的规划范围，北至象鼻山和五星村，南至含浦镇，西抵黄桥大道，东至靳江河和洋湖湿地公园，总用地面积46平方千米；功能分区分为生产区、生活区、商业区三区，生产区包括创新创业（检验检测）园、中南大学产业园、文化创意产业园、检验检测装备园等，面积约 36 平方千米:生活区约 8 平方千米;商业区约 2 平方千米。

11 月 4 日，岳麓区委书记周志凯主持召开区委常委会，专题研究中南大学科技园（研发）总部建设。会议明确：平台公司决策层由区委书记周志凯、副区长李舜、科技园管委会主任黄燕 3 人组成：平台公司工商注册资金，分别由中南大学科技园发展有限公司出资 40%、长沙含浦科教产业园开发建设有限公司出资 35%、长沙麓山城市建设投资有限公司出资 25%：平台公司开发建设采取政府购买服务的模式，由科技园负责融资。

11 月 28 日，湘江新区管委会印发《关于印发〈湖南湘江新区高端制造研发转化基地和创新创意产业集聚区发展规划（2016—2020）〉的通知》指出：科技园的产业布局为现代服务业中的检验检测产业，文化创意产业中的文化旅游、艺术设计、建筑设计等：发展目标为依托广电计量、瑞士 SCS、中大检测等，打造中部最大的一站式检测与认证服务平台；规划建设总面积 10 平方千米的岳麓科技城，以智能驾驶为引领，以检验检测产业为特色，发展集科技、研发、创业孵化、交流培训、休闲体验等功能为一体的创新创意产业基地。

11 月，湖南省发展和改革委员会授予园区检验检测集聚区“湖南省服务业示范聚集区”匾牌。

12 月 2 日，湖南省人民政府办公厅印发《关于发挥品牌引领作用推动供需结构升级的实施意见》，文件指出“将岳麓科技产业园检验检测专业园区打造为中部地区检验检测知名品牌”。

12 月 22 日，省委常委、市委书记易炼红，市委副书记、代市长陈文浩，市人大常委会主任袁观清，市政协主席范小新，率市四大家领导、市直部门、各区县（市）及各园区主要负责人到湖南省检验检测特色产业园项目现场观摩。

12 月 27 日，省、市人大代表岳麓区代表联组一行考察园区湖南省检验检测特色产业园。

12 月 28 日，中南大学、岳麓区“透明计算”技术产业化基地项目合作签约仪式在区政府机关 2 栋 3 楼会议室举行。区委书记周志凯，区委副书记、区长刘汇，区领导周凡、李舜等出席。园区管委会主任黄燕出席签约仪式。

△湖南省科技厅授予园区“湖南省科技企业孵化器”资格，证书、匾牌。

第一篇 建置 地理

ESTABLISHMENT AND GEOGRAPHY

第一章　建　置

◆第一节　建置沿革

长沙岳麓科技产业园，创园之初地处望城县含浦镇，原名长沙含浦科教产业园。2002年4月望城县委县政府同意成立，建设以教育产业为主、其他科技产业为辅的综合性开发园区，属望城县管辖。2004年5月，经国家发改委等国家部委审核，园区被确定为湖南省保留的99个开发园区之一。2008年6月，长沙市委、市政府对长沙市进行区划调整，园区成建制由望城县划归长沙市岳麓区管辖，原长沙含浦科教产业园更名为长沙岳麓科技产业园。2012年，为加快推动长沙岳麓科技产业园经济发展，促进园区法制化、正规化、标准化管理，岳麓区人民政府根据《长沙市含浦镇土地利 用总体规划（2006—2020年）》《长沙市城市总体规划（2003—2020）（2014年修订）》和省设立工业集中区的相关规定，编制出园区发展、土地利用等规划呈报省人民政府。根据2012年11月23日湖南省人民政府办公厅《关于设立安仁工业集中区等29家省级工业集中区的通知》，长沙岳麓科技产业园获批设立省级工业集中区，升格为副县级机构。至2016年止，建制未发生变化。

◆第二节　区划沿革

长沙岳麓科技产业园位于长沙市岳麓区南部、长株潭城市群核心区域，地处在北纬28° 01′ ~28° 10′ 、东经112° 45′ ~112° 54′ ，北倚岳麓山风景名胜区，南靠大王山旅游度假区，北临梅溪湖国际功能区，东邻洋湖总部经济区。园区规划用地在建园之初经历四次大的调整。2003年前，第一次分区规划面积是7.728平方千米，包括三环线内除含浦镇长丰村以外的全部面积；第二次调整为76.8平方千米，范围包括长潭西线以东含浦镇的白鹤、斑马、学士、均塘、东山湾、赤江、渣塘、含浦、官埠口、栗桥、九江、长丰、花圹、洞庭 14 个村，坪塘镇境内坪莲公路以北、国道绕城公路两侧的洋湖、靳江、桂花、连山、坞泥、社仓、观塘、山塘等 12 个村；第三次调整为 21 平方千米，即含浦镇 14 个村；第四次经过反复论证、修改，报批首先启动开发的 9.7 平方千米。2004 年启用了 21 平方千米规划。随着园区基础设施日趋完善，招商引资不断推进，项目用地日趋紧迫，《长沙岳麓科技产业园总体规划（2010—2030）》于 2012 年获审批通过。园区总规划面积 46.13 平方千米，其中城市建设用地规模 22.49 平方千米，水域［靳江河、玉赤河、湿地风光带以及小（2）型、小（3）型水库］等非建设用地 23.64 平方千米。园区四至范围为靳江河以西，望江路以北，莲浦大道以南，含浦街道边界以东，辖学士街道及所属的联丰村、学华村、学泰村 3 个行政村和白鹤社区、斑马塘社区、学安社区、学联社区、学士桥社区 5 个社区。园区管委会办公大楼位于学士路 8 号；园区常住人口 12 万余人；境内交通便利，公路干线纵横交错，交通网络四通八达。长沙市三环线从园区北部穿越而过，长潭西线从园区中部贯穿南北。含浦大道、学士大道、象嘴路、莲坪路、联丰路、车塘河路、云栖路、左栗路等 20 余条主次干道编织成网，道路通百业兴。

园区自 2002 年创建至 2016 年年底的 15 年间，引进 600 余家企业和科研机构入园兴业，初步形成以湖南中医药大学、湖南工业职院为代表的高等教育集群；以继善高科、赛恩斯环保为代表的高科技产业和研发集群；以中大检测、爱威科技为代表的检验检测特色产业园；以湖南大数据中心、智能网联等为代表的电子信息技术和文化创意园；以上药九旺、达嘉维康为代表的医药产业和物流链；以中铁城建、海普科技为代表的总部商务区；以晚安家居、联东 U 谷为代表的工业项目产业带等共同担负起建设岳麓山大学科技产业新城的使命。

15 年间，园区从一片农田山地到新建楼盘厂房，高层建筑矗立云霄。先后有麓山别墅、汀湘十里、云栖谷、公园尚、中建和苑、迪亚溪谷、米兰春天、盈峰翠邸、湘杏家园、江山帝景、华润橡树湾、水岸御园、枫华府第、萃程商务、裕园小区、华瑞置地、靳江明珠、白鹤小区等 50 余个风格各异的高层楼盘建成，分布于园区各繁华地段。美丽宜居宜业的生态环境，吸引 10 余万人入住。岳麓智谷，活力新城。

◆第三节　街道、村（社区）

一、街道

长沙市岳麓区学士街道办事处成立于 2013 年 1 月，隶属长沙市岳麓区人民政府。总面积 42.28 平方千米，东倚洋湖总部经济区，西邻含浦街道办事处，南沿靳江河与洋湖街道相邻，北抵梅溪湖国际新城。境内有智谷科教公园、玉润公园、紫苑公园、杏雨公园以及玉赤河湿地景区和洋湖湿地公园环绕辖区，绿化率达 43.1%~45.2%，形成一片自然生态绿地。学士街道在 2011 年之前属岳麓区含浦镇辖地。2011 年 8 月，撤销含浦镇，设含浦街道办事处。2012 年 10 月，学士街道从含浦街道析置而建，2013 年 1 月 18 日正式挂牌成立，临时办公处所设长沙岳麓科技产业园办公大楼内（学士路 8 号）。2015 年年底，办公处所搬迁至玉江村办公大楼新址。学士街道沿用原含浦街道行政区划，下辖联丰村、学泰村、学华村 3 个行政村和白鹤社区、斑马塘社区、学安社区、学联社区、学士桥社区等 5 个社区，共 129 个村（居）民小组。驻街单位 19 个、大专院校 4 所。总人口 76158 人，9440 户，其中常住人口 3.1 万人，学生 3.2 万人，流动人口 1 万余人。街道致力于服务园区，协助园区打造全国一流总部商务基地、科技研发中心、文化创意高地和两型宜业新城。

二、村（社区）

（一）学华村

学华村是岳麓区学士街道办事处管辖范围内的一个行政村，地处学士街道北。2016 年 4 月由原学士村和玉江村的塘峡片、玉华片合并而成。村域总面积 18.8 平方千米，东至学士桥社区和联丰村，西至高家组与大坡村的边界，南至学泰村边界，北至梅溪湖街道和莲花镇莲湖村边界。全村人口 8300 余人，2302 户，55 个村民小组，中共党员 262 人，一个党支部和一个村委会，即中共学士街道学华村支部委员会和长沙岳麓区学士街道学华村村民委员会。学华村紧倚岳麓山后山，与桃花岭、象鼻窝森林公园相连，森林覆盖率达 75%。塘峡片左栗公路旁已形成自然小集镇，商业比较繁荣；玉江片为永久性高效农业生态保护区。村内有规模葡萄种植基地 80 余公顷，无公害蔬菜种植基地 33.33 公顷和羊肚菌基地 46.33 公顷，所产出的产品在市场畅销，村民收入逐年丰厚。20 公顷红豆杉苗木，使岳麓农趣谷中的 10 余家农家乐增添农村景点。境内有三个小水库，水域总占地约 33.33 公顷。2014 年年初，长沙岳麓科技产业园偕学士街道着手规划建设村内的玉赤河湿地风景区。村内玉华水库、玉华渡槽、岳麓农趣谷、农家乐、葡萄园、红豆杉、羊肚菌等无公害蔬菜基地和村落连成一片，勾勒出学华美丽乡村的雏形。2016年学华村被岳麓区人民政府定名为美丽乡村建设示范村。

（二）联丰村

联丰村地处学士街道中心位置，南依靳江河、北临风景秀丽的岳麓山，绕城高速、长潭西线自东向西穿村而过。2004年，撤销原斑马村、均塘村，合并组建联丰村，时属望城含浦镇。2012年10月，岳麓区政府将含浦街道析置组建学士街道，联丰村属学士街道辖区行政村之一。全村占地面积3.8平方千米，总人口约10000人，其中流动人口约5000人。全村中共党员223人，村设中共学士街道联丰村总支委员会，下设5个党支部，15个党小组；联丰村管委会下辖22个村民小组，村支两委成员5个。村内有1所小学、1所中学、1所村卫生所和1家民营医院——长好医院。村管辖裕园、联丰、车塘河3个村民安置小区。境内有省级工业集中区长沙岳麓科技产业园总部机关，即学士路8号园区办公大楼。村支两委办公处所设联丰路1号联丰大厦五楼。境内沿学士路有博奥检验、智谷空间、科技产业孵化基地3座科技大楼。长沙银行、湘江新区农商银行和中国建设银行均在境内开设支行营业。村委在小区内增设农贸大市场，有效利用3个村民小区141栋楼盘的1941个门面作为不同行业的门店。活鱼鲜肉、蔬菜瓜果、粮油米面、日杂干货、酱醋辅料一应俱全；老庙黄金、吉盟珠宝、服装鞋帽、宽带影视、联通电信、博浩手机、高低餐饮、百货超市、星级宾馆应有尽有。市场繁荣、服务兴旺，夜市摊点，更具风采。裕园科教公园是村里红玫瑰多元素艺术团、村篮球队、村读书会、电影放映队的群众文化娱乐中心。联丰村民风纯朴，集体荣誉感强。2004年建村至2016年，先后荣获“长沙市社会治安综合治理红旗社区（村）”“长沙市巾帼示范村”“长沙市人口和计划生育协会工作先进单位”“长沙市社会治安工作先进单位”“长沙市组织建设先进单位”“长沙市支援重点工程建设先进单位”“长沙市社会事务工作先进单位”等称号。

（三）学泰村

学泰村系岳麓区学士街道管辖行政村之一。2016年4月，学士街道报请岳麓区政府批准，将原东山湾村与玉江村赤江片合并组建学泰村。学泰村地处学士街道的东南角，北邻联丰村裕园小区，西抵含泰村，东接坪塘街道，村总面积9.51平方千米。全村农业人口5311人，共1450户，33个村民小组，中共党员189人，一个党支部，设立中共学士街道学泰村委员会，下设13个党小组；村支两委成员7人，计划生育专干助理1人。境内农业耕地面积243公顷，水域面积33.06

公顷，可供开发面积 266.67 公顷。村内有小学 1 所，村卫生室 1 所。

（四）白鹤社区

白鹤社区系学士街道辖内最早的一个社区，2004 年由原白鹤村改为农村社区，时属含浦镇。2013 年 1 月，从含浦街道析置建立学士街道，白鹤社区随学士街道改为城市社区。2014 年 2 月、2016 年 3 月两次社区区划调整，析置成立斑马塘社区和学安社区。调整后，白鹤社区四至范围：北至岳麓街道桃花村，南至车塘河路，西至学华村，东至岳麓街道五星村边界。社区总面积 3.2 平方千米，人口总数 20000 余人，户籍人口 4868 人，农业人口 2860 人，暂住人口 16480 人。中共党员 98 人，建立中共学士街道白鹤社区总支委员会，下辖 2 个党支部，8 个党小组，居支两委成员 7 人。办公处所设金穗路白鹤社区办公楼，办公用房面积 1936 平方米。辖区内拆迁重建地白鹤安置小区位于云栖路南向，共建 28 栋，建筑面积 21 万平方米，2003 年建成居住，小区内常住人口 2260 人，流动人口 4814 人。辖区内有 2 个商品楼盘：云栖谷小区共 25 栋，建筑面积 36.8 万平方米；麓山里佳园 10 栋，建筑面积 4.63 万平方米。2013 年建成白鹤社区公园，占地面积 10000 余平方米，总投资 400 余万元，为社区居民提供健身、休闲、文娱绿地场所。驻社区单位有 4S 汽车城、恒毅科技、深圳南山、创业电力等企业；有湖南工业职业技术学院、长沙南方职业学院两所院校和博才白鹤小学。社区内医院、诊所及社区卫生服务中心共 8 所、中级职称医生 25 人。社区关注群众出行安全，2013 年对辖区内左栗线全路段 1600 余米投资 50 余万元，拓宽硬化铺上改性沥青路面；投入千万余元对宋家塘组牌楼村的沙石路进行平整硬化；为防止车辆坠塘，又投入 2 万元对宋家塘组彭家塘段增修 60 多米规范公路围挡。

（五）斑马塘社区

斑马塘社区隶属岳麓区学士街道，2014 年 1 月成立。社区四至范围：东起靳江河堤，西临象嘴路，南至含浦大道中段，北抵联丰路。社区总面积 1.58 平方千米，辖区人口 12842 人，6480 户，流动人口 1862 人。办公处所设江山帝景楼盘，办公用房面积 780 平方米。有中共党员 26 人，建立中共学士街道斑马塘党支部，居支两委成员 9 人。辖区内有五个商品楼盘：江山帝景总建筑面积 168 万平方米，2007 年动工，2009 年交付 6115 套，已开发 61 万平方米；华润橡树湾建筑面积 53.71 万平方米，总计 24 栋，最高建筑 34 层；邦盛水岸御园建筑总面积 38 万平方米，共 17 栋；星语林 · 汀湘十里建筑总面积 33.71 万平方米，共 298 栋；福天洋湖时代苑建筑总面积 13.15 万平方米。境内中学 1 所：湖南师大附中博才实验中学。

（六）学联社区

学联社区于2016年1月成立，隶属岳麓区学士街道。社区四至范围：北至香格里大道北向楼盘群北边界，南至学士路南向楼盘群和单位南边界，西至长韶娄高速出入口交界处，东至象嘴路全线。社区总面积2.71平方千米，常住人口约12450人，流动人口约1600人。社区办公地址设岳麓区智贤路61号（联丰苑小区旁）。社区有中共党员25人，建立中共学士街道学联社区党总支委员会，居民小组5个，居支两委成员10人。辖区有1个安置小区联丰苑，总建筑面积24.98万平方米，共18栋楼房。还有枫华府第、含浦家苑、锑都家园、云顶翠峰、卓越麓山别墅、迪亚溪谷、香格里麓山别墅、九龙领仕汇等9个商品楼盘。入驻社区的学校有湖南中医药大学、湖南食品药品技术学院；入驻企业有继善高科、海普声域、浦洋科技、中大检测。

（七）学安社区

学安社区隶属于岳麓区学士街道，2016年3月析置成立。四至范围是：北至云栖路，南至联丰路，西至象嘴路，东至车塘河路。辖区面积0.81平方千米。社区中共党员29人，建立中共学士街道学安社区支部委员会，下辖2个党小组，居支两委成员7人。办公处所设长沙岳麓科技产业园裙楼。社区管理和服务对象：晚安家居城、户外镇流器2家企业和3个商品楼盘。金鼎公园尚12栋建筑面积约40万平方米，中建·麓山和苑由28栋高层住宅组成，建筑面积38万平方米；利海米兰春天建筑面积80万平方米，共41栋4348户，为聚住宅、别墅、商铺、学校于一体的意大利风格建筑楼群。三个楼盘设计户数12180户，已入住5200余户，约1.57万余人。

（八）学士桥社区

学士桥社区隶属于岳麓区学士街道，2016年析置筹建。社区范围北至香格里大道北向楼盘群的北边界，南至云栖路长潭西高速，西至九龙领仕汇楼盘西边界，东至象嘴路分界，总面积1平方千米。社区有10个中共党员，建立1个党支部，即中共学士街道学士桥社区党支部，居支两委负责人2人，办公地址设在香格里麓山别墅楼盘,办公用房面积800平方米。辖区内规模户数3004户,入住1783户,入住人口5467人,社区管理和服务于卓越麓山别墅、香格里麓山别墅、迪亚溪谷、九龙领仕汇、含浦家苑5个楼盘业主和学士邮电所一个驻区单位。

第二章 地 理

◆第一节 地质地貌

地质 园区地处江南古陆西北缘，基底由中元古界组成，上覆上元古界，下古生界地层经常接受剥蚀已被夷平，上古生界至中生界均为准地台形沉积，喜马拉雅运动对长沙地壳影响较大，初步形成长沙大地轮廓。自新生代以来，境内一直处于较为稳定的地质环境，受地震、滑坡、泥石流等地质灾害影响甚小。凸显现时地处状况，地层出露分三个区域，西北部主要为第四系地层，中部为元古界，东南为古生界、中生界地层。从老至新依次为：冷家溪群，出露于白箬铺、含浦、黄金、星城、乌山等地，河东丁字镇有零星分布，厚度约5万米。

地貌 园区仅40平方千米，内有低山、丘陵、岗地和平原，以岗地、平原、丘陵为主，洋湖垸是区域内最大的河谷平原。

园区地处湘江下游地带，为低缓丘陵。最低侵蚀基准面海拔标高27.0米，最高海拔标高249.7米。总体地势北、南面高，中部低。区内地形简单，其中主要类型有剥蚀构造丘陵地貌和堆积平原地貌，一般海拔标高40~130米，山体坡度，一般小于20度；东区主要类型为堆积平原地貌，一般海拔标高30~35.6米，地势平缓。园区地域植被较为发育，植被以松、杉、茶、竹为主，农作物以水稻、小麦为主。

◆第二节 气候水文

气候 园区境内属亚热带季风湿润气候区，气候温和湿润，四季分明，春夏多雨，秋季干旱，暑期长，严冬期短，年平均气温16.9℃，最低气温–11.3℃，最高气温40.6℃，最冷月（1月）平均气温4.6℃，最热月（7月）平均气温

29.5℃，年平均降水量1400.6毫米，4~6月降水集中，月平均降水量184.5~245毫米。全年雨日约158天。冬春多北风，夏季多南风，日照时数平均1726小时，积温5466℃，无霜期长，年均279.3天。

水文 境内地表水体较发育。其中湘江、靳江河古河道紧邻东区东侧、北侧流过。靳江河是园区内湘江最大的一级支流，河宽100~150米，经九江庙、许家洲、麦子洲东去，于梅家洲村处注入湘江。此外，区内的地表水体为一些零星分布的水库和池塘。其中尤以玉赤河比较系统，玉赤河为靳江河支流，是流经原玉江、东山湾两村的一条集农业灌溉、泄洪功能为一体的靳江河支流，呈南北走向，北起玉江村竹塘水库，中有玉华水库泄洪口，终点南至东山湾入靳江河。全长约8.4千米，河道平均宽度6米，河坝两边常住农户2050户，农业人口6600人，灌溉面积300公顷。靳江河，又名靳江、靳水，古称“瓦官水口”，为湘江下游支流，因河道经宁乡楚大夫靳尚墓前而名靳江。发源于湖南省宁乡县白鹤山寨子冲，自西向东流经宁乡县大屯营、道林等地，经湘潭县、望城县，然后于长沙岳麓区的柏家洲村附近汇入湘江。全长87. 5千米，流域面积781平方千米。其航道滩险有碍灯11处，每年可通航4~6个月，洪水期可航行6~20吨机帆船。从九江庙至颜家桥，由于河道裁弯取直，河床没有挖至航道深度，所以一般中水及枯水期通航困难。

区域内地下水较发育，其中西区地下水类型有松散岩类孔隙水、基岩裂隙水和碳酸盐岩类裂隙溶洞水；东区地下水类型单一，为松散岩类孔隙水。

历史上含浦农村村镇沿用古代自然供水方式，即由自然形成的靳江河、玉赤河、水塘与人工开凿的水井提供饮用水、生活用水和农田灌溉水。2002年4月，望城县划坪塘、含浦两镇部分区域，以“含浦组团”为中心的21平方千米面积，建立长沙含浦科教产业园；开发新型的大学城，引进大量高科技产业，建设一个新型的科技宜业新城。人口增多、企业林立，用水是首当其冲的大事。园区管委会果断决策，是年引进长沙市自来水公司第二制水厂新厂项目并积极促成项目审批报建，取湘江之水以解决园区建设的长足供水问题。2007年7月，二水厂新厂建成投产，一期工程通水运行，入户735户，企业18家，年供水4.07亿吨；2012年自来水进园入户2486户，企业60家，年供水4.93亿吨；2016年自来水入户28696户，企业175家，年供水6.02亿吨。二水厂长年供水能力为308立方米/日。水质为国家Ⅱ级标准。

◆第三节　自然资源

土地资源　园区自2002年成立，三次修改规划用地面积：初以含浦分区划定面积为7.728平方千米；二次修订为9.7平方千米；2008年后规划为21平方千米。随着园区建设发展的推进，2012年获批为46.13平方千米。2014年，园区在全省范围内率先完成土地利用规划、城市控制性详细规划和产业发展规划“三规合一”，贯穿土地集约利用、自然生态保护、组团开发、城市设计理念。长沙市规划局在全市范围予以推介。

矿产资源　区域内矿产资源不甚丰富，主要矿产有磷块岩、石灰岩、硅石、花岗岩、陶粒板岩、玄武岩、陶瓷黏土、耐火黏土等非金属矿产，其中磷块岩、石灰岩、硅石、陶瓷黏土、花岗岩具有较重要的开采意义。金属矿产有铁、锰、钒、铜、铅、钨、锡、金、铌、钽、铍等，多为矿点或矿化点，规模小，一般不具开采意义。

其他资源　园区境内有可供开发利用且生态环保的自然山水资源。水域资源：园区内有靳江河（湘江主要支流之一），白鹤水库、白鹤天池、玉华水库等，水域面积分别为78.37公顷、1.96公顷、1.33公顷、6.73公顷；有学华村水域面积33.33公顷，学泰村水域面积33.06公顷。林业资源：已开发的有学华村的23.33公顷红豆杉苗木基地、待开发的有学泰村的林业基地266.67公顷。宜于林业种植业开发。

第二篇 基础设施建设

INFRASTRUCTURE CONSTRUCTION

第一章 规 划

◆第一节 总体规划

2002 年，长沙市规划管理局《关于长沙含浦科教产业园规划评审会议纪要》和望城县人民政府《关于长沙含浦科教产 业园规划的批复》，明确长沙含浦科教产业园是一个以教育产业为主、其他科技产业为辅的综合性开发园区。建设用地规模为 715.6 公顷。望城县规划局委托长沙建筑设计院完成 7.73 平方千米的含浦科教产业园控制性详规，从含浦组团划出 552.07 公顷作为园区开发建设用地，规划开发高校用地区：含浦科教产业园作为岳麓山大学科技园的一部分，随着部分高校总体迁入，为高校扩大规模提供用地，在园区内配置生活居住及相应的中、小学等公建服务设施，用地总面积 186.67 公顷。现代工业发展区：主要发展一类无污染工业，也可做高校园区的科技成果实验基地或孵化基地，用地面积控制在 91.32 公顷。行政商贸居住中心：居住用地主要围绕含浦高教产业园、现代工业发展区和传统工业区的配套布局，结合地形相对集中的布置居住区，在含浦高教园临近靳江河与山塘冲公园自然风景区，建设高标准居住小区；行政，商业金融为主的行政商贸中心和居住小区，提高城市品位，用地面积 200 公顷。人口规模控制在 15 万人。

2003 年 11 月，园区委托长沙建筑设计院编制含浦分区规划文本，经过 4 次反复论证、修改。园区规划为“一园、一心、二区、二带、四轴”的结构模式。“一园”即含浦科教产业园；“一心”即行政商贸中心；“二区”即传统工业区、现代工业发展区;“二带”即靳江河风光带玉赤河景观带;“四轴”即含浦大道、三环线、坪塘大道和莲坪大道四条交通发展轴线。

2004 年，园区为含浦分区规划的一部分，是长沙市都市区外围的四个组团中的含浦组团，是望城县两个极核中心之一。含浦科教产业园用地规模 21.71 平

.75万人，人均建设用地81.1平方米。园区规划为“一心、两轴、两带、四区”。“一心”：包括长韶娄公共服务设施配套、科技产业园管委会在内的综合服务中心。“两轴”：沿东西向主干道莲坪路发展的莲坪路综合发展轴，以及沿莲含大道发展的综合功能轴。“两带”：东西向的泉塘坡生态绿带、南北向的靳江河滨水生态带。“四区”：学士商住综合区、靳江河生态宜居片区、玉江工业区、奥体中心片区。

2008年6月，行政区划调整后园区划入岳麓区，长沙含浦科教产业园更名为长沙岳麓科技产业园。根据长府阅《关于岳麓科技产业园等项目规划有关问题的会议纪要》，园区编制《长沙岳麓科技产业园总体规划》。2012年9月，长沙市人民政府批复同意园区编制的《长沙岳麓科技产业园总体规划（2010—2030）》，规划总用地面积：46.12平方千米，其中城市建设用地22.49平方千米，人口规模32.62万人。其中，规划居住用地为8.28平方千米，占城镇建设用地的36.81%，规划公共设施用地3.36平方千米，占城镇建设用地的15%，规划工业用地为3.16平方千米，占城镇建设用地的14%，道路广场用地4.03平方千米，占城镇建设用地的17.95%，规划市政设施用地1.56平方千米，占城镇建设用地的0.69%. 规划绿化用地2.94平方千米，占城镇建设用地的13.17%。用地四至为东临湘江一级支流靳江河，北靠风景名胜区岳麓山，南接莲坪大道，西临含浦街道边界。规划布局，形成“一心、一带、四轴、四区”。“一心”：围绕长沙岳麓科技产业园管委会形成的综合服务中心。“一带”：靳江河绿化景观带，沿江控制绿化带50~200米，形成一条有缩有放、自然优美的生态防护林带。“四轴”：沿含浦大道、学士路、莲含大道—莲浦大道、莲坪路—莲花路形成的城市发展轴。“四区”：象山配套服务区、联丰教育科研区、象山科技成果孵化区、木梓庙生态居住区。园区控制性详细规划为洋湖垸片、望江路北片、长潭西线以西片、白鹤片即四片，面积共29.56平方千米，占园区总面积的64%，建设用地面积21.69平方千米，占园区总面积的47%。洋湖垸片面积为6.12平方千米，建设用地面积6.11平方千米，以科技研发、文化创意、金融服务、高端商务为主导，以现代服务业为基础，以高端商业、体育休闲、生态旅游、情景居住为辅，形成复合都市、活力新城 。望江路北片面积为8平方千米，建设用地面积6.13平方千米，将建成生态优美、教育科研发达、配套设施齐全的现代科技新区。长潭西线以西片面积为8.55平方千米，建设用地面积为6.19平方千米，重点发展科教研发、高新技术产业、集文化、娱乐、休闲、商务、居住为一体的城市综合新区。白鹤片面积为6.98平方千米，建设用地面积3.25平方千米，重点打造职业技术高等院校教育基地、红木家具城、4S汽车城等教育、商业居住区。

◆第二节　专项规划

供水规划　2004年，园区供水设施规划在湘江西岸三环线以北1千米处设净化水厂一座，水厂规模按日供水量10万立方米，规划用地24.83公顷，以满足园区区域内生活、生产及消防用水的要求。供水管网系统类型：规划区域内供水采用统一供水方式，在城市的主干道和次干道上规划用DN1500—600的主干管组成环状管网，环网内侧用连接管套成小环，外侧采用树状布置。

2012年9月，园区依据《长沙岳麓科技产业园总体规划（2010—2030）》中的路网结构编制同步供水管网结构。园区内给水以第二水厂为水源，规模为82万吨/日。供水水量、水压、水质可满足用水需求。用水量：规划区最高日用水量为17万吨/日。管网规划片区内沿三环线、长潭西线、学士联络线、含浦大道、望江路敷设给水主干管；次干管沿学士路、莲坪路、望江路形成环网状布置。给水支管沿道路铺设，保障各地块用水。

排水排污规划　2004年，园区排水体制实施雨污分流制。在管线最短、埋深最浅、最大限度地将收集的雨污水用重力流分别送入天然水体与污水处理，尽量避免用机械提升，以减少经常性的运行管理和维护费用。污水处理：在坪塘洋湖垸东北角设污水处理厂一座，用地19.5公顷规模为8万立方米/日。排渍泵站：境内共设7座排渍泵站，即连丰垸雨污合建泵站、渣江垸雨污合建泵站、赤江村污水泵站、大棚湾雨水泵站、长湾雨水泵站、龙骨寺泵站、马王港泵站。排水管网系统类型及主要干管，片区污水系统采用截流式布置方式，整个污水系统分两个分系统，以靳江河分界，含浦区域内污水一部分经联丰垸污水泵站，过靳江河排入污水处理厂，另一部分污水利用重力流经靳江河底的两端钢管送入坪塘污水厂汇合进行集中处理。规划在含浦大道、学士联络线、东山湾路、洋湖路、潇湘大道上设污水主干管。

2012年，园区规划境内合计污水量：11.77万吨/天。污水分区：园区属于坪塘污水处理厂纳污区范围，片区内又分为三个汇水区，分别为长潭西线以西汇水区、望江路以北汇水区、洋湖汇水区。排水设施：园区内设置一处污水提升泵站，即学士泵站，污水通过学士排水泵站提升至坪塘污水处理厂。长潭西线以西汇水区：沿莲浦大道等城市道路敷设污水次干管，将该排水区的污水汇集后接入莲含大道污水主干管，再接入沿靳江河设置污水截流干管，输送至坪塘污水处理厂。望江路以北汇水区：沿学士路等城市道路敷设污水次干管，将该排水区的污水汇集后接入莲含大道污水主干管，再接入沿靳江河设置污水截流干管，输送至坪塘污水处理厂。洋湖汇水区：沿象嘴路等城市道路敷设污水次干管，将排水区的污水汇集后接入沿靳江河设置污水截流干管，输送至坪塘污水处理厂。高区雨水通过密闭管涵直接排入靳江河；低区雨水通过管渠汇流至排渍泵站，枯水季节直接排入靳江河，高水位时通过泵站提升排入靳江河。

供电规划 2004年，供电规划，220千伏、110千伏变电站：规划220／110千伏变电站2座，分别为学士变电站、豹子岭变电站，每个站占地1.33公顷；规划110／10千伏变电站4座，分别为车塘变电站、含浦变电站、东山湾变电站、坪塘变电站，每个站占地0.6公顷。220千伏、110千伏高压架空走廊：220千伏高压架空走廊3条即由河西500千伏变电站至学士变电站至响水变电站2条，设在规划红线外，走廊宽度80米；学士变电站至河东联络线1条，沿三环线北侧设置，走廊宽度40米。110千伏高压走廊4条，即学士变电站至河东联络线2条，中间T接车塘变电站，沿学士联络线两侧设置，走廊宽度各为20米；学士变电站至东山变电站至豹子岭变电站2条，沿三环线南侧及含浦大道西侧设置，走廊宽度为40米。

2012年，电力规划，预测规划区最大负荷57.73千瓦，负荷综合同时率取0.35，则规划区内预测计算负荷为20.20万千瓦，变压器容载比取1.6，需变压器容量为32.32万千伏安。园区范围内保留原有220千伏学士变电站一座。规划新建3个110千伏变电站：玉江变电站、联丰变电站、含浦变电站。高压走廊：规划将学士至响水坝双回220千伏线路迁移至沿长潭西线西侧架空敷设。规划在原有高压线路走廊艾家冲—学士、学士—天顶220千伏高压走廊，学士—坪塘、学士—梅溪湖110千伏高压走廊。规划增设学士—玉江、学士—含浦、学士—联丰三条110千伏高压线路。沿学苑路预留新田—学士、新田—含浦两条220千伏电缆线路。

电信规划 2004年，规划电信端局3个，每个占地15公顷。规划邮政局支局3个，毗邻电信端局而建，每个占地0.33公顷。规划移动通信站1个，占地0.67公顷。

2012年9月，电信规划用户预测，固定电话用户26.1万线；移动电话用户29.36万线；有线电视用户10.19万户。保留白鹤社区内原状：一个电信分局，每1000门设置一个宽带信息网络节点机房。该区内所有信息管线均采用弱电共沟，所有信息管道均下地暗敷，所有主次干道均设置信息管道，信息管道沿道路东、南侧暗敷。

燃气规划 2004年，规划液化气瓶装供应站1处，占地0.33公顷，规划天然气加压站 2 处，每处占地 0.33 公顷。汽车加气站 2 处，用地控制 5000 平方米。

2012 年 9 月，气源采用管道天然气，引自长沙市区管网；用气量预测：园区总用气量为 3494.26 万立方米 / 年；燃气设施：沿学士联络道、莲花路敷设高压天然气管道；沿学士联络线、长潭西线、三环线、莲坪路、含浦路敷设中压天然气管道。燃气管道：所有燃气管道均埋地敷设，管网沿主干路为双侧设置，沿其他道路的东、南侧设置，均要求埋地敷设。

道路规划 2004 年 11 月，园区道路规划：对外交通通过“两纵一横”与城市周边地区和湘潭市相连。“两纵”指长潭高速西线和潇湘大道，长潭高速西线是园区与湘潭和河西新城连接的对外交通主要干道。潇湘大道沿湘江向南与火星路相接；通过猴子石大桥与长沙市中心相连。“一横”指三环线，通过黑石铺大桥与机场路联系便捷。整个对外交通形成便捷的对外联通的网络系统。

2012 年 9 月，园区制定《长沙岳麓科技产业园总体规划》，对外交通：规划区内的长潭西线高速公路规划将转为城市快速路。在莲坪路与含浦大道交叉口的西南角规划一处含浦长途汽车客运站，用地面积为 5.01 公顷。内部交通系统：境内道路形成“三纵四横”的内部道路交通骨架，“三纵”为坪塘大道、含浦大道和学士路三条南北向主干道。“四横”为四条东西向主干道，即学士联络线、香格里拉大道、望江路、莲坪大道。区内规划若干条路幅宽度 36 米的次干道和 12~26 米宽的支路。路网结构：规划形成“三横、三纵、两半环”的路网骨架；“三横”：三环线、莲花路（即长韶娄线）—莲坪路、莲含大道；“三纵”：望雷大道、学士联络线—长潭西线、学士路；“两半环”：白鹤路—桐关桥路、含浦大道。

绿化规划 2012 年 9 月，园区制定绿化系统及景观规划，绿地布局成“四带、五园、多点”的绿化系统。保留两处自然生态区，（大王山自然生态区和白鹤自然生生态区）及洋湖垸花卉苗木区。环境保护规划，在分区道路交通干线两侧区域，执行《城市区域环境噪声标准》四类标准，昼间噪声≤ 55dB。绿地系统：规划城市绿地 293.73 公顷，占城市建设用的 13.06%，其中公共绿地 126.42 公顷，主要包括靳江河滨河绿带、乾元宫生态公园、含浦科教（裕园）公园、杨柳生态公园、大塘公园等，培植防护绿地 167.31 公顷，主要是三环线和长潭西线的防护绿带；景观结构：规划形成“两带、四轴、多节点”的绿地景观结构系统；“两带”：保留靳江河滨河景观带、玉赤河景观绿带；“四轴”：沿三环线、长潭西线、含浦大道、莲坪—莲花大道形成的绿化轴线；“多节点”：至园区内规划的多个公园及街头绿地。

第二章 市政建设

◆第一节 供水 排水

供水 2002年，用水主要通过地下开采，供求矛盾突出，严重制约园区发展。为解决用水问题，先后与市自来水公司等4个单位进行数十个回合洽谈，最终与长沙市自来水公司签订水厂建设征地协议，自来水二厂落户园区，选址坪塘，决定自来水管与长沙的管网并网。

2003年，园区投资87万元，启动学士联络线简易互通，供水管道工程开工建设。8月，从麓山南路自来水管网末端开始，经左家垅、桃花村沿左栗路往南方职业学院铺设至象嘴路北端，新铺管道全长5.12千米，

2004年，园区投资340万元，一段沿香格里大道向西至学士重建地1.5千米，采用管径为DN400供水管道，二段沿象嘴路往南至学士路1.5千米，采用管径为DN400供水管道。工期40天时间，如期竣工，实现园区主要区域通水供水。

2005年，园区扩建长沙市二水厂，决定将坪圹水厂与二水厂合建。净水厂迁址沈家老屋。工程总规模30万立方米/日，分三期实施。其中一期工程10万立方米/日，项目总占地面积19.95公顷，工程投资3.02亿元，自来水二厂动工建设。

2006年5月，园区投入资金180万元，启动裕园小区供水管网工程。该项目包括裕园小区A、B、C、D、E、F6个片区的供水主干管铺设。8月，园区主干供水管网工程建设竣工，包括：学士路（绕城高速—含浦大道）D600球管、联丰路（象嘴路—含浦大道）DN300球管、车塘河路（连丰路—学士联络线）DN300球管、含浦大道（学士路—学士联络线）DN600球管。9月，裕园小区供水工程竣工。

2007年8月，园区投入资金60万元，裕园小区G片区（共17栋）、白鹤小区1栋至14栋一期供水工程竣工。10月，白鹤小区15栋至28栋、裕园小区绿化广场供水工程竣工。

2008年8月，园区投入资金68万元。园区综合服务楼安置房，裕园小区、白鹤小区二期33栋供水工程竣工。2009年，园区投入资金52万元，完成学士路（二期）等处水系恢复工程。2010年10月，园区投入资金120万元。望江路水系恢复工程竣工，12月，学士路（二期）水系恢复工程竣工。2011年园区投入资金70万元，裕园小区3栋，白鹤小区5栋自来水安装工程新敷设给水管道，安装给水设备以及其他附属设施竣工。2012年12月，园区分别投入资金80万元，观音路水系恢复工程竣工；裕园小区12栋住宅楼的供水管网增压设备的安装及管网改造工程竣工。是年完成供水主管网1.59米和道路水系恢复工程。

2013年12月，观音路水系恢复工程竣工；裕园小区12栋住宅楼的供水管网增压设备的安装及管网改造工程竣工。是年铺设供水主管道1.59米。

2016年1月，裕园小区二期环境综合改造给水工程竣工；含浦大道第三段给水管道网绕行工程竣工。是年园区铺设供水主管道2581米。

截至2016年，园区供水设施建设投入资金5.18亿元，铺设供水主管道60.48千米，年供水量达到近3000万立方米。

长沙市二自来水厂根据市城市整体规划及河西地区的用水需求，将长沙供水有限公司第二制水分公司由区渔湾市迁建县坪塘镇，新址位于潇湘湘南大道沿江风光带。2004年12月，管委会与市供水公司签订用地协议，市二水厂规划用地面积19.94公顷，可建设用地区域面积20.39公顷，配套功能设施齐全的供水设备，总体工程设计日供水30万立方米。一期工程设计日供水能力10万立方米。工程投资3.02亿元，2005年正式动工。2007年7月，一期工程通水投产运行。

二水厂历年供水主要数据如下：2007年自来水入户735户，供企业18家，年供水量4.07亿吨；2008年自来水入户954户，供企业24家，年供水量4.24亿吨；2009年自来水入户1012户，供企业28家，年供水量4.54亿吨；2010年自来水入户1145户，供企业31家，年供水量4.66亿吨；2011年自来水入户2385户，供企业46家，年供水量4.93亿吨；2012年自来水入户2486户，供企业60家，年供水量4.93亿吨;2013年自来水入户2486户，供企业84家，年供水量5.27亿吨；2014年自来水入户9906户，供企业107家，年供水量5.59亿吨；2015年自来水入户24859户，供企业126家，年供水量5.77亿吨；2016年自来水入户28696户，供企业175家，年供水量6.02亿吨。

排水　2003年6月，园区投资54万元，启动学士联络线简易互通排水排污管网工程，12月学士联络线、香格里拉大道、象嘴路简易互通排水管网竣工。

2004年，园区投资1237万元。1月，启动裕园小区（小区道路16条，总长

5500米）排水排污工程建设，主排水管道长度共计5500米。12月，学士路穿堤双孔箱涵工程施工，全长125米。学士路双孔（3米×3米×2）全长1973米；象嘴路单孔（3米×3米）箱涵铺设施工，全长695.02米。

2005年，园区投资6320万元，其中，高压排水项目4700万元，低压排水项目900万元，排污项目720万元。6月，沿含浦大道、联丰路、车塘河路排水排污工程施工，9月，学士路排污工程开工。11月，穿堤自排闸工程开工，全长60米，投资140万元，建设雨污泵站1座，设置4台135千瓦雨水抽水泵，2台65千瓦的污水泵，全年铺设排水排污主管道1.19千米。

2006年，园区投资62.8万元，完成学士路箱涵与三环线以西排水接口工程。

2007年3月，园区投资48万元，学士联络线北侧一期排水工程启动建设，全长300米。5月，象嘴路污水工程二期项目动工，全长500米。6月，联丰路二期排水排污项目开工。

2008年，园区投资120万元，启动学士路二期道路排水排污工程，穿学士路倒虹吸抗旱管道工程，完成裕园小区二期排水工程。

2010年，园区投资5400万元，其中靳江河截污工程3400万元，6月，启动靳江河截污工程，工程自学士路沿含浦大道至坪塘污水厂采用顶管施工（Φ1200毫米），穿靳江河底设2×800毫米钢管，靳江河至污水处理厂铺设Φ1800毫米承插管，全长1200米，实现与坪塘污水厂的对接。9月，启动学士路三期、望江路、有成路、茯苓冲路、医专路、黎张路排水排污工程。全年铺设排水排污主管道1.59万米。是年，联丰村泵站闸门电源架设及水泵维修工程施工。

2012年，园区投资260万元，完成新、老学士泵站之间高、低排雨水管衔接施工，工程包括3米×3米双孔高排箱涵216米，Φ1.2米底排顶管188米。

2013年4月，通过堵塞截流的方式，切断经学士老泵站雨水口直流靳江河的一股污水，并将其引至截污工程污水管道。

2014年，学士泵站低排涵、学士路高排涵项目动工。是年，园区铺设排水主管道2581米。

2015年，拟沿玉赤河及玉赤河堤防由西向东敷设污水管线至东山湾路，再沿东山湾路由南北向敷设污水管线进入坪圹污水处理厂。污水水管线选用DN800、DN1500管径的钢筋混凝土管材，总长度5.2千米，总投资4500万元。

截至2016年，园区排水排污设施建设共投资2.12亿元，建成污水管道20条，管道总长65千米，完成20条（段）道路敷设的雨水、污水排水管道全长66千米，单、双孔箱涵长12793千米。

长沙市坪塘污水处理厂（以下简称坪塘厂）于 2015 年建设，坪塘厂采用较为先进的污水处理工艺，其设计规模为 8 万立方米 / 日，先期日处理规模达到 8 万立方米 / 日，长沙市坪塘污水处理厂及中水回用二期工程项目背景：坪塘厂及中水回用工程（一期）位于长沙市岳麓区靳江河以东、洋湖大道以南，规模为 4 万吨 / 日，采用“MSBR+ 人工湿地”组合工艺，经紫外线消毒后出水达到一级 A 排放标准（GB18918—2002），纳污范围为含浦、坪塘和洋湖三个片区。2016 年，坪塘厂一期满负荷运行，计划启动二期建设。 建设地点：位于靳江河以东、坪塘厂一期以南。 建设规模：二期规模暂定为 8 万吨 / 日（在可研报告中对二期规模进行论证），出水水质要求达到地表Ⅳ类水质（GB3838—2002）。坪塘厂建成后将极大地改善周围水体环境，对治理水污染，保护当地流域水质和生态平衡具有十分重要的作用。

◆第二节　供电　供气

供电　2002 年，园区投资 120 万元，对原学士变矿冶线、七四三线进行线路改造，新增 10 千伏输电主线长度 1013 米。

2003 年，园区投资 800 万元，启动象嘴路（天桃坪新线、天望坪线）110 千伏电力走廊建设，迁移湖南中医药大学范围内 110 千伏电力杆线。完成香格里拉大道微波线杆线迁移。园区改造和新铺输电主线长度 1125 米。

2004 年，园区投资 1600 万元，完成香格里大道电力杆线搬迁。新装一台变压器 500 千伏安的变压器；天桃坪新线、天望坪线两条 110 千伏线路移入象嘴路电力走廊，裕园小区中心广场至象嘴路新架 10 千伏线路，新增 1 台 S9—315 千伏安杆上变压器和 2 台 S9—200 千伏安变压器。园区新增输电主线长度 1259 米。

2005 年，园区投资 460 万元，完成学士路、含浦大道、联丰路、车圹河路供电基础工程。迁移 110 千伏高压线杆 26 基，低压杆线 340 基。是年园区新增输电主线长度 1377.57 米。

2006 年，园区投资 580 万元，完成白鹤沙场 380 伏线路的迁徙和架设，学士泵站新安装 2 台 630 千伏安和 1 台 50 千伏安变压器。完成裕园小区 380 伏线路安装，办理户表手续 143 户。完成 2 台变压器由 200 千伏安增容至 400 千伏安，完成继善高科红线范围内的 10 千伏电力线路 7 基杆线搬迁。是年园区新增输电主线长度 1424 米。

2007 年，完成从学士变电站经三环线设香格里大道至象嘴路建一条 12 孔电缆共沟基地下通道 1.2 千米，学士变电站建成并投入运营，园区投资 680 万元，分别用于象嘴路变压器迁移及低压线路工程，裕园小区 D、G 区新增 2 台 S9—315 千伏安油浸箱式变压器和其他附属设施；完成中医药大学线、白鹤线、园区线配电网络改造工程。新增裕园小区 3 台 S11—400 千伏安杆上变压器，完成 220 千伏低压线路改造共计 6400 米。是年园区新增输电主线长度 1580 米。

2008 年，园区投资 420 万元，在象嘴路新增 3 台 S11—315 千伏安杆上变压器，220 千伏响学Ⅰ线、响学Ⅱ线，双回 4.4 千米，单回 1.4 千米的送电线路改造。新增裕园小区变压器 4 台，是年园区新增输电主线长度 1727.42 米。

2009 年，园区投资 380 万元，完成 220 千伏响学线电力改造工程，完成学士路二期电力埋管建设工程。园区新增输电主线长度 1813 米。

2010 年，园区投资 482 万元，新增裕园小区、白鹤小区变压器 8 台 400 千伏安，改造电力线网路 2987 米，新安装观音路、黎张路等道路 10 千伏九五线杆线变压器迁移和新线路 4892 米。是年，园区新增输电主线长度 7879 米。

2011 年，园区投资 280 万元，白鹤小区 9、11、14 栋线路工程施工。新铺设输电主线长度 1947 米。

2012 年，园区投资 360 万元，启动茯苓冲路、有成路等电力埋管工程。新铺设输电主线长度 2023 米。

2013 年 2 月，电力工程（白鹤小区沿车塘河路新 1#、2#、3# 栋和裕园小区沿联丰路新 1#、2# 栋沿墙正式线路、裕园小区新 1#、2# 栋新架 400 千伏安变压器 2 台、裕园小区 C8 栋、白鹤 35#、36# 栋沿墙正式线路、裕园小区二期 1#~25# 栋沿墙正式线路安装、白鹤小区 29#~36# 栋沿墙正式线路）竣工。7 月，车塘间路蚂蚁山线 316 杆线（10 千伏）下地工程施工。1 月，道路 10 千伏安线杆线迁移工程（周边有浦洋节能、捷西实业、海普、四海通达、爱威科技、达嘉维康等工业项目，共计占地 384 公顷）施工。12 月，含浦大道及 4S 城、10 千伏蚂蚁山线 316 杆线及变压器搬迁工程施工；电力工程（从车塘河路 10 千伏蚂蚁山线 316 杆至联丰路 316.20 杆沿线原有的 JKLYJ-3×120/922M 高压架空线路拆除和杆变换成箱变，并将原有的高压架空线路进行入地改造）启动。是年园区新增输电主线长度 2112.17 米，新增电表户数 1245 户，供电 66152831 千瓦时。

2014 年 1 月，观音路 10 千伏杆线下地工程（新上普通型环网柜 1 台，组立 18 米水泥电杆 2 基，敷设 YJV223×300 电缆 736 米，YJV22-3×50 电缆 402 米，分线井、普通井各 1 座、避雷器 1 组及相关接地调试和拆除工作，环网柜、电缆相关接地调试工作）施工。2 月，110 千伏天桃坪新线 44.09~44.18# 杆拆除工程拆除110千伏双回路钢管杆10基，拆除导地线3档（不含青补、交通疏导、地方协调等）施工。10月，学士路与象嘴路电力埋管工程施工，埋管总长度3873.48米，总投资1800万元。12月，张家村路10千伏电力埋管工程（道路长度492.731米，该路段的10千伏电力埋管）启动。是年园区新增输电主线长度2134.13米，新增电表户数3109户，供电8217.74万千瓦时。

2015年10月，学士路630千伏安箱变移位工程（630千伏安箱变移位、管线一级电缆的埋设、新砌箱变基础1座，电缆工作井2座，拆除原有箱变基础以及电缆工作井，以及土方开挖及管道回填等）施工。12月，大塘路10千伏电力埋管工程（新砌普通工作井18座、转角工作井1座、T型分线井1座、十字分线井1个,夹砂玻璃钢管若干以及土石方的开挖和外运等相关工作等)施工。是年，学士桥新出线路横穿长潭西高速项管工程施工；学士路与象嘴路电力埋管工程施工第二标段电力工程（新砌普通工作井46座、转角工作井2座、T形分线井13座、十字分线井2个、环网柜基础6座、电缆分支箱基础1座、箱变基础3座、夹砂玻璃钢管若干以及土方的开挖和外运等相关工作等）施工；学士路与象嘴路电力埋管工程施工第一标段（新砌普通工作井21座、转角工作井3座、T形分线井7座、电缆分支箱基础2座、箱变基础1座、夹砂玻璃钢管若干以及土方的开挖和外运等相关工作等）施工。是年园区新增输电主线长度2251.51米，新增电表户数1949户，供电1.02亿千瓦时。

2016年4月，茯苓冲路、土城线、二水Ⅰ回10千伏杆线下地工程（茯苓冲路共新上二进四处智能型环网柜2台；新装户外永磁真空断路器1套；新放一回YJV22—3×300/10千伏电缆沿已建管道路K2。电缆总长794米，土城线、二水Ⅰ回新上二进四处智能型环网柜K1—K5、带DTU5台；新立YB—230×18米水泥电杆1基；在P1新装户外永碰真空断路器1套；新建高压电缆工作井26座，新建高压智能型环网柜基础5座，电缆总长2720米）竣工。9月，白鹤线301#~322#杆、香格里线001#~022#电力埋管、电力井砌筑、环网柜基础、箱变基础等电力工程施工。11月，联丰路、车塘河路电力埋管工程（新建埋管路径全长611米，新建工作井13个，110千伏 转角井5个，普通井8个）施工。12月，含浦110千伏变电站建设工程施工，项目位于学士路西侧，望江路北侧，工程总投资3000万元。是年园区新增输电主线长度2849.18米，新增电表户数3076户，供电1.27亿千瓦时。

截至2016年，园区投入电力设施建设资金1.62亿元，铺设输电主线长度62.15千米，改造电线网络长度2.89米。

供气 2007年，园区正式与长沙新奥燃气有限公司签订管道燃气建设合作协议，在园区内学士村建成高中压调压站一处，供气能力7000标立方米。

2008年9月，园区学士统建安置房的庭院管网及入户工程启动。工程内容48户挂表入户及170套房子留梯。12月28日区安置小区天然气点火通气。管道燃气用户的庭院管网设施费按长沙物价局《关于长沙市天然气收费标准》规定，标准为2350元/户。即2350元/户 ×48户=11.28万元(含计量器具费用500元/户，即燃气基表和IC卡控制器费用)。留梯的按500元/套收取，即500元/套 ×170套=8.5万元（留梯的房子挂表安装时再按1850元/套收取补齐费用）。总金额为19.78万元。

2010年，园区再度与长沙新奥燃气有限公司、长沙新奥发展燃气有限公司签订园区管道燃气建设全面合作协议。长沙新奥燃气有限公司全面负责园区区域内管道燃气输配、销售、管道燃气工程设计、建设和安装;燃气用户的售后服务。是年，共计投资8000万元进行管网基础设施建设。

2012年，投入资金3200万元，新增燃气管道线路，区域输气管道线路，完成含浦大道、学士路、象嘴路、联丰路、车塘河路等主干管道DN250中压钢管6.5千米，DN200中压钢管10千米，中压DE管道17千米；完成江山帝景、米兰·春天、枫华府第、汀湘十里等12个小区低压管网35千米。是年，小区供气入户数达3.5万户，长沙市长好医院直燃机等工商用户120个。

2014年,园区区域输气管道线路,敷设完成含浦大道、学士路、象嘴路、联丰路、车塘河路等主干管道DN250中压钢管6.5千米，DN200中压钢管10千米，中压DE管道17千米；完成江山帝景、米兰·春天、枫华府第、汀湘十里等12个小区低压管网35千米。是年，小区供气入户数达35000户，长沙市友好医院直燃机等工商用户120个。

2016年，园区燃气管网覆盖率达到85%以上，为保证园区燃气供用需求。周边王家湾增设高压调压站一处，10月建成投产，供气能力20万标立方米。

◆第三节 道路 公交

道路 2002年，园区创建初期境内仅有一条宽6米，长6000米的左栗简易公路。2003年，园区道路投入建设资金1800万元，启动香格里大道、象嘴路简易互通建设，8月学士联络线简易互通竣工通车。完成象嘴路1800米路基土方工程，外运土方26.1万方，完成香格里大道1300米的清表及部分土方回填。

2004年，园区投资480万元，启动学士路项目建设。学士路段（一期）起点为含浦大道，终点至三环线，其间与象嘴路、车塘河路相交，征地8.6公顷，道路全长1872.3米，路幅宽度46米。10月，香格里大道建成通车。

2005年，园区投入道路建设资金7580万元。启动含浦大道、联丰路、车塘河路建设工程。完成象嘴路、学士路箱涵工程及象嘴路一期硬化、绿化、亮化工程。

2006年，园区投入道路资金1.6亿元，启动白鹤互通和象嘴路二期工程建设，先后完成学士路、联丰路、含浦大道、车塘河路和象嘴路二期硬化、绿化、亮化工程，2007年，启动联丰路二期道路建设。2008年，园区投入基础设施建设资金1.63亿元。先后完成联丰路（二期）、湘和路建设。园区"三纵三横"道路网络基本形成。

2009年，园区克服资金不足困难，千方百计筹措资金，投入道路工程建设资金1.65亿元，完成学士路（二期）道路和配套设施工程。2010年，园区道路工程建设投资1.35亿元，启动学士路（第三期）、望江路、有成路、茯苓冲路、医专路、黎张路等五条支干线工程建设；茯苓冲路年底竣工通车。2011年，园区道路工程建设投资1.2亿元，启动含浦大道第三段三环线跨线桥和观音路建设，启动近10千米路网建设工程，完成学士路、望江路共3.9千米主干路网。拉通茯苓冲路、有成路共3.03千米次干路网。启动观音路、黎张路、医专路共3千米路网工程。

2012年，园区道路建设投资9200万元，区内道路工程先后完成联丰路二期、学士路二期、三期、黎张路、医专路、观音路、有成路、茯苓冲路、望江路道路工程。

2014年，园区黎张路、医专路、观音路、黎家冲路、有成路、茯苓冲路6条道路竣工通车。

2015年，含浦大道第三段（三环线—莲坪路）完成综合管线铺设，环线内路面铺筑完成，桥梁通车。学士路（含浦大道—三环线）全长1917米，完成排水、绿化等改造工程，学士路（象嘴路—含浦大道）铺装全部完工。植树绿化、路灯亮化、机动车道的沥青混凝土全部铺装完成、10月1日全面通车，园区内基本形成"三纵三横二环"路网骨架。

2016年，园区道路工程建设完成长韶娄入城口提质改造工程，打造最美出城口，环城绿带全面完工，含浦大道（三段）、莲坪大道（一段）、大塘路、左栗线建成通车，完成学士路部分路段，联丰路等建成道路提质工程。截至2016年年底，园区道路以国、省道为主脉，城区主次干道为支脉，形成"五纵七横"的网络格局。107国道、319国道交会于此，长潭西高速、长韶娄高速、绕城高速、长沙市二、三环联络线纵横园区。长沙岳麓科技产业园区区域共建成主干道5条，总长度66千米；次干道15条，总长度40千米。人们出行享有交通便捷的区位优势。

"五纵"：由东往西依次为含浦大道、车塘河路、象嘴路、玉赤河、黎张路。

"七横"：由南往北依次为香格里大道、云栖路、学士路、茯苓村路、张家冲路、望江路、莲坪大道。

一、园区主干道路

左栗路 左栗路扩建工程：从绕城线涵洞起至左家垅止，全长1.9千米，路幅宽30米。2003年4月30日开工，7月30日拉通路基，9月28日完成路面硬化。

左栗路拓宽改造工程：全长3.2千米，按城市主干道Ⅰ级标准，设计车速40千米/小时，路幅为3.0米（人行机动车道）+2.75米（非机动车道）+7.0米（机动车道）+0.5米（双黄线）+7.0米（机动车道）+2.75米（非机动车道）+3.0米（人行机动车道）=26.0米。设计荷载为城一A级，路面BZZ—100，平曲线最小半径为200米，最大纵坡2.3%，路面最低设计标度45.4米。工程内容：路基石方土，混凝土路面，雨污水管道安装，人行道板铺筑，路缘石安装等。2006年11月28日动工，2007年4月30日竣工。

左栗路提质改造工程：城市Ⅰ级支路，西到学士联络线，东到含浦大道，全长1327米，路幅宽26米，双向二车道，设计车速30千米/小时。工程内容：道路、排水、绿化、景观、亮化、交通设施等工程，总投资6592万元。2011年4月开工，2013年4月竣工。

含浦大道 含浦简易互通工程：全长340米，路基宽8米，路面宽7米，按Ⅳ级公路设计，最大设计纵坡6.9%，项目总投资200万元。2003年4月开工，5月竣工。

新建含浦大道一期工程：全长2800米，路幅构成：0.50米（路缘带）+4米（绿化带）+3米（人行道）+3.25米（非机动车道）+10.50米（机动车道）+4米（绿化带）+10.50米（机动车道）+3.25米（非机动车道）+3米（人行道）+4米（绿化带）+0.50米（路缘带）=46.0米。工程内容：修路（土方总量40万立方米），全程给排水、电力、电信、煤气管道等管网敷设预埋。2005年10月开工，2006年12月竣工。

新建含浦大道二期工程：从学士联络线互通起至象嘴路交会交会处止，全长2550米，路幅宽36米。工程内容：公路路基、桥梁构造物及所有路面以下管道安装和公路路面、市政排水管道工程部分。2005年10月开工，2006年12月竣工。新建含浦大道滨江段工程：起于学士路，经湖南楚盛园公司用地至象嘴路，全长

1120米。项目总投资2500万元。工程按城市主干道Ⅰ级标准设计,路幅宽36米,双向四车道，两侧设计非机动车道，人行道及绿化带，设计荷载为城一A级，路面BZZ—100。含浦大道路灯及管道、线路、检查井、电控井以及路灯专变等工程建设：2011年12月开工，2012年10月竣工。

新建含浦大道三期（象嘴路—莲坪大道）上跨高速桥梁工程：桥梁采用2×25米预应力小箱梁，中墩采用单排桩基础，跨桥线施工期最小净高按照5.0米控制，建成后最小净高不得低于5.5米，跨线桥的长度应满足三环线绕南高速公路拓宽改造为六车道（宽度33.5米）的要求。新建含浦大道莲坪路至望江路段工程：全长1440米，宽46米。工程内容：道路、桥梁、给排水、交通、照明、管线综合等工程及绿化景观工程，工程投资13000万元。含浦大道三期K0+690~K0+960处修筑永久性便道工程全长1248米，路幅宽度27米。含浦大道与洋湖大道快捷化改造工程：双向6车下穿，长1000米隧道，经洋湖湿地公园与洋湖大道中段（洋湖湿地公园南门附近）。新建含浦大道三期（象嘴路—莲坪大道）上跨绕城高速公路桥梁工程：该桥全长54.32米，桥面宽24米，该桥上部结构为2孔25米预制预应力混凝土箱梁，与长沙绕城高速公路正交。施工地点：绕城高速西南段含浦段K55+100~K55+200区间。2015年8月开工，12月竣工。

新建含浦大道四期工程：全长1190米，项目总投资5000万元，其中工程费4224.14万元。按双向四车道城市主干道标准建设，设计行车速度50千米/小时，路幅红线宽度为27米。工程包含2×25米桥梁一座,桥宽23米。工程内容:道路、桥梁、排水、景观、照明等工程及相关附属设施。

含浦大道提质改造工程：改造范围为湖南工业职院至象嘴路，建设内容包括道路断面、路面结构、道路景观、道路照明、道路交安设施的改造提质及雨污管线疏浚,改造段全长2260米,投资8950万元。工程内容包括道路断面、路面结构、道路景观、道路照明、道路交安设施的改造提质、雨污管线疏浚（不含沥青路面）。2016年9月开工，2017年12月全线竣工。

学士路 新建学士路工程一期：自三环线立交桥起至学士路与含浦大道交会会处止，控制性详规全长1870米，路幅构成：0.50米（路缘带）+4米（绿化带）+3米（人行道）+3.25米（非机动车道）+10.50米（机动车道）+4米（绿化带）+10.50米（机动车道）+3.25米（非机动车道）+3米（人行道）+4米（绿化带）+0.50米（路缘带）=46.0米，双向4车道。按城市主干道Ⅰ级标准建设，设计车速50千米/小时，荷载为BZZ—100。路基土方总量32万立方米，24厘米厚水泥砼路面，路缘石安砌，人行道彩板砖铺设等，以及给排水、电力、电信、煤气管道等管网敷设预埋，投资 2500 万元（其中高排涵投资约 1800 万元）。学士路路灯基础、电信安装及临时用电工程：2006 年 8 月开工，9 月竣工。

新建学士路二期工程：自三环线立交桥起至望江路。全长 1763 米，宽 29 米。工程内容：路基工程（含清理与挖掘、路基挖方、路基填筑）、路面工程（含水泥稳定砂基层、水泥混凝土路面，人行道、路缘石及锁边石安装）、排水工程。2007 年 10 月开工，2010 年 6 月竣工。学士路交叉口的交通信号灯及管道、线路、检查井、电控井建设工程：2011 年 12 月开工，2012 年 2 月竣工。学士路提质改造工程二期：改造范围东起含浦大道，西至三环线，建设内容包括道路断面、路面结构、道路景观、道路照明、道路交安设施改造提质及雨污管线疏浚，改造段全长 1918 米，宽 46 米，工程投资 7600 万元。工程由三环线至望江路，全长 3000 米，宽 36 米。工程内容：道路断面、路面结构、道路景观、道路照明、道路交安设施改造提质、雨污管线疏浚及道路两侧绿化带等。工程投资 8500 万元。2015 年 7 月开工，12 月竣工。

新建学士路三期工程：起于学士路二期 K1+760，止于望江路。全长 1260 米，路基宽 29 米，路面宽 23 米，为城市Ⅰ级主干道。2010 年 6 月开工，2011 年 12 月竣工。学士路（象嘴路—学士路）道路提质改造工程三期：全长 1742 米，拓宽路幅至 53 米。工程内容：道路、排水、绿化、亮化、交通等改造。2015 年 10 月开工，2016 年 6 月全线竣工。

望江路 新建望江路工程：起点为学士路与长潭西高速辅道相交处，终点为学士路与东山湾路相交处，全长 2640 米。城市主干道。路幅构成：3.0 米（人行道）+0.5 米（路缘带）+3.5 米（非机动车道）+7.0 米（机动车道）+0.5 米（路缘带）+2.0 米（中央隔离带）+0.5 米（路缘带）+7.0 米（机动车道）+3.5 米（非机动车道）+0.5 米（路缘带）3.0 米（人行道）=31.0 米。2010 年 8 月开工，2012 年 6 月全线竣工。

莲坪大道 莲坪大道：学士路—靳江河西岸，全长 2650 米，路幅宽 36 米，由湘江新区负责建设，8 月启动拆迁，12 月底拉通学士路至含浦大道段路基。含浦大道（三段）北起象嘴路，南至莲坪大道，全长 1344 米，路幅宽 27 米，9 月环线公路内 600 米拉通路基，12 月拉通毛路。

二、园区次干道路

象嘴路 新建象嘴路工程：从白鹤草坡子起至均塘大坝组，全长 2320 米。路幅构成：0.50 米（路缘带）+4 米（绿化带）+3 米（人行道）+3.25 米（非机动车道）+10.50 米（机动车道）+4 米（绿化带）+10.50 米（机动车道）+3.25 米（非机动车道）+3 米（人行道）+4 米（绿化带）+0.50 米（路缘带）=46.0 米。按城市主干道Ⅰ级标准，设计车速50千米/小时，设计荷载为城一A级，路面B2Z—100，平曲线最小半径为1000米，最大纵坡2.6%，路面最低设计标度33.472米。工程内容:道路路基、桥涵、构造物、路面以下综合管线预埋（人行道铺装、绿化、通信、照明工程不在其列）和道路路面。项目总投资4982万元。2003年5月28日开工，8月30日拉通路基，10月30日完成路面硬化。象嘴路人行道及人行道绿化带工程：2005年11月20日开工，12月10日竣工。

象嘴路提质改造工程：改造范围北起云栖路、南至含浦大道。工程内容：道路断面、路面结构等基层处理、修复及主路面改造，以及道路景观、道路照明、道路交安设施的改造提质及雨污管线疏浚。改造段全长2430米，工程投资6950万元。2006年9月开工，2007年1月竣工。

联丰路　新建联丰路工程：西起象嘴路，东接含浦大道，全长1470米，路幅构成:3.0米（人行机动车道）+2.75米（非机动车道）+7.0米（机动车道）+0.5米（双黄线）+7.0米（机动车道）+2.75米（非机动车道）+3.0米（人行机动车道）=26.0米。工程内容：路基土石方工程，雨水、污水管道工程，水泥稳定砂基层，混凝土路面工程等。2005年10月10日开工，12月31日竣工。联丰路路灯基础、电信安装及临时用电工程：2006年8月10日开工，9月20日竣工。

联丰路提质改造工程:改造范围西起象嘴路、东至含浦大道，全长约1570米，宽26米。工程内容：道路断面、路面结构、道路景观、道路照明、道路交安设施改造提质及雨污管线疏浚。工程投资4500万元。2011年3月开工,2016年1月竣工。

联丰路提质改造二期工程：象嘴路—车塘河路，全长924.98米，宽26米。工程内容:道路断面、路面结构，道路景观，道路照明，道路交安设施改造提质、雨污管线疏浚（不含沥青路面）。2016年9月开工，2016年12月竣工。

车塘河路　新建车塘河工程：全长1980米，路幅构成：3.0米（人行机动车道）+2.75米（非机动车道）+7.0米（机动车道）+0.5米（双黄线）+7.0米（机动车道）+2.75米（非机动车道）+3.0米（人行机动车道）=26.0米。道路北端为两座山，总切土石方量68万立方米，总填土石方量16万立方米，富余土方量52万立方米。土石方工程之外，工程内容还包括公路路基、桥梁构造物及所有路面以下管道安装和公路路面。2005年7月开工，2008年10月道路竣工通车。车塘河路道路提质改造工程：联丰路至象嘴路，全长1240米，宽23米。工程内容：道路断面、路面结构、道路景观、道路照明、道路交安设施改造提质及雨污管线疏浚。2016年3月开工，是年12月全线竣工。

湘和路　新建湘和路道路工程:起于象嘴路，止于斑马撇洪渠。全长1200米，路幅为 8 米，工程总投资 380 万元，工程内容：路基土石方工程，雨水、污水管道工程，水泥稳定砂基层，路面工程，绿化美化等工程。2008 年 2 月开工，5 月竣工。

有成路 建有成路工程：莲坪大道至三环线辅道，全长 1151 米，宽度 16 米，工程总投资 3002 万元。工程内容：路基土石方工程，雨水、污水管道工程，水泥稳定砂基层，路面、绿化、亮化工程等。2010 年 1 月开工，12 月竣工。

医专路 新建医专路工程：西起黎张路，东至学士路，全长 1276 米，路幅宽度 16 米，工程总投资 1416 万元。工程内容：路基土石方工程，雨水、污水管道工程，水泥稳定砂基层，路面工程、绿化、亮化工程等。工程总投资 2.28 亿元。2010 年 1 月开工，12 月竣工。

张家村路 新建张家村路工程：张家村路西起长潭西辅道，东至茯苓冲路，全长 1603 米，路幅宽度 16 米，工程总投资 3525 万元。工程内容：城市支路，设计车速 30 千米 / 小时，宽 16 米，项目建设包括路基土石方工程，雨水、污水管道工程，水泥稳定砂基层，路面工程，绿化、亮化工程等。2010 年 1 月开工，12 月竣工。

茯苓冲路 新建茯苓冲路工程：北起三环线辅道，南至莲坪大道，全长 1420 米，路幅宽度 26 米，工程总投资 5763 万元。城市Ⅰ级次干道，双向四车道，设计车速 40 千米 / 小时。工程内容：路基土石方工程，雨水、污水管道工程，水泥稳定砂基层，路面工程，绿化、亮化工程等。2010 年 1 月开工，12 月竣工。

观音路 新建观音路工程：西起长潭西辅道，东至茯苓冲路，全长 985 米，路幅宽度 20 米，工程总投资 3949 万元。工程内容：路基土石方工程，雨水、污水管道工程，水泥稳定砂基层，路面工程、绿化、亮化工程等。2010 年 1 月开工，12 月竣工。

黎张路 新建黎张路工程：南起莲坪大道，北至医专路，全长 2638 米，路幅宽 21 米，工程总投资 5182 万元。工程内容：路基土石方工程，雨水、污水管道工程，水泥稳定砂基层，路面工程、绿化、亮化工程等。2010 年 1 月 31 日开工，12 月 30 日竣工。

望山路 新建望山路道路工程：全长 3338 米，路幅构成：3.0 米（人行机动车道）+2.75 米（非机动车道）+7.0 米（机动车道）+0.5 米（双黄线）+7.0 米（机动车道）+2.75 米（非机动车道）+3.0 米（人行机动车道）=26.0 米。2010 年 8 月开工，2012 年 6 月竣工。

大塘路 新建大塘路工程：西起新星路，东至学士路，长 910 米，宽 20 米。合同价款：2686. 3687 万元。2015 年 7 月开工，2016 年 12 月竣工。

玉赤路 玉赤路（长潭西线—茯苓冲—莲含大道），全长1210米，路幅宽26—36米，其中长潭西—学士路，长620米，宽36米。学士路—茯苓冲路，长590米，路幅宽26米，工程总投资8000万元。2015年12月工程启动建设。2016年10月竣工通车。

米兰路 新建米兰路工程：北起学士联络线（云栖路），南至联丰路，学士路联络线至春兰路段全长384米，路幅宽16米；春兰路至联丰路段长527米，宽7米。工程投资1300万元。2006年5月开工，2007年10月竣工。

春兰路 新建春兰路工程：西起象嘴路、东至车塘河路，全长1018米，路幅宽16米，按城市支路标准设计，双向二车道，设计车速20千米/小时。总投资3150万元,其中工程建设费用2600万元。2006年5月开工,2007年10月竣工。

公交 2008年10月，园区长沙908路和长沙908区间线开通。长沙908路：培元桥—学士路公交首末站，47站。跨科技园13站：云栖路含浦大道口、湖南工业职业学院、云栖路红木大道口、草坡子、湖南中医药大学、湖南省食品药品学院、海普声城、中大检测、联东U谷、学士路望江路口、学士路公交首末站。长沙908区间线：汽车西站—湖南中医药大学南门，43站。跨科技园7站：云栖路含浦大道口、湖南工业职业学院、云栖路红木大道口、湖南中医药大学西门、洋湖时代、车塘河路学士路口、湖南中医药大学南门。

2010年，园区长沙909中南线和长沙909西站线开通。长沙909中南线：王家湾—东山湾，19站。跨科技园12站：长沙南方职业学院、白鹤社区、云栖路口、草坡子、湖南工业职业学院、联丰路车塘河路口、联丰村、湖南中医药大学西门、学士路口、湖南中医药大学南门、湖南省食品药品学院、东山湾。长沙909西站线：郁金香精品建材城—湖南省食品药品学院，26站。跨科技园9站：竹桥子、湖南工业职业学院、湖南工业职业学院南门、联丰路车塘河路口、联丰村、湖南中医药大学西门、学士路口、湖南中医药大学南门、湖南省食品药品学院。

2012年，园区长沙912路、905路、917路开通。长沙912路：长沙天地公交首末站—星语林汀湘十里，41站。跨科技园7站:竹桥子、湖南工业职业学院、南二环车塘河路口、中建麓山和苑、湖南中医药大学西门、学士路口、星语林汀湘十里。长沙905路:长沙火车站—江山帝景公交首末站，38站。跨科技园6站:湖南工业职业学院、联丰路车塘河路口、联丰村、学士路口、学士路车塘河路口、江山帝景公交首末站。长沙917路：体育新城公交首末站—九龙领仕汇，48站。跨科技园10站：竹桥子、湖南工业职业学院东门、湖南工业职业学院南门、联丰路红木大道口、象嘴路联丰路口、象嘴路云栖路口、草坡子、杉坡、九龙领仕汇。

2013年，长沙206路和239路公交路线开通。长沙206路：长沙理工大学—江山帝景，36站。跨科技园9站：洋湖大道含浦大道口、含浦大道学士路口、含浦大道联丰路口、湖南工业职业学院、联丰路车塘河路口、联丰村、学士路口、车塘河学士路口、江山帝景。长沙239公交：东塘北—九龙领仕汇，32站。跨科技园7站：竹桥子、湖南工业职业学院东门、湖南工业职业学院南门、联丰路红木大道口、斑马村、杉坡、九龙领仕汇。

2015年，望城W107区间线、望城W201南线开通。望城W107区间线：东方红镇—含浦公交首末站，45站。跨科技园9站：湖南工业职业学院、云栖路车塘河路口、车塘河云栖路口、车塘河路联丰路口、联丰村、湖南中医药大学、学士路车塘河路口、江山帝景、含浦公交首末站。望城W201南线：火车南站—江山帝景公交首末站,40站。跨科技园9站:云栖路含浦大道口、湖南工业职业学院、云栖路车塘河路口、草坡子、斑马村、湖南中医药大学、洋湖时代、学士路车塘河路口、江山帝景公交首末站。

◆第四节　园区绿化

公园绿化　2005年7月，园区首建第一个公园，命名为“裕园公园”，又名“科技公园”。公园位于园区城市和商业中心的学士街道联丰村裕园小区境内。土地占用面积9.55公顷，投资总额2066万元，总建筑面积2782.4平方米。其中文化活动中心1193.31平方米，茶楼808平方米，廊亭201平方米，光塔340平方米，公厕60平方米，管理用房180平方米。公园绿化率60.25%，主要种植树木总计4902株，乔木主要有3~5秆大香樟180株，大桂花100株，柚子42株，白玉兰80株，樱花50株，紫叶李70株，银杏80株，乌桕60株，凤尾竹40株。栽植灌木蛀牙品种紫荆、木芙蓉、海桐、月月桂、小叶女贞、红继木等12个品种，计4200株。裕园公园2006年12月竣工开放。

2014年1月，园区学士广场景观工程项目开工建设，学士广场公园位于含浦大道第二段北端，云栖路（学士联络线）以南，占地面积9500平方米，投资总额1200万元，公园绿化率达65.5%。内容包括景观绿化：观景小品、小型亭阁、景观铺装、景观座椅、文物古迹——刘崐墓；绿化、亮化工程公园栽植乔木主要品种是，栽植乔木：香樟71株，多头香樟18株，桂花68株，柚子17株，白玉兰30株，日本五针松25株，樱花66株，紫叶李34株，红枫22株，法国冬青296平方米，红叶石楠654平方米，小叶栀子757平方米，细叶麦冬394.1平方米等名贵树种和花卉。

2015年7月，园区紫苑公园项目建设启动。湖南省检验检测特色产业园——紫苑公园展示区以简约大气的种植形式为主，打造产业园区的形象入口。公园包含管理用房、紫苑湖、前坪广场、停车场等，总占地面积1.16万平方米，建筑占地面积（公园管理用房）710.68平方米，容积率0.09，绿化米面积7566.89平方米，绿地率65.03%，前坪广场2025平方米，清水平台、紫苑湖体及木栈道1200平方米，人行游道和停车场750平方米。乔灌木总计393株、地被总面积1483平方米、水生植物508平方米、草皮总面积1358平方米。

2015年10月，园区玉润公园项目开工建设。玉润公园位于含浦大道与玉润路交叉口的东北角，总用地面积1.53万平方米，公园绿化率达65.3%，其中公园用地1.17万平方米。文化设施用地3621平方米，投资总额5500万元。公园设有广场、观景台、休憩座椅、灯光布景、音乐喷泉金属结构建筑的文化娱乐中心等工程项目，绿化乔木、灌木、花卉品种繁多，种植名贵树种达5000余株，花卉、草地6200平方米。

2016年12月，园区智谷科技广场工程项目开工建设，智谷科技广场位于学士路与车塘河路交会处，占地面积4.76万平方米，景观部分占地4.61万平方米，公园绿化率达67.2%。其中公园配套建筑为1.95万平方米，总投资7000万元，一栋公园管理用房。管理用房外墙采用黄色大理石材与蓝色玻璃幕墙相结合，屋面采用蓝色玻璃屋顶，犹如六颗蓝宝石。岳麓智谷科技广场（公园）分为南北两个主入口，北入口设置旱喷音乐广场，面积达到800余平方米；靠学士路侧设置一个70余平方米的数字投影屏，作为公益性政策及文件的发布平台；南入口设置7个特色树池及文化长廊，将相关文化底蕴包含在内。公园内共栽种近40余种苗木以及各类灌木、特色草坪。

道路绿化　2003年，园区初创阶段修建左栗线，道路两旁绿化带25600平方米，香樟800株。5月，修筑象嘴路两旁绿化带1.85万平方米。栽种乔木品种有香樟603株，樱花、石榴等520株。

2005年，园区修筑含浦大道（一期），两旁与路中线绿化带2.78万平方米。修筑联丰路，两旁绿化带1.26万平方米。修筑车塘河路，两旁绿化带15840平方米。园区在三条主次干道路绿化带共有5.62平方米。栽种乔木品种有香樟2400株、银杏1800株、桂花2000株，樱花、石榴、红继木4200株。

2008年，园区修筑学士路，两旁与路中线绿化带2.02万平方米。修筑含浦大道（滨江段），两旁与路中线绿化带1.34万平方米。修筑望山路，两旁绿化带2.67

万平方米。植树乔木主要品种是香樟 6292 株，大银杏 5800 株，大桂花 7600 株，花石榴 3000 株，樱花 3000 株。

2010 年，园区修筑望江路，两旁绿化带 2.18 平方米。修筑望山路，两旁绿化带 2.67 万平方米。修筑含浦大道（三段），两旁与路中线绿化带 1.43 万平方米。修筑有成路、医专路、张家村路、茯苓冲路、观音路、黎家村路 6 条路，两旁绿化带 8.47 万平方米。修筑莲含大道，两旁绿化带 1.50 万平方米。是年，园区 10 条主次干道，两旁绿化带共 16.24 万平方米。种植乔木 6.23 万株。

2014 年，园区对学士路、联丰路、车塘河路、含浦大道 4 条道路提质改造。投入资金 5000 万元。工程内容为含浦大道（工院段和 4S 店段）、联丰路（含浦大道至车塘河路）、车塘河路（学士路至联丰路、云栖路）、学士路（中医药大学段人行道绿化带），4 条道路的绿化补植补损及人行道硬质铺装等。全年栽种补植乔木 1.2 株，主要有香樟、银树、桂花、玉兰、樱花、石榴等 8 个品种。

2016 年，园区对紫苑路、学士路等 7 条道路绿化带工程进行打捆项目立项。具体是：紫苑绿化带，占地面积约 7173 平方米；学士路绿化带，占地面积约 4.21 万平方米；岷玉路绿化带，占地面积约 2947 平方米；玉赤大道绿化带，占地面积约 1.53 万平方米；莲坪大道绿化带，占地面积约 2.2 万平方米；茯苓路绿化带，占地面积约 1571 平方米；翰林路绿化带，占地面积约 1583 平方米。以上 7 个道路绿化项目总计占地面积 9.26 万平方米。是年，长韶娄高速出口景观绿化工程动工。总投资额 300 万元，两旁绿化带面积 2.14 万平方米，栽种乔木树种 9800 株，灌木树种 2.5 万株。

小区校园绿化 2005 年，园区麓山恋·迪亚溪谷别墅小区地处园区学丰路岳麓南麓风景名胜区，占地面积 22 万平方米，别墅群体 158 栋，绿化率达 56.7%。小区建有休闲公园，别墅住宅独栋和联排都设有桂花、栾树、杨梅、银杏、柚子、樱花、红枫、紫薇、杜英、石榴等名贵树种 135 个，4800 株。小区绿树成荫，鸟语花香。

2006 年，园区香格里麓山别墅小区落成，小区地处香格里拉大道，占地面积 25.57 平方米，别墅群体 186 栋，绿化率达 58.6%。植栽各种名贵乔木 5300 株，绿化率达 54.8%，小区景观湖面积 1.73 万平方米，小区以住户庭院为主题，建筑围合成生态自然庭院。种植花草、户户见景、户户临园。是园林与花园融为一体的住宅小区。

2008 年，园区星语林·汀湘十里小区落成小区地处靳江河下游，东望湘江，南抵三环线，西临含浦大道，北眺岳麓山。小区占地面积 53.33 公顷，绿化率高达48%，小区住宅1500户。开发项目有望星、咏月、赏莲、采枫、颂橘、怀沙、沁竹浦7个岛型别墅组团和滋兰湾、邻云坊、观厥、锦街高层景观多层和别墅组团。小区开发江南园林景点12处，栽种名贵乔木品种15个，种植名贵树种、花卉1.2万株。是年，小区被评为长沙色彩最美的十大建筑，为长沙市两型园林示范唯一获奖楼盘。

2012年，园区江山帝景小区落成小区位于园区洋湖垸核心区内，占地面积168.63万平方米，建筑面积168.63万平方米，居住人口3.5万人，绿化率达36%。是以多层电梯洋房、高层、联排别墅为主的大型生态型小区。采用纯欧式建筑风格，小区园林景观带15处，栽植名贵乔木品种16种，种植适应当地生长环境的树种，花卉2.2万株，并引进海南热带植物棕树2000株。

2014年，园区邦盛水岸御园小区位于联丰路与含浦大道交叉东南角。占地面积10.86万平方米，16栋高层建筑，建筑面积38.05万平方米，绿化率40.2%。五大绝美景观演绎洋湖垸唯一泰式风格园林，皇家园林入口区、芭提雅疏林草坡游园区、翡丽蓝湾水景区、清迈后花园庭院区、君临巴莎商业街区五大园林景观，泰式景观亭等8万平方米皇家泰式园林。小区栽植名贵乔木品种18种，主要品种有香樟、桂花、银杏、大白玉兰、罗汉松、五针松、樱花、大叶李等8900株。花卉有紫薇、杜鹃、铁树、红继木球等1.80万株，引进热带植物椰树、棕树4000株。

2016年，园区境内湖南中医药大学位于园区三环线以东，学士路以北，象嘴路以西，石塘路以南，占地面积62.40万平方米，学校建有教学大楼、科研大楼、图书馆、体育运动场、实验大楼等建筑群体，建筑面积14.88万平方米。在校学生、教职员工2.18万人。学校校园绿化率高达62%，校园种植名贵乔木8.25万株、灌木5万株。

丘陵绿化 长沙岳麓科技产业园以建设生态文明，创造良好人居环境为目标，以全社会办林业、全民搞绿化为方针，以实施绿色城市、绿色村庄、绿色山林为重点。大力开展植树造林和植绿活动。2002年至2016年历年累计植树造林72万株，植树面积453.3公顷，历年数据是：2002年3.9万株13.33公顷；2003年4万株20公顷；2004年2.7万株20公顷；2005年4万株33.33公顷；2006年1万株66.67公顷；2007年2万株13.33公顷；2008年4.2万株26.67公顷；2009年3.8万株26.67公顷；2010年1.3万株6.67公顷；2011年4.8株33.33公顷；2012年3.8万株26.67公顷；2013年1.5万株100公顷；2014年5.8万株40公顷；2015年2.7万株20公顷；2016年13万株66.67公顷。

绿色农庄 岳麓农趣谷位于学士街道学华村规划面积800公顷，是岳麓区第一个由街属城建开发公司打造的农业休闲观光综合示范项目。2014 年，被长沙市旅游局授予全市“都市田园旅游示范点”称号。学华村是名副其实的“绿色村庄”，生态资源丰沛，拥有 46.67 公顷山林、33.33 公顷天然水库，葡萄种植基地 800 公顷，46.67 公顷羊肚菌及无公害蔬菜种植园，20 公顷红豆杉苗木基地，森林覆盖率 75%。区位优势明显，处于绕城高速、长潭西高速、长韶娄高速交会处，距市中心仅 15 分钟车程，5 分钟直通梅溪湖国际金融中心，毗邻大王山国际旅游度假区，实现长株潭游客 30 分钟“离尘不离城”的城市休闲圈。人文底蕴厚重。境内有始建于明朝、距今 547 年历史的学士桥遗址，有市级文物保护单位“同治皇帝太子太傅大学士刘崐墓”，及有见证新中国 20 世纪 50 年代农业大生产，保存完整的“渡水槽”，有千年古樟、百年古井、北魏罗汉洞、东晋天竺寺等历史自然景观。“绿色村庄”建设工程自 2014 年启动，总投资 1 亿元。一期建设（2014—2016 年）通过街道自筹资金 3000 万元，完成景区 12 千米主干道路提质改造和交通防护设施、监控设施、限高设施施工建设，安装太阳节能路灯 220 盏，打造湖南省第一条彩色艺术沥青道路；完成 10 家农户前庭后院的绿化提质改造，引入湖南溪云文化旅游公司、快乐红馆等品牌企业，成立学华村现代农业有限公司参与建设运营。二期建设已完成绝大部分土地流转，全面打造四季花海、农耕博物馆、百公顷观荷园、丹桂园、农事体验园、有机蔬菜园、乡村酒吧、农家自助餐厅、虾稻共生养殖基地、生态水处理景观池、学士书院等景区项目业态，新建会车岛、生态停车坪、公共卫生间等基础配套设施。学华打造具有核心竞争能力的都市田园旅游新名片，创造条件申创国家 AAAA 级旅游景区。

◆第五节　公共服务设施

邮政　2002 年，园区域内有一所学士邮政所，位于风景秀丽的岳麓南麓的学士村，村民习称学士邮政大楼。建于 1995 年，建筑面积 1200 平方米，营业面积 400 平方米，员工 6 名，承担着园区境内 21 平方千米，3.5 万人口的函件、特快专递、包裹、汇兑、报刊发行等邮政业务。运输邮路均由望城县邮政局分至含浦镇学士邮政所，从县邮政局的望城坡至含浦镇学士邮政所路程 25 千米。采用汽车邮政班车逐日传递，投递邮路均由学士邮政所 3 名专职邮递员用自行车往返园区范围 40 千米进行投递。是年，普通邮件总数 78.67 万件，挂号信总数 2415 件，特快专递总数 11.21 万件，包裹总数 13.35 万件;2003 年普通邮件总数 92.55 万件，挂号信总数 2842 件，特快专递总数 13.19 万件，包裹总数 15.71 件；2004 年普通邮件总数 10.89 件，挂号信总数 3344 件，特快专递总数 15.52 件，包裹总数 18.48 件。

2005 年，随着园区建设的发展壮大，学士邮政所对外营业。营业厅配备全新的现代先进设施。学士邮政所拥有自函自动过戳机 1 台、邮政“一台清”1 台、包裹收寄机 2 台、电子秤 2 台、点钞机 2 台、电子计算机 4 台、邮递专用摩托车 2 台、皮卡小型汽车 1 台。信函、包裹处理、特快专递、储蓄、汇总、集邮、报刊发行等业务实行微机化。全年，普通邮件总数 128.1 万件，挂号信总数 3935 件，特快专递总数 18.26 万件，包裹总数 21.74 万件；2006 年普通邮件总数 150.71 万件，挂号信总数 4630 件，特快专递总数 21.48 万件，包裹总数 25.58 万件；2007 年普通邮件总数 177.3 万件，挂号信总数 5448 件，特快专递总数 25.27 万件，包裹总数 30.09 万件。

2008 年，随着邮政企业快速发展和快递公司蓬勃兴起，学士邮政所为适应市场竞争，不断开辟经营业务范围。学士邮政所更名为“学士邮政储蓄银行”。2008 年普通邮件总数 203.9 万件，挂号信总数 6264 件，特快专递总数 29.06 万件，包裹总数 35.4 万件。

2010 年，园区范围增至 46 平方千米，居住人口增 12 万人。道路形成“三纵三横”，高档高层小区楼盘 20 处。为适应城市发展的需要，园区在邮政网点和快递业务上下功夫，做文章。邮政网点发展迅速，有圆通快递、优速快递、百世快递、中通快递、安能快递、中国邮政速递等 12 家快递公司。新增设网点分别在裕园小区、学士安舍小区、米兰春天、金鼎公园尚、枫华社区、汀湘十里、湖南中医药大学、湖南职业技术学院、白鹤社区、象嘴路、联丰路、学士路、含浦大道等地段。快递公司遍及园区，快递业务蓬勃发展，快递工具采用摩托、微型汽车，十分方便快捷。是年，普通邮件总数 305.84 万件，挂号信总数 9396 件，特快专递总数 43.59 万件，包裹总数 53.1 万件。

2013 年，园区快递业务繁忙，邮政事业欣欣向荣，邮政快递网络已成体系。入园快递公司增至 21 家，先后有霞光物流、菜鸟驿站、德邦物流、顺丰速递、天天快递、日日顺快线物流服务中心、汇通快递、品骏快递、易速快递 9 家快递公司在园区开设网点。是年，普通邮件总数 367 万件，挂号信总数 1.13 万件，特快专递总数 52.31 万件，包裹总数 63.73 万件。

2016 年，园区邮政业务以菜鸟驿站、顺丰和“三通一达”（申通、圆通、中通、韵达）为主体。邮政快递网点增至 42 家，覆盖整个园区范围，形成公共服务网络，为园区企业、机关、院校、社区提供了极为方便、快捷、安全的函件、专递、汇总、包裹、代收服务。全年，普通邮件总数 550.52 万件，挂号信总数 1.69 万件，特快专递总数 78.47 万件，包裹总数 95.59 万件。

电信 2002 年，园区域内有一所电信局，营业面积 400 平方米，有 40 门磁卡总机 2 台，10 个电信交换点，电讯装机总容量 5000 门，已装电话 3800 台。中国移动、中国联通公司在域内共建 7 个移动基站，安装传真机 2 台，9 家单位开通互联网。

2005 年，园区为改变通讯设施落户规模偏小、电信线路大部分空架现象，加大电信通讯基础设施建设，投入资金 1800 万元，将香格里大道 10 千伏微波线实行大道暗敷通信电缆铺线 1480.67 米。将含浦大道、象嘴路、联丰路、学士路、车塘河路的基础工程和改造提质工程，对通信电缆按规划要求进行暗敷，新增通信光缆 3400 米。6 月，园区白鹤社区范围内增设中国移动，中国联通两个网点。是年，园区安装固定电话 1.39 万台，发展手机移动电话用户 1.2 万户，安装有线电视 4200 户，发展电脑宽带用户 580 户。

2008 年，随着园区的发展壮大，为满足企业学校、科研单位、社区居民通信需求，园区境内新增暗敷电信信息管道 10 条，铺设通信光缆 6800 米。中国移动、中国联通、中国电信在域内共建移动基站 16 个，设立电信网点 6 家。是年，园区安装固定电话 3.62 万台，发展手机移动电话 4.8 万户，安装有线电视网络 1.8 万户，电脑宽带用户 1.57 万户。

2012 年，园区区域面积由 21 平方千米扩至 46 平方千米。园区在新修建的望江路、学士路二期、黎家村路、茯苓冲路、有成路、医专路、望山路、黎张路、双音路、湘和路等 12 条主次干线暗敷电信信息管道 12 条，铺设通信光缆 1.5 万米，中国移动、中国联通、中国电信在境内共建移动基站 21 个。设立网信网点 8 家，园区安装固定电话 4.82 万家，发展手机移动电话 6.2 万户，安装有线电视网络 3.7 万户，电脑宽带用户 2.88 万户。

2016 年，园区为满足境内通信需求，促进电信产业蓬勃发展，域内暗敷电信信息管道 32 条，铺设通信光缆 3.29 万米，设置移动基站 28 个，设电信网点 12 家，安装固定电话 6.29 万台，发展手机移动电话 9.8 万户，安装有线电视网络 5.8 万户，安装电脑宽带用户 4.77 万户。根据园区发展需要，园区电信信息管道管线，通信设备现具有固定电话用户 20 万户，移动电话 25 万户，有线电视用户 10 万户，为园区后续电信产业发展奠定坚实基础。

信息化建设 2005 年，园区"公众信息网"，计算机、投影仪、打印机等设备投入 14 万余元创办网站，网址 http：//cshpkj.com，主要设置"网站首页、栏目文章、图片下载、文件下载、留言反馈、含浦论坛"6 个一级栏目，重点介绍园区组织机构、企业风采、招商项目、投资指南、政策法规等。2008年，园区从望城县划归岳麓区管辖，新建“岳麓科技产业园”官网，网址为www.ylkjy.com，建站旨在建立一个开放的、基于标准的电子政务统一平台，实现信息交换和资源共享，面向公众提供服务，增强各部门工作透明度；全面展示科技园，宣传招商项目，引导优秀企业投资入驻；设置网站首页、园区概况、党建中心、即时热点、信息公开、网上信访等7个一级栏目，重点介绍园区概况、组织机构、产业规划、招商项目、入园指南、政策法规等。是年，园区实现办公数字化。科技园党工委、管委会及下属二级机构，领导干部与科任干部，在实现知识化、专业化、年轻化的同时，努力实现办公信息化。综合办公楼投入办公之时，实现人手一台电脑办公，每台电脑都能上网、连接打印复印机，内部信息可以通过QQ群或一对一QQ聊天方式传递与沟通。档案信息化：成立档案信息化工作领导小组，建立《档案管理员职责》《保密工作制度》《档案资料收集制度》《档案保管期限》《公文管理制度》等，公文管理、文件材料归档坚持制度，档案除纸质形式外，还采用电子数据保存。监控系统化：除入驻园区的单位、企业、学校、楼盘自建的闭路电视监控系统之外，园区在重点区域建设闭路电视监控系统，主要设置于办公楼、安居小区、集市、人口集中的居民区（社区、村），有利于加强城市管理、治安管理，保障居民生命财产安全。

2008年10月，在岳麓区教育局积极支持下，园区进行校园信息网络建设，中心学校、玉华小学，渣塘小学、白鹤小学、学士小学等8所学校开通校园网络，塘峡小学、学士小学、联丰小学、白鹤小学、渣塘小学等10所学校具备开设“班班通”条件。

2012年，园区有20多家服务外包企业，涉及软件研发、信息服务、物流服务、医药外包等领域。园区被省商务厅评定为“湖南省服务外包示范区”，园区以电子商务、文化服务、数据中心为重点建设服务外包业，积极探索和拓展服务外包产业，将逐步建设成“国家级服务外包示范基地”。服务外包公共平台建设包括：以统一向园区及长沙外包服务企业提供IT支撑服务、信息服务、资源共享服务的软硬件建设；通过统筹建立内容提供和资源共享机制，整合多个垂直行业子平台服务商的服务资源，构建可持续发展机制；优化产业环境与科技、数据化水平，创造条件以提供优质服务，树立“长沙外包服务”的品牌。建设IDC机房、培训教室、会议室等场地设施，互联网数据中心（LDC）为载体的IT基础设施，技术、人才、OA、外包对接等业务应用平台；集信息发布、综合服务、产业管理于一体的门户网站；IDC机房位于岳麓区学士路8号科技园综合服务大楼内，面积200平方米。

2013年，大力推进信息化建设，建立起高效运作、资源共享的公共管理服务平台。网格化管理的物质基础是信息化建设。园区学士街道建立微信公共服务平台和街道政务网站，充分利用社区信息数据库和户籍内卡等，并通过发动联户党员的作用，上门对联系的每户居民情况再次摸底、再次核对，确保数据的正确性，建立起集服务对象的家庭成员状况、住房、就业、计生、优抚、救助、健康等信息资料于一体的数据库,并统一进入学士街道信息平台,建成综合性、集成式、互动式的管理服务平台，努力实现信息共享、管理高效、服务有序、覆盖全面的目标。

2015年，进一步加强网络入园4所高等院校。以校报、新闻网、校广播站等为阵地，通过宣传报道，营造“师生动员，全员参与”，以学生为主体、以教学为中心，走内涵式发展道路的浓厚氛围。自官微官博营运以来成绩斐然。湖南中医药大学依托官微平台的《构筑“杏林春暖”微信公众平台助推中医药文化传播新阵地》获得省委宣传部、省社科联、省教育厅联合立项的高校网络文化精品建设项目，助推中医药文化传播新阵地。官方微博官方微信粉丝均已过万。12月，官微位列全国中医药院校排行榜“第二名”。官微连续20多周蝉联《中国中医药报》官微评选出的“全国中医院校官微十强”之一及《中国青年报》评选出的湖南高校官微“十强”之一。被全国中医药新媒体联盟、中国中医药报社评为“全国中医药院校微信公号榜单十强”之一。官方微博、微信公众平台、APP应用、播客等网络文化，占领网络舆论阵地，营造校园网络文化良好氛围。长沙南方职业技术学院坚持现代信息建设与科研教学相结合的方针，长沙南方职业学院坚持学院物流系设有电子商务实训基地、网络实训基地、软件实训基地、移动应用开发实训基地、物流实训基地等，有地保障教学、科研工作的开展及学生专业实践能力的培养。与微软、华为、思科网络、大新华物流等国际国内著名IT企业和公司进行深度校企合作，把学历教育与职业技能认证教育紧密结合，培养了一大批具有高等教育学历文凭和职业技能证的高素质技术技能型人才。电子商务专业实训基地拥有网店客户服务、网店开设装修、网店运营推广3个实训室。网络实训基地有一个网络综合实训室，该实训室面积80平方米，设备总值近45万元，共21台计算机，有50多台网络设备。软件技术实训基地建设以培养“软件工程师”为目标,“不求洋,不求全”,不以投入资金多少和设施设备的多少为评价标准，而以能否承载教学目标，能否达到教学效果为评价标准进行建设。移动开发专业建设，紧跟移动互联行业发展趋势，在校企合作、工学结合、实践教学等方面积极探索。在专业实训基地建设方面分别建设 J2EE 实训室和 android 开发实训室。

2016 年，园区按照“便民、高效、廉洁、规范”的服务宗旨，遵循精简、统一、效能的原则，将园区涉及工商、税务、产业服务等服务工作全部纳入企业服务中心集中办理，建立网上服务体系，实行“一门式服务、一站式办理、一次性审批”，最大限度地为企业办事提供方便，确保实现“园内事情园内办结”。园区搭建内部审批系统（OA 系统及掌上 APP）。实现办公网络化、电子化、手机化，审批工作人员可对企业申报办理的项目和事项进行网上审核和办理审批。审批工作人员或相关领导出差在外，可以通过掌上 APP 登录到内部审批系统进行信息查询和批阅。实现企业服务中心内部的管理和信息共享；提高办公人员的办事效率，整合办公业务资源。开设企业服务中心专栏。实现所有的行政许可、非行政许可、服务事项及办事流程的网上公示，为企业提供政策法规的咨询；办事信息的查询反馈；企业与服务中心之间、服务中心与园区之间等的在线互动，直接在线填写申报、审核、批准。开设企业服务评价系统。园区监察部门和企业可以对窗口工作人员及审批、服务事项进行监察、评价以及绩效评估。筹建联合审核体系。实现审批相关数据库的建设、多个职能部门和局室的联合审批和服务对象公用信息的交换和同步。

◆第六节　重点工程

环境保护与建设　长沙岳麓科技产业园域内有岳麓山风景名胜的南麓片区，白鹤天池有着 333 公顷的森林自然生态保护区、农趣谷、学华村农庄生态园林，绿化率 75%。紧贴园区有 467 公顷的洋湖湿地公园，东临湘江支流靳江河，玉赤河穿行而过。园区已纳入岳麓山大学城整体规划范围。中南大学、湖南大学、湖南师范大学等 20 多所全国闻名学府聚集于此。园区境内落户的有湖南中医药大学、南方大学、湖南工业职业技术学院、湖南食品药品职业学院 4 所高等院校、4 个院士工作站和 600 余家科研企业，20 余座房地产高层楼盘矗立云霄。可谓是靠山面水，风水绝佳，岳麓青山靓，智谷科技兴。

2002 年，园区创建初期，十分重视水利设施的建设和整修，水利是农业的命脉。园区和所在含浦镇共同投资 505 万元，投工 390 万个，移动土石方 400 万立方米。完成水利工程 130 处，增设排渍机 4 处，新增电机 4 台，更新联丰垸排灌机构，整治联丰垸撇洪渠防洪闸。更新东山垸、渣塘垸排灌机械 110 千瓦，加高加宽东山垸、渣塘垸、五星垸、丰田垸大堤 16.94 千米，修理标准水泥山塘 102 口，疏通渠道1.5万米。

2005年，园区制定下发《关于加强入园项目生态保护的通知》，明文规定：在园区山体、水体设立“生态保护线”，凡项目建设，对规划生态保护的山体、水体等进行钉桩、布线，明确保护范围，进行拍照存档备查；要求入园项目不得在保护线范围内的山体开挖、取土、破坏植被，不得破坏水体；已遭受破坏的山体、水体要求恢复绿化、施工护坡；任何破坏保护线范围内山体、水体的行为将追究相关人员的责任。含浦镇政府先后成立生态环境保护委员会，开展生态环境保护工作。

2006年，园区和含浦镇共同投资450万元，护砌农业配套小型水库、圹坝，新建、改建电力排灌站，衬砌渠道，新建改建机耕道，联丰垸二基台迁至东山垸，解决境内233公顷农田的灌溉问题。

2008年，园区制定《岳麓科技产业园城乡接合部环境综合整治方案》，确定了工作目标，设立科技园城乡接合部环境综合整治领导小组（由管委会副主任兼街道办事处书记领衔）；建立城乡接合部环境综合整治长效机制。

2011年，园区开展丘陵绿化环境保护大检查活动。推动自律守法主动清查整改，在检查过程中，发现有些地域植被破坏，堆放废土，形成裸露地表，查处13处近100公顷恢复植被，还草还绿。境内学华村一村民擅自开山盖房，破坏植被。园区和街道一起下户追究，限期整改，该村民拆除违章建筑，投入8000元，全部恢复山坡原貌。

2012年，园区对境内玉赤河流域一带实行生猪退养工程。玉赤河曾有生猪养殖户131户，猪舍总面积6.39万平方米，常年存栏生猪2万头，生猪粪便直排至玉赤河，造成两厢大面积污染，导致水体腐败、水不能用于灌溉、空气污浊、生态环境逐年恶化。是年，开展玉赤河生猪退养工作，拆除岸边100米范围内猪舍，每平方米补助220元，共拆除3.4万平方米。

2014年，园区和街道、村共同投资1亿元。启动学华村“绿化村庄”项目。项目内拥由466.67公顷山林，33.33公顷天然水库，80公顷葡萄种植基地，146.7公顷羊肚菌及无公害蔬菜种植园，20公顷红豆杉苗木基地。全面打造四季花海、农耕博物馆、百公顷观荷园、丹桂园、农事体验园、有机蔬菜园、乡村酒吧、农家自助餐厅、虾稻共生养殖基地、生态水处理景观池。学士书院等景区项目生态，新建会车岛、生态停车坪、公共卫生间等基础配套设施。学华力争打造具有核心竞争能力的都市田园旅游新名片，积极申创国家AAAA级旅游景区。

2014年，园区领导、组织辖区农田环境保护工作。境内有学士街道玉江村水田 5136 公顷、东山湾水田 1880 公顷、学士村水田 1892 公顷，合计 8908 公顷。为治理重金属污染，下发石灰 860 吨施于 8908 公顷、有机肥 425 吨施于 3020 公顷、鼓励种植绿肥 900 公顷、引导喷洒叶面阻控剂于 5724 公顷。各类肥料均直接发放到户，建立台账，指导施肥。为治理耕地重金属污染，采取优化水分管理：开办培训班，优化水分管理落实到每一农户户主并建立台账、建立联系通讯录，督查工作严格认真。指导引导农民对耕地深翻桥。是年深翻耕 2191 公顷。

2016 年，园区紧紧围绕白鹤天池 333.33 公顷森林自然保护区和学华村 466.67 公顷丘陵山林，积极组织园区干部、职工、村民和林管辖开展丘陵植被、植树造林活动。全年全园区植树造林 66.67 公顷，数目 13 万株。

2016 年，园区开展玉赤河截断污染源和生态修复工作，全境有玉华水库、石竹塘水库、二塘村水库、白鹤水库、三塘冲水库 5 座水库，库容量分别为：82 万立方米、20 万立方米、28 万立方米、32 万立方米、20 万立方米；其中，玉华水库为小（1）型水库，其他 4 座为小（2）型水库。另有山塘 118 口，总水面约 42 公顷。辖区有立赛垸、东山垸、联丰垸三处堤垸和立赛垸、东山垸、汀湘十里 3 处基台。街域内有耕灌两用机台 10 台，抗旱单机 10 台，总装机功率 1890 千瓦，境内自流灌溉良田约 300 公顷，农田旱涝保收率 92%。

环境卫生 2002 年，建园之际，国家环境保护法律法规已经构成基本法制体系，市政领导、组织属地环境保护工作。环境保护方面，科技园直接接受市环境保护局的领导。工作机制、程序是每一项目设计必须根据法律法规、政策制度评估环境影响；立项前，园区 向市环保局呈交项目《环境影响报告书》，得到市环保局批复“同意”之后方可批准立项；工业项目在施工、投产、生产过程中，实施监督、检查以确保企业环境保护承诺全面实施。

2006 年，园区各安居小区自投入使用后，通过环境卫生综合整治，实现并保持道路整洁、经营规范、文明有序的目标；安居小区的楼头墙角、公共场所出现的垃圾、土堆、粪堆、柴堆、障碍物等被及时、全面清理，园区制定和出台安居小区环境综合整治一系列管理办法和实施方案，社区成立相应的领导小组和管理办法，建立和完善垃圾清理制度、保洁员管理制度等各项日常管理制度，并层层签订目标管理责任书；落实考评机制，督察组每日一检查，每天一通报，每月一排名，同时每季度进行一次阶段性讲评；园区范围内评选先进，共选出 10 个保洁优秀网格点、6 名 5 星级文明卫生户、5 名保洁优秀楼栋长；清洁卫配套设施建设，每个居民组配备 2 个垃圾池，增设垃圾桶，每个社区配备 2 辆垃圾清运车辆。是年，园区境内设垃圾转运站 8 个，专职卫生清扫、清洁员 24 名，清理垃圾 1200 吨。

保持小区道路清洁干净。

2012年，园区与含浦街道生态环境卫生建设工作，富有成效。园区和街道成立生态环境工作领导小组和环境整洁行动领导小组，制定工作方案，加强对城乡环境卫生综合整治工作的领导和督查；组织开展环保知识讲座、环保宣传日、无烟日、“新环保法网上知识竞赛”等一系列活动，努力提高驻园单位、企业和居民的环保意识；组织开展辖区内大气、噪声、餐饮油烟等专项行动，同时配合区环境监察大队多次开展环保监察，开展多次专项行动对辖区内噪声污染源的KTV开展联合执法整治行动；分步启动实施新江河、玉赤河流域环境污染整治行动。

2014年，园区和学士街道办事处把环境综合整治工作制度化、常态化、网络化，明确职责分工与工作目标，划分网络，加强宣传动员，设置宣传栏，建立考评机制，兑现奖惩制度，先后拆除违章建筑20万平方米。拆除违章建筑物与户外广告、清理整顿“五小企业”（小餐饮店、小修理店、小废品店、小歌厅、小不锈钢加工店）、清除垃圾、完善厕所与垃圾桶设置、工地扬尘废渣监督管理、闲置土地围挡等，同时实施美化、亮化、绿化等工程。园区和学士街道办事处每季度组织环境保护大检查，制定《环境保护大检查工作方案》，明确目标与要求，重点检查辖区所有有废水、废气、废渣、辐射、噪声的企业；检查内容包括环保审批及制度实施情况、污染防治设施建设及运行情况、排污许可证制度执行情况、危险物管理等；大检查前下发“环境保护大检查企业自查申报表”以推动企业自律守法、主动清查与整改；辖区内各企业确定大检查联络员1名，方便监督、指导与检查工作实施。

2016年，园区把治理和保护环境工作作为常态化工作。始终坚持“活力新城、幸福园区”的理念。园区所辖学士街道，新增道路清扫车2台，道路洒水车4台，空气雾化除尘车4台。早、中、晚4次反复环绕区域范围主、次干道和重点小区及大街小巷。进行清扫，园区境内空气新鲜，道路整洁。呈现蓝天白云、树木成荫、风景秀丽、城市漂亮美丽的新景象。

堤防 2002年，园区和含浦镇对防汛、抗旱、堤防整治工作十分重视，层层签订责任制，各堤垸保证防汛通道、溢洪道、涵洞畅通；完善通信设施、照明设施，园区和镇分别成立防汛指挥部，一把手挂帅，及时排除区域内城区管网及重点工程的排溃隐患；对每处险工险段、每座涌闸及其他穿堤建筑物，签订巡查、防守、抢护责任书，建立值班台账。

2005年，园区和镇政府到位资金50万元作为防汛预备资金，组织建立防汛预备队、常备队、突击队，逐水库、分堤段、防险队员造册登记，张榜公布；确保达到镇政府下列物资器材储备指标，是年，万公顷堤垸每千米堤防储备砂卵石500吨，纤维袋3000条；千公顷堤垸每千米堤防储备砂卵石300吨，纤维袋2000条；500公顷以上堤垸每千米堤防储备砂卵石100吨、纤维袋1000条。

2007年，堤防维护、修复工程有：靳江河防汛器材物资储备库兴建工程，位于含浦镇东山村、均塘村，占地总面积22.3575公顷。2007年4月开工，12月竣工。

2009年11月，靳江河（白菜湖段）综合整治工程建设施工，工程投入资金1000万元，建设排渍机埠一处，排渍泵功率为（6×185）1110千瓦。2010年10月竣工。

2010年3月，靳江河莲坪大道处发现滑坡渗漏，紧急施工修复。8月，玉江村弃土区挡堤工程开工建设，是年12月竣工。12月实施：东山湾机台报废更换，东山湾机台内外管道塌洞修复，白鹤村三塘冲水库涵闸堵塞疏浚，玉江渡槽750米维修。

2015年，园区靳江河堤岸综合整治，该项目工程投资额达1500万元，整治的堤防为颜家桥至下游西三环间靳江河左岸堤防，总长度为2475.5米。该段堤防包含堤防段1965.7米和山体段509.8米，进行土方回填加高增宽，坡体片石加固。另对该段河道的赤江支流1443米，建设堤防整治段为T0+000~T0+600，是年12月完工验收。

2017年7月1日至20日，园区面对百年一遇的凶猛内涝，组织干部、员工、村民1200人，不分昼夜，24小时奋战在大堤和内涝区域，众志成城，筑起坚不可摧的防涝堡垒。园区组织大功率排渍泵8台，大功率抽水机12台，不间断地排水除涝，捍卫园区的发展和群众的生命财产。

安居工程 园区安居工程建设，坚持以市场开发建设为主导，将市场建设与拆迁户的住房安置有机结合起来，实现发展远去的第三产业，宜居宜业的目标。2002—2010年主要贯彻执行望城县政府《关于征地拆迁补偿安置工作有关各项的通知》和《长沙市补偿安置条例实施办法》精神，安居工程选址，规划，将交通便捷、人口密集、物流丰富的中心地段让出来，实行统一规划，统一设计，统一成片开发，让失地农民参与市场建设，共谋发展。园区制定重建地安置小区优惠政策，提出“七通一平”和基础设施建设，按规定实行抽签分配建房缝数。小区每栋1~2层均为商业门店，既解决了拆迁户住宅，又解决了拆迁户自谋职业就业问题。2010—2016年按长沙市政府《长沙市征地补偿实施办法》执行，园区统一建设高档、高层、高品位商品保障性安居住宅小区。

裕园小区是园区最大重建地安置小区，坐落在城市中心区域的联丰村，位于车塘河路以西，学士路以北，象嘴路以东，联丰路以南，总占地面积34.35万平方米，建筑面积34.61万平方米，建筑密度26.9%，容积率1.0，绿化率35.8%，为外围六层中间四层框混结构建筑，总栋数141栋，缝数1914缝，安置拆迁户1020户，安置人口3867人，商业门店1914个。2004年4月，裕园小区一期AB区投入建设，面积约6万平方米，共建41栋，576缝，安置拆迁户292户，安置拆迁人口1154人，商业门面576个。工程2005年8月竣工。2005年9月，裕园小区二期D区投入建设，共建26栋，294缝，安置拆迁户数149户，安置拆迁人口587人，商业门面294个，工程2006年10月竣工。2007年4月，裕园小区第三期C区投入建设，共建39栋，507缝，安置拆迁户数265户，安置拆迁人口1017人，商业门面507个。2008年10月竣工。整体裕园小区按统一规划、统一设计、统一外观、统一建设风格建筑。拆迁户负责房屋重建建筑。园区负责"七通一平"房屋基础"正负零"，负责道路硬化工程，绿化美化，环境综合改造等项工程，投入基础设置资金达8800万元。

白鹤小区东临湖南工业职业技术学院，西临车塘河路，北邻云栖路，南临联丰路，用地面积39.02万平方米，建筑面积54.73万平方米，建筑密度28.2%，容积率1.1，绿化率30%。为8层框架钢混结构建筑。总栋数18栋，重建分配安置地676缝，安置拆迁户669户，安置拆迁人口1395人，商业门面676个。2003年11月一期工程启动建设。新建房屋16栋，定位于小区东向，分配重建安置地414缝，安置拆迁户389户，安置拆迁人口843人。2005年5月竣工。2008年10月，白鹤安置小区二期工程开工建设，定位于小区南向，新建安置楼12栋，分配重建安置地262缝，安置拆迁户数280户，安置拆迁人口552人，商业门面262个。2009年12月竣工。白鹤小区整体按统一规划、统一设计、统一外观、统一建设风格建筑。拆迁户负责房屋重建建筑。园区负责"七通一平"房屋基础"正负零"，负责道路硬化工程，绿化美化，环境综合改造等项工程，投入基础设置资金达5000万元。

学士小区坐落于学士街道学华村境内，位于绕城线与香格里拉大道交会处。总用地面积33.35万平方米，建筑面积31.3万平方米，建筑密度24.3%，容积率0.9，绿化率52%，为4层框混结构建筑。2004年5月启动重建安置房工程建设，新建房屋24栋，分配重建地399缝，安置拆迁户189户，安置拆迁人口802人，商业门面399个。学士小区整体按统一规划、统一设计、统一外观、统一建设风格建筑。拆迁户负责房屋重建建筑。园区负责"七通一平"房屋基础"正负零"，负责道路硬化工程，绿化美化，环境综合改造等项工程，投入基础设置资金达

3800万元。

车塘河小区位于车塘河路与联丰路交会处，用地面积61333平方米，建筑面积6.14万平方米，建筑密度28.7%，容积率2.12，绿化率52%，为8层框架钢混结构建筑。2003年9月一期重建地安置房工程动工建设，2004年8月竣工。新建房屋14栋，294缝，安置户数158户，安置人口593人，商业门面294个。2010年9月二期重建地安置房启动建设，2011年11月竣工。新建房屋10栋，198缝。安置户数111户，安置拆迁人口394人，商业门面198个。车塘河小区整体按统一规划、统一设计、统一外观、统一建设风格建筑。拆迁户负责房屋重建建筑。园区负责“七通一平”房屋基础“正负零”，负责道路硬化工程，绿化美化，环境综合改造等项工程，投入基础设置资金达6200万元。

联丰小区位于联丰路与车塘河路交汇处，用地面积5.6万平方米，建筑密度41.65%，建筑面积10.34万平方米，容积率2.09，绿化率30.8%，为四层框混结构建筑。2010年9月联丰小区安置住宅工程启动建设，2011年12月竣工。新建楼房25栋，安置分配宅基地339缝，安置拆迁户203户，安置拆迁人口715人，商业门面339个。联丰小区整体按统一规划、统一设计、统一外观、统一建设风格建筑。拆迁户负责房屋重建建筑。园区负责“七通一平”房屋基础“正负零”，负责道路硬化工程，绿化美化，环境综合改造等项工程，投入基础设置资金达3500万元。

联丰苑小区坐落园区学联社区，选址东南临学士路，北至黎张路，东临黎家村，项目投资12.95亿元，总占地面积10万平方米，总建筑面积35万平方米，容积率3.40，绿化率40.18%，高层建筑18栋，2102套。2013年5月联丰苑保障性住房一期工程建设启动，2014年12月完工。该项目为框架式结构，楼盘7栋，848套，5栋24层，2栋30层高层住宅。2014年12月竣工，安置住宅131户，房屋365套，安置拆迁人口457人。房屋成本价格2536元/平方米，按《长沙市征地补偿实施办法》规定，拆迁安置住房价格为1200元/平方米。2015年10月联丰苑保障性住房二期工程启动建设，2016年12月竣工。新建楼盘3栋，层高30层，安置拆迁户156户，403套，安置拆迁人口525人。2016年3月，联丰村保障性住房三期工程启动建设，新建楼盘8栋，层高24层，486套，是年12月工程完工。安置拆迁户174户，安置拆迁人口608人。

污水工程 2005年，园区排污工程模式在每条道路修建，在路基下铺设排雨水、污水管道，雨水、污水排入靳江河流入湘江；2006年，科技园将园区雨水、污水分流，雨水仍然排入湘江，污水全部流入排污管道网，排入坪塘污水厂，形成“截污—工业处理—标准（废）水—注入湘江”的绿色环保模式。

2006 年 2 月，园区启动雨水、污水泵站工程建设，投资总额 300 万元，是年 5 月 31 日竣工。象嘴路污水工程：自连丰路与象嘴路交会处起至象嘴路与学士路交会处止，全长 440 米（K0+840~K1+280）。工程内容：基坑土方开挖，污水管道垫层浇筑，污水管道安装，检查井砌筑，基坑回填夯实等。2006 年 4 月开工，5 月竣工。靳江河抽排泵房建设工程，安装主设备 900HQ —40G 潜水电泵 4 台，500DFWQ— 660C 潜水电泵 2 台，Φ500 耦合 8 米 2 个，总价款 93.8 万元。2006 年 6 月竣工。靳江河雨污排灌站建设工程：工程内容：2 台 630 千伏安、1 台 50 千伏安变压器从玉丰线到重建地连接杆用架空线至排灌站。2006 年 2 月开工，7 月竣工。学士路双孔箱涵进口段工程：2006 年 3 月开工，4 月竣工。

2007 年 3 月，园区建设联络线北侧一期排水工程，全长 300 米。4 月竣工。象嘴路污水工程：全长约 500 米。2007 年 6 月开工，7 月竣工。

2010 年 10 月，园区坪塘污水处理厂截污干管（过靳江河）工程建设施工，起点学士路与含浦大道交会处，终点坪塘污水处理厂，污水干管共计长约 1200 米，管径为 1.2 米（其中靳江河道段为 2 根管径为 0.8 米的钢管），终审金额为 3435.43 万元。2011 年 2 月竣工。

2013 年，园区排污管网改造工程全面启动建设，通过连续的排污管网改造，实现了园区污水全部顺利截入坪塘污水厂进行处理。园区新建项目投产后污水排放全部进入园区截污管网。主要有：学士路二期（三环线—莲含大道），1760 米；学士路二期三标（莲含大道—望江路），2640 米；望江路（东山湾路—长潭西辅道），1200 米；黎家村路（学士路—黎张路），391 米；茯苓冲路（长潭西线辅道东—三环线），2693 米；有成路（莲含大道—三环线辅道），1200 米。

2015 年，园区新建道路与新建企业片区排污工程，望雷路以东、莲坪路以南、东山湾路以西、望江路以北片区内污水排至杨柳港污水处理厂管道工程。新建污水管线工程：沿玉赤路及玉赤河堤防由西向东敷设污水管线至东山湾，再沿东山湾路由南向北敷设污水管线进入已投产的坪塘污水处理厂。污水管线选用 DN800~DN1500 管径的钢筋混凝土管材，总长度 5.2 千米，总投资 4500 万元。2015 年 7 月开工，2016 年 5 月全部竣工。

玉赤河景观廊道 玉赤河流域位于长沙岳麓科技产业园的中部，东西向贯穿整个园区，在通靳路与东山湾路交叉口流入靳江河，是一块长久以来依生态环境的滋润而生的自然生息之地。

玉赤河流域整治景观规划范围；靳江河以西，长潭西线以东，莲坪路以南，望江路以北部分区域。用地面积约185公顷。玉赤河长潭西线以东流域总长约3.3千米。主要位于莲含大道北面（包括玉赤河两侧公共绿地，莲含大道以南的高压线防护绿地和街头绿地）核心景观区段面积55公顷。

玉赤河水资源主要为玉赤河、雅河两条河流及其周边零星水塘与灌溉水源，总面积为17.09公顷，其中玉赤河水面宽7.20米不等，面积约为3.89公顷，占总水域面积的23%。雅河水面宽5.40米不等，面积3.97公顷，占总水域面积的23%。基地周边用地主要以教育和工业用地为主，配套有商业和居住用地，基地西邻长潭西线，东邻靳江河，北邻产业园的企业汇集区和文物古迹用地——刘崐墓，南邻幽谧的山林和开阔的田野，周边用地性质丰富、交通便利，具有很强的可塑性。

2005年，该区域划归园区管辖，昔日一片农田，常住农户2050户，人口9582人。2015年，园区邀请全国著名专家实地考察论证，并制定《玉赤河设计走廊概念规划》。2016年，面向全国、全省大型企业公开招商竞标。是年10月，完成评标工作。中标单位为世界500强企业中铁城建集团有限公司与华润深国投信托有限公司联合体，项目投资总额为28亿元。是年12月，启动工程项目。

玉赤河景观廊道项目有52个：草坪休憩空间、低碳科技展示中心、湖心岛、低层住宅、多高层住宅、书学院、乐学院、礼学院、国家文化广场、竹艺呼吸廊、手工DIY吧、管委会、绿岛、艺术卖场、低碳交换空间、滑板公园、科普教育基地、入口广场、商业服务、水上气泡、崖居、观鸟树屋、树屋瑜伽、七彩花田、眺望塔、保留杨树林、民宿、体育公园、养生屋、生态田埂、阳光盒、起伏景观、栈道、雅河、树屋世界、情侣会馆、畅想吧、葡萄基地、红酒汇、设计师工作坊、养意阁、私家车停车场、入口广场、养身阁、养生广场、吐纳屋、栖枫菜坊、洽园、休闲商务、超五星酒店、艺术家村、保留野花地。

玉赤河景观廊道形成六个建筑群体，具体是：中层和低层为居住建筑群，采用现代建筑风格，70米以下颜色中明度，彩度红色、橙黄、米黄。国家文化艺术建筑群、仿古商业街、水上玻璃房子，以低层密集型建筑为主体。采用仿古建筑风格，滨河采用玻璃构成现代水上建筑，颜色中明度，以灰色系为主色调。科普文化艺术建筑群。管委会建筑群、工业建筑群、科普文化馆、低碳交换空间、艺术家卖场、水上特色房子，以低层密集型建筑为主体，采用现代建筑风格，建筑颜色高明度，以中彩度复合色，中高度、中低彩度的暖色系为主色调。山谷特色建筑群、特色树屋、山顶冥想馆、山谷瑜伽屋，采用生态环保、简约的现代建筑风格为主，建筑颜色暖色调为主，中高彩度橙黄、米黄，适当运用原色调体现生态性，采用独立式建筑布局。艺术家村建筑群：艺术家村、艺术交流空间，以低层密集型建筑为主体，采用仿古建筑风格，建筑颜色低明度，低彩度复合灰，中低明度，灰色系为主体颜色。康体休闲建筑群：五星级酒店、身会馆、特色树屋，低层居住建筑群为主，采用现代建筑风格和原木色环保建筑风格，建筑颜色中明度，中高彩度橙黄、米黄或者原木色仿木生态色调为主。

玉赤河景观廊道具有“五林、一区、一带、一地”绿化种植风光景区。即生态背景林：主要是对现状保存良好的山体植被进行保留，对部分裸露山体进行生态修复，增加原有马尾松、香樟、竹等常绿树种的种植范围，对山间游步道两侧的乔灌木进行梳理。设置耐阴地坡，增加生态背景林层次，形成具有山体原有特征的林丛花园。主要树种：马尾松、水杉、香樟、竹、栾树、池杉、桂花、黄杨、算盘子、盐肤木、苦楝等。广场风景林：属于人工修饰地带，覆盖区域主要包括广场、道路两侧及停车场等区域，植被类型主要为整齐列植高大的乔木，并结合色彩丰富的地被，突出空间的开阔感，营造出富有韵律的植被空间。主要树种：上木——香樟、银杏、悬铃木、广玉兰；中木——女贞、紫荆、桂花、桃；下木——葱兰、混播草等。庭院风景林：居住区。艺术家村以及部分现状的民宿的植物景观，作为人们最重要的生活空间，成为市民回归大自然的最佳场所，植物配置应组合出成功的人工栽培群落，从而提高庭院整体环境质量。主要树种有上木——银杏、复羽、叶栾树、香樟、柚子树、桂花；中木——芭蕉、海桐、紫叶桃、木芙蓉；下木——八角金盘、小叶女贞、葱兰。商业景观林：水系上游商业用地的景观配置区，绿化空间遵循“以人为本”的原则进行植物配置。满是行人、车辆的遮阴功能，打造出生态，美观的人行空间，保证冬季人们对自然需求的同时，考虑商业四季绿意盎然的景观效果。主要树种有上木——黄山栾、合欢、银杏、重阳木；中木——樱花、紫叶李、木芙蓉、红枫；下木——红叶石楠、小叶女贞、红花继木，月月桂等。水岸风景林：围绕水景生成的水边植物和驳岸植物，选用耐水湿、根系适应较高地下水位的植被类型，形成水体、植物、天空一体的景观。主要树种有上木——水杉、香樟、金丝垂柳、乌桕、杨树、苦楝；中木——构树、油桐、日本早樱；下木——鸢尾、美人蕉、野菊、十大功劳等。水生植物区：水生植物类型以沉水型，浮水型植物为主，保留现状较好的植物景观水蓼等，配置水质净化型植物，与岸边植物相结合，营造鸟语花香的景观氛围。主要植物类型：沉水植物——金鱼藻、眼子莲、狐尾草；浮水植物——芡实、荇菜、槐叶萍、睡莲、挺水。色彩地被带：在山谷间地势较平坦处，通过间隔，片植的方式种植具有明显季相变化的花灌木及多年生宿根草花，营造独特的花境景观，形成花的海洋。花卉选用蜜源、芳香类，微风拂过，花香阵阵，使人心绪飘扬。主要植被类型：春鹃、山菜、葱兰、美丽月见草、醉鱼草、荷兰菊、黑心菊、紫娇花、含笑、海栀子等。疏林草地：群衣性集体活动场所，在功能上要求空旷便于集散，在植物配置上力求简洁。树木按自然式栽植，做到疏密相同，有聚有散，错落有致，形成大树草坪的开阔空间。主要树种有上木——香樟、枫杨，中木——杜鹃、紫薇、鸡爪槭，下木——八角金盘、沿阶草、合欢等。

玉赤河景观廊道效果图（供图者：长沙岳麓科技产业园）

靳江河左岸综合整治 靳江河，简称靳江或靳水，原名建江河，古称“瓦管水口”，为湘江下游一级支流，因河道经宁乡市楚大夫靳尚墓前而闻名。靳江河发源于湖南省宁乡市白鹤山寨子冲，自西向东流经宁乡花明楼镇、大屯营镇、道林镇等地，经湘潭市雨湖区鹤岭镇、长沙市岳麓科技产业区、含浦街道、学士街道、坪塘街道，然后于长沙岳麓区的柏家洲村附近汇入湘江。全长 87.5 千米，河床宽 80 米，流域面积 781 平方千米。

2010 年，园区在靳江河左岸综合整治中投资 500 万元。实施在穿堤管道上、下游各 50 米的防洪堤上采用两排三管法高压旋喷灌浆做截渗墙；在堤防下部穿越管道周围设置 2 道 C25 混凝土截渗墙，两道截渗墙间距 2 米，下部至基岩以下 0.1 米，上部至黏土层以上 1.5 米；截渗墙底宽 5.0 米，顶宽 11.0 米，左岸截渗墙高程为 21.22 米，顶高程为 26.75 米，右岸截渗墙高程为 21.70 米，顶高程为 26.62 米，左右岸截渗墙厚度均为 0.8 米，抗渗标号为 w6，允许水力梯度为 80~100 米；左岸堤顶高程为 38.6 米，加 0.8 米的防浪墙，堤顶宽 7.0 米，堤顶设 7.0 米砼路面，堤防临水坡比 1 ： 2.5，临水坡在堤顶以下高程 34.5 米处设置 5.0 米宽平台，临水坡 34.5 米以上采用草皮护坡，34.5 米以下采用预制砼块护坡；右岸堤顶高程为 39.45 米，堤防内、外坡比均采用 1 ： 2.5，背水坡在堤顶以下 5.0 米处设置 5.0 米宽的防汛平台，临水坡在堤顶以下 6.0 米处设置 4.0 米宽平台，在 29.0 米高程设置 3.0 米以上采用草皮护坡，33.45 米以下采用雷诺护垫护坡，雷诺护垫从堤脚以上 3.0 米处开始铺设，并采取刻槽，抛石压脚。

2012 年，园区出台《关于靳江河（望江路—西三环）左岸堤防整治工程可行性研究报告的技术审查意见》。技术意见有：靳江河（望江路—西三环）左岸堤防整治工程包括靳江河左岸堤岸长度 2483.8 米（其中堤防段 2071.4 米，山体岸线段 412.4 米），赤江支流右岸堤防长度 1447 米同意报告采用 100 年一遇防洪标准；K0+000~K0+675.5 段（立赛垸）：以望江路为起点，赤江支流出口处为终点，该段为立赛垸防洪堤，整治后该段靳江河堤防长度 675.7 米；K0+675.5~K1+088.1 段（东山垸岸线段）；该段为山体及河滩岸线段，其中 K0+685.8~K1+916.7 为河滩岸线段，外侧为河滩，内侧为山体，K0+964.6~K1+088.1 为山体岸线段，外侧为靳江河，内侧紧临山体，该段按岸线处理；K1+088.1—K2+038.2 段（东山垸堤防内移段）：K1+088.1~K1+508.0 段未设堤防，为地形阶梯状岸线，该段采用路堤合建方案。K1+508.0~K2+038.2 段受河对岸山体的影响，将该段堤线突出部分向垸内移动，增加该处河道的行洪面积；K2+083.2~K2+483.8 段（东山垸堤防段）。赤江支流（T0+00~T1+447）：为形成防洪封闭圈，赤江支流立赛垸段堤防采取培修加高的方案进行整治；左岸东山垸段均为山体，属于岸线，不做处理；基本同意报告提出的堤身断面设计、护坡设计方案：K0+000~K0+675.5 段，该段堤防采用路堤分离布置方案，设计堤顶高程 39.32~39.35 米，堤顶宽度为 10 米，堤防内外坡坡比不陡于 1 ∶ 3，采用草皮进行护坡；K0+675.5~K1+088.1 段：其中 K0+685.8~K1+916.7 为河滩岸线段，K0+964.6~K1+088.1 为山体岸线段，采用开挖 + 少量回填的方式进行处置；K1+088.1~K2+483.8 段：路堤结合，该段采用路在堤防内侧路堤结合的断面布置方式，设计堤顶高程 39.25~39.27 米，堤顶宽度为 10 米，堤外坡坡比为 1 ∶ 3；赤江支流（T0+00–T1+447）：对右岸河道不满足设计高程的堤防进行加高培厚，将右岸堤防连接至上游山体，与立赛垸靳江河堤防连成一个整体防洪圈；该段堤防设计堤顶高程 39.29~40.75 米，堤顶高度为 8 米，堤内外坡坡比不小于 1 ∶ 3，在设计洪水位以下采用连锁式生态护坡进行护砌；同意堤防采用土堤形式，按Ⅰ级堤防标准设计，堤基防渗根据实际情况及垸内规划采用水平铺盖防渗方案。

2013 年，园区投入资金 11772.5 万元，其中环境保护费 165. 95 万元，水土保持费 414.87 万元，工程费用 11191.69 万元（包括建筑工程费 8297.34 万元，临建工程费 852.76 万元，独立费用 1024.16 万元，基本预备费 1017.43 万元）。启动靳江河左岸（西岸）堤防整治工程，项目北起三环线辅道，南至望江路；长约

2483 米，建设内容包括环境保护、水土保持、临时工程、堤防工程等。

2014 年 4 月，靳江河（望江路—西三环）西岸堤防整治工程一标段发包。工程内容：环境保护、水土保持、临时工程、堤防工程等。承发包范围：包括靳江河线颜家桥下游约 350 米处的望江路至西三环间的堤防整治（T0+000.000~T0+600.00）。是年 12 月，工程竣工。

2014 年 12 月，园区投入资金 2.95 亿元，其中环境保护投资 333.52 万元，水土保持投资 667.04 万元，工程静态总投资 2.57 亿元（包括建筑工程费 2.05 亿元，临建工程费 1704.69 万元，独立费用 2244.64 万元，基本预备费 1223.96 万元）征地拆迁补偿费用 1310.24 万元。实施二期靳江河（望江路—西三环）左岸堤防整治工程项目，北起三环线，南至望江路，项目堤岸长度 2483.8 米，建设内容包括环境保护、水土保持、临时工程、堤防工程和项目范围土地征地拆迁工作等。工程历经两年时间，于 2016 年 10 月竣工验收。

第三篇

征地 拆迁 安置

LAND ACQUISITION, DEMOLITION AND RESETTLEMENT

第一章 征 地

◆第一节 机构

2002年，长沙含浦科教产业园组建成立，下设机构规划建设处，主要负责基础设施建设和协同有关部门共同做好土地规划、土地二级市场的经营和拍卖两大类工作。2004年9月，内设机构规划建设处分为工程建设处和国土规划处。2006年，为方便入园项目用地规划报批和对接服务，园区将征地工作纳入内设机构招商联络处负责，实行合署办公。2008年，园区管辖权属由望城县划入长沙市岳麓区。2009年，长沙含浦科教产业园更名为长沙岳麓科技产业园，内设国土规划处机构仍然保留。2014年，园区将下属机构国土规划处升格为国土规划局。部门职责进一步明确和规范，办公采取电子信息化管理，其中局长1名，副局长2名，总工1名。

主要职责：负责园区规划范围内土地的储备、划拨、出让、收回等工作；负责配合土地执法及闲置土地清查工作；负责园区控制性详细规划、专项规划等的设计、编制、调整和监管工作；负责入园项目的初步规划选址；负责园区基础设施建设项目立项、规划设计条件、设计招标、方案设计、初步设计的申报审批和施工图审查；参与拟定招商条件设置和施工图等工作；完成领导交办的其他事项。

◆第二节 土地管理

2002年4月2日，望城县委书记主持召开长沙含浦科教产业园建设现场办公会议。会议明确要求：高起点规范定位。园区以发展教育科技产业为主，管理范围确定为长沙市2001—2020年城市总体规划中的“含浦组团”规划范围，总面积21平方千米，涉及坪塘、含浦两镇部分区域。严格国土管理。由县国土局牵头，一园两镇配合，迅速出台园区用地管理办法措施，依法依规清理违法违章建筑，确保园区开发建设顺利进行。园区管理体制，坚持以县为主，乡镇配合。在园区土地开发上，坪塘、含浦两镇根据地块管辖权限，按项目用地 2 元 / 平方米、经营性用地 4 元 / 平方米的标准提取工作经费；签约落户园区项目 10 个，总征地面积 346.4 公顷，其中：凯达（湖南）集团，高档住宅征地 64.07 公顷，深圳三九集团与湖南华融集团合作开发的长沙三九国际康复中心项目征地 39.67 公顷，湖南创业电力高新科技有限公司征地 7.33 公顷，湖南中医药大学 76.67 公顷，长沙业翔科技有限公司 8 公顷，湖南继善高科技服务有限公司 26.67 公顷，湖南恒盛集团（春光药业）57.33 公顷，自来水二厂 28 公顷，泽岱床具有限公司征地 25.33 公顷。

2003 年 8 月 18 日，根据县常委会议关于“加快项目征拆安置进度，促进项目尽快启动”的要求，长沙含浦科教产业园开发建设指挥部制订“七定”的工作方案，园区内有三个征拆指挥部，分别是：由县国土局负责的湖南工业职业技术学院征拆指挥部，承担工院及工院重建地 80 公顷的征拆安置任务；含浦镇负责的凯达财信和新星电碳征拆指挥部，承担凯达财信和新星电碳及重建地 93.33 公顷的征拆安置任务；园区管委会指挥部，负责中医学院及其重建地和象嘴路共 113.33 公顷的征拆安置任务。上述 3 个指挥部拟在 9 月底全部完成各自的任务，在 10 月上旬组成一个统一的指挥部，分设 3 个项目部，实施征拆安置“定领导、定队伍、定项目、定责任、定价格、定时间、定奖罚”的“七定”责任包干制。1. 定领导：每一个项目部拟由一名县级领导挂帅，1 名园区责任干部和 2 名乡镇副职作为负责人。实行责任包干和责任追究制（3 名县级领导、3 名园区负责人和 6 名乡镇副职）。2. 定队伍：每一个项目拟定 16 人，其中县级领导 1 人、园区负责人 1 人、乡镇副职 2 人、县直抽调 2 人、乡镇抽调 4 人、征拆专业干部 4 人、司机 1 人、后勤 1 人。3. 定项目：截至 10 月，园区已审批和即将审批的项目有 11 个，总用地面积 333.33 公顷，总拆迁户数 500 余户，由 3 个项目部承担。项目一部：承担坪塘二水厂迁建项目及重建地、园区两宗储备用地 3 个项目 104.67 公顷、房屋 171 栋征拆任务。项目二部：承担春光药业、业翔科技、晚安泽岱、继善高科一期共 4 个项目 113.33 公顷、房屋 180 栋征拆任务。项目三部：承担南方大学扩征用地、三九华盛、创业电力、高科技创业投资公司和恒盛 5 个项目 120 公顷、房屋 176 栋征拆任务。4. 定责任：实施项目责任包干负责和责任追究制，确保按政策完成征拆腾地和拆迁户安置工作，确保没有群体性越级上访和其他不稳定、违法乱纪的事件发生，确保项目良好的建设施工环境。5. 定时间：9 月 25 日至 9

月底人员全部到位、培训上岗，10月完成各个项目全部青苗作物、房屋设施、土地类别、外业调查并编制征拆方案报县人民政府审批，12月底力争完成全部征地拆迁腾地任务，并顺利交地，做好拆迁户过渡安置工作，促使项目单位开工建设。6. 定价格：按市人民政府《长沙市征地补偿安置条例实施办法》《关于征地补偿安置工作有关各项的通知》征拆安置文件，在完成青苗作物、房屋设施和土地类别内、外业调查的基础上，编制好征拆方案，报县人民政府审批定价。7. 定奖罚：根据项目的用地面积、房屋数量、时间进度、工作效果实施奖罚兑现。

2004年4月，长沙含浦科教产业园在征拆安置工作中提出“四统一、一分工”的办法。“四统一”即统一领导指挥；统一补偿标准，按政府《长沙市征地补偿安置条例实施办法》执行；统一资金管理，征拆安置费用由园区专户拨付资金；统一安置小区选址规划，按园区总体规划要求科学选址。“一分工”即由指挥部统一核算征拆标准后，将征拆项目分配给相关单位实施，并跟踪落实征拆责任和进度。是年，园区土地储备139.29公顷，其中长沙市自来水二厂19.95公顷，江山帝景80.36公顷，继善高科27.04公顷，湖南创业电力公司7.41公顷，白鹤互通工程基础设施4.53公顷。园区土地开发利用情况，公开挂牌出让1家，湖南楚战源置业发展有限公司江山帝景住宅用地项目29.07公顷，成交额2449万元。

2006年，园区开发建设用地极度紧张，园区规划总面积21平方千米，其中一期规划9.7平方千米，进入土地利用规划的只有7.68平方千米。园区已累计出让土地720公顷，剩下可供开发的土地面积不足40公顷。园区已处于无地可供的尴尬局面，严重制约园区的发展。园区一方面在规划层面上进一步优化用地结构，将二期待开发的莲坪片8.2平方公里作为长沙城市拓展规划新区的一个重要组成部分，编制完成该片区控制性详细规划，满足项目开发需求。另一方面，坚持“节约用地，合理利用每一寸土地”的原则，和坚持五统一（统一规划、征用、开发、管理、出让）的管理原则。是年，园区牵头、国土部门配合，将环路公司在园区范围内闲置多年的4.67公顷土地依法收回后，作为回报用地融资修建白鹤互通公路。湖南省晚安床具实业有限公司项目用地25.33公顷，经望城县人民政府同意项目单位将其中10公顷工业用地变性为商业用地。园区内长沙南方职业学院以西的白鹤天池37.67公顷储备用地，园区对此土地采取招标拍卖的方式进行竞拍，起价为15500万元。通过激烈的竞拍，最后深圳南方房产开发有限公司以22180万元的价格成交，创造了长沙含浦科教产业园成立以来，经营性用地的最高出让价格。是年，园区土地储备60.16公顷，其中公共汽车站16.11公顷，浦腾科教0.62公顷，长沙南方职业学院新校区15.24公顷，含浦大道滨江段4.76

公顷，华裕环保 3.17 公顷，食品药品职业学院新校区 20.27 公顷，土地开发利用挂牌出让 18.92 公顷，土地成交额 1.21 亿元。

2008 年，根据长沙市政府《关于岳麓科教产业园等项目规划有关问题的会议纪要》，原则同意《岳麓科教产业园概念规划》，将规划调整到 60 平方千米左右，为岳麓产业发展留足空间。在片区控规层面上，长花灰韶公路以南原产业园区西面增加 40 平方千米左右建设用地，作为岳麓科教产业园一期用地，其余在长花灰韶公路以北解决，作为远期发展用地。园区内 10 宗土地因区划调整导致事权管辖调整。园区范围内尚未挂牌出让的，已移交给长沙市大河西先导区土地储备中心，作为储备用地。具体是世邦科技 4.31 公顷，恒毅科技 8.4 公顷，华裕环保 3.17 公顷，学士路二期 5.35 公顷，浦腾科技 9.25 公顷，汇通实业 15.24 公顷，湖南医药学校 20.27 公顷，有成光电 12.74 公顷，福雪光电 12.74 公顷，科教新村 2.02 公顷，合计 85.19 公顷，收取成本费用 6910.489 万元。

2010 年，为加强对节约集约用地工作的组织领导，园区成立岳麓工业集中区节约集约用地领导小组，负责园区范围内工业项目土地节约集约利用工作的组织领导、审核把关、监督检查工作，负责研究制定节约政策，统筹推进节约集约用地工作。明确园区各局（室）的工作职责，各司其职，各负其责，紧密配合，形成合力。国土规划局负责根据招商合同约定在供地环节控制土地规划用途、供地规模，依法办理土地招拍手续，协助国土执法部门对闲置土地进行清查、局置，依法申请收回国有建设用地使用权等。是年，园区土地储备 120.94 公顷，其中，学士路二期、望山路、含浦大道三段、望江路等基础设施用地 70.17 公顷。科技成果转化基地 15.62 公顷，浦洋节能 LED 工业用地 11.63 公顷，科教新村商住 3.89 公顷，长沙轨道交通管片工程 11.64 公顷，茯苓冲路 1.27 公顷，张家村路 1.92 公顷，观音路 1.85 公顷，医专路 0.69 公顷，黎张路 2.28 公顷。

2012 年，岳麓科技产业园（岳麓工业集中区）升格为湖南省工业开发园区，园区按照节约集约用地要求，科学规划园区的空间布局、用地规模、开发时序、调整优化产业结构。根据园区产业特点目标定制合理的路网密度和宽度、绿地率、建筑密度等规划控制指标。针对园区原有企业的产业类型，科学规划相对集中的区域，在符合国家产业政策和达到环保要求的条件下，将新建工业项目安排在相应的工业集中区内，原有在工业集中区之外的工业企业，在条件成熟的情况下，通过“拆企并企”“拆企入区”等方式，逐步进入工业集中区发展，对规模小、污染重、效益差的企业逐步实行淘汰关停，从而引导产业向园区集中、人口向城镇集中、住宅向社区集中。2012 年 9 月，长沙岳麓科技产业园制定《长沙市岳麓科技产业园总体规划（2010—2030）》，规划总用地4613.84公顷，其中城镇建设用地2249.26公顷。土地是资源、是财富，必须合理利用，节约开发，充分发挥寸地寸金的作用。是年，共计征地178.96公顷，其中联东工业用地6个项目共49.64公顷；7个科技产业项目共计85.13公顷；门户金银双塔项目6.76公顷；联丰苑安置小区一、二期，汽车4S东片79.67公顷；云栖路白鹤片43.53公顷。

2014年，园区为加强土地管理工作，严格执行土地管理规章制度。园区严格执行《岳麓区项目征拆建设指挥部“三必须”“六不准”暂行规定》。“三必须”即必须设立纪检监察机构；必须接受审计，各征拆建设项目结束后，依法接受审计；必须坚持阳光公开。“六不准”即不准空头许愿；不准接受工作和服务对象的请吃、送礼；不准充当“中介”和“掮客”；不准推诿塞责；不准破坏施工环境；不准违背廉洁承诺。是年，园区土地储备卓有成效，报批岳麓金融商业服务中心等5个项目37.4公顷；在省国土资源厅即将完成审批缴费的含浦公共服务配套6.76公顷；在省国土资源厅即将完成审批未缴费的岳麓科技产业基地等四项目41.88公顷；莲坪大道、东山湾路、联东U谷·长沙国际企业港等三项目43.25公顷用地正在省厅政务审批窗口等待用地计划指标。土地出让挂牌取得重大突破，工业用地项目挂牌工作进展顺利，具体情况为2014年上半年挂牌成交了爱威科技、达嘉维康、中大检测、浦洋工业四宗工业用地13.27公顷；下半年已成交上药九旺、比扬医疗两宗工业用地4.39公顷，另有海普声域、四海通达、捷西厨艺、联东工业地产一期、（赛恩斯）五总工业用地29.1公顷即将完成挂牌审批，进入网挂公示。

2015年，园区土地管理有效加强，通过盘活存量和集中安置等措施，增加建设用地指标的蓄积量，提高土地利用率。园区加强土地用途管制，严格用地标准，严把“四关”，即（1）严把“投资”关。园区项目投资强度必须在4479万元/公顷以上，低于以上标准的工业项目一般不单独供地。（2）严把“面积”关。招商合作局要严格审查入园项目公司规模、产业类别、税收情况及发展前景等确定供地规模。经考察评估用地面积小于0.67公顷的工业项目，原则上不单独供地，企业可采取租（购买）工业地产标准厂房的形式获取生产经营场所。（3）严把“规划”关。按照国土资源部《工业项目建设用地控制指标》（国土资发〔2008〕24号）和《湖南省建设用地指标》相关规定，入驻企业项目的容积率不低于1.0，建筑系数不低于30%，企业内部行政办公及生活服务设施用地面积比例不高于7%，配套设施计容建筑面积不超过建筑总面积的15%。（4）严把“税收”贡献率关。项目达产后，项目年税收必须在447.9万元/公顷以上。建立税收贡献率、投资强度评价制度。项目达产后，其投资强度和税收贡献率低于本意见规定的，企业因享受政府优惠政策而少交的有关费用应予以补缴；由政府奖励给企业的有关费用应予以收回。是年，划拨 7 条道路用地 12 公顷，批回土地 46.87 公顷，完成 100 公顷用地地市级审批，成功协调永久基本农田划定规避举证。土规优化调整工作，保障园区重点项目用地需求和土地节约集约高效利用。是年，园区土地开发利用情况，四宗土地挂牌出让 19.87 公顷，成交金额 3.28 亿元，其中，长沙联东金皓投资有限公司挂牌出让 10.02 公顷，成交额 6201 万元；长沙赛恩斯环保科技有限公司挂牌出让 3.12 公顷，成交额 1543 万元；中铁城建集团房地产开发有限公司挂牌出让 4.32 公顷，成交额 2.39 亿元；长沙市广瑞紧固件有限公司挂牌出让 2.41 公顷，成交额 1177 万元。

2016 年，园区注重投资项目的筛选，用地重点向“三高三低”（高技术、高投入、高产出，低能耗、低材耗、低污染）项目倾斜，遏制新增“两高一低”（高能耗、高污染、低效益）项目入园；认真落实国家产业政策，对发展前景好、无环境污染、占地少、高技术含量、高附加值的产业，尤其是支柱产业，优先保证项目所需的土地供应；严格执行规划引导土地集约利用，在符合产业布局和城市规划的前提下安排招商引资项目落户；大力推行多层标准厂房建设，凡适合建造多层标准厂房的行业，鼓励支持企业申报标准厂房项目，给予政策优惠；鼓励建设项目拓展地下空间，在保障人防、城市公共安全设施建设和消防要求的同时，鼓励项目建设单位对地下空间进行综合开发利用；积极引导企业使用未利用地和废弃地，鼓励企业优先开发利用空闲、废弃、闲置和低效利用的土地，提高土地利用率；大力实施“零地技改”，原已取得土地使用权的企业，在不改变土地用途的前提下，鼓励企业改（扩）建多层厂房或实施厂房改造加层来增资扩股、扩大生产；支持企业为提高土地利用率而调高容积率。园区探索根据市场变化需求，灵活合理设定工业用地有偿使用类型和年限。由工业企业自由选择以下四种拿地方式：1. 灵活设定出让年限（<50 年）；2. 灵活设定租赁年限（<20 年）；3. 先租赁后出让；4. 租让结合。到期之后，园区会同相关政府部门根据《履约监管协议》和租让合同约定进行联合审查验收，验收通过的，续租续让。审查达不到条件的，终止租约。通过工业用地弹性供地机制，完善工业用地市场化配置制度，提高工业用地利用效率，加大工业项目有效投入，从而促进土地节约集约利用。盘活存量土地，加大闲置土地清理力度。对供而未用的工业项目用地，造成土地闲置的，联合土地执法部门督促用地单位开发建设；对停产半停产、低效益的工业项目，采取协议转让、厂内嫁接自主招商等措施，盘活使用。是年，园区土地资源有效盘活。中南大学科技园一期、东山湾路等 4 个项目征地报批 22.67 公顷；完成栗山学校、

玉润公园、紫苑公园、玉赤河景观廊道、紫苑路、杏雨路等项目土地划拨共计40.07公顷；实现汽车4S城东片7宗16.71公顷土地出让摘牌，成交额26303.61万元，其中:湖南九城投资集团有限公司挂牌出让3.62公顷，成交额16758万元；湖南斯德尔特泵又像是挂牌出让36.615万元，成交额1193万元；长沙市食品药品检验所挂牌出让1.26公顷，成交额720万元；湖南苏试广博检测技术有限公司挂牌出让1.54公顷，成交额875万元；湖南宏尚检测技术股份有限公司挂牌出让0.89公顷，成交额509万元；湖南和翔置业有限公司挂牌出让0.37公顷，成交额410.6115万元；湖南慧谷实业有限公司挂牌出让7.08公顷，成交额5938万元。供地率达到90%，园区坚持以合理利用土地、促进经济发展为根本宗旨，严格管理土地，坚持以项目带开发，有力地促进园区大检验检测企业、大健康企业、大数据企业、大创意企业快速发展。

◆第三节　土地征用

2002年，园区正处起步之初，主要是围绕南方职业大学和湖南工业职业技术学院两所大专院校入园新建校区选址和用地展开工作，通过前期调整可研论证规划要求。园区全年土地征用2宗，共计75.62公顷，其中，南方职业大学新建校区10.37公顷，湖南工业职业技术学院新建校区65.24公顷。

2003年，园区征地、重建、安置工作是最繁重之年。园区全年土地征用12宗，征地面积共计311.8公顷。征地项目主要是入园大学一所即湖南中医药大学，征地面积76.84公顷；入园房地产开发商投入高层楼盘项目5个，其中，麓山别墅64.18公顷，迪亚溪谷22.29公顷，云栖谷13.34公顷，金鼎公园尚10公顷，米兰春天、麓山和苑57.54公顷;工业企业项目2个，泽岱床具实业公司15.33公顷，长沙业翔科技公司7.35公顷;园区安置用地项目3个,主要是工院安置地一期（白鹤重建地）面积11.81公顷，学士重建安置地一期19.25公顷，斑马重建地（科教新村安置地一期）15.7公顷。

2004年，园区为抓好基础设施建设，美化亮化招商环境，全年共计征地139.29公顷，共6个项目。其中，基础设施建设项目2个，云栖路至含浦大道交叉口道路用地4.53公顷，为保障园区生产和生活需求，新建自来水二厂，新址征地19.95公顷；工业、科技产业用地2个，继善高科征地27.04公顷，湖南创业电力公司7.41公顷;房地产开发商2个,和园小区44.1公顷,江山帝景36.21公顷。

2005年，园区建立区校合作模式，推动科技成果的转化。园区与周边的中南大学、湖南师范大学、湖南中医药大学、长沙矿冶研究院等 20 余所高等院校和科研院所建立区校合作模式，同时，聘请一批高校的专家、教授为科技特派员，深入园区开展科技服务工作。园区将科技资源转化为实实在在的竞争优势，推动科技成果的转化，促进产业转型升级。依托中南大学的研发和技术优势的长沙赛恩斯环保科技有限公司、湖南继善高科技有限公司，与中国地质大学等高校专家教授建立了密切合作关系的湖南岳阳奥成科技有限公司等已正常运营，依托清华大学博奥基因检测中心在将园区投资 3 亿元打造国家基因检测湖南工程研究中心。是年，园区征地共计 27.73 公顷。主要任务是阳光拆迁和谐安置村民，征地项目共 2 个，一个是工院安置用地（白鹤重建地二期），征地 8.83 公顷，另一个是斑马重建安置地（科教新村二期），征地 18.90 公顷。

2006 年，园区征地共计 60.16 公顷，征地项目 6 个。其中，湖南食品药品职业学院新校区征地 20.27 公顷，南方大学新校区二期征地 15.24 公顷，浦腾科教征地 0.62 公顷，华裕环保征地 3.18 公顷，含浦大道滨江段 4.76 公顷，含浦科教建设投资公司商住用地 16.11 公顷。

2007 年，园区征地共计 61.05 公顷，征地项目 7 个。其中，工业用地有世邦科教 4.33 公顷，恒毅科技 4.33 公顷，有成光电 25.48 公顷，浦腾华裕 1.82 公顷，房地开发商麓山别墅统征地 8.25 公顷，联丰重建安置地 10.76 公顷，科教新村安置房、公共服务配套及办公楼用地 2.02 公顷。

2009 年，园区为进一步加强基础设施建设，改变和扩建园区道路，全年征用土地 65.64 公顷，建设项目 6 个。其中，学士路二期用地 5.35 公顷，望江路用地 7.83 公顷，学士路二期南段用地 4.82 公顷，含浦大道北段 8.92 公顷，含浦大道三段用地 3.74 公顷，老莲坪大道用地 34.99 公顷。

2010 年，园区征地共计 60.65 公顷。其中，科研工业项目 3 个：科技成果转化基地征地 15.62 公顷，浦洋节能 LED 工业征地 11.63 公顷，长沙轨道交通管片工程 11.63 公顷；基础设施建项目 7 个：望江路用地 9.88 公顷，茯苓路用地 19.02 公顷，张家村路用地 1.92 公顷，观音路用地 1.85 公顷，医专路用地 0.69 公顷，黎张路用地 2.28 公顷，科教新村公共配套服务用地 3.89 公顷。

2011 年，园区征用土地共计 81.18 公顷，征地项目 7 个。其中，联丰市政配套公共设施用地 1.27 公顷，玉江保障性住宅用地 13.92 公顷，广晟补征用地住宅用地 3.1 公顷，单越三湘补充征用地住宅用地 0.31 公顷，长韶娄后勤服务配套用地 43.38 公顷，长韶娄路政养护管理用地 12.99 公顷，长韶娄监控检测中心用地 6.22 公顷。

2012 年，园区征用土地共计 48.18 公顷，征地项目 8 个。分别是恒毅科技补征土地 8.89 公顷，赤江保障房用地 12.16 公顷，学士房产 4.29 公顷，含浦大道用地 12.92 公顷，莲含大道用地 6.85 公顷，黎家村路用地 0.24 公顷，左栗线用地 1.52 公顷，有成路用地 1.32 公顷。

2013 年，园区注重项目的科技含量，检验检测产业成为主导产业。园区位于长沙市中心城区，因成立时间较晚，在产业规划和项目引进时，不走传统产业发展路线，更注重项目的科技含量和技术服务质量，检验检测产业是园区的特色和亮点。集中区引进全球第一的检验、鉴定、测试和认定机构——SGS 集团，全国物探检测领军企业——继善科技、中大检测、宏尚检测和赛恩斯环保检测、赛奥维生物检测等 30 余家检验检测企业。这些企业既涉及以验货验厂为内容的检验业务，又涉及产品测试、仪器校准、设备计量为内容的检测业务，还是体系认证、产品认证为内容的认证业务，对传统产业的服务、提升能力日益显著。是年，园区征用土地累计 49.95 公顷，主要征地项目是拆迁安置住宅和基础设施建设。其中，含浦大道市政配套用地 0.41 公顷，观音路二期用地 0.74 公顷，张家村路二期用地 1.02 公顷，黎张路二期用地 1.31 公顷，联丰、东山湾拆迁安置住宅用地 26.39 公顷，联东工业地产项目征地 20.08 公顷。

2014 年，园区工业地产已具雏形。联东 U 谷・长沙国际企业港为“集高端生产制造、研发设计、中试成果转化、企业总部、产品展示和生产性服务、配套设施于一体的都市型产业集聚地”，主要引进电子信息、生物医药、高新技术、能源环保等高新技术企业。项目按照“总体规划、分期供地、滚动开发”的原则，规划建成集标准厂房、企业定制厂房、研发中试楼、服务配套设施、总部办公楼等业态为一体的产业综合体。该项目计划总投资 40 亿元，规划建筑面积近 110 万平方米，分四期建设，其中一、二、三期为工业用地，建设标准厂房 87.4 万平方米，全部建成后可容纳中小企业 400 多家，年产值将达 150 亿元以上，创税 10 亿元以上，可安排 1 万人以上就业。联东 U 谷一期的招商中心和政务服务中心已经投入使用，二期已建成标准厂房 8 栋，建筑面积为 5 万平方米，均已交房，已有 20 余家企业入驻。是年，园区征用土地累计 44.19 公顷，征地项目 6 个，主要是入园科技工业用地。其中，岳麓金融商业服务中心征地 9.21 公顷，达嘉维康医药园征地 8.04 公顷，瑞鹭高新材料科技园征地 9.67 公顷，建筑材料研发中心征地 4.75 公顷，裕丰紧固件生产基地 5.75 公顷，市政配套建设用地 6.76 公顷。

2015 年，园区立体化利用工业用地。园区大力支持科技企业孵化器发展，集中建设食堂、宿舍等非生产性配套设施，企业在孵化器内租赁厂房，既能快速落户，又能提高土地利用效率；如建立标准厂房和多层厂房“借天要地”，建立集研发、办公、中试、生产、综合配套服务等多种功能于一体的新型产业园区，通过大幅提高容积率，实现园区内的土地节约集约利用。园区企业充分利用工业用地上的空中资源，建设高层建筑，其中达嘉维康层数达 21 层、爱威达科技 20 层、中大检测层数达 16 层，规划容积率达到 2.5，现状容积率高于 2.0。是年，园区征用土地共计 46.88 公顷，征地项目 5 个，主要是入园科研企业，同时也是园区的骨干特色企业征地。其中，中南大学科技园研发总部征地 5 公顷，岳麓科技产业基地征地 10.69 公顷，岳麓创业文化基地征地 16.52 公顷，文化创意科研中心征地 13.76 公顷，联丰苑安置住宅三期用地 0.90 公顷。

2016 年，园区形成系统化立体交通优势，集中区东部紧靠含浦大道，南部紧靠望江路，西部紧邻梅苑路，北部紧邻三环线，长潭西高速、长韶娄高速穿过园区中间，高速出口就在北端，交通十分方便。长沙市三环线合围西南，南接 107 国道，北连 319 国道；长沙市二环、三环线连接线穿园而过，连接市区，与长沙市城区融为一体；距黄花国际机场仅 35 千米，距长沙港仅 9 千米，水运空运十分方便。多条高速、快速路及轨道交通、跨河大桥穿境而过，三环线、长韶娄高速（旅游黄金线路）、长潭西高速、地铁八号线、长潭城际轨道等地上交通、地下交通共同组成系统化立体交通系统。是年，园区征用地共计 22.67 公顷，征地项目 3 个。其中，中南大学科技园学士医药物流中心征地 10 公顷，东山湾路、莲坪大道用地 9.21 公顷，含浦汽车站用地 3.46 公顷。

园区 2002—2016 年总计土地征用 1094.99 公顷，促进园区基础设施建设，发展教育、科研基地，形成大检测、大健康、大数据的文化创意、检验检测、生态旅居等特色产业，昔日的农村小镇变成科技新城。

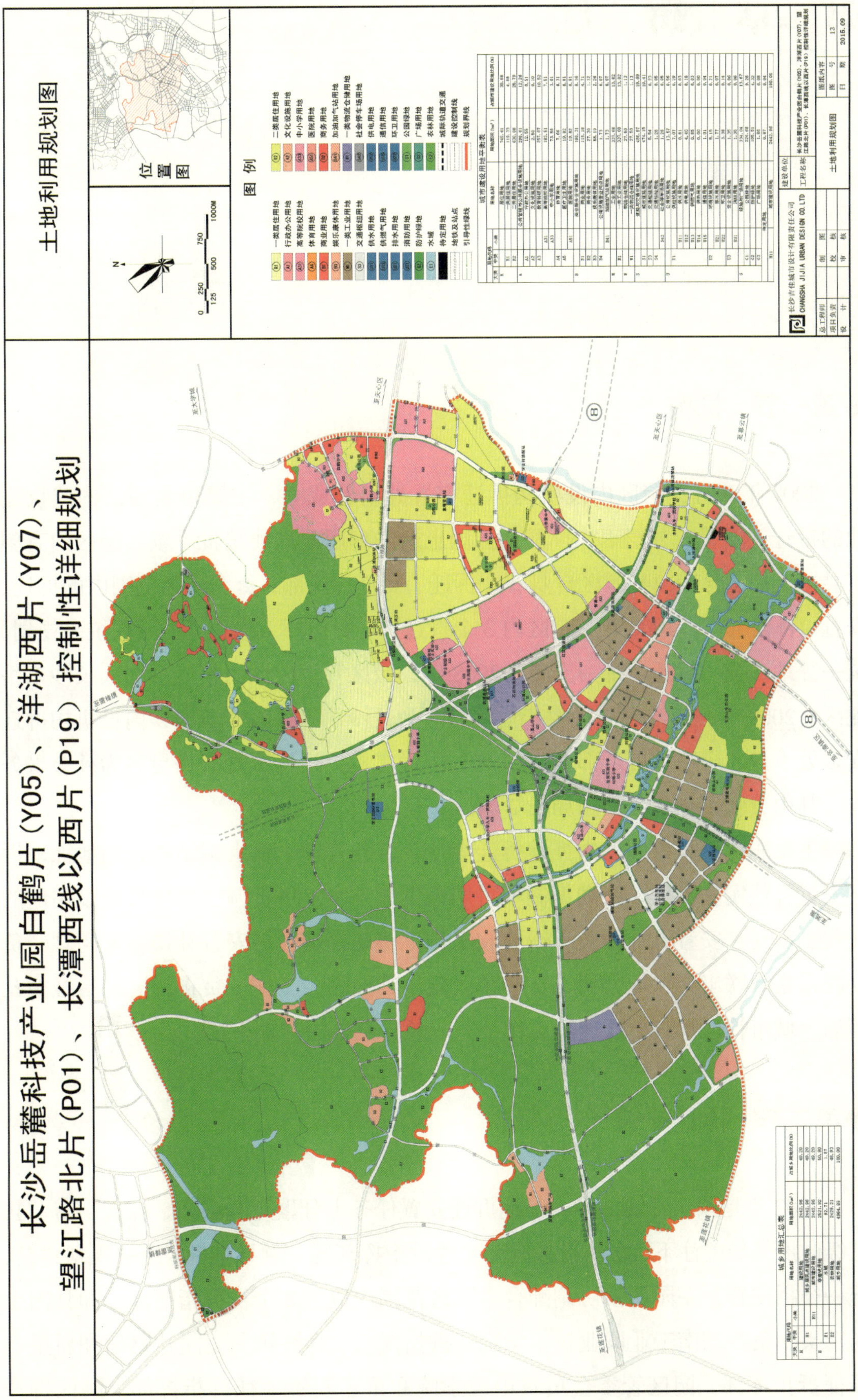

长沙岳麓科技产业园白鹤片（Y05）、洋湖西片（Y07）、
望江路北片（P01）、长潭西线以西片（P19）控制性详细规划
土地利用规划图
位置图
图例
一类居住用地
二类居住用地
行政办公用地
文化设施用地
高等院校用地
中小学用地
体育用地
医院用地
商业用地
商务用地
娱乐康体用地
加油加气站用地
一类工业用地
一类物流仓储用地
交通枢纽用地
社会停车场用地
供水用地
供电用地
供燃气用地
通信用地
排水用地
环卫用地
消防用地
公园绿地
防护绿地
广场用地
水域
农林用地
待定用地
城际轨道交通
地铁线及站点
建设控制线
引导性绿线
规划界线

第二章 拆迁

◆第一节 机构

2002年9月，园区内设机构拆迁安置处组建成立，主要负责园区内建设用地的拆迁、安置、补偿工作，配合县国土局办理用地红线报批手续。园区内有望城县国土局、含浦镇和园区自身3个拆迁、安置指挥部，负责园区范围内的拆迁、安置、补偿工作。2006年，园区内3个拆迁、安置指挥部撤销，由园区统一规划、统一征地、统一拆迁、统一安置。2008年，园区管辖权属由望城县划入长沙市岳麓区。2009年，长沙含浦科教产业园更名为长沙岳麓科技产业园，内设机构拆迁安置处下设3个项目拆迁部。2014年，内设机构拆迁安置处升格更名为社会事务局，其中分管领导1名，副局长2名。

主要职责：承担园区内征地拆迁等社会事务管理；负责编制项目用地征地拆迁安置补偿实施方案；协助编制项目用地供地方案；负责园区内项目建设用地的征收、拆迁、安置、补偿及组织验收工作；协调处理征拆安置补偿遗留问题；负责联系指导联丰苑物业公司工作和小区规划其他相关工作；负责园区综治维稳及信访、城市管理及渣土管理等工作；完成领导交办的其他事项。

◆第二节 拆迁补偿

2002年是园区开篇之年，征地拆迁安置任务十分繁重和艰辛，在省、市、县三级政府领导关注下，含浦科教园开发建设指挥部统一领导指挥、统一规划建设、统一征拆安置，一园两镇协调配合。园区范围内成立3个征拆指挥部，即县国土局牵头，负责湖南工业职业技术学院征拆指挥部、含浦镇负责凯达财信和新星电碳征拆指挥部，园区管委会负责中医学院和重建安置地征拆指挥部。园区拆迁

121 户，房屋栋数 172 栋，拆迁人数 721 人，拆迁补偿金额 5960 万元。

2003 年，园区共计拆迁 519 户，房屋栋数 480 栋，拆除房屋面积 4.55 万平方米，拆迁人数 2051 人，拆迁补偿金额 9975.98 万元。具体征拆情况是：（1）中医学院项目用地 73.33 公顷，毛家湾、黎家冲、斑马塘、杉树嘴 6 个村民小组，128 户拆迁户，房屋 124 栋；科教新村（斑马安置小区）占地面积 15.76 公顷，斑马、联丰、丁家湾、枇杷 4 个村，46 户拆迁户，房屋 50 栋；（2）湖南工业职业技术学院用地 65.33 公顷，包含白鹤村的茶园、红木、石坝、竹家桥、杨家屋、宋家塘；斑马村的联丰、枇杷、丁家湾等 9 个村民小组，182 户拆迁户，123 栋房屋；（3）白鹤重建地用地 11.81 公顷，白鹤村的石坝、斑马村的联丰、枇杷、丁家湾 4 个村民组，15 户拆迁户，房屋 13 栋；（4）湖南凯达财信集团项目用地 73.33 公顷，包含学士村的塘湾、坳上、立新、立山嘴、简家田和长丰村的宋塘、长丰塘等 7 个村民小组，114 户拆迁户，114 栋房屋；（5）学士重建地占地 19.24 公顷，包含学士村的 7 个村民组，6 户拆迁户，4 栋房屋；（6）象嘴路建设北段 1 千米，白鹤村的苏家良、斑马村的粉壁墙、于家湾、毛家湾，28 户拆迁户，24 栋房屋。

2004 年，园区征地项目 8 个，征拆面积 313.33 公顷，涉及 7 个行政村，32 个村民组，627 户拆迁户，拆迁人口 2051 元，拆迁房屋 480 栋，面积 10.56 万平方米，支付各项拆迁补偿经费 8000 万元。园区把拆迁重点放在中医学院征地拆迁项目上。该项目拆迁涉及斑马村 11 个村民组，全村户数 496 户，人口 2030 人，拆迁户数 193 户，拆迁人口 784 人，拆迁房屋 119 栋，拆迁房屋建筑面积 2.38 万平方米，补偿金额 5279.69 万元。

2005 年，园区征拆项目 14 个，拆迁腾地 196.47 公顷，195 户拆迁户，拆迁人口 682 人，拆迁房屋 134 栋，拆迁房屋面积 3.08 万平方米，下拨各项补偿资金 5600 万元，所有拆迁户都得到妥善安置。

2006 年，园区征拆项目 15 个，拆迁腾地 202.93 公顷，拆迁户数 568 户，拆迁人口 1120 人，拆迁房屋 480 栋，拆迁房屋面积 11.35 万平方米，下发各项补偿资金 2.20 亿元。

2007 年，园区全年拆迁补偿情况：拆迁户 320 户，拆迁人口 1010 人，拆除房屋 256 栋，拆迁房屋面积 7.12 万平方米，下发拆迁补偿资金 9600 万元。

2008 年，园区征地项目 4 个，拆迁腾地 92.33 公顷，56 户拆迁户，拆迁人口 184 人，拆迁房屋 40 栋，拆迁房屋面积 1.08 万平方米，下发拆迁补偿金额 6953.71 万元。

2009 年，园区由于可供开发土地紧张，拆迁工作随之放缓。全年为项目单位腾地33.33公顷，27户拆迁户，动迁人口72人，拆除房屋19栋，拆除房屋面积6592平方米，下发拆迁补偿金额4807.65万元。

2010年，园区拆除房屋143栋，拆迁房屋面积4.04万平方米，拆迁193户，动迁人口498人，发放安置补偿金额6289万元。是年，园区拆迁项目主要是基础设施建设。学士路三期项目征地4.8公顷，望江路项目9.87公顷，完成观音路、黎家村路、茯苓冲路、医专路等道路项目。

2011年，园区拆迁补偿安置工作严格按《长沙市征地补偿实施办法》执行。房屋拆迁补偿安置采取保障性住房安置和货币安置两种形式。全年园区拆除房屋125栋，拆除房屋面积1.39万平方米，动迁人口345人。其中选择保障性住房安置的有172人，在裕丰园小区选择房型106套，住房面积1.39万平方米；选择货币安置的有173人，支付货币安置补偿费2643万元，支付拆迁人员社保资金2418万元。

2012年，园区拆迁补偿安置工作开展顺利，基本做到先安置后拆迁，保障性住房安置和货币安置并举，消除各拆迁户的疑虑。全年园区拆除房屋4.29万平方米，动迁人口691人，支付拆迁安置补偿金额7069.51万元。完成岳麓汽车4S城征地，拆除房屋1.73万平方米，动迁人口216人，补偿资金2678.65万元；完成工业用地项目,拆除房屋1.74万平方米,动迁人口236人,发放补偿金额4101万元。

2013年，园区精心组织，项目拆迁稳步推进。全年园区拆除房屋面积36.59万平方米，拆迁户数480户，拆迁人口675人，发放安置补偿资金9217.87万元。

2014年，园区启动拆迁项目5个，完成征拆面积432亩，拆迁房屋244栋，动迁人口2413人,办理被征地农民社保649人,发放拆迁安置补偿资金8215万元，拆迁户安置联丰苑安置小区320套。

2015年，园区拆迁安置工作十分繁重。全年拆除房屋391栋，拆迁房屋面积783亩，拆迁301户，动迁人口1200人，发放安置补偿资金29632.78万元。拆迁户在联丰苑安置小区分配安置房源662套，园区安置率98%，达到“以安置促拆迁”的要求。

2016年，园区拆迁安置工作进入攻坚关键时刻。全年拆除房屋468栋，拆迁房屋面积1286亩，拆迁680户，动迁人口2400人，发放安置补偿资金6.72亿元。园区分配安置住宅880套，安置率达到93%，实现拆迁户零投诉，确保拆迁户住得近、安得好。

第三章 安 置

◆第一节 安置政策

2000年3月16日，市人民政府颁布《长沙市征地补偿安置条例实施办法》。文件明确采取留用土地安置的，村民生活安置留地指标每人55平方米，村民生产安置留地指标按被征地的总面积6%、10%的比例核算到被征地的农村集体经济组织。县范围内征用农村集体土地和使用国有农、林、牧、渔场的土地，按本实施办法的有关标准的70%、80%执行。

2002年，望城县人民政府下发《关于征地拆迁补偿安置工作有关各项的通知》。文件重申凡征用望城县行政区域内农村集体土地和使用国有农、林、牧、渔场土地的，须严格按照《长沙市征地补偿安置条例实施办法》规定标准的70%执行。园区基本依照两个文件规定进行各项补偿安置标准实施。

2004年，望城县人民政府办公室下发《关于明确湖南中医学院、象嘴路、科教新村三个项目拆迁重建地分配办法的通知》。文件结合望城县人民政府《关于征地拆迁补偿安置工作有关各项的通知》，根据拆迁户家庭成员及其结构情况分配宅基地。

2004年，长沙含浦科教产业园开发建设指挥部印发《关于明确长沙含浦科教产业园拆迁安置工作有关各项的通知》，文件就安置形式、安置原则、时间界定、安置过程进行明确规定。

2005年，望城县人民政府办公室印发《关于望城县2003年第28批次城市建设用地征地拆迁补偿安置方案》的通知。文件明确28批次建设用地拆迁补偿安置工作由长沙含浦科教管委会负责组织实施。征拆范围为含浦镇联丰村农村集体土地35.88公顷。安置方案根据拆迁户家庭成员及其结构分配宅基地。凡积极配合、按期完成个人房屋设施搬迁者，按合法建筑面积给予14元/平方米奖励。

2007 年 11 月 30 日，湖南人大常委会批准，《长沙市征地补偿安置条例》自 2008 年 4 月 1 日起执行。

2008 年 4 月 1 日，发布《长沙市征地补偿实施办法》规定：征地安置对象为被征地的集体经济组织成员，征地安置主要采取两种方式，一是货币安置；二是由农村集体经济组织统一安置。对实行或变质的人员，应当纳入城镇就业服务和社会保障体系。

2009 年，长沙市人民政府印发《关于进一步加强被征地农民安置工作的意见》，明确关于市政府 103 号令实施过程中有关问题的处理、关于执行市政府第 60 号令遗留问题的处理，落实被征地安置工作的责任的工作意见。

2010 年，《长沙市人民政府关于执行征地补偿标准的通知》对房屋合理性认定、户籍迁入、独生子女优惠待遇、渔业户的补偿安置、农家乐等企业房屋补偿，补偿标准统一等问题作出明确规定。

2011 年，长沙大河西先导区管委会发布关于在岳麓区试行《长沙大河西先导区农村集体土地协议拆迁补偿安置管理办法的通知》，该办法第十九条，要求公开、公平、公正开展拆迁补偿安置工作，切实维护被拆迁农民的合法权益。

2012 年，《湖南省人民政府关于调整湖南省征地补偿标准的通知》该标准包含土地补偿费和安置补助费两项费用之和、被征收土地上的附着物和青苗补偿，执行市（州）制定并报省政府批准的补偿标准。

2013 年，长沙市人民政府印发《关于执行湖南省征地补偿有关各项的通知》，文件 6 条确保被征地农民社保资金的落实，芙蓉区、天心区、岳麓区、开福区、雨花区按征地面积收取社保费 90 元 / 平方米。

◆第二节　安置形式

园区根据《中华人民共和国土法》、望城县人民政府有关征地拆迁补偿安置工作的文件精神，结合本区域实际情况，在充分调查研究的基础上，明确决定长沙含浦科教产业园拆迁安置的形式和办法。园区安置形式是各项目用地范围内的拆迁户，依照自然户型的原则，以户为单位给予安置，可自行申请选择自建安置或统一建设安置。湖南工业职业技术学院、湖南凯达财信投资有限责任公司和新星金刚石工业园、湖南中医学院等项目（含多项目安置地和代征部分）的拆迁户选择自建安置的按规划在工院、学士、科教新村、白鹤社区重建地进行安置，不得异地选择重建安置地，选择统一建设安置的集中在学士、科教新村、白鹤社区重建地进行安置。安置地块是园区最繁荣的商业中心地域，园区道路初显“三纵三横”，交通极为便捷。安置小区所有楼盘、一二层统一按商业铺面设计。

为高标准规划、高起点建设好安置小区，园区相继出台《关于学士、科教新村、白鹤社区、车塘河路重建地拆迁户房屋自建工程的规定》。建设管理规定是：1.统一规划设计。各拆迁户必须按设计单位的设计图纸组织施工，对于层高、外墙装饰、铝合金窗、屋面、卷闸门、墙裙等采取统一标准和色调。2.统一配套设施建设。用电必须计量，由园区负责每户安装一个三相四线电表；用水必须计量，由园区负责自来水开户费和安装一个水表，重建地道路、绿化、垃圾转运等公共设施配套建设由园区负责。各拆迁户不得各行其是，乱搭乱建。3.统一建房管理。由园区管委会和村委会统一进行管理。4.激励约束机制。园区和村委会对严格按统一规定的拆迁建房户给予一定的奖励和补偿。一是在统一层高、统一屋面、统一外墙装饰、统一外立面门窗的基础上，园区管委会按正立面铝合金实际面积补助100元/平方米；二是外墙砖由村委会统一采购并实行补助，每平方米补助购进材料价格的70%，三墙部分按设计图纸全补；三是建筑安全保险的投保费由园区负责；四是不按设计图纸和园区的规定执行的，不但不给予奖励和补偿，还要进行处罚，限期改正；五是重建地分配严格经公证部门公正的抽签排位执行。

住房安置 2003年，园区入园的南方职业大学和湖南工业职业技术学院两所大学新建新校区，项目征地75.67公顷，拆迁人数802人，拆迁户数198户。为解决拆迁住房问题，园区通过调查摸底，充分倾听征求拆迁户意见，采取就近规划自建的方式，选址定为交通方便的白鹤社区，位于含浦镇境内云栖路南向。安置小区总用地面积为39.02万平方米，建筑基地面积5.47万平方米。第一期工程定位于东向16栋。通过公证部门鉴证抽签方式，分配重建安置地414缝，安置拆迁人口843人，389户。

2003年9月，车塘河安置小区启动统一自建安置房4栋，分配96缝，安置47户，安置人数199人。

2004年，园区根据拆迁户家庭成员及其结构情况分配宅基地。1.三代六口以上（含六口）分配宅基地3缝（每缝4米×15米）。2.两代六口户、三代五口户、三代四口户、两代五口户、两代四口户、两代三口户均分配宅基地2缝。但上述各类型拆迁户如符合下列条件之一的，可增加1缝重建地。（1）两代六口户中，第二代年长者已满18周岁（以省人民政府土地批准日期为准，下同），且尚未婚配。（2）三代五口户、三代四口户中，第一代夫妻均健在或第三代的男性已年满18周岁。（3）两代五口户中，第一代有兄弟已年满18周岁或第二代为二男二女

（或三男），且一男已年满 18 周岁。（4）两代四口户中，第二代为两个或三个男性，并有两男均年满 18 周岁。（5）家庭成员及其结构不符合上述条件的，其他各类型拆迁户只分配 1 缝，但一代二口户中两口系兄弟，并都年满 18 周岁，或两口系夫妻，按政策允许生育者可增加 1 缝。3. 其他特殊情况的拆迁户的重建地分配：（1）拆迁户中的五保户不安排重建地，由当地村委会妥善安排居住，由拆迁单位一次性拨付村上 2 万元。（2）拆迁户中的义务兵、在籍读书的大中专学生和丧失劳动能力的残疾人均可纳入其家庭成员一并计算，不再另行分配宅基地。

2004 年 4 月，裕园小区启动建设用地 34.59 公顷的土方工程已全部完成，一期安置房建设区供水、供电及道路砂石路面全部完工。已完成安置房基础工程 41 栋，576 缝，可确保湖南中医药大学、“裕园小区”长潭西线等项目的 292 户 1154 人拆迁户全部启动安置房建设。是年 5 月，学士安置小区同时启动，用地面积 33.33 公顷，24 栋 399 缝。安置全部完成正负零基础工程，分别安置凯达财信和新星电碳集团项目用地的拆迁安置户，安置宅基地缝数 399 缝，安置 198 户，安置人口 802 人。

2005 年 9 月，裕园小区二期动工。新建安置住房 26 栋，安置缝数 294 缝，安置拆迁户 1204 户，安置拆迁人口 587 人。

2007 年 4 月，裕园小区三期建房 25 栋，安置缝数 321 缝，安置拆迁户 166 户，安置拆迁人口 640 人。

2008 年 10 月，白鹤安置小区二期启动，定位于小区南向，新建安置楼 12 栋 262 缝，安置拆迁户 280 户，安置拆迁人口 552 人。

2010 年 9 月，联丰小区第二期安置楼 25 栋，安置分配宅基地 339 缝，安置拆迁户 203 户，安置拆迁人口 715 人。与此同时，车塘河小区二期新建安置楼 10 栋，安置宅基地 198 缝，安置拆迁人口 394 人。

2011—2012 年，园区拆迁安置工作的主要形式包括保障性住房安置和货币安置。两年内，园区发放拆迁安置补偿金额 9712 万元，动迁人口 1036 人。园区全年提供保障性安置住房 410 套，占动迁人口的 70%，其余 30% 的动迁人口选择货币安置。

2013 年 1 月，为彻底解决安置难的困境，园区选址在南邻学士路、北至黎张路、东邻黎家村路、西至医专路站中心范围内新建联丰苑保障性安置小区，项目占地面积 10.01 万平方米，总建筑面积 35 万平方米，项目总投资 12.95 亿元。

2014 年 12 月，岳麓科技产业园联丰苑保障性住房一期建设项目建筑面积 24.98 万平方米，安置楼盘 7 栋，848 套。其中 80 平方米的有 376 套（占 44%），

120 平方米的 376 套（占 44%），90 平方米的 48 套（占 6%），140 平方米的 48 套（占 6%），年底全部竣工验收并交付使用。是年，园区共安置住户 131 户，房屋 365 套，安置拆迁人口 457 人。按《长沙市征地补偿实施办法》规定，拆迁安置住房价格为 1200 元 / 平方米。

2015 年 12 月，园区联丰苑保障性住房二期三栋全部竣工交付使用，共安置住户 156 户，房屋 403 套，安置拆迁人口 525 人。

2016 年，园区安置保障性住宅 486 套，拆迁家庭 174 户，安置拆迁人口 608 人，“以安置促拆迁”的工作思路初见成效。园区拆迁安置率已达到 98%，剩余房源总计 239 套，其中 120 平方米的有 172 套，80 平方米的 50 套，147 平方米的 10 套，复式楼 7 套。

货币安置 2008 年 2 月，《长沙市征地补偿实施办法》《关于印发征地补偿安置若干问题暂行规定的通知》《关于印发〈市征地补偿监督暂行办法〉的通知》和长沙市人民政府办公厅《关于进一步加强被征地安置工作的意见》等相关政策文件规定，长沙岳麓科技产业园对区域内征地拆迁安置户的住房安置全部实行货币安置政策，征拆农户按标准支付房屋补偿费、房屋装饰装修及设施补偿费，同时支付房屋搬迁补助费、过渡补助及按期拆迁奖励费。《长沙市征地补偿实施办法》规定，被征地农户可申购限价商品房，限价商品房每平方米平均 1200 元。2009 年，园区学士联路线建设用地项目，首次《长沙市征地补偿实施办法》规定，征拆面积 2.35 公顷，按人头货币安置金额 15.28 万元 / 人。是年，园区征地拆迁安置金额 327.71 万元。

2010 年，园区依据《长沙市征地补偿实施办法》和长沙市人民政府《关于执行征地补偿标准的通知》精神，园区基础设施建设项目 6 个，及靳江河白莱湖综合治理工程一、二期、学士路二期南段道路工程、湖南有成光电显示有限公司工程、有成路、黎家村路工程项目，征地面积 31.24 公顷，动迁人口 207 人。是年，园区征地拆迁安置金额为 7401.31 万元，按头货币资金 15.28 万元 / 人，安置限价住房（60~120 平方米住宅）110 套。

2011 年，园区根据长沙市人民政府颁布的《长沙市征地补偿实施办法》和长沙大河西先导区管理委员会关于在岳麓区试行《长沙大河西先导区农村集体土地协议拆迁补偿安置管理办法》的通知、《关于先导区范围内属于城市规划外农村集体土地补偿安置有关问题的规定》等文件精神，园区基础设施建设工程项目 5 个，即望江路、黎张路、医专路、茯苓冲路、岳麓科技园 4S 汽车城项目，征地面积 203 公顷，动迁人口 349 人。园区按货币安置金额为 15.28 万元 / 人，是年，园区征地拆迁安置资金总额 7282 万元，安置保障住房 241 套。

2012 年，园区依据长沙市人民政府颁布的《长沙市征地补偿实施办法》和长沙大河西先导区管理委员会《关于加强先导区范围内拆迁安置工作的操作规定》《长沙大河西先导区管理委员会关于岳麓区集体土地征地补偿资金管理的有关规定》等文件精神，园区工程建设项目 4 个，即 15 批项目建设用地、观音路等 4 条道路建设用地、长沙科技成果转化基地、中心浦洋节目 LED 生产基地等，征地面积 34.95 公顷，动迁人口 1094 人，按货币安置金额为 15.28 万元 / 人。是年，园区拆迁安置资金总额 1.91 亿元，安置限价住房 526 套。

2013 年，园区根据湖南省人民政府《关于调整湖南省征地补偿标准的通知》、长沙大河西先导区管理委员会《关于岳麓区农村集体土地拆迁工作的操作规程》等文件精神，园区基础设施建设和产业生产基地建设工程项目 7 个，即中心浦节能 LED 生产基地、观音路等 4 条道路建设项目、八批次科技基地用地、重建安置建设用地、北京联东长沙国际企业港一期项目、长韶娄高速公路长沙段等项目。征地面积 59 公顷，动迁人口 1208 人，按货币安置金额调整为 16.75 万元 / 人，全年园区征地拆迁安置资金总额 2.64 亿元，安置保障住房 1052 套。

2014 年，园区基础设施建设和科技产业基地建设工程项目 7 个，即恒毅科技用地、白鹤互通工程、八批次企业用地、含浦大道第三段、长韶娄监控检测中心、联丰市政配套用地、长韶娄服务配套用地等项目。征地面积 19.6 公顷，动迁人口 519 人，按人头货币安置金额 16.75 万元 / 人。是年，园区征地拆迁安置资金总额 1.35 亿元，安置保障住房 320 套。2015 年，园区入园企业长沙世邦科技设备公司项目，征地面积 3.61 公顷，动迁人口 56 人，按货币安置金额 16.75 万元 / 人，是年，园区征地拆迁安置资金总额 1.29 亿元，安置保障住房 36 套。

2016 年，依据长沙市人民政府颁布的《长沙市征地补偿实施办法》和岳麓区政府《岳麓区集体土地拆迁操作规程》《岳麓区集体土地拆迁充实实施细则》等文件精神，园区基础设施建设和科技研发基地工程建设项目 9 个，即：中南大学科技园总部建设、长韶娄后勤服务配套用地、望山路、岳麓金融商业服务中心、长韶娄路政养护中心、湖南有成光电显示有限公司二期、含浦大道左栗线、职能驾驶测试区、莲坪大道等项目。征地面积 138.53 公顷，动迁人口 2192 人，按货币安置金额 30 万元 / 人，是年，园区征地拆迁安置资金总额 12.03 亿元，安置保障住房 1391 套。

劳动力安置 失地农民大部分存在着文化偏低、年龄偏大、没有专业技术特长等普遍问题。园区为尽快实现拆迁户再就业，采取多种措施：一是认真做好失地农民摸底调查工作，将他们的年龄结构、文化层次、技能情况造册登记，分类排队，实行网络化管理；二是成立专门机构，免费培训多种适用技能，提供招工信息，不定期召开劳动力招聘会活动，动员入园企业就地进行安置；三是成立物业管理公司招收门卫、保安、保洁工、园林工、厨师等年龄偏大的劳动力就业；五是提倡和鼓励拆迁户自主创业。统一发放再就业优惠证，提供小额贷款，自建房户开厂办店免交各种税费等。由于多管齐下，较好地缓解了拆迁户劳动力安置难的状况。

2003年,园区在已建成的南方大学周边,组织规划形成商业圈体。新开业餐饮、娱乐、网吧、南杂百货门店54家,安置失地农民从业127人。新开汽车修理厂6家，摩托车经销店4家，摩托车修理店37家。安置从业人员682人。全年，园区范围内增开多种商业网点751个，经营户628家，自发形成的定期赶集点6处，失地农民从业人员1680人，社会商品零售额6785万元，上缴利税167万元，农民人均年收入3060元。

2004年，园区举办失地农民培训班6期，免费培训多种适应技能人员达2580人。培训时间为短期15天，中期1个月，长期2个月。培训内容包括电脑使用操作、酒店服务管理、家政服务、蔬菜种植、园里栽培等技能。在推进劳动力就业和劳动力输出上,发布26条用工信息。输出劳动力965人,其中省内573人，省外292人，本园企业招用76人。

2005年，园区对入园落户的工业企业湖南泽岱床具有限公司，长沙天和钻具有限公司、长沙华信合金机电有限公司、长沙学士机械制造厂动员协商。一次安置失地拆迁户380人就业。联丰村物色6名有土建工程实践工作经验、从事过工程业务人员，成立联丰工程队，安置拆迁户劳动力28人，一年内承揽园区内土建工程10处，工程金额2000万元，为集体创收200万元。基本做到工程业务未外流,集体经济得以巩固壮大。东山湾村根据园区建设发展需要,增建4个预制场，开设2个水泥砖厂，较好解决失地农民劳动力就业人口280人。全年园区范围内农民人均年纯收入超3800元。

2006年，园区开发建设迅猛发展，征用土地进入高峰期，区内部分失去土地的农民在生活与就业方面遇到困难。对此，园区按照政府扶持就业的有关政策，园区、含浦镇、村（社区）三级齐抓共管，分别设立劳动力培训就业领导小组，根据市场需要及失地农民的年龄、文化、技能等因素，由镇（街道）、村（社区）分别制订培训方案。园区积极与南方职业大学、湖南工业职业技术学院、湖南中医药大学等单位联系，充分利用区内的职业培训基地、师资力量这一教育资源优势，分期分批培训失地农民。全年举办各类培训 6 期，培训失地农民 780 人。同时入园四所大学招聘食堂厨师、勤杂人员、保洁工、园林工、保安员、管理员等临聘人员达 370 人。联丰村新成立联丰裕园物业管理有限公司，主要承接岳麓科技产业园、裕园小区、白鹤小区、学士路、含浦大道、象嘴路、联丰路、车塘河路、园区办公楼、江山帝景、枫华府地等楼盘和道路的物业管理及清洁工作。物业公司安置失地农民 210 名，为当地农民解决就业，得到长沙市政府好评。

园区在失地农民安置工作中，广泛宣传《中华人民共和国就业促进法》《中华人民共和国劳动合同法》，建立就业援助长效工作机制，建立、完善就业登记与失业登记制度及失业预警机制，建立失业保险、低保与促进就业的联动机制，建立零就业家庭“三步四级”动态管理、动态清零机制及目标责任制。全年，农民参加合作医疗保险 39762 人 11448 户，参保（合）率 92%。安置失地农民劳动力 341 人，城镇零就业家庭实现动态就业率达 100%。岳麓区劳动社保局送培训下乡，开办电脑培训、物业管理培训、蔬菜种植和园林栽培 4 个培训班。培训失地农民 450 人。与此同时园区与区劳动和社会保障局联合举办失地农民专场招聘会，组织招聘单位 82 家，提供就业岗位 450 个，应聘人员 895 人，与用人单位达成就业上岗为 412 人。

2009 年，园区范围内的白鹤、联丰地段已形成以房地产业为主体的产业集群。长沙南方职业学院、湖南中医药大学、湖南工业职技术学院、湖南食品药品学院 4 家院校相继建成开学。园区 16 个房地产楼盘开盘入住，工业项目 21 个和高科技 18 个项目入院投产。园区常住人口达道 13 万余人。园区商业日趋繁荣，星级酒家、大型商场、物流中心陆续进驻。全年新增百货副食、酒家饭馆、宾馆旅社、医院药店等服务行业 480 家，年创税收 160 万元，安置就业人员 1500 人。

2010 年，园区在大力发展经济的前提下，十分注重发展劳务经济，积极开展扶贫技能培训、失地农民培训、返乡农民培训。全年举办各类技能培训班 3 期，培训剩余劳动力人员 398 人，通过培训发证、推荐上岗“一条龙”服务的方式，安置剩余劳力 1200 人。如园区提质改造、6 个垃圾中转站、19 个垃圾收集点、1707 个垃圾地，为确保及时清运，组建一支 38 人的保洁队伍。莲坪大道修路，全长 4.7 千米，设计学士、玉江两个村 21 个村民小组，共有拆迁户 104 户，动迁人口 294 人。园区组织学士、玉江两村引进露天葡萄园 33.33 公顷生产基地，引进新田食用菌培植基地和玉江茶碱厂等项目。安置失地农民 120 人。园区投资 1000 万元提质改造裕园农贸市场，市场规模 1800 平方米，门面 32 个，摊位 74 个，安排失地农民就业 210 个。

2011年，园区采取推荐就业与搭建就业平台并举的办法，组织人员广泛收集就业信息、与用地单位协调、签订用人合同，优先安置失地农民。引进的入园企业湖南瑞露建材贸易有限公司、长沙三和管桩有限公司、湖南省晚安家居实业有限公司，新增就业岗位200个，安置失地农民438人。全年，园区农村养老保险参保人数23158人，退休待遇领取人数6099人，缴费人数15366人，农村劳动力安置900人，为536人自谋开店人员，争取小额担保贷款21万元。全区范围内农民人均年纯收入达1.5万元。

2012—2014年，园区失地农民的就业安置步入新台阶。自谋职业、自主创业展现新气象。拆迁户利用自建房屋整体出租或部分出租，有的自己开店，使他们都有较为固定的房租收入和经营收入。全区范围内农民人均年收入达到4.1万元，基本迈入小康行列。园区统建的联丰裕园安置小区、白鹤安置小区、学士安置小区建成安居，形成商业集群。如联丰裕园安置小区有安置楼盘141栋、商业门面1914个，安置人口3867人。小区内街道纵横、商铺林立，有饮食小吃一条街、服装鞋帽一条街、水果副食一条街、网吧歌厅一条街、茶座旅馆一条街、手机电脑黄金珠宝一条街。这里的商品琳琅满目、应有尽有。这里的夜晚灯火辉煌、热闹非凡。再如白鹤安置小区，有安置楼盘28栋，商业门面428个，安置人口1200人，小区靠近长沙南方职业学院、湖南工业职业技术学院，居住人口集中，小区商业繁盛、饮食业、理发业、照相业、美容业、修理业久盛不衰。又如学士安置小区，有安置楼盘24栋，商业门面399个，安置人口802人，小区充分利用交通便利优势，积极开展物流配送和物流仓储，店铺门面车水马龙，生意十分兴隆。全年，园区范围内商业批发和零售商户达4019家，个体经营数达2093户，境内规模以上服务业企业营业收入10.101亿元，利润总额7101万元。

2015年，园区强化失地农民就业服务信息平台建设。以专业培训充分提升待业群体就业技能。学士街道平台全年登记求职人数446人，通过平台成功就业149人，通过精心组织“春分行动”现场招聘会，吸引800名失地农民参与应聘，有200人达成就业意向。

2016年，园区进一步完善就业服务，针对拆迁失地农民主要特征和需求，主动对接辖区内外用工企业、重点收集学历要求低、年龄要求松的劳动密集型企业用工需求。发挥园区“创业就业网络平台”作用，提供就业岗位1200个，帮助204位求职者达成就业意向。学士街道精心组织以“积极广辟就业渠道、强力实施收入倍加、同心共建幸福学士”为主题的综合类大型招聘会，吸引1000余人前来应聘，达成就业意向300余人。

第四篇 招商引资

INVESTMENT PROMOTION

第一章 机 构

◆第一节 区内机构

2002 年 9 月 25 日，《关于明确长沙含浦科教产业园设置机构的通知》“同意你委设置 4 个职能处（室）”“招商联络处，负责引进项目的联系、洽谈、跟踪服务和其他有关协调工作”，负责对外设机构联络点信息综合、联系。

2008 年 6 月，园区成建置划归岳麓区管辖。2009 年 3 月，长沙含浦科教产业园更名长沙岳麓科技产业园，园区招商联络处同时更名为招商产业处。工作职能调整为八条：（一）负责引进项目并做好前期的联系与洽谈；（二）负责与园区各引进项目单位的经常性联络及协调；（三）拟定项目投资协议，组织签约仪式，搞好跟踪服务；（四）负责产业项目建设、生产情况统计上报；（五）负责园区招商引资有关信息的收集及统计归档工作；（六）负责组织编写园区内的各项招商材料及发布信息；（七）协助财务处组织项目资金，保证项目单位按合同规定时间和工作进度支付征地款；（八）完成领导交办的其他工作。

2014 年 11 月，园区招商产业处细分为招商合作局和经济发展局，招商合作局的工作职能进一步科学调整，其工作职责为：负责落实园区年度招商（商务）考核目标；负责与省、市、区有关部门的协调联系工作；负责省、市、区招商会、经贸洽谈会等重大招商活动的参会组织；负责园区主题招商推介活动的策划组织、对外招商宣传、招商平台建设、招商代理等工作；负责项目入园的咨询、洽谈、合同（文本）起草、签约等工作；负责协助项目单位办理入园手续，并建立入园项目库；负责全面落实区校合作事宜；完成领导交办的其他事项。

设立招商联络处、招商产业处时期人员班子配备为：处长 1 名，副处长 1 名，成员若干名；建立招商合作局之后，设局长 1 名、副局长 2 名，并设商务专干、重大项目招商专干、特色产业招商专干等职务各 1 名。

◆第二节　区外机构

2002 年 2 月，园区设立区外招商机构，是与原望城县对外贸易经济合作局协商达成建立的工作联系点；2008 年园区成建置划归岳麓区管辖，园区在岳麓区商务局建立招商工作联系点；2012 年 11 月，园区升格为省级工业集中区，行政由长沙市政府统辖，与长沙市商务局达成建立招商工作联系点，形成多点联系招商信息的区外机构。园区采用岳麓区官网——岳麓新闻网，常态化发布长沙岳麓科技产业园简介、园区特色招商公告、《岳麓科技产业园投资指南》以及企业入园优惠政策，筑实园区对外招商工作平台。

第二章 政策措施

长沙岳麓科技产业园2002年创建时属望城县管辖，名长沙含浦科教产业园。是年，望城县提出融城强县战略，划含浦、坪塘两镇的10数个村的地域作为园区规划开发用地，选址含浦镇学士路。招商引资政策为：《望城县重点工程建设管理办法（试行）》的通知等文件规定。提出优化投资环境措施：凡到园区投资办厂、经商、开发项目的客商，签订投资意向书，园区指定专职人员积极配合帮助解决用地、用电、用水等生产、生活条件，明确所有项目收费标准，协调办理证照审批服务。对外来投资企业实行归口管理，严禁对企业越权检查。对年纳税额300万元以上的外来投资企业，由纪委、监察联合挂牌保护。严禁任何单位和个人以任何形式和名义向外来投资企业摊派费用、拉赞助，不得要求投资方承担捐赠、考察、洽谈等费用。凡在园区投资的外资，与园区签订投资意向书和已投资的，其本人和家属在就医、子女入学等方面享受本镇居民同等待遇。2008年6月，园区成建制划归岳麓区管辖，2009年3月，长沙含浦科教产业园更名为长沙岳麓科技产业园。园区招商引资、项目引进均遵照岳麓区政府颁发的政策执行。2009年长沙市人民政府发出《长沙市人民政府关于进一步明确长沙岳麓科技产业园优惠政策的通知》。

◆第一节 土地政策

2002年，园区招商引资按照望城县委相关政策执行。对外来投资企业实行有偿用地原则，主要有四种方式：出让国有土地使用权；租赁国有土地使用权；租赁企业土地使用权；使用集体存量建设用地。土地价格按底价评估机构公布的评估现值优惠40%~50%，出让金可分期缴纳，一次性缴纳的优惠40%~50%，重点项目另论。凡符合投资强度要求进入工业园区的工业项目，按照工业园区土地使用面积标准办理有关手续：固定资产投资额在300万~500万元、年实现税金50万元以上的企业项目，可提供土地0.33公顷；按投资500万~1000万元、年实现税金100万元以上的企业项目，可提供0.67公顷；投资1000万~2000万元、年实现税金200万元以上的企业项目，可提供土地1.33公顷；投资额2000万~3000万元、年实现税金300万元以上的企业项目，可提供土地2公顷；投资额3000万~5000万元、年实现税金500万元以上的企业项目，可提供土地2.67公顷；投资额5000万元以上、年实现税金600万元的企业项目，可提供土地3.33公顷。根据《中华人民共和国土地法》有关规定，进入工业园区的企业，一年不开发建设的土地依法收取土地闲置费；两年内不动工建设的土地依法无偿收回；近3个月未开工及超过合同期限的项目用地自动失效。园区工业企业用地内不允许从事房地产开发，变更土地用途必须经区政府同意，且不享受土地等优惠政策。入园企业未按预审报告达到投资规模的，土地部门不予办理抵押手续。通过进驻标准厂房或联合建厂的方式入园的项目，应系符合国家产业政策要求，固定资产达300万元以上的非污染性生产加工型企业；月平均固定劳动用工人数100人以上的劳动密集型企业。

2004年，园区按照《望城县重点工程建设管理办法（试行）》通知精神，实施招商引资引进重点工程项目。该文件明确规定：经县人民政府批准的重点工程，在规定的建设期内依法享受望城县招商引资优惠政策。省市在县重点工程同时享受省市优惠政策。费用减免申报决定程序重点工程项目法人，根据该项目建设需要缴纳的费用及相关政策规定，向县重点办提出费用减免申请，经重点办与有关部门会商，提出减免建议方案，由县人民政府专题会议研究决定。重点工程费用减免，实行“一事一议”会议制度，由县人民政府根据具体情况，适时召开专题会议。国土部门安排建设用地，应当优先保证重点工程用地需要。重点进场工程道路、供水、供电设施等临时用地，国土、林业等部门应当按照《湖南省临时用地管理办法》规定，自受理临时用地申请之日起5日内向省市主管部门请示，并积极争取批复。电力、交通、公路、铁路、电信、供水、供气、建材等单位应当保证重点工程建设需要。重点工程所在地乡镇人民政府和相关部门应当全面落实重点工程优惠政策，为重点工程建设顺利进行创造良好条件。

2008年6月之后适用岳麓区土地政策。新项目引进报岳麓区政府批准。

◆第二节　投资政策

2002年园区初创时投资，按照适用望城县相关政策执行。具体做法是：外商投资企业经营10年以上，自获利年度起，地方所得税2年全免，后3年减半征收。经认定为高新技术企业的延长3年减半期，且企业所得税按15%的税率征收。新办固定资产投资总额500万元以上的生产型外来投资企业，当年投资，当年投产的企业，当年缴纳地方税收部分予以全额奖励返还。对新建年纳税额超过100万元的外来投资企业，由政府财政采取以奖代补形式鼓励企业发展生产，自投产之年起前2年按企业入库地方税收50%计奖，后3年按当年入库地方税收比上年度增加部分50%计奖对投资食品工业、电子信息、机械及机电制造、精细化工、生物技术、现代农业、旅游度假和基础设施建设等项目予以重点倾斜。

2004年引进的外商投资企业除按照望城县委相关文件精神享受投资优惠政策外，重点投资项目可根据《望城县重点工程建设管理办法（试行）》享受相关投资优惠政策。

2008年6月园区成建制划归岳麓区政府管辖，其外商投资企业同步享受长沙市岳麓区优惠政策。

2014年湘江新区管委会发布《关于加快发展核心区现代服务业的若干政策意见》规定：经湘江新区管委会认定新开办的现代服务业总部企业，经“招拍挂”购地自建（或委托代建）总部自用办公用房，固定资产投资（含购地款）5亿元（含）以上，年纳税总额5000万元（含）以上，奖励资金根据项目建设进度和总部企业入驻情况分期拨付。对新购买总面积1000平方米（含）以上的商务写字楼用于办公经营，其购房环节市级（含）以下税收实得部分通过现代服务业发展战略资金全额奖励购房者。

2015年长沙市政府发布《长沙市小微企业创新基地城市示范专项资金管理办法》规定：设立小微企业创业创新天使投资基金，以政府引导设立，市场化方式运行，财政连续三年每年安排1亿元投入小微企业创业创新天使投资基金，对新成立两年内符合条件处于种子期的小微企业进行种子资金投资；对成立五年内处于初创期的科技成长型小微企业进行领投或跟投，重点扶持高新技术团队创业创新，优先投资“团队创业+高新项目”模式的小微企业。2015年长沙市政府发布《长沙市产业投资基金管理办法》规定：投资基金是指由市政府出资设立，通过支持、引导、跟投等方式引导社会各类资本投资新兴产业，推动产业结构调整和转型升级发展的政策性基金。投资基金遵循使市场在资源配置中起决定性作用和更好发挥政府作用的要素，按照政府引导、分类管理、市场运作、科学决策、防范风险的原则进行投资运作。投资基金分为三类：(一)支持类资金；(二)引导类资金；(三)跟投类资金。除支持类资金外，投资基金主要用于引导和扶持长沙市中小企业发展。根据投资基金运作情况和实际需要，投资基金可按照引导类资金的运营模式直接发起设立商业化子资金。投资资金的宗旨是实施产业资金基金化运作，发挥财政资金的杠杆放大效应和投资的政策性引导作用，不以营利为目的。投资资金应当发挥直接投资、推动园区主导产业发展和培育发展新兴产业三大功能。

◆第三节　税收政策

2002—2006 年，园区对引进项目企业的税收优惠政策是按照望城县委相关文件以及望城县税务局、财政局相关政策执行。其适用税收优惠政策：外商投资企业经营 10 年以上的，自获利年度起，地方所得税前 2 年全免，后 3 年减半征收。经认定为高新技术企业的延长 3 年减半期，且企业所得税按 15% 的税率征收。新办固定投产投资总额 500 万元以上的生产型外来投资企业，当年投资、当年投产的企业，当年缴纳的地方税收部分予以全额奖励返还。对新建年纳税额超过 100 万元的外来投资企业，由政府财政采取以奖代补的形式鼓励企业发展生产，自投产之年起前 2 年按企业入库地方税收的 50% 计奖，后 3 年按当年入库的地方税收比上年度增加部分的 50% 计奖。对投资食品工业、电子信息、机械及机电制造、精细化工、生物技术、现代农业、旅游度假和基础设施建设等项目予以重点倾斜。

2007 年，国务院颁发《中华人民共和国企业所得税法》规定：符合条件地小型微利企业，减按 20% 税率征收企业所得税。国家需要重点扶持的高新技术企业，减按 15% 税率征收企业所得税。

2008 年，湖南省人民政府发布《湖南省人民政府关于加快发展服务外包产业的意见》规定：对服务外包企业在一个纳税年度内技术转让所得不超过 500 万元的部分，免征企业所得税；超过 500 万元的部分，减半征收企业所得税；购进软件凡符合固定资产或无形资产条件的，可以按照固定资产或无形资产进行核算，经主管税务机关核准，其折旧或摊销年限可以适当缩短，最短可为 2 年。对服务外包企业为开发新技术、新产品、新工艺发生的研究开发费，可以在计算应纳税所得额时加计扣除。即未形成无形资产计入当年损益的在按照规定据实扣除的基础上，按照研究开发费用的 50% 加计扣除；形成无形资产的，按照无形资产成本的 150% 摊销。

2009 年，财政部、国家税务总局发布《财政部海关总署国家税务总局关于支持文化企业发展若干税收政策问题的通知》规定：在文化产业支撑技术等领域内，依据《关于印发〈高新技术企业认定管理工作指引〉的通知》规定认定的高新技术企业，减按 15% 的税率征收企业所得税；文化企业开发新技术、新产品、新工艺发生的研究开发费，允许按国家税法规定在计算应纳税所得额时加计扣除。出版、发行企业库存呆滞出版物，纸质图书超过五年（包括出版当年，下同）、音像制品、电子出版物和投影片（含缩微制品）超过两年、纸质期刊和挂历年画等超过一年的，可以作为财产损失在税前据实扣除。已作为财产损失税前扣除的呆滞出版物，以后年度处置的，其处置收入应纳入处置当年的应税收入。

2010 年，湖南省政府发布《关于加快发展高技术服务业的实施意见》规定：切实落实国家税收优惠政策，确保有条件享受高新技术企业、小微企业、现代服务业各项税收优惠政策的高技术服务企业，按规定享受相应优惠政策。数字内容服务企业可申请享受国家现行鼓励软件产业发展的所得税优惠政策。相关高技术服务业领域事业单位转制为企业的，经有关部门认定，按规定减免企业所得税。

2011 年，国务院颁布《国务院关于印发进一步鼓励软件产业和集成电路产业发展若干政策的通知》规定：对中国境内新办符合条件的软件企业，经认定后，自获利年度起，享受企业所得税“两免三减半”优惠政策。经认定的符合条件的软件企业的进口料件，符合现行法律法规规定的，可享受保税政策。符合条件的软件企业所得税优惠政策与企业所得税其他优惠政策存在交叉的，由企业选择一项最优惠政策执行，不叠加享受。

2013 年，园区出台《关于中南大学科技成果孵化基地企业入驻扶持的暂行办法》规定：进行孵化基地前三周年内，累计缴纳税收园区实得部分超过 100 万元的企业，园区给予 20 万元奖励；超过 500 万元的，给予其 100 万元奖励。

2014 年，湘江新区管委会印发《湘江新区管委会关于加快发展核心区现代服务业的若干政策意见》规定：年营业额 5000 万元（含）以上，年纳税总额 500 万元（含）以上的现代服务企业中高级管理人员和中高级专业技术人员，其个人每年实际缴纳的工薪、奖金收入类个人所得税，超过 3 万元（不含）以上的部分，市级（含）以下税收实得部分通过现代服务业发展专项资金全额奖励纳税人。

2015 年，湖南省政府印发《湖南省人民政府关于加快发展服务贸易的实施意见》规定：文化创意企业开发新技术、新产品、新工艺发生的研发费用，按照税法及相关政策规定，在计算应纳税所得额时价计扣除。对认定为高新技术企业的文化创意企业，减按15%的税率征收企业所得税；文化创意企业发生的职工教育经费支出，不超过工资薪金总额8%的部分，准予在计算应纳税所得额时扣除。2015年，湖南省政府印发《湖南省人民政府关于进一步扶持小型微型企业健康发展的实施意见》规定：月销售额或营业额不超过3万元（含3万元）的增值税小规模纳税人和营业税纳税人，免征增值税或营业税。自2015年1月1日至2017年12月31日，对年应纳税所得额低于20万元（含20万元）的小型微利企业，其所得减按50%计入应纳税所得额，按20%的税率缴纳企业所得税。自2014年11月1日至2017年12月31日，对金融机构与小型微型企业签订的借款合同免征印花税。将失业保险费率由现行条例规定的3%统一降至2%。湖南省经济和信息化委员会、湖南省财政厅发布《关于加快湖南省工业设计产业发展的意见》规定：对经认定为高新技术企业的工业设计企业，减按15%的税率征收企业所得税。纳入增值税征收范围的国家重点鼓励的设计服务出口、国家重点鼓励的创意和设计产品出口享受国家有关税收优惠政策。财政部、国家税务总局发布《财政部 国家税务总局关于进一步扩大小型微利企业所得税优惠政策范围的通知》规定：为进一步发挥小型微利企业在推动经济发展、促进社会就业等方面的积极作用，经国务院批准，现就小型微利企业所得税政策通知如下：自2015年10月1日至2017年12月31日，对年应纳税所得额在20万元到30万元（含30万元）之间的小型微利企业，其所得减按50%计入应纳税所得额，按20%的税率缴纳企业所得税。前款所称小型微利企业，是指符合《中华人民共和国企业所得税法》（以下简称企业所得税法）及其实施条例规定的小型微利企业。

◆第四节　奖励政策

2002年，根据望城县相关政策奖励招商引资者：对提供投资商姓名、通信地址、投资方向等情况者，由镇招商办联系并实施引进项目，或直接参与引进投资兴办生产经营项目的中介人，给予到位固定资产总额的5‰~8‰作为奖励。对于大型项目和特殊项目，报经县人民政府认定，除以上优惠政策外，其优惠幅度可以按“一事一议”原则另行商定。

2013年，园区制定下发《关于中南大学科技成果孵化基地企业入驻扶持的暂行办法》规定：给予获国家技术发明一、二、三等奖的项目，获国家科技进步一、二、三等奖的项目，获湖南省技术发明、科技进步一等奖的项目，均给予其前三年办公场地200平方米100%的实际租金补贴。获省技术发明二等奖、科技进步二等奖的创业项目，其贷款贴息额度不超过 20 万元；获国家技术发明三等奖、科技进步三等奖，或湖南省技术发明一等奖、科技进步一等奖的创业项目，其贷款贴息额度不超过 30 万元；获国家发明二等奖、国家科技进步二等奖的创业项目，其贷款贴息额度不超过 100 万元。企业获批国家质量奖，获得称号的当年，给予其一次性奖励 50 万元。进入孵化基地前三周年内，累计缴纳税收园区实得部分超过 100 万元的企业，园区给予其 20 万元奖励；超过 500 万元的，给予其 100 万元奖励。

2014 年，湘江新区管委会发布《湘江新区管委会关于加快发展核心区现代服务业的若干政策意见》规定：年营业额 5000 万元（含）以上，年纳税总额 500 万元（含）以上的现代服务业企业汇总高级管理人员和中高级专业技术人员，其个人每年实际缴纳的工薪、奖金收入类个人所得税，超过 3 万元（不含）以上的部分，市级（含）以下税收实得部分通过现代服务业发展专项资金全额奖励纳税人。长沙市政府发布《长沙市引进紧缺急需和战略型人才计划》规定：安家补助政策。领军人才：自主创业或与用人单位签订 3 年以上聘用合同，给予 100 万元安家补助；高级经营管理和研发人才：自主创业与用人单位签订 3 年以上聘用合同，给予 50 万元安家补助；专业技术骨干人才：自主创业或与用人单位签订 3 年以上聘用合同，给予 10 万元安家补助。安家补助分年度按比例支付到位，具体支付办法根据工资关系、人事关系等另行制定。引进的领军人才、高级经营管理和研发人才或团队带项目创业的，从企业正式注册起，5 年时间内，根据创办企业当年入库税收市、各园区和区县（市）所得部分总额及年增长情况给予奖励。当年入库税收市、各园区和区县（市）所得部分总额达 50 万元以上，且税收总额较上一年度增长 20% 以上（含 20%）的，奖励该企业 20 万元；当年入库市、各园区和区县（市）所得部分总额达 100 万元以上的，且税收总额较上一年度增长 15% 以上（含 15%）的，奖励该企业 50 万元；年入库市、各园区和区县（市）所得部分总额达 300 万元以上的，且税收总额较上一年度增长 10% 以上（含 10%）的，奖励该企业 100 万元。引进的领军人才、高级经营管理和研发人才或团队，从与企业正式签约起，3 年时间内，所带项目在企业实施产业化投产，当年该项目实现入库税收市、各园区和区县（市）所得部分总额达 100 万元以上，且税收总额较上一年度增长 15% 以上（含 15%）；或帮助企业进行技术改造升级，当年该项目、该产品实现入库税收市、各园区和区县（市）所得部分总额 200 万元以上，且税收总额较上一年度增长 10% 以上（含 10%）的，奖励引才企业 50 万元，其中用于奖励人才及团队不低于 30 万元。

2015年，岳麓区政府发布《岳麓区促进现代服务业发展若干政策》规定：企业或驻区高校研发科技项目获国家级和省部级科学技术奖，入驻岳麓区且转化为生产力的，分别给予国家科学技术奖一、二、三等次奖项获得者一次性奖励30万元、20万元、10万元，分别给予省部级科学技术奖一、二、三等次奖项获得者一次性奖励10万元、8万元、6万元。当年首次认定为高新技术企业的，给予20万元前期费用补贴。

2016年，长沙市政府发布《长沙市关于第三方检测和认证产业发展的意见》规定：检验检测特色产业园成立以检验检测产业集群为载体、园区骨干企业为核心的检验检测产业技术创新联盟，三年内产业技术联盟举办国际性展会，吸引国际顶尖人才（如获得中国国家最高科学技术奖或其他同等级别奖励）参会的，经审核可给予参会人员实际发生费用40%的补助，总额不超过10万元。检验检测认证领军人才和研发人才创办企业的，按同期中国人民银行贷款基准利率发生利息额的50%，给予每年不超过50万元的贷款贴息；三年内投产的项目，当年实现入库税收市级所得部分达100万元以上的，且税收总额较上一年度增长15%（含15%）的，奖励引才企业50万元，其中用于奖励人才及团队不低于30万元。

◆第五节　企业孵化政策

2013年，长沙岳麓科技产业园发布《关于中南大学科技成果孵化基地企业入驻扶持的暂行办法》规定：给予获国家技术发明一、二、三等奖的项目，获国家科技进步一、二、三等奖的项目，获湖南省技术发明、科技进步一等奖的项目，均给予其前三年办公场地200平方米100%的实际租金补贴。获省技术发明二等奖、科技进步二等奖的创业项目，其贷款贴息额度不超过20万元；获国家技术发明三等奖、科技进步三等奖，或湖南省技术发明一等奖、科技进步一等奖的创业项目，其贷款贴息额度不超过30万元；获国家发明二等奖、国家科技进步二等奖的创业项目，其贷款贴息额度不超过50万元；获国家技术发明一等奖、国家科技进步一等奖的创业项目，其贷款贴息额度不超过100万元。企业获批国家质量奖，获得称号的当年，给予其一次性奖励50万元。对正常申请并经专家审定后的发明专利申请，给予每项5000元资助，实用新型专利申请给予每项3000元资助，外观设计专利申请给予每项2000元资助；对当年授权的发明专利给予1万元的奖励；对授权的PCT国际发明专利，给予每项10万元的奖励。进入孵化基地前三周年内，累计缴纳税收园区实得部分超过100万元的企业，园区给予其

20万元奖励;超过500万元的,给予其100万元奖励。获批为国家、省级技术中心、工程中心、实验室等企业创新平台，或在园区建立博士后工作站点、院士工作站点的企业，园区给予其一次性资金扶助20万元。博士、教授、副教授、硕士生、本科生的创业项目，获院士、二级教授领衔的创业项目，由千人计划、长江学者的创业项目，全国行业协会会长、副会长、理事长领衔、副理事长领衔、行业标准委员会成员的创业项目，均给予其前三年办公场地200平方米100%的实际租金补贴。大学生、硕士生、博士生、副教授的创业项目，其贷款贴息额度不超过10万元；教授创业项目，或获省技术发明二等奖、科技进步二等奖的创业项目，其贷款贴息额度不超过20万元；由千人计划、长江学者、二级教授领衔的创业项目；或获国家发明二等奖、国家科技进步二等奖的创业项目；或由全国行业协会副会长、副理事长领衔的创业项目，其贷款贴息额度不超过50万元；由院士领衔创业的企业项目，或由行业标准委员会成员、全国行业协会会长、理事长领衔的企业项目，其贷款贴息额度不超过100万元。

2014年，湘江新区管委会发布《关于加快发展核心区现代服务业的若干政策意见》规定：新认定为国家级的科技孵化器、工程（技术）研究中心、企业技术中心、标准检测中心、重点实验室等公共平台，当年一次性奖励50万元。

2015年，岳麓区政府发布《岳麓区促进现代服务业发展若干政策》规定：系企业自办或区校合作，经认定为国家级、省部级工程研究中心（技术研究中心、重点实验室、标准检测中心），且至少一项科研成果在区内转化的，分别给予一次性奖励30万元、10万元。

◆第六节　企业扶持政策

2008年，湖南省政府发布《湖南省人民政府关于加快发展服务外包产业的意见》规定：根据国际服务外包市场需求和湖南省推进新型工业化战略，突出工程装备制造、信息通信、现代物流、创意产业、金融保险、生物医药、医疗卫生、广电传媒和远程教育等行业，重点发展物流外包、金融后台服务、动漫制作、软件开发外包、研发设计外包、数据处理和财会核算等业务流程外包和信息技术外包，提升湖南省服务外包能力，促进全省服务外包规模的迅速扩展。

2008年，财政部、国家税务总局发布《财政部 国家税务总局关于小型微利企业所得税优惠政策的通知》规定：为进一步支持小型微利企业，经国务院批准，现就小型微利企业所得税政策通知如下：自2015年1月1日至2017年12月31

日，对年应纳税所得额低于20万元（含20万元）的小型微利企业，其所得减按50%计入应纳税所得额。湖南省政府发布《湖南省人民政府关于加快发展服务外包产业的意见》规定：根据国际服务外包市场需求和湖南省推进新型工业化战略，突出工程装备制造、信息通信、现代物流、创意产业、金融保险、生物医药、医疗卫生、广电传媒和远程教育等行业，重点发展物流外包、金融后台服务、动漫制作、软件开发外包、研发设计外包、数据处理和财会核算等业务流程外包和信息技术外包，提升湖南省服务外包能级，促进全省服务外包规模的迅速扩展；商务部门会同信息产业、科技部门负责服务外包企业的认定工作。经认定的服务外包企业，可享受本意见相关优惠政策。对于已认定为高新技术企业或软件企业的，其承接国际服务外包业务年营业额达到50万美元或承接服务外包业务占其主营业务达到30%的，可以直接认定为服务外包企业；对取得开发能力成熟度模型集成（CMMI）认证、人力资源成熟度模型（PCMM）认证、信息安全管理（ISO27001/BS7799）认证、IT服务管理（ISO20000）认证、服务提供商环境安全性（SAS70）认证及其他相关国际认证的服务外包和软件企业，从“中小企业国际市场开拓资金”中给予资助，资助金额原则上不超过认证费用的50%，并按企业取得国际认证和资格维护合理成本给予最高不超过50万元的资助；对服务外包企业为开发新技术、新产品、新工艺发生的研究开发费，可以在计算应纳税所得额时加计扣除。即未形成无形资产计入当年损益的，在按照规定据实扣除的基础上，按照研究开发费用的50%加计扣除；形成无形资产的，按照无形资产成本的150%摊销。

2010年，湖南省政府发布《中共湖南省人民政府关于加快培育发展战略性新兴产业的决定》规定：发展目标：到2020年，战略性新兴产业成为经济社会发展的重要推动力量，增加值年均增长15%以上，总量达到10000亿元，占全省GDP的比重达到25%左右。先进装备制造、新材料、文化创意三大产业成为全省经济的支柱产业；培育重点产业：先进装备制造产业、新材料产业、文化创意产业、生物产业、新能源产业、信息产业、节能环保产业；设立湖南省培育发展战略性新兴产业专项引导资金，省财政每年安排5亿元资金，用于战略性新兴产业重大技术研发和产业化、技术创新、技术改造、市场培育、平台建设、人才引进与培养等。

2013年，岳麓科技产业园发布《关于中南大学科技成果孵化基地企业入驻扶持的暂行办法》规定：给予获国家技术发明一、二、三等奖的项目，获国家科技进步一、二、三等奖的项目，获湖南省技术发明、科技进步一等奖的项目，均给予其前三年办公场地200平方米100%的实际租金补贴。获省技术发明二等奖、科技进步二等奖的创业项目，其贷款贴息额度不超过 20 万元；获国家技术发明三等奖、科技进步三等奖，或湖南省技术发明一等奖、科技进步一等奖的创业项目，其贷款贴息额度不超过 30 万元；获国家发明二等奖、国家科技进步二等奖的创业项目，其贷款贴息额度不超过 50 万元；获国家技术发明一等奖、国家科技进步一等奖的创业项目，其贷款贴息额度不超过 100 万元。企业获批国家质量奖，获得称号的当年，给予其一次性奖励 50 万元。获批为国家、省级技术中心、工程中心、实验室等企业创新平台，或在园区建立博士后工作站点、院士工作站点的企业，园区给予其一次性资金扶助 20 万元。2013 年，湖南省人民政府办公厅发布《湖南省人民政府办公厅关于加快发展高技术服务业的实施意见》规定：支持创新药物品种产业化、优质原料药材生产基地建设和中药制药先进技术综合示范应用，重点发展生物医药产品临床前研究、中试生产、药物安全性评价、试验设计及临床试验等专业化服务。推进中药标准研究中心、药用包装材料检测中心、药用辅料检验检测中心、药品评审认证与不良反应中心建设，完善生物制品检验检测服务体系。依托生物基因信息化技术，发展基因检测与生物治疗相结合的个性化生物医疗服务。加快发展信息基础设施服务业，建设新一代网络基础设施，以长株潭为试点进一步推进三网融合。构建信息技术公共服务体系，加快智能交通、智能电网、智慧城市等建设，进一步推进人口、地理、医疗、社保等公共信息资源开发和社会化服务。加快推进前沿信息技术和业务创新，培育壮大基于移动互联网、云计算、物联网、大数据等新技术、新模式、新业态的创新服务。加快建设主要农作物转基因研究公共服务平台、中药提取工程研究中心、淡水产品公共技术服务平台、油菜籽加工工程技术研究中心以及生物技术创新创业孵化平台、生物技术公共交易平台等公共服务平台，实现共建共享。

2014 年，长沙市政府发布《关于加快推进长沙移动互联网产业发展行动计划》规定：由市财政局、市工业和信息化委牵头，市本级从工业、科技、商贸等各专项资金中整合，从 2014 年开始，连续三年每年安排 1 亿元作为移动互联网产业发展专项资金（含投资基金 5000 万元）。鼓励企业和机构加强公共服务平台的建设和运营。对经长沙市移动互联网产业发展协调小组办公室评估认可的服务平台，给予其建设投资额 20% 的补贴，单个平台建设补贴总额不超过 500 万元。长沙市政府发布《工业园区转型体制发展三年行动计划》规定：岳麓科技产业园将重点培育公共检测（第三方）平台，涉及工业园项目建设的市级及以下审批，可由园区实现“一站式”办结。长沙市知识产权局发布《长沙市知识产权补助实施细则（暂行）》规定：企业申请发明专利的，进入实质审查后，按 2000 元 / 件标准补助；获得授权后追加补助2000元/件。企业按照《专利合作条约》(PCT)规定提交的国家专利申请，取得国际检索报告(或国际审查报告)后按5000元/件标准补助；通过PCT途径申请并获得欧、美、日、韩国家或地区专利授权后追加补助5000元/件。(同一专利在上述多个国家或地区授权的最多不补助五次)。著作权补助费用参照国家版权局规定的登记收费标准，按照著作权人实际交纳的登记费用给予一定比例的补助，具体补助标准如下：登记费在300元以下(含300元)的，申报人为单位的按照著作权人实际缴纳的登记费用的80%给予补助；申报人为个人的按照著作权人实际缴纳的登记费用的100%给予补助。登记费在300元以上、1000元以下(含1000元)的，按照300元/件给予补助。登记费超过1000元，按照500元/件的标准给予补助。系列作品只补助第一件。湘江新区管委会印发《关于加快发展核心区现代服务业的若干政策意见》规定：经湘江新区管委会认定新开办的现代服务业总部企业，经“招拍挂”购地自建(或委托代建)总部自用办公用房，固定资产投资(含购地款)5亿元(含)以上，年纳税总额5000万元(含)以上，按照投资额的10%一次性奖励投资建设主体。单个项目奖励金额最高不超过5000万元，奖励资金根据项目建设进度和总部企业入驻情况分期拨付。对新购买总面积1000平方米(含)以上的商务写字楼用于办公经营，其购房环节市级(含)以下税收实得部分通过现代服务业发展专项资金全额奖励购房者。年营业额5000万元(含)以上，年纳税总额500万元(含)以上的非金融机构现代服务业企业中高级管理人员和中高级专业技术人员，其个人每年实际缴纳的工薪、奖金收入类个人所得税，超过3万元(不含)以上的部分，市级(含)以下税收实得部分通过现代服务业发展专项资金全额奖励纳税人。湖南省政府发布《湖南省人民政府关于促进健康服务业发展的意见》规定：放宽市场准入，建立公开、透明、平等、规范的健康服务业准入制度，民办非营利性机构享受与同行业公办机构同等待遇，简化对康复医院、老年病医院、儿童医院、护理院等紧缺型医疗机构的立项、开办、执业资格、医保定点等手续，取消不合理的前置审批事项。提升信息化水平，整合现有信息资源，建立医疗保障、医疗服务、健康管理、健康养老、健康保险等统一规范的全省健康服务信息共享平台；支持研制、推广适应广大乡镇和农村地区需求的低成本数字化健康设备和信息系统，对开发引进数字化医疗设备、便携式健康数据采集设备等，并与物联网、移动互联网融合的健康服务机构，给予资金补助或贷款贴息等支持。强化用地保障，各级政府要在土地利用总体规划和城乡规划中统筹考虑服务业发展需要，扩大健康服务业用地供给，优先保障非营利性机构用地。湖南省人民政府发布《关于加快文化创意产业发展的意见》规定：鼓励挖掘、保护、改造民间特色传统工艺，培育具有地方特色的文化创意企业，扶持民营小微文化创意企业和工作室发展。支持专业化的创意和设计企业向专、精、特、新方向发展。对引进的国内外著名文化创意企业总部（含地区总部），根据其净资产、投资额度、税收贡献等，给予一次性“以奖代补”资金支持。对文化创意产业领域湘籍领军人物回湘设立地区总部、成绩突出的给予一次性奖励。大力支持原创性文化创意研发，对经过认定、拥有自主知识产权的原创性文化创意项目，通过贷款贴息、专项补助、配套资助等方式给予一定研发资助。湖南省人民政府发布《关于鼓励移动互联网产业发展的若干政策》规定：国内外知名的移动互联网企业，其总部整体迁入湖南省，或在湖南省设立区域性总部、独立核算的分支机构，投资额1000万元以上的，在首次缴纳税收后，根据其投资、缴纳税收、吸纳就业和产业水平，一次性给予100万~1000万元项目落地补助资金支持。从省内已有企业剥离新设的移动互联网产业企业，按照不超过其注册资本的10%给予资金补助，最高不超过200万元。鼓励设立研发机构，对获得国家新认定的国家重点实验室、国家工程实验室、国家工程研发中心、国家工程技术研究中心、国家企业技术中心等平台，一次性给予100万元项目补助。鼓励支持国内外移动互联网企业到湘设立独立研发机构，或与湖南省科研机构共建研发中心、实验室等。对将研发机构设在湖南省，并承担国家、省级重要课题、重要研发任务的移动互联网企业，经评估给予不超过500万元专项资金补助支持。对在国际或国内移动互联网产业知名企业有3年以上工作经历，且担任中、高层职务的管理人员和核心技术人员（团队）来湘创业，按照本人（团队）实际投资额（不含银行贷款）1:1的比例给予创业资金扶持，最高不超过500万元。入驻园区（集聚区）的，园区（集聚区）按照实际办公需要连续3年免费提供不超过500平方米的办公用房，或给予3年实际房租补贴，每年最高不超过50万元。

2015年，财政部、国家税务总局发布《财政部 国家税务总局关于进一步扩大小型微利企业所得税优惠政策范围的通知》规定：为进一步发挥小型微利企业在推动经济发展、促进社会就业等方面的积极作用，经国务院批准，现就小型微利企业所得税政策通知如下：自2015年10月1日起至2017年12月31日，对年应纳税所得额在20万元到30万元（含30万元）之间的小型微利企业，其所得减按50%计入应纳税所得额，按20%税率缴纳企业所得税。前款所称小型微利企业，是指符合《中华人民共和国企业所得税法》及其实施条例规定的小型微利企业。为做好小型微利企业税收优惠政策的衔接，进一步便利核算，对本通知规定的小型微利企业，其2015年10月1日至2015年12月31日间的所得，按照2015年10月1日后的经营月份数占其2015年度经营月份数的比例计算。

2015年，国家质检总局发布《国家质检总局关于支持长株潭国家自主创新示范区建设的意见》规定：支持以质监部门省级检验检测机构为基础，对示范区内检验检测机构进行合理化整合，减少重复投入，减轻企业负担，提高服务效能。支持长株潭示范区的计量检测科学研究院长沙分院建设工作，建立北斗导航、惯性制导、轨道交通、工程机械、新材料、环境监测和军民融合等领域国家级标准。支持在湖南省计量检测研究院建设计量器具国家型式评价实验室，并将该院列为国家标准物质资源共享平台成员单位。在示范区建立国家标准物质研发、生产基地，为示范区及周边地区的环境治理、食品安全和安全生产提供技术服务。支持在示范区建立国家产业计量中心，为示范区内的轨道交通、风力发电、核电、汽车制造和工程矿山机械等相关产业提供技术支撑。支持湖南省质监系统技术机构围绕示范区内重点产业发展需要，申报筹建相关专业国家质检中心。支持示范区内国家质检中心发展。支持申报重大质检科技专项。支持示范区内国家质检中心、国家重点实验室等优质检验检测资源组建检验检测技术联盟，创建质检科技成果转化基地。支持推动示范区检验机构的产品检验结果和检验标准与其他国家间的国际互认工作。取消示范区内外资认证机构设立的特别限制条件。湖南省政府发布《湖南省人民政府关于加快发展服务贸易的实施意见》规定：对原创文化创意作品进行著作权登记予以一定资金补助。推进教育、金融、文化、医药等领域有序开放。鼓励省内医疗健康服务机构与国际知名医疗服务机构合作，大力发展中医药服务贸易。湖南省政府发布《湖南省人民政府关于加快科技服务业发展的实施意见》规定：支持检验检测认证机构与行政部门脱钩、转企改制，推进检验检测机构市场化运营，提升认证计量、分析测试、检验检测、标准研究、风险评估等专业化服务水平。加快检验检测认证机构的跨部门、跨行业、跨层级整合，培育一批国家级质检和技术中心。加快发展第三方检验检测认证服务，鼓励不同所有制检验检测认证机构平等参与市场竞争。加快食品药品、重要消费品、节能减排、特种设备应急救援等公益性检验检测计量公共服务平台建设，完善质监、卫生、安全、环保、交通运输、农业等领域的公共检验检测及产业计量服务体系，发展高端装备制造、新材料、信息技术、新能源、生物、节能环保等战略性新兴产业的技术检验检测计量服务。

2015年，湖南省政府发布《湖南省人民政府关于进一步扶持小型微型企业健康发展的实施意见》规定：自2014年10月1日至2015年12月31日，月销售额或营业额不超过 3 万元（含 3 万元）的增值税小规模纳税人和营业税纳税人，免征增值税或营业税。自 2015 年 1 月 1 日至 2017 年 12 月 31 日，对年应纳税所得额低于 20 万元（含 20 万元）的小型微利企业，其所得减按 50% 计入应纳税所得额，按 20% 的税率缴纳企业所得税。自 2014 年 11 月 1 日至 2017 年 12 月 31 日，对金融机构与小型微型企业签订的借款合同免征印花税。将失业保险费率由现行条例规定的 3% 统一降至 2%。2015 年，长沙市小微企业创业创新小组印发《长沙市小微企业挂牌“新三板”财政扶持资金管理细则》规定：对符合条件、成功挂牌新三板的小微企业一次性给予 30 万元财政资金支持；对符合条件、成功挂牌四版标准版的小微企业一次性给予 10 万元财政资金支持。岳麓区政府印发《岳麓区促进现代服务业发展若干政策》规定：在岳麓区购建、租用办公用房，且购建或租用自用面积在 1000 平方米以上的，在总部开业经营并产生主体税收后，按办公自用面积分别给予该机构一次性补贴，扶植奖励面积最高不超过 3 万平方米，其中：购建办公用房补贴标准为 300 元 / 平方米，租用办公用房补贴标准为 100 元 / 平方米。非金融机构总部：新入驻非金融机构总部企业，自开业经营次年起三年内，年度产生区级财力 200 万元以上且不低于上年的，按其产生区级财力的 20% 给予扶植奖励，年度扶植奖励金额最高不超过 300 万元。凡获准上市（主板、创业板、中小板）的企业，且承诺在岳麓区持续经营十年以上的，给予上市企业一次性奖励 100 万元。对在新三板和区域性股权交易市场挂牌的企业，分别在挂牌后给予 50 万元和 10 万元的前期费用补贴。系企业自办或区校合作，经认定为国家级、省部级工程研究中心（技术研究中心、重点实验室、标准检测中心），且至少一项科研成果在区内转化的，分别给予一次性奖励 30 万元、10 万元。企业或驻区高校研发科技项目获国家级和省部级科学技术奖，入驻岳麓区且转化为生产力的，分别给予国家科学技术奖一、二、三等次奖项获得者一次性奖励 30 万元、20 万元、10 万元，分别给予省部级科学技术奖一、二、三等次奖项获得者一次性奖励 10 万元、8 万元、6 万元。当年首次认定为高新技术企业的，给予 20 万元前期费用补贴。

2016 年，国务院办公厅发布《关于促进医药产业健康发展的指导意见》规定：通过首台（套）重大技术装备保险补偿试点工作，支持符合条件的高端医疗装备应用推广，继续推动实施创新医疗器械产品应用示范工程（包括“十百千万工程”等），进一步加大创新医疗器械产品推广力度，在不同层次的医疗机构开展试点示范应用。加强原研药、首仿药、中药、新型制剂、高端医疗器械等创新能力建设，优化科技资源配置，打造布局合理、科学高效的科技创新基地。运用数据库、计算机筛选、互联网等信息技术，建设医药产品技术研发、产业化、安全评价、临床评价等公共服务平台。按照公开透明、公平竞争的原则，完善招标采购机制，逐步将医药产品招标采购纳入公共资源交易平台。实行分类采购，科学设置评审因素，推动药品、高值医用耗材采购编码标准化，确保价格合理、保障供应、质量安全。规范竞争秩序，打破医药产品市场分割、地方保护。深入实施人才优先发展战略，着眼于药物创新、医疗器械核心软硬件开发、中医药传承、医药产品国际注册等方面的需求，健全人才引进、培养、激励机制，营造人尽其才、才尽其用的良好环境。加强药学队伍建设，提升执业药师服务能力，促进安全合理用药。建立健全技术、技能等要素参与的收益分配机制，鼓励通过技术入股等形式，充分调动人才的积极性和创造性。

2016 年，国家发改委发布《关于组织实施促进大数据发展重大工程的通知》规定：国家发改委组织实施促进大数据发展重大工程，择优推荐项目进入国家重大建设项目库审核区，并根据资金总体情况予以支持。《通知》提出：重点支持大数据示范应用，包括开展社会治理大数据应用；开展公共服务大数据应用；开展产业发展大数据应用；开展创业创新大数据应用。重点支持大数据共享开放，包括建立完善公共数据共享开放制度，建立统一的公共数据共享开放平台体系。重点支持基础设施统筹发展，包括整合分散的政务数据中心，探索构建国家数据中心体系；开展绿色数据中心试点。重点支持数据要素流通，包括建立完善国家大数据标准体系；探索建立大数据交易平台和制度。

2016 年，长沙市人民政府办公厅发布《长沙市关于第三方检验检测和认证产业发展的意见》规定：对于成功创建国家级公共检验检测服务平台示范区的专业园区，一次性给予 100 万元奖励；对获批国家级检验检测中心（含重点实验室、技术中心）、省级检验检测中心（含实验室、技术中心）分别给予 50 万元、10 万元资金奖励。对新入园企业通过国家实验室认可（CNAS）的一次性奖励 5 万元，通过检验检测资质（CMA）认定的，一次性奖励 2 万元。从 2016 年起，市政府连续三年，每年从市工业发展资金和市科技发展资金中分别整合 500 万元的专项发展资金，重点支持检验检测特色产业园和创新联盟建设、招商引资、企业创新和人才引进等促进检验检测和认证产业的快速发展。政府加大购买检验检测和认证产品的力度。鼓励用户与集聚区机构开展业务合作，对已入驻检验检测特色产业园的检验检测和认证企业，开展检测和认证业务年度结算额达 500 万元的检测企业，给予年购买业务合同增加额 1% 的资金奖励，单个企业年奖励总额不超过 50 万元。支持龙头企业的检验检测机构按相关规定注册为独立法人后，进入第三方检验检测领域；国内外知名检验检测机构入驻特色产业园的，优先办理机构认定，并可在用地、产业扶持上实行“一事一议”；三年内与国际权威检测机构开展兼并重组的，按兼并总额的1%给予最高不超过200万元的配套资金支持。特色园区内的中小检测企业，企业当年研发费用占总投入比例不低于5%且不低于100万元的，按照当年研发费用的5%给予奖励，单个企业奖励总额最高不超过100万元。检验检测特色产业园成立以检验检测产业集群为载体、园区骨干企业为核心的检验检测产业技术创新联盟，一次性补助50万元。三年内产业技术联盟举办国际性展会，经审核可给予举办国际性展会实际发生费用20%的补助。

第三章 招商项目

◆第一节 招商立项

2004—2016年，根据《国务院关于投资体制改革的决定》和政府核准的投资项目目录（2004年本）、长沙《岳麓区工业园区工业项目准入条件》（2004年本）、《长沙岳麓科技产业园工业项目准入条件》（2016年本）建立入园项目审批、核准和备案规范，严把项目准入关。不断调整产业结构，以优惠政策和周到的服务引导项目开发。要求入园项目符合国民经济和社会发展规划、区域规划、行业规划、产业政策、行业准入标准和土地利用总体规划，符合国家宏观调控政策；合理开发并有效利用资源；未对公众利益产生重大影响。

长沙岳麓科技产业园加强投资项目备案、核准和审批服务，提高服务质量和工作效率，确保入园企业在备案、核准和审批工作公开、规范、准确和高效，制定入园投资项目备案、核准和审批工作规范。出台规定项目审批部门会签程序《长沙岳麓科技产业园企业入园及后期管理服务流程》。

为推动园区发展，实现项目引进精准化，产业布局科学化，依据国家、省、市、区相关法律、法规并结合实际情况，园区制定工业项目准入条件。条件明确规定：产业发展方向，项目需符合国家战略型新兴产业及高技术服务发展导向，属新一代信息技术产业与检验检测认证及上下游相关产业链企业优先供地。环保准入标准，项目须符合一类工业用地的环保准入要求，对不符合环境保护及节能减排要求的项目，实行“一票否决”。安全生产要求，项目须符合安全生产的要求，严格遵守建设项目安全设施“三同时”要求。对不符合安全生产要求的项目，实行“一票否决”。产值要求，意向购地面积1.33亩（含）以下自建工业项目的企业，近两年营业收入平均不得低于5000万元/年；购地1.33~3.33亩（含）企业，近两年营业收入平均不得低于1亿元/年；购地3.33~6.67亩（含）企业，近两年营业收入平均不得低于 2 亿元 / 年；购地 6.67 公顷以上企业，近两年营业收入平均不得低于 5 亿元 / 年。投资强度要求，购地自建的工业项目，投资强度不得低于 300 万元 / 亩。税收贡献要求，购地自建的工业项目，投产达效后税收贡献不得低于 35 万元 / 亩 / 年。工商税务要求，项目须在合同签订后 30 个工作日内将独立核算的企业工商、税务关系注册变更到园区。根据管辖权限依照程序分别将项目报送长沙市发展和改革委员会或长沙市岳麓区发展和改革局作出备案、核准、立项的批复。

随着经济规模的扩大，基础设施不断完善，园区定位为国家级科技成果转化基地、新型都市工业基地和生态宜居宜业的新城区，2002 年至 2016 年，园区共引进投资项目 667 个，共引进项目投资总额 346.87 万元。其中工业项目 42 个，检验检测项目 127 个，中小科技项目 386 个，孵化项目 41 个，新一代信息技术项目 252 个，“四上”项目（规模以上工业、规模以上服务业、限额以上批零住餐业和资质等级建筑业房地产业）43 个;外资项目 5 个;区校合作企业项目 52 个。

◆第二节　项目建设

项目建设是招商入园的后续工作，加快项目建设有利于增强投资者的信心和园区经济的快速发展。长沙岳麓科技产业园新立项入园的企业用地建设工作，由园区经济发展局和园区国土规划局协同负责，主要职责是按管委会要求负责对入园企业的跟踪对接协调服务工作，对入园项目的筹建工作进行指导、监督、协调、服务、受理并协调企业申报投产的相关手续，完成入园企业项目建设工作的具体任务。项目建设要经过报批、施工建设和验收三个阶段。报批阶段。项目建设报批提交以下文件、材料：选址意见书、环境影响评估材料、土地使用权有偿出让合同、用地规划许可证、设计要点、红线图、投资许可证、扩初设计审批意见书、建筑报建图、临时设施报建、消防设施报建和桩基础招标申请等。建设阶段。在组织招标后，办理施工许可证、用电、用水、环保、通信、消防和排水、排污及厂区绿化等报装和报建手续，并组织施工。

验收阶段，项目建设工程竣工后，由筹建企业申请进行基建、消防、环保、劳动安全、卫生、市政和资金验收，验收合格后即可提出投（试）产申请。企业筹建还需申领组织机构代码、开立银行账户，申请办理税务登记等有关事项。

2002 年 4 月 5 日，院士（博导）科技产业园进入长沙岳麓科技产业园，时称含浦科教产业园，规划面积 100 公顷，主要为院士、博士生导师提供产业孵化及成果转化基地。4 月，长沙业翔科技有限公司与长沙含浦科教产业园签约，开始项目建设。5 月，华盛置业有限公司进入园区，从事房地产项目开发建设。6 月 17 日，凯达房地产开发有限公司在园区征地 6.67 公顷。7 月，恒盛投资有限公司、春光药业相继入园建设。11 月，湖南中医药大学（院）一期项目动工。是年入园启动的项目建设还有长沙自来水二厂、湖南继善高科技有限公司、湖南创业电力高科技公司、晚安泽岱床具有限公司等。

2003 年，园区引入长沙南方大学、湖南工业职业技术学院、长沙恒天房地产有限公司、长沙高新技术创业投资公司等 7 个项目建设。

2004—2007 年，引进项目 22 个，征地 544.33 公顷，分批立项报建。

2008—2012 年，这五年间引进以中铁轨道集团为代表的工业项目 15 个，以爱威科技、达嘉维康为代表的新材料、新能源、生物医药等高科技产业项目 18 个，以上城五星级酒店为代表的商业项目 6 个，先后建成投产。在此期间园区投资 3 亿多元，建成 14 万平方米孵化大楼，吸纳入孵化企业 70 家，为入孵企业和科技人员优惠提供成果孵化、中试及技术创新场地，提供政策、信息、法律、金融等方面支持与服务，着力培育技术创新源头。五年获批科技成果 38 项，其中获发明专利 7 项，实用新型专利 19 项、外观设计专利 8 项、软件著作权 2 项、国家重点新产品成果奖 2 项。

2013 年，园区实行“项目达效、产业集聚”方针，对入园项目跟踪服务，是年与中南大学对接洽谈入园项目 41 个。

2014 年，新引进产业项目 9 个，其中中铁城建集团总部落户长沙，投资 10 亿元，是首个世界 100 强央企。

2015 年，1 月 22 日联东 U 谷 · 长沙国际企业港启动仪式破土动工。是年，引进投资 10 亿元以上企业 3 家，引进中小型企业 142 家。

2016 年，引进项目 267 个，其中征地投建项目 34 个先后立项报建。

2002—2016年长沙岳麓科技产业园引进项目情况表

表4-3-2-1

年度	引进项目数（个）	项目预计投资额（亿元）
2002	10	18.6
2003	7	7.19208
2004	5	0.9080

续表4-3-2-1

年度	引进项目数（个）	项目预计投资额（亿元）
2005	12	0.75911
2006	11	12.208
2007	13	12.6387
2008	10	2.3
2009	5	5.9248
2010	—	—
2011	10	1.54
2012	6	10
2013	19	14.8
2014	50	50
2015	142	30
2016	367	180
合计	667	346.87069

第四章 招商方式

◆第一节 节会招商

2002年是望城县招商引资年。5月，长沙岳麓科技产业园（时称长沙含浦科教产业园）派员参与“湖南·上海商贸”活动。8月，派员参加长沙（昆明）经济技术协作洽谈会，广泛推介园区招商优势，并洽谈部分项目。12月，适逢长沙市在神农大酒店举行2002长沙经贸洽谈会，园区在招商引资项目专场签字仪式上，与湖南继善高科技有限公司签订科技成果孵化器项目，继善高科征地26.67公顷，投资1.5亿元，落户园区，为园区引进检验检测产业及相关科技孵化、转化企业奠定了基础。

2007年12月6—7日，由科技部、教育部、中国科学院、湖南省人民政府主办，湖南省科学技术厅、长沙市人民政府承办的2007中国（长沙）科技成果转化交易会在长沙高新技术产业开发区会展中心举办，园区党工委、管委会主要负责人率招商合作局人员精选（包装）项目参会学习，推介招商。全年引进境外资金4346万美元；内联外引境内资金12.64亿元。入园项目企业13个。

2009年，园区在深圳举办投资说明会，精心制作形象识别标识、形象宣传片、招商手册和投资指南，包装12个工业招商项目和5个经营性项目，与会期间成功引进深圳上市公司南山集团。

2010年7月6日，岳麓区在杭州凯悦大酒店举行2010年招商说明会，园区管委会副主任罗政率团推介园区项目。10月14日，在长沙科技馆举行岳麓科技产业园获批为省级科技成果转化基地授牌仪式，两个节会引进项目10个，签约金额近8亿元。

2013年3月，园区在长沙市政府组织的上海招商节会上，签订“上药九旺医药产业基地”项目招商合同，项目总占地面积4.33公顷，总建筑面积8.88万平方米，总投资 2.5 亿元，项目建成可实现年产值 80 亿元。11 月 11 日，2013 中国（长沙）科技成果转化交易会推出岳麓专场，在中国工程院院士、中南大学校长张尧学，市委副书记张迎龙，市人大常委会副主任芮英姿的见证下，园区和院士工作站签署区校共建合作协议，中南大学科技园落户长沙岳麓科技产业园。

2014 年 4 月，园区组织参加十七届北京国际科技产业博览会，签约引进清华大学微电子信息项目。5 月，组织参加沪洽周招商活动，与上海斐讯达成合作共识。10 月，深洽会上签约引进中铁城建集团总部项目，征地约 94.27 公顷，总投资 10 亿元。10 月 15 日，在深圳举办“中南学子·圆梦岳麓”投资恳谈会专场，会上与中南大学深圳研究院签署战略合作协议，与中南大学深圳青年商会企业、深圳中南联合投资公司达成合作意向。

2016 年 5 月 25 日，在长沙岳麓区学士路举办“湖南省检验检测特色产业园授牌签约暨项目建设动员会”，省、市、区主要领导亲临现场见证授牌并发表讲话，120 余位检验检测客商受邀到现场，会上 10 个检验检测项目签约落户；园区在‘十三五’发展座谈会暨中央企业走进湖南湘江新区”活动中，成功签约 4 个项目，总投资 155 亿元人民币。岳麓科技产业园获批“湖南省检验检测特色产业园”，成为中国中部地区首家、全省唯一一个检验检测专业园区。特色产业园主要围绕土木工程质量、生命科学、环境、工业产品、食品药品、汽车六大检验检测企业引进 70 余家入园企业，建立国家级实验室 2 个、工程技术中心 5 个，实现年产值 30 余亿元，年均增速保持 30% 以上。8 月 17 日，沪洽周期间，园区举办湖南省检验检测招商推介会，园区携“大礼包”亮相，10 余家检验检测企业达成入驻意向。是年 8 月，园区参加“走进中国 500 强”活动，无人驾驶测试区项目、北京德利迅达等项目签约入驻园区。其中，无人驾驶测试区项目征地 66.67 公顷，总投资约 12.16 亿元，主要建设管理研发与调试区、特种车辆无人战车越野测试区、

2016年5月21日，湖南省检验检测特色产业园授牌
（供图者：长沙岳麓科技产业园）

模拟高速公路测试区等，项目建成后将囊括国内已有测试区项目特点，结合湖南独特的丘陵地貌，重点突出测试区越野性驾驶体验。12 月 8 日，参加长沙市人民政府举办的长沙市楼宇招商推介会的工作人员，重点推介湖南省检验检测特色产业园总部基地及联东 U 谷、洋湖创富等二次招商平台。为促进区校合作全面、深入、有效开展，推动园区与湖南商学院战略合作的深度融合，促成湖南商学院校友企业项目落户岳麓科技产业园，受湖南商学院邀请，园区派招商合作处周敏、李智傲、曾权 3 人于 11 月 25—26 日赴广州地中海国际酒店参加湖南商学院广州校友会举办的“湖商穗粤——忆往 · 共今 · 商来”2016 联谊会，并向参会校友企业家（约 300 人）推介园区及相关扶持政策，诚邀校友企业家回归母校、回归岳麓创新创业。

◆第二节　部门招商

2002 年，望城县委、县政府响应党中央发展小城镇建设和全面建设小康社会号召，贯彻省委、省政府科教兴湘战略，借长沙市拓城之机和园区良好的区位优势、交通优势及人文环境优势，成立长沙含浦科教产业园。园区初期定位为“以教育产业为主，其他科技产业为辅的产业化综合性园区”。招商引资重点以部门对接“整合教育资源，引导高校健康发展，培植高校教育与科研产业化”，“享受省重点工程及岳麓山国家大学科技城的优惠政策”。先后引进 4 所大专院校、1 所中学和两项重点科研项目企业入驻园区，形成园区教科研一体化重要基础。是年，入园院校和科研单位有湖南中医药大学（时称：湖南中医学院）和湖南中大建设工程检测技术有限公司。湖南中医药大学签约入园，选址征地在绕城公路以东、学士路以北、象嘴路以西、石塘路以南，总征地面积 84.73 公顷，建筑（设计）总面积 14.88 万平方米，投资（预计）100 亿元。湖南中大建设工程检测技术有限公司注册进入园区学士路 755 号，总建筑面积 3.5 万平方米（工业园场地），注册资金 1000 万元，资产总额（总投资）2 亿元。2003 年，园区引进长沙南方职业学院和湖南工业职业技术学院。长沙南方职业学院征地 57.3 公顷，建筑（设计）总面积 26 万平方米，总投资 6.2 亿元。湖南工业职业技术学院，入园征地 65.24 公顷，建筑（设计）总面积 38 万平方米，投入资金（预计）8 亿元。2005 年，园区引进湖南食品药品职业学院，征地面积 18.28 公顷，建筑（设计）总面积 6.17 万平方米（第一期工程），总投资（预计）2.5 亿元。

2009 年 7 月，园区部门对接引入长沙赛恩斯环保股份有限公司落户园区。该公司注册资金 6800 万元，固定资产达 5 亿元，是一家专业从事重金属污染防治的高新技术企业，是中南大学产学研合作企业。该公司员工 260 余人，其中教授、高工等高校科技人员 70 人。该公司研发的重金属污染治理技术成果应用于国内 300 多家大中型采、造、冶企业，业务涵盖废水治理与资源化利用、废渣治理与资源化利用、土壤修复、环境咨询、设备制造、环境检测等环境保全领域。

2012 年，园区建设项目迅速推进扩大，面对入园企业子弟就读需求，在岳麓区教育局支持配合下，引入名校湖南师大附中落户园区，开始建设师大附中博才实验中学（学士校区），是年签约入园。学校选址洋湖垸片区含浦中路 726 号地段，总征地 4.27 公顷，投入资金 2.8 亿元。

2013 年年初，园区引进长沙联东金皓投资有限公司的“联东 U 谷 · 长沙国际企业港”项目，项目位置：长沙岳麓区莲含大道以南，学士路以西，望江路以北，长沙高速西线辅道以东。净用地面积约 55.68 公顷。建设内容：标准厂房、中试研发楼及企业定制厂房、总部楼工程即公寓楼、餐厅等附属建筑和厂区绿化工程的建设”“项目建设投资 40 亿元，资金自筹。长沙国际企业港项目实施占地面积 68.53 公顷，建设用地面积 57.2 公顷，计划总投资 40 亿元，建设周期 5~6 年。项目分四期建设，其中一、二、三期 401.8 公顷为工业用地，建设标准厂房 87.4 万平方米，全部建成后可纳中小企业 400 多家，年产值将达 150 亿元以上，创税 10 亿元以上，可安排就业 10000 人以上。该项目的实施为中小企业集聚奠定基础，缩短中小企业入驻的建设周期。

2014 年，园区以自身独特区位优势和政府支撑的政策优势，以及历史形成的人文优势，着力吸引世界百强中国铁建旗下的大型建筑企业集团——中铁城建集团有限公司洽谈“中国铁建 · 洋湖垸”项目签约入驻。该项目位于园区洋湖板块门户地段，项目位于含浦大道以东，洋湖大道两厢（靳江河以西），总用地面积 4.33 万平方米，总建筑面积 25 万平方米，总投资概算为 15 亿元，项目分为两期开发。一期由高档住宅、企业总部、精品商业街组成，用地面积 2.67 万平方米。2016 年建成投入使用。项目二期由甲级写字楼、公寓、商业组成，定位为推动城市发展的复合型城市综合体，用地面积 1.66 万平方米。2016 年年底竣工运营。与此同时，园区规划筹建的玉赤河景观走廊项目预计投资 25 亿元资金，园区与该公司洽谈承建（投资）意向。园区部门对接引进一批孵化（科技成果转化类）企业：湖南中品节能材料有限公司，驻白鹤小区 4 栋 9~10 号；湖南中沃防水涂料有限公司，驻白鹤小区 4 栋 11 号；长沙大万安防科技有限公司，驻白鹤小区 9 栋 5 门 13 号；长沙米特热能科技有限公司，驻联丰路 109 号华润橡树湾一期 6 栋 2203 号；长沙旭豪电子科技有限公司，驻联丰村科教新村 1 栋；长沙康驰环保科技有限公司，驻联丰路398号利海世纪绿洲花园商业综合体1幢311号；长沙天地宽网络科技有限公司，驻联丰路398号利海世纪绿洲花园商业综合体1幢324号；湖南华晟达机电设备科技有限公司，驻联丰路398号利海米兰春天商业综合体2幢515房；长沙湘道源生物科技有限公司，驻联丰路398号利海世纪绿洲花园高层8栋1604号；长沙辅臣衡器有限公司，驻联丰路398号利海世纪绿洲花园（利海米兰春天）商业综合体3栋1831号;湖南合盛源科技开发有限公司，驻联丰村村委会大楼四楼；长沙华明环保科技有限公司，驻学士村瓦屋组李桂成私宅；长沙尚玺医疗器械有限公司，驻联丰路398号利海世纪绿洲花园（利海米兰春天）商业综合体2栋1单元105房；长沙凯邦新材料科技有限公司，驻学士路5号；长沙晚安投资管理有限公司，驻车塘河路18号；众泰文化传播（湖南）有限公司，驻车塘河路18号；长沙福莱尔机电科技有限公司；湖南雅详工程技术有限公，驻学士路8号长沙含浦科教产业园开发建设有限公司综合服务楼3006房；湖南信重技术有限公司，驻学士路8号长沙含浦科教产业园开发建设有限公司综合服务楼4007房；湖南得尔瑞力电子科技有限公司，驻学士路99号江山帝景小区G7栋801房；长沙吉奥重工科技有限公司，驻学士路339号湖南继善高科技有限公司办公楼A栋办公楼6楼A6068房；湖南蓝海迷迭香生物科技有限公司，驻学士路339号湖南继善高科技有限公司办公楼。还有引进的科技中介服务类孵化企业（咨询、艺术教育有限公司，驻联丰村汀湘十里T岛16栋101号；湖南军之鸿）；企业管理策划、文化等服务类：湖南省轩通企业营销策划有限公司，驻联丰科教新村二期24栋第11~13缝202房；长沙市玉江农趣谷文化旅游发展有限公司，驻联丰村村委会大楼四楼；长沙市龙章教育咨询有限公司，驻联丰路398号利海世纪绿洲花园商业综合体3栋1427号房；长沙市汀湘咨询有限公司，驻联丰村109号华润橡树湾5栋1301房;长沙合生健康产业投资有限公司，驻学士村8号综合服务楼5007房；长沙科翔商务咨询有限公司，驻学士村麻石塘组喻勇杰私宅；长沙市君岭钢化玻璃有限公司，驻学士村咀上组164号；长沙荣韵商务服务有限公司，驻学士村九龙领仕汇小区39栋1704；长沙聚志教育咨询有限公司，驻车塘河路白鹤小区新二栋彭军私宅；长沙浥林商贸有限责任公司，驻联丰村裕园小区C区16栋1单元5楼；长沙博泰房地产经纪有限公司，驻联丰路398号利海世纪绿洲花园第高层7栋109房；湖南加斯加贸易有限公司，驻联丰路398号利海世纪绿洲花园小高层13栋801房；湖南军之鸿企业管理咨询有限公司，驻联丰村109号华润橡树湾5栋1301房;长沙完美时光贸易有限公司，驻联丰路398号利海世纪绿洲花园高层7幢1层110号；长沙市宇晟贸易有限公司，驻联丰路398号利海米兰春天商业综合体3幢339号房；长沙天下同源文化发展有限公司，驻学士村8号综合服务楼5008房；湖南中康广告传媒有限公司，驻白鹤小区4栋9~10号。共40个。

2015年1月22日，园区“联东U谷·长沙国际企业港”招商启动。引进湖南中煌科技有限公司，属节能环保行业，经营范围：安防产品生产研发销售，占地面积411.28平方米，投资500万元，年纳税20万元，年产值500万元。

2016年，园区对接园中园部门招商入驻项目19家。是年，先期投资10亿元建设5万平方米孵化器、3.33公顷加速器、10公顷研发总部和100公顷产业转化基地项目中的“科技研发总部”落成，引进科研实体单位。该项目称为：园区与中南大学（区校合作）共建中南大学科技园（研发）总部。征地5万平方米，总建筑面积8万平方米。入驻企业：湖南新云网科技有限公司，主要业务：公司转化的“透明计算理论”技术，成果来源：中国工程院院士张尧学，注册资本5200万元，预计年产值40000万元。长沙迪迈数码科技股份有限公司，主要业务：公司建立一整套集矿业管理软件、三维平台软件、矿业物联网于一体的数字矿山研发体系技术，能显著降低矿山企业的运营成本，成果来源：中国工程院院士古德生，注册资本1000万元，预计年产值1500万元。湖南红普创新科技发展有限公司，主要业务：公司专业从事信息技术研发、节能环保与资源综合利用技术研发、技术与管理咨询等服务，其优势为大数据管理与分析技术，大数据平台构建及优化方法，成果来源：中国工程院院士陈晓红，注册资本200万元，预计年产值500万元。湖南中大运达轨道交通科技有限责任公司，主要业务：公司依托中南大学先进技术力量，致力于轨道交通领域成果转化，以先进的电气设备研发及系统解决方案为核心技术，成果来源：中南大学交通运输工程学院博士成庶，注册资本1000万元，预计年产值5000元。高速铁路建造技术国家工程实验室，主要业务：实验室为国家发改委批复立项的第一批国家工程实验室，将在科技园（研发）总部建设产业孵化基地，建成以先进建筑材料形成技术研发、转让、孵化、生产销售的高科技产业链，成果来源：国家工程实验室主任余志武，注册资本4800万元，预计年产值1000万元。湖南中欧合源生物科技有限公司，主要业务：公司致力转化重点研发计划首席专家教授黄菊芳团队科技成果，将在科技园（研发）总部建设华中地区首家“生物银行”，支撑湖南省生物医药行业发展，成果来源：中南大学基础医学院教授黄菊芳，注册资本800万元，预计年产值1000万元。湖南省中南锂业有限公司，主要业务：公司致力于转化长江学者教授赵中伟团队发明的“盐湖提锂”技术，成果来源：中南大学冶金与环境学院教授赵中伟，注册资本 1000 万元，预计年产值 5000 万元。湖南瑞翼能源股份有限公司，主要业务：公司为新三板上市公司（股票代码:838186），其业务涵盖智慧能源综合服务平台、能源机电工程、节能改造、能源投资四大领域，成果来源：中南大学能源科学工程学院博士杨政，注册资本 1674 万元，预计年产值 5000 万元。湖南衡众药业有限公司，主要业务：公司专业从事化学药品原料药、药用辅料、药医中间体、化学药品制剂及其他卫生材料的研发、加工、生产与销售，成果来源：中南大学材料科学与工程学院博士张鹏华，注册资本 1000 万元，预计年产值 3500 万元。湖南纳昇印刷电子科技有限公司，主要业务：公司致力于印刷电子墨水材料、印刷电子装备、印刷电子工艺等开发、设计和制造，成果来源：中南大学物理与电子学院教授阳军亮，注册资本 1000 万元，预计年产值 600 万元。湖南卓达环保有限公司，主要业务：公司所开发的“废弃物资源化利用与水泥窑协同共处置”关键技术及工艺，成果来源：中南大学资源加工与生物工程学院教授贺治国，注册资本 2000 万元，预计年产值 1500 万元。湖南导览科技有限公司，主要业务：公司专注于全域智慧旅游终端建设，为全国的旅游目的地打造了一套基于移动互联网 + 旅游目的地的全域旅游智慧导览平台，成果来源：中南大学公共管理学院校友李永红，注册资本 5000 万元，预计年产值 1300 万元。湖南慧集网络科技有限责任公司，主要业务：公司主要从事招标的互联网信息与咨询，成果来源：中南大学商学院校友陈晨，注册资本 1000 万元，预计年产值 1000 万元。湖南中矿智

区校共建中南大学科技园启动（供图者：长沙岳麓科技产业园）

园信息科技有限责任公司，主要业务：公司致力于打造中国首家矿冶领域“互联网+”科技资源共享平台——矿冶院，成果来源：中南大学资源加工与生物工程学院校友胡业民，注册资本200万元，预计年产值1000万元。湖南艾森尼克环保科技有限公司，主要业务：公司专业从事环保技术研发与转化，成果来源：中南大学冶金与环境学院王大伟博士，注册成本500万元，预计年产值1000万元。湖南明瑞环保科技有限公司，主要业务：公司主要针对大气污染治理和第三方检测，成果来源：中南大学能源科学工程学院教授李立清，注册成本1000万元，预计年产值2500万元。

◆第三节　招商成果

2002年,园区通过3次节会招商,5次部门招商,全年接待客商120批次580人，引进湖南中医学院新校区项目，投资9.8亿元，征地76.67公顷；湖南工业职业技术学院项目，投资7.78亿元，征地68.73公顷；长沙南方职业学院项目，投资10.18亿元征地，57.31公顷；湖南继善高科技有限公司科技成果孵化器项目，投资3.6亿元，征地26.67公顷；长沙业翔科技发展有限公司项目投资5000万元，征地8公顷；长沙市自来水公司第二水厂30万吨/日搬迁项目，合同利用资金3亿元，征地28公顷；凯达（湖南）集团公司开发的麓山别墅环保住宅项目，投资4亿元，征地64.07公顷，协议用地30公顷；湖南创业电力高科技有限公司的华龙电气开发项目，合同利用资金6000万元，征地7.33公顷；湖南泽岱床具有限公司（湖南晚安家居实业有限公司）的床具生产线项目，投资5000万元，征地25.33公顷。深圳三九集团开发的长沙三九国际康复疗养中心，合同利用资金4亿元，项目征地39.67公顷，租用地83.33公顷。全年引进项目10个，征地面积441.78公顷，协议用地113.33公顷，合计占地555.11公顷。合同利用资金43.96亿元，到位资金6.97亿元。完成固定资产投入18.8亿元。

2003年，园区引进湖南恒盛集团开发的中药超微速溶片生产线与药业培植基地（春光药业），合同利用资金2.5亿元，项目征地57.53公顷，户外气体照明镇流器项目，投资金额5550万元，征地14.67公顷。长沙恒天房地产有限公司云顶翠峰、锑都家园项目，投资5亿元，征地11.1公顷。全年引进项目5个，合同投资金额80550万元，征地83.3公顷。完成省外到位境内资金7.19亿元。完成固定资产投入28. 89亿元。

2004年，园区引进长沙天和钻具机械有限公司，投资4280万元。长沙华信合金机电有限公司注册资金2600万元。湖南润成机械有限公司投资5000万元，征地0.47公顷。湖南楚盛园置业发展有限公司签订江山帝景开发项目投资14亿元，征地132公顷。全年引进项目4个，合同投资总额14.93亿元，总征地132.47公顷，到位资金12亿元，完成固定资产投入19亿元。

2005年，园区引进湖南汇通实业有限公司、长沙天野电子科技有限公司、长沙亿味静环保科技有限公司、湖南新王码环保科技有限公司，湖南华裕环保科技实业公司(3.8公顷)、湖南蓝盾安防工程公司(10公顷)、湖南稀土金属研究院(5.33公顷)等工业企业项目7个。房地产项目3个，湖南创普集团开发的星语林·汀香十里项目，投资9亿元，征地53.33公顷。湖南省工商联民营企业服务中心开发的麓山慧苑项目，投资1.24亿元，用地2.67公顷。长沙鼎力置业有限公司开发的麓山恋·迪亚溪谷项目，投资5.6亿元，征地22公顷。引资项目3个：湖南西城实业公司（2600万元）、马王堆机械化施工有限公司（2200万元）、长沙华景实业有限公司（1800万元），共引（投）资金额6600万元。10月21日，湖南医药中等专业学校（即食品药品职业学院）签约入驻，征地20公顷，投资8000万元；长沙南方职业学院（二期）征地14.73公顷。全年引进项目14个，合同利用资金16.64亿元，总征地面积131.86公顷。完成省外到位境内资金12.8亿元，完成固定资产投入19.5亿元。

2006年，园区引进工业企业项目5个：长沙世邦科教设备有限公司、湖南有成光电显示有限公司、湖南恒毅科技发展有限公司、湖南金海化工有限公司、湖南碧水园林环保工程有限公司。配套项目1个：望城县电力局。房地产项目有，深圳南山房产开发有限公司，长沙湘杏房地产开发有限公司含浦家苑项目，投资2.50亿元，征地7.8公顷；广州莱佛士物业服务有限公司开发的香格里麓山别墅项目，投资3.86亿元，征地25.57公顷，引资项目3个，湖南通程集团控股公司、湖南同仁置业股份有限公司、湖南景泰置业有限公司(共引进资金4300万元)。全年引进项目12个，合同投资金额6.36亿元，总征地33.37公顷。完成省外到位境内资金12.21亿元，完成固定资产投入16.7亿元。

2007年，园区引进长沙三和管桩有限公司、湖南斯德尔特泵有限公司、长沙环高电子设备有限公司（8.8公顷）、长沙福雪光电科技有限公司（12.67公顷），长沙牛翔广告科技有限公司（3.33公顷），长沙通达环境工程有限公司（4.53公顷）6个工业、科技企业。教育项目1个:湖南食品药品职业学院二期用地（13.13公顷）。引进湖南上城投资发展有限公司洋湖时代项目，投资4.7亿元，征地9.13公顷；广东广晟资产管理公司承建的江山帝景项目，投资8.5亿元，征地73.33

公顷；湖南有色置业发展有限公司（10.67 公顷）；广东利海集团开发米兰春天项目，投资 12 亿元，征地 51.87 公顷；湖南和佳投资置业有限公司（13.13 公顷）、华润置地（湖南）发展有限公司开发华润·橡树湾项目，投资 5 亿元，征地 15.8 公顷；湖南九龙房地产开发有限公司的九龙领仕汇项目，投资 3.33 亿元，征地 7.7 公顷；湖南景泰置业发展有限公司的靳江明珠项目，投资 5 亿元，征地 12 公顷；长沙含浦科教产业园开发建设有限公司承建的综合服务楼和裕丰园统建安置房项目，投入资金 5000 万元，共有房地产项目 9 个。全年引进项目 15 个，合同投资总金额 39.03 亿元，总征地面积 236.09 公顷。完成省外到位境内资金 14.64 亿元，到位美金 4346 万元。完成固定资产投入 17.5 亿元。

2008 年，园区成建制划归岳麓区管辖，通过长沙岳麓（北京）项目推介会大型招商活动，接待客商 70 余批次。引进长沙赛恩斯环保科技有限公司，投资 8000 万元，占地面积 4 公顷；长沙比扬医疗科技有限公司，投资 5000 万元，征地面积 0.667 公顷以及湖南网优科技发展有限公司、湖南松致文化传播有限公司、长沙天年文化产业有限公司等。10 月，引进湖南瑞盛房地产开发有限公司投资的云栖谷项目，投资 4.6 亿元，征地面积 13.33 公顷。全年引进项目 6 个，合同投资总额 5.9 亿元，征地 18 公顷，完成省外到位境内资金 15 亿元，完成固定资产投资 18.6 亿元。

2009 年，园区引进长沙捷西实业有限公司，投资 9000 万元，征地 4 公顷；湖南浦洋节能科技股份有限公司，投资 8000 万元，征地 3.33 公顷；湖南省宏尚土木工程检测有限公司，注册资本 3010 万元，投资 8000 万元，征地面积 2.33 公顷；湖南瑞鹭科技有限公司，注册资金 1168 万元；湖南致力工程科技有限公司，注册资金 3000 万元，投资 5000 万元，征地 0.67 公顷；湖南宏特试验检测有限公司，湖南蓝海迷迭香生物科技有限公司，湖南希杰斯建材科技有限公司，投资 5000 万元，征地 0.67 公顷。全年引进项目 8 个，合同利用资金 3.5 亿元，征地 11 公顷，完成省外到位境内资金 9.9 亿元，合同外资 1420 万美元，到位外资 1420 万美元。完成固定资产投入 16.8 亿元。

2010 年，岳麓区政府在浙江杭州凯悦大酒店举行（2010）招商说明会，引进湖南海普科技有限公司投资 8 亿元，征地 6.67 公顷，建设“四海通达数字园”。湖南中大建设工程检测技术有限公司，投资 1.2 亿元，一期征地 3.33 公顷。湖南爱威医疗科技有限公司，注册资金 1000 万元，投资 4.5 亿元，征地 4.47 公顷。6 月，湖南运通轨道交通设备有限公司入园，投资 1.5 亿元，征地 6.67 公顷。引进上海浦公检测技术有限公司、长沙赛维能源科技有限公司。湖南继善投资有限公司开发的枫华府第项目，投资 8 亿元，征地 22.13 公顷。中建信和地产有限公司投资的中建麓山和苑项目，一期投资 8 亿元，征地面积 17.32 公顷。全年引进项目 8 个，合同投资 31.2 亿元，总征地 60.59 公顷，到位资金 8.8 亿元。完成固定资产投入 19.8 亿元。

2011 年，引进湖南达嘉维康医药有限公司，注册资金 3.3 亿元，征地 5.67 公顷；湖南九城集团投资的云栖路汽车 4S 城项目，投资 5 亿元，征地 1.33 公顷。长沙市广瑞紧固件有限公司投资 1 亿元，征地 3.33 公顷；湖南楚天电气工业有限公司房地产项目有湖南萃程科技投资有限公司的萃程大厦项目，投资 1.4 亿元，征地 3.33 公顷。湖南天聿置业有限公司天聿·金领汇项目，投资 8000 万元，征地 2 公顷。长沙学士房地产开发有限公司开发麓山里佳园项目，投资 1.73 亿元，征地 2.42 公顷。湖南兰天投资有限公司，新增限额以上餐饮企业 1 家。全年引进项目 8 个，合同投资 13.23 亿元，总征地 18.08 公顷。完成省外到位境内资金 12.8 亿元，完成固定资产投入 19.5 亿元。

2012 年，园区组织专业队伍，赴天津、杭州等地参加招商推介活动；协办“文化岳麓 · 财富高地”文化产业投资说明会共 6 场次，接待客商 280 人次。引进北京联东 U 谷 · 长沙国际企业港（简称联东 U 谷）总投资 30 亿元，协议用地 68.53 公顷。引进中铝华德节能科技有限公司、湖南大麓科技有限公司、湖南太一电子科技有限公司、湖南医枢亚网络有限公司。9 月引进长沙恒威热能科技有限公司。10 月，引进湖南金鼎房地产开发有限公司开发的公园尚楼盘项目，投资 12 亿元，征地 11.51 公顷。分三期工程完成。10 月引进 1 所名校，湖南师大附中博才实验中学（学士校区），投资 2.8 亿元，征地 4.2 公顷，选址含浦大道中段 726 号。全年引进项目 8 个，合同利用资金 44.8 亿元，征地 15.71 公顷，协议用地 68.53 公顷，合计总占地 84.24 公顷。完成省外到位境内资金 12 亿元，完成固定资产投入 15.6 亿元。

2013 年，园区围绕“项目达效、产业集聚”方针，项目跟踪服务，精选 5 个优质项目参加“港洽周”招商活动。九城集团和三马名车总部入驻园区。园校合作全面启动，岳麓区与中南大学签订合作协议，共同拟定《关于高校科技成果孵化基地企业入驻扶持暂行办法（送审稿）》。是年 3 月，长沙市政府在上海招商节会上签约引进重大产业项目“上药九旺医药产业基地”，它是上海医药集团与湖南省九旺医药有限公司重组的合资公司，是上药集团在湖南唯一省级区域总部医药分销配送企业。该公司主营中药材、中成药、中药饮片、生化药品、生物制品等医药产品的批发配送，是湖南省医药行业龙头企业之一，项目落户园区，总占地面积 4.33 公顷，总建筑面积 8.88 万平方米，总投资 2.5 亿元，项目建成可实现年产值 80 亿元。是年 11 月 11 日，与岳麓区政府共同承办 2013 中国（长沙）科交会岳麓专场，园区为高校科技储备孵化场地 4000 平方米，引进孵化企业 19 家；与中南大学对接洽谈入园项目 41 个；搭建全新融资平台——智谷新城。2013 年共融入到位资金 14.8 亿元。

2014 年，园区出台全员大招商、全力招大商的政策措施、实行产业配套招商、以商招商、定向招商的新举措，注册入园孵化企业 41 家。新引进产业项目 9 个，其中，中铁城建集团、省人民医院、洋湖创富 3 个项目投资 10 亿元以上；上海斐讯、中加医药采销电子商务港、恒康医药等项目投资 5 亿元以上。是年 10 月，园区在深圳举行“中南学子圆梦岳麓”深圳投资恳谈会，与 10 余家在深企业达成合作意向。是年，在前引进的江山帝景华天大酒店、大众斯柯达汽车 4S 店项目投入运营。是年，引进的重大项目总投资约 50 亿元；融资到位资金 20 亿元。拆迁腾地 43.2 公顷，储备土地 86 公顷，出让土地 12 宗 51.67 公顷。

2015 年，招商引资提质增量。是年 1 月 22 日，“联东 U 谷 · 长沙国际企业投资说明会暨项目启动仪式”在联动 U 谷招商中心举行，全年引进 10 亿元以上重大项目 3 个，科技、服务类中小型企业 142 家，其中，检验检测企业 15 家。外资企业通标标准技术服务有限公司（SGS）长沙分公司于 2015 年入驻园区，落户学士路创新创业走廊综合服务楼，占地 1100 平方米，主要负责中南地区检验检测与认证综合技术服务。该项目为瑞士 SGS 集团是全球领先的检验、鉴定、测试和认证的综合型机构，是公认的质量和诚信的全球基准，服务能力覆盖农产、矿产、石化产品、工业品和消费品等。通标标准技术服务有限公司由隶属于原国家质量技术监督局的中国标准技术开发有限公司（CSTC）和瑞士 SGS 集团合资建立。通标标准技术服务有限公司（SGS）长沙分公司是通标标准技术服务有限公司设在湖南的总部企业。此外，清华大学博奥基因检测中心、苏州苏试等也签约入驻园区，专业生产汽车锂电子电池包的新能源企业文泰能源入驻并投资达效。成功引进英国天翔集团、赛奥维干细胞研究中心、长湘环保科技公司。组织科技成果孵化企业项目入住遴选，完成筛选入园企业 60 家。是年，中南大学周宏灏院士的湘雅医学检验项目、黄伯云院士团队的金属铝燃料电池项目、高分子材料项目、清华大学程京院士的博奥医学检验项目共 4 家院士项目落户园区。争取湘江新区拆迁专项扶持资金 2 亿元。区校合作经中央改革办推荐，获评“中国改革（2015）年度案例单位”（10 家）。中南大学科技园孵化器非接触性智能手术室项目，获“第四届中国创业大赛（湖南赛区）暨第二届湖南省创新创业大赛”一等奖。

是年春节，举行中南大学科技园孵化器入园挂牌仪式。

2016年，招商引资以转型创新的高科技现代园区和检验检测专业园区为目标引领中，新增入园企业367家，其中检验检测企业33家，大健康企业18家，互联网大数据相关企业144家，大创意企业27家。引进5亿元以上投资项目26个，包括投资60亿元的中汽（湖南）汽车服务产业基地、投资20亿元的智能网联无人驾驶测试区等10亿元以上的重大投资项目5个，北京德利迅达湖南大数据中心等5亿元以上投资项目3个。是年，实现园中园招商引资项目1个：华润医药湖南有限公司长沙分公司。华润医药湖南有限公司长沙分公司为央企华润旗下企业，公司落户园区联东U谷产业园，营业面积5500平方米，其中：办公面积1500平方米、仓库面积2500平方米。公司是长沙地区最大的药品配送服务公司，业务销售网络覆盖长沙市区、长沙县、望城、宁乡及长沙周边部分区域，拥有终端客户500家，2015年销量达3.15亿元。2016年全年融资到位资金31.67亿元，其中，银行融资17.7亿元、土地融资1.67亿元、置换一类债券12.3亿元，融资成本有效降低，融资渠道全面拓宽。是年，园区下属平台公司—长沙含浦科教产业园开发建设有限公司获AA信用评级，发行项目收益债券7亿元。

截至2016年，园区开发经营14年间，共引进项目585个，总征地面积1469.59公顷，形成合同固定资产投资325.77亿元，完成境外省内到位资金201.12亿元，完成固定资产投资278.95亿元。

（2002—2016年）招商成果一览表

表4-5-1

年份	项目名称	开发方	投资金额（亿元）	征地面积（公顷）	协议用地（公顷）
2002	湖南中医学院新校区项目		9.8	76.67	
2002	湖南工业职业技术学院项目		7.78	68.73	
2002	长沙南方职业学院项目		10.18	57.31	
2002	湖南继善高科技有限公司科技成果孵化器项目		3.6	26.67	
2002	长沙业翔科技发展有限公司项目		0.5	8	
2002	沙市自来水公司第二水厂30万吨/日搬迁项目		3	28	
2002	麓山别墅环保住宅项目	凯达（湖南）集团公司	4	64.07	30
2002	华龙电气开发项目	湖南创业电力高科技有限公司	0.6	7.33	
2002	床具生产线项目	湖南泽岱床具有限公司（湖南晚安家居实业有限公司）	0.5	25.33	
2002	长沙三九国际康复疗养中心	深圳三九集团	4	39.67	83.33
2003	中药超微速溶片生产线与药业培植基地（春光药业）	湖南恒盛集团	2.5	57.53	
2003	外气体照明镇流器项目		0.555	14.67	
2003	云顶翠峰、锑都家园项目	长沙恒天房地产有限公司	**5**	**11.1**	
2004	长沙天和钻具机械有限公司		0.428		
2004	长沙华信合金机电有限公司		0.26		
2004	湖南润成机械有限公司		0.5	0.47	
2004	江山帝景开发项目	湖南楚盛园置业发展有限公司	14	132	
2005	湖南汇通实业有限公司				
2005	长沙天野电子科技有限公司				
2005	长沙亿味静环保科技有限公司				
2005	湖南新王码环保科技有限公司				

续表4-5-1

年份	项目名称	开发方	投资金额（亿元）	征地面积（公顷）	协议用地（公顷）
2005	湖南华裕环保科技实业公司			3.8	
2005	湖南蓝盾安防工程公司			10	
2005	湖南稀土金属研究院			5.33	
2005	星语林·汀香十里项目	湖南创普集团	9	53.33	
2005	麓山慧苑项目	湖南省工商联民营企业服务中心	1.24	2.67	
2005	湖南西城实业公司		0.26		
2005	马王堆机械化施工有限公司		0.22		
2005	长沙华景实业有限公司		0.18		
2005	湖南医药中等专业学校		0.8	20	
2005	长沙南方职业学院（二期）			14.73	
2006	长沙世邦科教设备有限公司				
2006	湖南有成光电显示有限公司				
2006	湖南恒毅科技发展有限公司				
2006	湖南金海化工有限公司				
2006	湖南碧水园林环保工程有限公司				
2006	望城县电力局				
2006	深圳南山房产开发有限公司				
2006	含浦家苑项目	长沙湘杏房地产开发有限公司	2.50	7.8	
2006	香格里麓山别墅项目	广州莱佛士物业服务有限公司	3.86	25.57	
2006	湖南通程集团控股公司				
2006	湖南同仁置业股份有限公司				
2006	湖南景泰置业有限公司				
2007	长沙三和管桩有限公司				
2007	湖南斯德尔特泵有限公司				

续表4-5-1

年份	项目名称	开发方	投资金额（亿元）	征地面积（公顷）	协议用地（公顷）
2007	长沙环高电子设备有限公司			8.8	
2007	长沙福雪光电科技有限公司			12.67	
2007	长沙牛翔广告科技有限公司			3.33	
2007	长沙通达环境工程有限公司			4.53	
2007	南食品药品职业学院二期用地			13.13	
2007	洋湖时代项目	湖南上城投资发展有限公司	8.5	73.33	
2007	湖南有色置业发展有限公司			10.67	
2007	米兰春天项目	广东利海集团	12	51.87	
2007	湖南和佳投资置业有限公司			13.13	
2007	华润·橡树湾项目	华润置地（湖南）发展有限公司	5	15.8	
2007	九龙领仕汇项目	湖南九龙房地产开发有限公司	3.33	7.7	
2007	靳江明珠项目	湖南景泰置业发展有限公司	5	12	
2007	综合服务楼和裕丰园统建安置房项目	长沙含浦科教产业园开发建设有限公司	0.5		
2008	长沙赛恩斯环保科技有限公司		0.8	4	
2008	长沙比扬医疗科技有限公司		0.5	0.667	
2008	湖南网优科技发展有限公司				
2008	湖南松致文化传播有限公司				
2008	长沙天年文化产业有限公司				
2008	云栖谷项目	湖南瑞盛房地产开发有限公司	4.6	13.33	
2009	长沙捷西实业有限公司		0.9	4	
2009	湖南浦洋节能科技股份有限公司		0.8	3.3	
2009	湖南省宏尚土木工程检测有限公司		0.8	2.33	

续表4-5-1

年份	项目名称	开发方	投资金额（亿元）	征地面积（公顷）	协议用地（公顷）
2009	湖南瑞鹭科技有限公司				
2009	湖南致力工程科技有限公司		0.5	0.67	
2009	湖南宏特试验检测有限公司				
2009	湖南蓝海迷迭香生物科技有限公司		0.5	0.67	
2009	湖南希杰斯建材科技有限公司				
2010	湖南海普科技有限公司		8	6.67	
2010	湖南中大建设工程检测技术有限公司（一期）		1.2	3.33	
2010	湖南爱威医疗科技有限公司		4.5	4.47	
2010	湖南运通轨道交通设备有限公司		1.5	6.67	
2010	上海浦公检测技术有限公司				
2010	长沙赛维能源科技有限公司				
2010	湖南继善投资有限公司开发的枫华府第项目		8	22.13	
2010	中建麓山和苑项目（一期）	中建信和地产有限公司	8	17.32	
2011	湖南达嘉维康医药有限公司			5.67	
2011	云栖路汽车4S城项目	湖南九城集团	5	1.33	
2011	长沙市广瑞紧固件有限公司		1	3.33	
2011	萃程大厦项目	湖南萃程科技投资有限公司	1.4	3.33	
2011	天聿·金领汇项目	湖南天聿置业有限公司	0.8	2	
2011	麓山里佳园项目	长沙学士房地产开发有限公司	1.73	2.42	
2011	湖南兰天投资有限公司				
2012	北京联东U谷·长沙国际企业港		30		68.53
2012	中铝华德节能科技有限公司				

续表4-5-1

年份	项目名称	开发方	投资金额（亿元）	征地面积（公顷）	协议用地（公顷）
2012	湖南大麓科技有限公司				
2012	湖南太一电子科技有限公司				
2012	湖南医枢亚网络有限公司				
2012	长沙恒威热能科技有限公司				
2012	公园尚楼盘项目	湖南金鼎房地产开发有限公司	12	11.51	
2012	湖南师大附中博才实验中学（学士校区）		2.8	4.2	
2013	九城集团				
2013	三马名车总部				
2013	上药九旺医药产业基地	上海医药集团	2.5		
		湖南省九旺医药有限公司			
2014	中铁城建集团				
2014	湖南省人民医院				
2014	洋湖创富				
2014	上海斐讯				
2014	中加医药采销电子商务港				
2014	恒康医药				
2014	江山帝景华天大酒店				
2014	大众斯柯达汽车4S店项目				
2015	通标标准技术服务有限公司长沙分公司	中国标准技术开发有限公司（CSTC）			
		瑞士SGS集团			
2015	清华大学博奥基因检测中心				
2015	苏州苏试				
2015	文泰能源				

续表4-5-1

年份	项目名称	开发方	投资金额（亿元）	征地面积（公顷）	协议用地（公顷）
2015	英国天翔集团				
2015	赛奥维干细胞研究中心				
2015	长湘环保科技公司				
2015	湘雅医学检验项目				
2015	金属铝燃料电池项目				
2015	高分子材料项目				
2015	博奥医学检验项目				
2015	中南大学科技园孵化器非接触性智能手术室项目				
2016	中汽（湖南）汽车服务产业基地		60		
2016	智能网联无人驾驶测试区		20		
2016	北京德利迅达湖南大数据中心				
2016	华润医药湖南有限公司长沙分公司				

第五篇

产业经济

INDUSTRY ECONOMY

第一章 产业规划

◆第一节 发展目标

2002年4月，望城县人民政府批准成立长沙含浦科教产业园。产业园经湖南省人民政府2002年10月省长专题会议确认为一个以教育为主、其他高科技产业为辅的综合性开发园区。长沙含浦科教产业园建园初期，正值“十五”期间，园区着手编制含浦组团规划，在坪塘、含浦两镇规划范围内9.7平方千米的土地上，开发建设带动科技、教育产业经济发展，提出“融城强县、科教兴园”的方针目标。

2004年，长沙含浦科教产业园完成工业总产值7.55亿元，同比增长16%；完成工业增加值4.84亿元，同比增长17%；完成规模工业产值2.01亿元，同比增长16.5%；完成财税收入1840万元。在此期间，园区把工作重点放在土地征迁、基础设施建设上，园区以经济技术产业为主体的性质没有显示出来，产业规划发展目标相对滞后。

2005年，长沙含浦科教产业园编制“十一五”（2006—2010年）发展规划和目标，规划用地范围从9.7平方千米增至20平方千米，均用于基础设施建设。2010年，园区实现国内生产总值50亿元，年均增长32.45%，初步形成高科技孵化产业、文化创意产业、大专院校区校合作项目及生态旅居房地产业。四大主导产业产值、税收、从业人员均占全区70%以上。

2008年6月，根据长沙市委、市政府“建设大河西，打造先导区”的战略部署，长沙含浦科教产业园划归岳麓区管辖。2009年3月，长沙含浦科教产业园更名为长沙岳麓科技产业园。岳麓区委区政府以长株潭城市群“两型社会”建设为契机，结合长沙大河西先导区“四区三带”布局和岳麓区产业发展规划，对园区产业发展和空间布局进行优化调整，旨在以现有产业为基础，将园区建设成以岳麓区高科技为核心的产业园区，依托当地高校、科研院所和人才资源优势，主动承接产业转移、重点发展都市产业，将园区建设成国家级科技成果转化基地、新型都市工业基地和生态宜居的新城区。2010 年园区产业发展目标实现工业总产值 80 亿元，为岳麓区产业后发赶超打下坚实基础。

2011—2015 年“十二五”规划期间，园区发展目标立足于长株潭城市群“两型社会”的建设背景，立足于高新区、先导区和岳麓区的发展背景，充分依托岳麓山大学城，通过十年左右不懈努力，将自身建设成以高新技术孵化、先进加工制造、文化创意产学研一体化、生态宜居设计为支柱产业的创新型、智密型、生态型科技示范园区。

园区综合经济实力提升，基本形成现代产业体系。2011—2015 年，园区地区生产总值年均递增 28%，到 2015 年，园区地区生产总值突破 100 亿元。规划期内，通过产业结构升级、空间布局优化和园区整体提升，构建以高新技术产业为引领、先进制造业为主导、战略性新兴产业为引擎、现代服务业加速发展的产业体系，基本建成具有国际品质的高端化、生态型的创新园区。高新技术产业快速发展，重点培育高新技术产业，推进产业资源向高新技术产业适度集中。2011—2015 年，高新技术产业产值年均增长 35%，高新技术产业增加值占地区生产总值的比重达到 30%，基本形成电子信息、医药工程、新材料等高新技术产业集群。

2011—2015 年，拥有强大的研发实力。园区汇聚一大批高素质的科技型企业家、高层次技术人才和应用型人才，园区拥有 2 万名专业技术人员，R&D 经费支出占地区生产总值的 5%，园区综合经济实力和研发组创新能力显著增强。

2011—2015 年，拥有较为完善的创新服务体系。加大科技企业孵化器建设力度，规划期内吸引 65 个以上的科技孵化企业入驻，与高校、科研院所共建工程中心和实验室，共建创新研发公共平台。注重引进信息咨询机构和金融服务机构，共同打造现代化的创新服务体系，实现产学研服一体化，推进科技成果就地转化。

2011—2015 年，优化园区生态环境，打造宜居新城。人均绿地达到 10 平方米，形成以生态绿带、滨河绿带、城市绿地和防护绿带为主的绿地系统，并与靳江河、赤江、玉华水库、古占莲塘水库共同形成生态涵养功能网络，将园区打造成生态宜居新城。

◆第二节　产业方向

2002—2005 年“十五”规划期间，园区通过 4 年艰辛创业，引进招商项目 55 个，其中高科技及孵化项目 18 个，工业项目 21 个，高校教育项目 4 个，房地产项目

12 个。总用地 733.33 公顷，累计投入基建资金 8 亿元，完成一期 9.7 平方千米范围内的水、电、路、气、通信、排水基础设施和配套建设，区内“三纵”（含浦大道、象嘴路、车塘河路）“三横”（学士路、联丰路、香格里大道）主干路网全面建成，自来水、电力、通信、学校、医院配套设施俱全。园区产业方向定位是，将园区建设成国家级科技成果转化基地、新型都市工业基地和生态宜居新城区。

2006—2010 年“十一五”规划期间，园区结合区域实际充分利用自身优势，探索产业发展方向。园区主要优势有五点：（一）具备科教人才优势：长沙岳麓科技产业园隶属岳麓区，区内有中南大学、湖南大学、湖南师范大学等 20 多所高校，有科研机构 100 多所，其中省部级及独立科研院所 28 所，国家级重点实验室和国家级工程技术研究中心 20 个，专业科技人员 12 万人，约占长沙市科技人员总数的 1 / 2。本区现有两院院士 27 人，国家突出贡献专家 30 余人；在读大学生 10 余万人，在读博士生、硕士生 1 万多人，博士后流动站 30 多个，博士点 80 多个，并形成院士创业群、教授创业群、归国留学生创业群等创新群体。园区拥有湖南中医药大学、湖南工业职业技术学院、南方职业技术学院等 4 所高等院校，也为园区产业发展奠定了扎实基础。（二）区位交通优势：园区北靠岳麓山风景名胜区，东接坪塘镇，西靠莲花镇和雷锋镇，地处长株潭城市群的核心地带。园区有长沙市三环线、长潭西线、长韶娄高速经过，学士大道、莲坪路、含浦大道等干道全面建成。地理位置重要，区位优势突出。（三）政策优势：先行先试的政策优势。园区先后出台一系列优惠政策和办法，如园区内高新技术企业从被认定之日起，减按 15%的税率征收企业所得税；出口产品产值达到当年总产值的 70%以上的，减按 10%的税率征收企业所得税；新办的非外商及非台、港澳、侨投资的高新技术企业，从投产年度起两年内免征企业所得税；园区内生产性外商及台、港、澳、侨投资的高新技术企业，经营期在十年以上的，从获利年度起，第一年和第二年免征企业所得税，第三年至第五年减半征收企业所得税，减半期满后，如经考核仍为高新技术企业，可再延长三年减半期，以后按 15%的税率征收企业所得税。（四）生态优势：园区森林覆盖率达 52%，是长沙市的“绿肺”和国家级生态示范区。全年大气质量优良率达 70%，优于国家二级标准；水域面积 9 平方千米，大部分达到国家二类标准。这些都为园区发展营造了良好的生态基础。（五）综合成本优势：与相关城市比较，长沙拥有较为低廉的综合生产成本，其基本电价、工业用水价格、标准厂房建设成本、人力成本等均比较低，为园区发展提供了良好的投资条件。岳麓科技产业园地处长沙市郊，土地、劳动力等方面的优势更加突出。

基于园区优势条件和实际状况，根据国家、湖南省战略性新兴产业发展规划，立足现有优势，长沙市拟重点培育新材料、生物医药、工程机械、汽车及零部件、电子信息五大产业集群，形成规模大、实力强、产业链完整、企业互补性强、具有核心竞争力的优势产业集群。

园区产业发展方向紧扣园区发展实际，充分利用优势扬长避短。按照创新驱动、重点突破、市场主导、引领发展的原则，做大优势，做强特色，提升水平，选择工程机械和汽车零部件、生物医药、电子信息、文化创意、节能环保作为园区重点发展产业，以战略性新兴产业重大项目为载体，建设科技园区、创新园区、绿色园区、低碳园区。建设成以高新技术孵化、先进加工制造、文化创意设计为支柱产业的创新型、智密型、生态型科技示范园区。

2011—2015 年“十二五”规划期间，园区形成“岳麓智谷、活力新城”这一总体定位，坚持以智兴城、以文塑城、生态兴城、产城共建，推动经济、社会、文化、生态可持续一体化发展，实现区城布局合理、产业优势突出、基础设施完善、管理服务优良、辐射带动有力、生态环境优美的发展目标。把园区建设成为全省领先、中部率先的总部商务基地、科技研发中心、文化创意高地、两型宜业新城。

总部商务基地 充分发挥现有产业集群优势，加快产业集成、集聚，延伸产业链条，提升产业核心竞争力；大力发展现代服务业，建设超五星级酒店、大型城市综合体、商业综合体和 AAAAA 写字楼等高档次商务、休闲设施，吸纳国内外知名企业入驻总部，加快建设全省一流的总部经济聚集区，将园区建设成为第二、第三产业协调发展、具有综合功能的总部商务基地和“两型”产业新区。

科技研发中心 充分发挥临靠大学城的区位优势，利用雄厚的科教资源，探索建立科技资源和创新成果的市场转化机制，着力建设数家在全国较有影响的省级以上工程技术中心和实验室，着力培养和聚集一批优秀创业人才，研发和转化一批国内外领先的科技成果，培育和发展一批具有全球影响力的创新创业型企业，建设和提升一批研发平台和科技创新项目，将科技园建设成为人才集聚、科技集中、功能集成的科技研发中心和科技创新城。

文化创意高地 以湖湘文化为底蕴，以省奥林匹克中心为依托，融合开阔的现代文化，加快推进科技园内具有文化互动体验、文化创意、动漫影视、数字媒体、游戏开发等多功能配套的产业发展，积极承接全国各地的文化创意产业的服务外包，打造从漫画创作、动画设计、衍生产品设计制作到游戏开发、旅游等为一体的完整产业链，使园区成为市民感受湖湘文化气息、领略国际文化名城风采、体验高端文化创意的前沿阵地。

两型宜业新城 充分保护和利用园区得天独厚的自然生态环境，坚持生态、低碳、“两型”的园区发展方向，积极推进生态工程建设，打造城市生态系统。在保护提升生态的同时，大力实施“产城一体”战略，合理布局和优化城市功能，形成满足市民生活需求的城市生活配套，打造“天蓝、地绿、水清、气净”的生态城区，使园区成为生态良好、环境优美、生活舒适、宜居宜业、市民具有较强幸福感的首善之地。

2016—2020年“十三五”规划期间，园区按照集中区战略目标、产业定位和创新体系建设的现实需求和发展方向，打造“一核、两廊、三区”的空间布局，促进产业集约发展，形成布局合理、配套完善、发展协调的规划布局。

“一核”：依托湖南省检验检测特色产业园，全链条布局检验检测企业和公共服务平台，打造检验检测高技术服务业集聚区。

“两廊”：以岳麓智谷孵化器和智客空间为主体，建设学士路创新创业走廊，打造创客群体的“梦想小镇”；以玉赤河生态治理与景观改造为主线，建设生态景观长廊，注入生态活力。

“三区”：产业承载区，承载检验检测认证、创新创意服务等高技术服务业和大数据、人工智能等新一代信息技术企业；科技成果转化区，以产业承载空间为载体，打造科技成果转化和科技型企业培育功能区；生活配套区，建设科技人才社区，承载商业与居住等功能。

园区“十三五”规划时期的产业发展战略思路和产业方向，集中体现为构建“一城三区、四大产业、多园一体”的发展格局。也就是立足于中国汽车零部件工业公司与岳麓区政府共建中汽（湖南）汽车服务产业基地项目，打造以汽车及零部件产业为主题元素、多业态融合的中国汽车小镇（中汽车谷）；以国家级检验检测高技术服务集聚区（湖南省检验检测特色产业园）、湘江新区智能驾驶测试区和泛岳麓山创新创意集聚区三大产业平台为主体，重点布局发展大检测、大健康、大数据、大创意四大产业；以区校合作作为园区发展的核心战略支撑，分别与中南大学、湖南大学、湖南中医药大学、湖南商学院、湖南师范大学等院校与科研院所合作共建科技园与创新创业园，继续推进联东U谷、学士路创新创业走廊等创业基地建设，打造国内领先的“区校合作创新经济体”，构建长沙大西南核心增长极。

在此基础上，进一步深化与岳麓山大学科技园、洋湖总部经济基地、岳麓山橘子洲景区融合发展，推动产业融合、产城融合、城乡融合“三融共进”，实现园区、校区、景区、社区“四区联动”，着力新城国际化、产业高端化、城乡一体化、治理现代化、民生普惠化“五化同步”，构建大岳麓高新区，实现跨越式大发展。

◆第三节 重点发展产业

2011—2015 年“十二五”规划期间，为实现长沙岳麓科技产业园工业总产值 100 亿元的目标，园区管委会依据区内各产业优势系数，将指标分解到各产业。

高新技术产业 集高新技术研发—中试试验—成果产业化于一体的高新技术孵化中心与成果转化基地。项目用地规模 200 公顷，其中研发中心、孵化中心、创业服务中心规划占地面积 133.3 公顷，其余 66.7 公顷土地用作生产基地。到 2015 年实现年产值 20 亿元。建设高标准的硬件设施，有序配建孵化基地、办公用房、实验室、测试中心、信息处理、居住休闲、会展培训等功能性设施和道路、水电、排污、排水、天然气、通信等基础配套设施。同时，充分整合和利用好区域内高校既有的科研孵化场地资源，逐步完善上游（高新技术研发）、中游（高新技术孵化）、下游（孵化加速器）三位一体的孵化体系，增强高新技术孵化和产业化基地对高素质人才和创新创业人才的吸引力。

汽车用品及零部件产业 园区有大昌行集团、湖南蓝天集团两家从事汽车销售的企业，而汽车零部件生产则处于起步阶段。结合园区实际，以招商引资为主要途径，以政府扶持和资金支持为支撑，发展汽车用品和零部件生产，提高汽车服务水平，将其作为园区的主导产业。到 2015 年，新引入汽车用品生产企业和汽车服务企业 5 家以上，科技孵化企业 2 家以上，其中产值过亿元的企业 1 家以上，实现产值 7.8 亿元。汽车用品生产重点发展汽车高端电子电器用品、汽车饰品、汽车养护美容用品三大类。建立汽车电子电器研发中心，侧重生产车载的 DVD、蓝牙、GPS、冰箱、空调、音响、喇叭、逆变器、氧吧、加湿器、阅读灯、氙气灯等产品；积极培育汽车饰品生产企业，生产防盗锁、安全气囊、安全带、扶手箱、晴雨挡、天线、灯眉和尾灯框等；在汽车美容养护用品上，主要生产车罩、汽车真皮护理、抛光蜡、修复蜡、仪表蜡、空气净化剂等，推进产品系列化、批量化和规模化。汽车服务以已有的汽车服务园为基础，积极做好汽车的 4S 服务，包括汽车销售、零部件配置、维修和保养、售后信息反馈等。重点发展汽车维修和保养服务，培训专业汽车维修人员，拓展汽车保养项目。建立汽车销售、维修、保险咨询服务机构，开展培训、租赁、信贷、汽车文化娱乐等多种综合服务。加快汽车用品行业配套建设。汽车用品产业链包括四大环节，即产品技术研发、上游原材料、汽车用品生产与组装、零部件销售与售后增值服务。其中，产品技术研发和高端配套零部件生产是核心，上游原材料是基础，售后服务是巩固。此外，还应加强废旧汽车回收、零部件再制造，完善汽车用品产业链。

工程机械零部件产业 园区有湖南继善高科技、长沙天和钻具、长沙学士机械、湖南恒利公路桥梁等企业从事工程机械的研发生产；有长沙格林机械、长沙嘉程机械等企业正在孵化；与中联重科的合作项目正在洽谈。立足于园区现有基础，以三一重工、中联重科、山河智能等优势企业为合作对象，以中南大学、湖南大学等高校为技术支撑，加快工程机械核心零部件的研发生产，建立工程机械零部件配套产业基地。到 2015 年，新引入工程机械生产企业 5 家以上，孵化企业 4 家以上，其中产值过亿元的企业 2 家以上，实现产值 8.2 亿元。依托中南大学和三一重工、中联重科、山河智能等骨干企业，加强工程机械零部件研发配套功能，在高端液压元器件、大马力发动机、变速箱、重型车桥等关键领域争取有大的突破。构建工程机械高端零部件研发制造产业链，推进研发、制造、服务一体化。

电子信息产业 园区电子信息企业有湖南运通轨道交通、湖南海普科技、湖南楚天电气、湖南浦洋节能科技等；有长沙天野电子科技、湖南英捷高科技、湖南极致网络、湖南四海通达科技、湖南一派数控设备等公司。以推进信息化与工业化融合为主线，引进、培育、壮大电子信息产业，带动物联网、移动电子商务、信息数字服务业的发展。到 2015 年，新引入国内外知名企业 3~5 家，孵化企业和科研机构 3 家以上，实现产值 6 亿元。

医药产业 园区有达嘉维康医药、爱威科技实业等医药企业，众力合康医疗电子、比扬医疗器械、湖南网优科技、湖南迈迪科技材料等企业正在孵化发展。园区拥有湖南中医药大学等高校，具有显著的医药产业发展科技优势。依托湖南中医药大学以及岳麓区大学城的科研力量，引进、培育一批骨干企业，以产品研发创新为牵引力，培育重点产品，推进产学研结合，打造医药研发创新中心和产业孵化中心。到 2015 年，新引入国内外知名医药企业 3~5 家，孵化企业和科研机构 3 家以上，实现产值 6.5 亿元。

新材料产业 园区有湖南瑞露建材，主要生产高科技建材。华庭建筑建材为入园孵化企业。依托中南大学和长沙矿冶研究院，侧重发展关键性、基础性、资源优势性新材料，加强材料、工艺、装备的技术集成。到 2015 年，新引进国内外知名企业 3~5 家，孵化企业和科研机构 3 家以上，实现产值 4 亿元。

新能源产业 重点发展太阳能和智能电网两大行业。重点研发太阳能硅片和薄膜太阳能电池，开发太阳能 LED 供电照明系统、太阳能热水器，形成太阳能照明和发电的产业链。以碟式太阳能热发电机为重点，太阳能光电相关材料为支撑，发展太阳能光电产业链。鼓励房地产业积极实施太阳能建筑一体化工程，促进太阳能产业与建筑业的深度融合。在智能电网领域，积极引进智能电表及智能用电终端技术，建设大容量储能电站，在完善新能源并网发电系统的基础上，重点发展智能电网设备及并网服务业。

节能环保产业 以高效节能技术、装备、产品、服务为重点，积极发展节能环保产业。在节能领域，研发高效锅炉技术和节能监测技术，生产高能效节能电器、照明产品、耗能检测仪器。推动节能诊断、设计、融资、改造、运行等“一条龙”节能服务，开展节能产品认证、项目节能评估、企业能源审核等服务。在环保领域，重点研发重金属污染防治、污废水回用技术，开发环保材料、环保药剂和绿色产品，开展环境技术评价、环保工程咨询、环境管理体系认证等服务，开展园区资源循环再生利用的信息、技术、中介服务。

生态型房地产产业 园区有长沙恒天、湖南开幕凯达、湖南鼎力置业等十多所大型房地产企业入驻，房地产业发展势头良好。依托园区独特的自然生态、人文底蕴和交通区位等优势条件，积极发展生态型高端房地产，形成以高层和小高层建筑为主、多种建筑形式相融合的发展格局。生态性高端房地产的开发建设，注重自然环境、楼盘品质、配套服务、特色风格等因素。房地产项目定位为，集生态高端商品住房、普通商品住房、经济适用住房、廉租住房以及标化住房于一体的生态宜居区，项目用地规模面积 400 公顷。到 2015 年产值达 15 亿元。修建一系列地标性的绿色建筑小区，对房地产开展智能化、建筑节能、新能源利用、有机垃圾生化处理等方面的建设，营造低排放、无污染的绿色生活模式。房地产生态环境建设，从景观、绿化、绿色住宅、水文、空气、日照、通风、噪声、无污染、气候、能源、垃圾等方面开展。突出园区生态特色和自然特性。

文化创意和文化园区产业 园区有 3 家文化创意企业，即湖南海普科技、湖南锄禾标识设计、湖南讯同文化传播。总体来看，文化创意产业处于起步阶段。依托长沙文化创意产业优势，积极引进大企业，扶持中小企业，培养骨干企业，构建具有地方特色的文化创意产业模式，推进园区文化创意产业化进程。到 2015 年，新引入创意文化产业企业 5 家，实现产值 2.4 亿元。园区拟从功能分区、硬环境建设和服务平台建设三个方面，加强岳麓科技产业园文化园的建设。一是功能分区，文化园可分为创意设计、软件信息、传媒出版三大产业发展区，以及综合服务区和生活服务区。二是硬环境建设，完善园区的交通、通信、绿化等配套设施建设。三是服务平台，建设投融资服务、技术服务、中小企业服务等公共平台，优化文化产业发展环境和孵化环境。

服务外包产业 将服务外包作为园区重点行业进行培育，引进并扶持相关企业，重点培育骨干企业，推动园区服务外包产业链和产业集群的发展。到2015年，新引进服务外包企业4家，孵化企业和科研机构3家以上，实现产值1.7亿元。

交通物流产业 建设集运输、仓储、包装、加工、装卸、配送、集散、物流信息服务为一体的现代化综合物流基地。项目用地66.67公顷，其中6个物流配送中心的用地可依据业务量而定，但要控制在1.33~3.33公顷之间。主要围绕运输、仓储、包装、加工、装卸、配送、集散、物流信息服务等物流业态来进行开发与建设，规划建设6个物流配送中心。到2015年，实现年产值5亿元。

商贸流通产业 项目定位为集专业批发市场、新型卖场、高档酒店、餐饮休闲、商住型地产于一体的现代商贸城。项目用地规模133.33公顷，专业批发市场区、新型卖场各33.33公顷，高档酒店及餐饮休闲区与商住型地产区共同占地33.33公顷。建设内容为商品批发、商品零售、高档酒店、餐饮休闲、商住型地产。发展导向是专业批发市场区主要经营优质农产品、中药药材、机电及零部件、环保建材、家居用品五类产品，各类产品宜集群布置，其中要将中药药材、环保建材打造成为市场的品牌产品。新型卖场区主要发展现代商业形态，如购物中心、高档百货、精品专卖店、便利店、综合超市、连锁超市、仓储式商场等。高档酒店及餐饮休闲区主要发展商务酒店、主题酒店、产权式酒店、快餐店、智能型自助饭店、酒吧、KTV、商务会所等。商住型地产区主要发展商住两用型公寓、酒店式公寓、白领公寓、单身精装小户型公寓等高端地产业态。到2015年，实现年产值10亿元。

国际化项目产业 项目定位是集总部基地、国际会展中心、国际化小区、国际化商服区于一体的国际化城市综合体。用地133.33公顷，其中，国际会展中心用地66.67公顷，国际化小区用地33.33公顷，总部基地与国际化商服区共占地500公顷。主要围绕总部基地、国际会展中心、国际化小区、国际化商服区等高端要素来进行开发与建设。2015年实现产值8亿元以上。

2016—2020年“十三五”规划期间重点产业：

一、大检测产业

2016—2020年发展思路和目标是立足资源与政策优势，以打造国家级检验检测示范园区为目标，实施“改革创新撬动、组织优化推动、市场需求拉动、技术创新驱动、发展环境支撑”五大战略，强力推进载体建设，培育龙头骨干企业，建立良好的服务体系，在工程建设、生命科学、环境保护、汽车产品、食品药品等的检验检测认证领域形成产业集聚效应，构建政府强制公益性检测、商业自愿性检测、进出口认证检测等多层次的检测认证服务市场，构筑行业领导力、市场公信力和区域品牌力，打造集聚化的中部地区国际检测认证服务中心。

引进和培育一批创新能力强、技术水平高、运作模式好、影响辐射广的检验检测和检测装备龙头企业，通过检验检测认证企业的集聚，带动全省全市及周边上下游产业发展，逐渐发展成为在中部地区领先、在全国具有影响力的检验检测产业园区。

目标是到2020年，引进检验检测和检测装备企业200家以上，实现产值200亿元以上；申建国家检验检测高技术服务业园区（长沙）、湖南检测装备智造园；建成省级检验检测中心或工程技术中心5个以上，省级重点实验室10个以上，国家级检测中心或重点实验室3~5个。整合与检验检测相关联的上下游产业，加快形成完整的产业链条，将园区打造成为国家级检验检测专业示范区、“中国中部检测之都”。

1. 2016—2020年大检测产业

（1）工程检测

培育壮大中大检测、宏尚检测、继善高科、理大检测、政安检测等企业，引进和培育一批第三方工程检验检测认证机构，重点发展建设工程质量检测、工程与资源勘探服务。

——建设工程质量检验检测服务。发挥现有建设工程质量检验检测服务业基础作用，发展结构工程、地基工程、混凝土制品及工程材料、幕墙门窗、建筑采光照明、建筑抗震动力性能、建筑防火性能、建筑装修防水、室内空气质量、空调净化、建筑扣件、建筑节能和声学环境等方面的检验检测服务，满足城市建设和建筑业发展需要。

——工程、资源勘探服务。依托中大检测、宏尚检测在工程领域的雄厚技术实力和继善高科独具特色的野外数据采集、数据处理、资料解释、软件开发于一体的技术特色，发展各类资源与工程勘察，并积极推动企业开拓国际市场。

（2）生命科学与健康检验检测

积极把握人口老龄化和二胎政策所引发的社会需求，在当前严峻的食品安全问题、环境污染对人们健康的巨大威胁形势下，人们对生命健康的需求不断扩大，要积极引进和培育发展生命健康检验检测与认证服务产业，重点发展基因检测、食品饮料、农副产品等检验检测服务。

——基因检验检测服务。依托博奥医学检验、美国赛威生物湖南干细胞研发中心、爱威科技等企业，大力发展第三方医学检验检测服务，强化与知名医院、健康体检中心和保险公司的交流合作，推动政府公益检测，引导莱茵检测等国外企业在园区设立机构，争取疾病预防控制中心进驻。

——食品饮料产品检验检测服务。依托湖南省食品饮料龙头企业，开展农药残留、理化、微生物、兽药残留等检验检测服务，争取上海禾邦认证有限公司及各级食品质量监督检验中心等国家机构落户，重点发展饮料、焙烤食品、保健品和调味品等产品的检验检测服务。

——农副产品检验检测服务。把握周边区域优化农业产业结构、发展都市型现代农业、做大做强农业龙头企业的契机，大力开展产品质量检测、重金属检测、土壤环境、农药残留、微生物、兽药残留等检验检测服务，建立现代农业检验检测预警防控中心。

（3）环境检测

积极把握国家大力推进生态文明建设和长株潭城市群两型社会建设战略，大力发展环境质量检验检测认证服务、新能源与节能环保产品检验检测服务，助推赛恩斯环保等企业上市。

——环境质量检验检测服务。面向政府、学校、医疗机构、企事业单位及住宅，大力开展包括城市居民居住环境及室内装修污染检测、节能检测、环评、大气监测、水污染监测、生活噪声及电磁辐射检测等环境质量检验检测服务。

——新能源与节能环保产品检验检测服务。立足长株潭地区新能源与节能环保产业基础，加快引进和培育一批专业的第三方检测服务机构，重点开展太阳能光伏发电、生物质能、地源热泵、天然气分布式发电、高效节能和环保技术装备及产品、餐厨废弃物资源化处理、高效节能电机及拖动系统、工业变频设备、余热余压利用设备等产品的检验检测服务。

（4）工业消费品检验检测服务

充分发挥英国天祥集团（Intertek）、湖南凡尔纳汽车服务有限公司、特传重工等企业的技术实力，加强与长沙市、湖南省相关消费品检验检测认证机构的合作，引进和培育一批第三方检验检测认证机构，重点发展汽车及零部件、电器机械等耐用消费品的检验检测服务。

——汽车及零部件产品检验检测服务。立足长沙市汽车及零部件产业基础，建设汽车常规检查、整车及发动机、制动部件、液压部件等零部件专业试验室，开展发动机、车用滤清器、汽车 ABS、制动软管、汽车转向器、车用密封件、车用油液、工业用油等汽车及零部件产品的检验检测服务。

——重大装备（特种装备）产品检验检测服务。以特种装备产品检验检测为突破，面向长株潭地区轨道交通装备、航天航空装备、智能制造装备等产业开展重大装备产品检验检测服务。开展节能传热及隔热产品、非金属管道产品、起重机械安全与节能、特种设备定期检验、监督检验、型式试验、无损检测等检验检测服务。

2. 2016—2020 年大检测重点举措

（1）强化政策扶持

土地方面，强化用地保障，对检验检测认证产业园区内符合国家产业政策和园区定位要求的建设项目，优先列入省服务业重大项目计划，优先安排用地计划指标。

税收方面，用足用好各项税收政策，改革和完善检验检测认证服务业的税种设置，推行与制造业基本相当甚至更轻的税负政策，同时对园区内鼓励发展的检验检测认证企业在房产税、土地使用税、水利建设基金、教育附加等地方税方面给予优惠。

财政方面，积极争取上级部门的资金支持，通过对接协调国家发改委专项资金申报，获取国家层面资金支持，同时增加本级财政科技投入，优化资金投向，将检验检测服务业纳入相关产业政策的扶持范畴，加快设立检验检测认证产业发展基金及专项发展资金，重点支持检验检测认证园区建设、创新平台建设、招商引资、技术创新、科技成果转化和人才引进等。发挥财政资金的杠杆作用，对发展潜力大、科技含量高的企业加大扶持力度。统筹整合省、市、区级发展资金和科技资金，在安排使用上向检验检测认证服务业倾斜。经认定为高新技术企业的检验检测认证服务机构，减按 15% 的税率征收企业所得税，做好企业研发费用加计扣除等政策的落实。落实水、电、气价格与工业同价并轨政策，落实行政事业性收费项目缓缴、暂停、取消等措施。

（2）完善服务体系

加快推动“智客检测”创客空间、园区政务服务中心和服务外包系统平台建设，努力打造集项目申报、创业服务、政策法律咨询、投融资服务、人才交流、工商税务代办于一体的“一站式”公共服务平台。定期组织开展上市培训，协助申报各类资质与扶持资金，协助中大检测、爱威科技、宏尚检测、赛恩斯环保、致极网络等企业筹划上市。

（3）建立产业平台

通过集聚和整合检验检测认证行业和产业相关资源，建立资源、信息共享平台和共用机制，为联盟内成员单位提供公共试验室、检测平台、仪器预约使用、设备租赁、试剂调剂、对外交流、市场开拓、人才培养等服务，推动会员间检验检测能力互补、技术资源互助、信息资源共享，突破产业发展技术瓶颈。组建新型技术标准委员会，建立健全检验检测认证服务业发展的标准体系，推进检验检测认证产业标准化体制创新。

（4）完善市场准入

鼓励社会资本以多种方式参与检验检测认证服务业，允许检验检测认证机构以分支机构、子公司方式经营，打破部门垄断和行业壁垒，加大检验检测认证市场开放力度。进一步简政放权，整合检验检测机构资质审批事项，优化简化行政许可流程，杜绝“多头许可、重复评审”。

（5）创新经营模式

鼓励和支持检验检测认证机构利用互联网、电子商务、云计算、大数据、物联网等领域的实践成果，围绕产业需求，创新商业模式和市场运营方式，精准化服务，有效降低服务成本。探索建立“互联网 + 检验检测”和以用户为核心的服务模式，推动不同检测机构、区域平台用户信息跨平台整合，探索大数据应用。支持中大检测依托大数据、云计算、互联网 + 等模式，打造“中国大检测服务平台”。

二、大健康产业

2016—2020 年大健康产业发展思路和目标：按照岳麓区“十三五”健康养生业发展计划，以健康产品制造和健康服务业为重点，打造集医疗器械制造、医药物流、中医中药研发设计、养生养老服务等为一体的大健康产业集群，做大做强达嘉维康、比扬医疗、上药九旺等品牌企业，引进一批区域知名、带动作用强的大健康龙头企业，扶持一批具有行业示范性的旗舰型企业，依托或携手湖南中医药大学、省中医研究院共建大健康产业孵化平台，促进科技成果产业化，使大健康产业成为岳麓科技产业园的重要支柱产业，打造“岳麓养生名城”。

到 2020 年营业收入达到 100 亿元（医药工业 40 亿元、康养服务业 20 亿元、医药商业 40 亿元），培育至少 1 家营收 50 亿元级企业，至少 3 家 10 亿元级企业，至少 10 家亿元级企业，建设一座以中医为主、中西医结合的三甲医院，打造全省绿色医疗区域中心，形成一个涵盖医疗、医疗器械、医药商业、康养服务、医药与健康企业孵化在内的大健康产业集群。

1. 2016—2020 年大健康重点领域

（1）医疗器械和医药流通

医疗器械产品。依托比扬医疗、爱威科技等龙头企业建立产学研一体化的医疗器械制造园区，积极支持医疗器械企业与国内外医疗器械优势企业合作，重点发展先进医疗器械、便携式家庭医疗器械、医疗康复辅助器具、高端新型医用耗材以及养生保健器械产品，鼓励和支持外来投资者在园区开办新的医疗器械研发制造企业，打造医疗器械产业化基地。

达嘉维康内景

（供图者：长沙岳麓科技产业园）

医药流通。园区依托达嘉维康、上药九旺等医药生产和流通企业，优化医药供应链，整合品类采购和医药物流，充分利用互联网技术，搭建医药电商平台，拓展新的消费市场，提升企业规模效益。

（2）湖南中医药大学合作基地

湖南中医药大学位居园区中央，全日制在校生两万余人、教职工 1800 余人，有 3 所直属附属医院、13 所非直属附属医院和 5 家校办合资企业，并且与湖南省中医药研究院实行校院合一，是支撑园区医疗健康产业发展的最重要战略资源。为推进岳麓区大健康产业的发展，充分发挥湖南中医药大学的特色优势资源，响应中共十八大报告特别强调要“扶持中医药和民族医药事业的发展”，落实《国务院关于促进健康服务业发展的若干意见》，园区与中医药大学建立全面合作，共同推动大健康产业发展。

共同打造国内一流的中医药产学研综合体。建立中医药创新产业联盟，湖南中医药大学在园区设立湖南省中医药创新产业联盟，支持全省中医药的创新、孵化及产业化；建立中药材种植示范基地；携手共建中医药鉴定、检测、认证中心。在产业园内规划相应地块，建设国内首家中医药司法鉴定中心；依托中医药大学药食同源工程中心，建设集检测、认证于一体的药食同源认证中心。

共同推动大健康产业发展。建设三甲综合医院，园区已与中医药大学签订《湖南中医药大学附属岳麓医院供地意向书》，拟新建一家以中医为主、中西医结合的三甲综合性医院；构建集教学、科研、医疗、研发与生产于一体的中医药产业链。以湖南中医药大学和省中医研究院为依托，打造集三甲医院、养老康复基地、特色中医药诊所、养老康复产品集散中心、功能性食品集散中心、中医药传统文化产品展示销售中心等于一体的全省绿色医疗区域中心；推动国华制药厂及其他药厂搬迁入园；携手推动中医药进社区。

共同推进大学生创新创业。园区与中医药大学合作，携手共建具有中医药特色的湖南省大学生创新创业基地和湖南省中医药科普基地。

2. 2016—2020 年大健康重点举措

（1）加大产业培育和招商引资

深化与湖南中医药大学和省中医研究院等大学院所的合作，联合有关企业、研究院所、专业服务机构，发掘有市场前景的科研成果，共建大健康产业孵化器、成果转化基地、产业创新平台。通过举办国际健康产业博览会、健康产业论坛、成果发布会等方式，积极宣传推介园区健康产业项目与政策，吸引企业与民间资本投资，实施非禁即入，激活社会力量参与健康产业发展。重点培育和引进健康咨询、体检、健康电商机构，培育一批以个性化服务、会员制经营为特色的健康管理企业。加快发展商业性体检中心、亚健康服务中心、护理院、美容美体、健康电商、心理咨询、社区健康服务等各类健康服务机构。由政府引导，推动金融机构、产业资本共同筹资设立健康产业投资基金，鼓励金融机构创新适合健康产业特点的金融产品和服务方式，鼓励各类投资机构和融资担保机构对健康产业新业态、微小企业开展融资服务。支持符合条件的企业上市和发行债券。

（2）打造健康产业公共服务平台

联合省、市、区力量，打造生命健康产业公共服务平台，平台涵盖生命健康产业科技信息资源服务、公共技术服务、数据深加工等服务功能，实现资源共享。争取优惠政策和资金，支持关键共性技术研发平台建设，引导企业开展产品研发和创新，鼓励企业申报国家工程技术研究中心、重点实验室、企业技术中心、技术创新示范企业、高新技术企业等，促进研发成果就地转化。联合园区企业、学院和科研机构开展科普营销，引导社会提高健康保健意识、健康消费意识，激发对健康产品的需求，营造健康产业发展氛围，培育健康产业市场。开设健康产业网，为企业提供行业新技术资讯及招商合作信息，搭建网络交流平台。加强知识产权保护，制定行业标准、产品技术标准，强化监管，创造一流营商环境。

（3）推进健康产业与大数据的融合发展

建设“健康云”平台，推进健康产业与生命检测、大数据产业融合发展。以线上融合联动为重点，强化园区企业与信息平台的互联互通，支持发展网上在线咨询、电子支付、交流互动等健康服务。支持医疗卫生服务系统、健康管理机构开发和推广健康服务信息系统，推进医疗、预防、保健及管理等大数据的采集、存储和共享技术的研发，提供个性化和社区健康服务，发展个性化健康管理模式。

三、大创意产业

2016—2020 年大创意发展思路和目标是发挥岳麓山大学城的科教文化和人才

优势，以提升文化创意品牌、提高产业核心竞争力和产业集聚度为重点，大力发展以工业产品设计、建筑和装饰设计、展示设计与制作等为表现形式的工业设计服务业，以动漫游戏、数字内容、艺术创作、艺术培训、文化旅游、文化经纪为主要内容的文化创意产业，推动相关产业联动发展，打造在全国有影响力的泛岳麓山创新创意产业集聚区。

“十三五”规划期间，园区将围绕创意设计、数字媒体、动漫游戏、数字出版，大力发展高附加值文化创意产业，着力创建享誉全国的文化创意新高地。积极推动泛岳麓山创新创意集聚区的建设，基本建成岳麓文化创意产业园、湖南大学创新创业园，提升打造麓山南路和学士路文化街区，作为承载大创意产业的载体，力争新孵化和引进文化企业200家，实现文化产值50亿元以上，力求年均增长30%。

1. 2016—2020年大创意产业的重点领域

（1）工业与建筑设计

重点发展工业技术和产品研发、汽车设计、轻工产品设计、模具设计、精密零件设计、包装设计、建筑装饰设计、城市规划等，推动以工业设计服务整合上下游产业链资源。鼓励举办各类工业设计竞赛、工业设计周（节）等，吸引优秀工业设计企业向园区集聚。加大工业设计创新服务体系建设力度，着力在工业设计孵化器、加速器、公共技术平台、人才培养和科技中介服务平台等方面优化完善。加强专业团队建设，创新设计和运营模式，加快从工业产品设计拓展到工艺设计、产业设计、城市生活形态设计等领域，以设计服务推动第一、二、三产业升级发展。

（2）文化创作与交易

数字内容产业。结合数字网络技术的兴起运用，发展网络服务、数字游戏产业、电脑动画、移动内容、数字影音应用等为主的新型数字内容产业群；综合运用AR/VR、网络技术、数字文艺创作及影视拍摄制作，对城市公园、博展馆、文化老街、旅游休闲项目等资源进行深度开发和包装推广。

影视与传媒出版业。发展影视生产、印刷包装、新闻出版、版权交易等产业。拓展互联网视频服务、数字化高仿真艺术品、电子书服务、数字音乐等新媒体产业，促进出版产业向多媒体、网络化、智能化发展，大力发展数字传媒、数字艺术、数字印刷出版等业务。

文化艺术创作交易。充分利用岳麓区艺术创作集聚区比较优势，吸引艺术品人才培训机构、艺术事务所、画廊画店、艺术品拍卖企业、艺术品经纪公司、艺术品博览会、艺术品收藏、艺术品电子商务等各类文化中介服务机构入驻，培育艺术品教育、创作、鉴定、展示、收藏、拍卖、文物艺术品开发等产业链，全面提升行业能力和本土艺术品的附加值，打造知名的艺术品创作、交易中心和时尚文明的新地标。

（3）文旅与创意生活

重点推进健康文化休闲、时尚消费、数码娱乐、体育休闲、创意地产和家居等生活相关行业发展。整合湘江新区旅游资源发展旅游文创产业，突出主题公园、文化街区、旅游文化节庆、主题旅游等特色产品，赋予旅游产品更多创新元素和创意色彩，以文创和互联网推动传统文旅产业升级。

2. 2016—2020 年大创意产业的重点举措

（1）加快建设岳麓文化创意产业园

岳麓文化创意产业园位于靳江河以西、三环线以南、含浦大道以东、望江路以北约 2 平方千米。根据规划按照功能定位分为产业发展区、生活配套区、商业金融区三个区域，其中产业发展区面积为 1.3 平方千米，生活配套区面积为 0.54 平方千米，包括配套的住宅、玉湾山风景区、休闲广场等，商业金融区 0.16 平方千米，建设配套的酒店、大型城市综合体、文化娱乐休闲中心、银行等。

积极对接全国有知名影响力的创意设计企业，同时加强与中南大学、湖南大学、湖南师范大学等高校在艺术创作、服装设计、工艺设计等方面的合作，发展壮大园区文化创意产业。加大调规力度，将文化产业园整体列入《岳麓区土地利用总体规划（2006—2020）》允许建设区。充分发挥规划引导作用，进一步健全和完善园区文化创意产业发展的规划和目标。

（2）积极参与泛岳麓山创新创意集聚区建设

全力推进区校合作“5511”工程，建设好中南大学科技园；推动湖南大学建立“建筑科技园”“金融创新园”和“千年学府创意设计产业园”；促进湖南师范大学构建“名人名家 + 高校 + 培训机构 + 园区 + 创意企业”五位一体的产业链。以中南大学科技园研发总部等项目为引领，服务专家教授、青年学子创新创业，引导环湖、聚园、沿路建设创新区、创意园、创业街等各类众创空间，完善麓山南路和学士路文化街区功能。

四、大数据产业

2016—2020 年大数据产业的发展思路和目标是以四海通达、海普信息技术、湖南提奥、新云网科技、网数科技、磐云数据等企业为支撑，大力发展基于大数据的生产与生活型信息服务业。以超算中心、周边高校信息科技相关专业为依托，激活创新创业潜力，加强科技成果转化，培育和引进一批大数据、智能科技和物联网企业，拓展新兴信息服务业态，推动大数据采集、加工、处理、整合和深加工。面向重点行业和重点领域，开展大数据重大应用示范，提升大数据应用服务能力。

建设大数据与智能科技专业园区，培育引进 3 家以上大数据产业龙头企业，培育 50 家以上大数据保障、系统集成服务、软件研发、产品制造的中小企业；建立或引入 1 个以上的大数据研究机构和实验基地；以中南大学院士张尧学“新型网络计算模式”的重大成果和相关技术为基础，建设“透明计算”技术产业化基地；通过大数据带动相关产业规模达到 200 亿元以上，初步建立起以云计算、软件研发、信息服务、智能产品开发为支撑，以大数据应用为基本业态，以数据增值化服务为核心的大数据产业集群。

1. 2016—2020 年大数据产业的重点领域

（1）建设“透明计算”技术产业化基地

“透明计算”技术是由中南大学张尧学院士提出的“新型网络计算模式”的重大理论成果，并获得了 2014 年国家自然科学一等奖。“透明计算”技术产业化项目是中南大学与岳麓区政府深化区校合作，实现科研成果转化的标杆项目。由岳麓区政府、湖南提奥信息技术有限公司、湖南新云网科技有限公司共同建设“透明计算”技术产业化基地，将“透明计算”技术理论成果及因该理论成果获得的国际、国内专利在本基地实现产业转化，力争加快“透明计算”科技研究成果产业化进程，建设全国“透明计算”技术龙头企业。

（2）工业大数据应用

促进大数据与其他行业的深度融合，推动大数据在机械装备、汽车及零部件制造、检验检测认证、医疗健康等领域的研发设计、生产制造、经营管理等产业链各环节的应用。研发面向不同行业、不同环节的大数据分析应用平台，选择典型企业及重点行业进行大数据应用项目试点。

（3）文化与服务业大数据应用

激发四海通达等龙头企业带动力，依托高校文化创意和技术资源，支持动漫游戏、视频分析、域名交易等领域的平台型企业发展壮大，推进手机动漫产业，汇聚上下游企业集群，形成产业规模。利用大数据支持品牌建立、产品定位、精准营销、认证检测、质量提升和私人定制服务等，研发面向精准医疗、金融、保险及其他生活服务的大数据解决方案，扩大服务范围，提升服务质量，鼓励创新商业模式、服务内容和服务形式。

2. 2016—2020 年大数据产业的重点举措

（1）支持产业技术创新

加强大数据基础研究。联合高校与科研院所，融合数理科学、计算机科学及其他应用学科，推动数据学科体系与科研基地的建立；面向网络、安全、金融、生命科学、健康医疗等重点需求，探索建立数据科学驱动行业应用的模型。

大数据技术产品研发。鼓励企业加大投入力度，加强数据存储、整理、分析处理、可视化、信息安全与隐私保护等领域技术产品的研发，突破关键环节技术瓶颈，形成一批具有竞争力的大数据软硬产品。

（2）强化产业技术平台

建立大数据产业基地。与高校院所联合建设大数据基地，重点建设清华大学湖南大数据产业总部基地，统筹规划，争取省、市支持，吸引国内外知名云计算、大数据企业入驻，加快形成集聚效应，带动省、市大数据产业发展。

建设湖南大数据交易平台。建设湖南省第一个大数据交易平台，完善大数据交易制度，构建大数据交易、技术、安全标准；在三年内建成拥有 PB 级大数据规模的交易平台，发展平台用户 500 家，平均年交易额不低于 5 亿元；以大数据交易平台整合上下游产业链，形成大数据产业的“生态圈”，实现湖南省大数据产业的可持续发展。

（3）提升产业支撑能力

培育骨干企业。完善产业政策，加速培育大数据龙头骨干企业。充分发挥骨干企业的带动作用，形成大项目带小项目、主体项目带配套项目、上游项目带下游项目的良好发展局面，构建大中小企业相互支撑、协同合作的大数据产业生态体系。

引进和培养高端人才。以大数据领域研发和产业化项目为载体，积极引进高端人才，支持高校开设大数据相关研修课程，鼓励和支持相关各类高等技术教育和职业技能培训，满足大数据产业发展对人才的迫切需求。

第二章 园区产业

◆第一节 产业规模

2002年，园区引进湖南继善高科技服务有限公司、长沙业翔科技发展有限公司、湖南晚安家居实业有限公司3家企业。湖南继善高科技有限公司、长沙业翔科技发展有限公司分别是中国工程院院士何继善、刘业翔领衔的高科技企业。主要产品有资源探讨智能仪器、强声定向声波仪器，环境监测仪等系列产品和锂离子电池正极材料产品、化学品氧化铝产品等享有国内外声誉知名品牌。年生产能力分别达5000万元、4000万元。湖南晚安家居实业有限公司是一家集研发、生产、销售一体的大型家居企业，年生产能力上亿规模，主要产品类有床垫、皮布沙发、实木家居等畅销国内外知名品牌。是年，园区共有上规模企业4家，在园区土地上原有一家工业企业（即长沙中顺实业有限公司），从业人员4500余人，实现技工贸收入5.7亿元，其中规模工业总产值2亿元，上缴税收1200万元。

2003年，园区引进湖南科创高新工程检测有限公司、岳阳奥成科技有限公司2家高科企业。主要产品类有建设工程质量检测与鉴定、科技开发、房屋加固、钻孔电磁波仪、智能钻孔电视成像仪、钻孔弹模仪、多功能声波仪、稀土超磁致伸缩震源等。是年，全园区共有各类企业7家，从业人员6500余人，实现技工贸总收入7.48亿元，其中规模工业总产值4.5亿元，其中上缴税收1256万元。

2004年，园区引进工业企业长沙天和钻具机械有限公司、长沙中顺实业有限公司、长沙华信合金机电有限公司3家，主要产品类有钻具研制、有色金属合金、烘炉、熔炉、电炉、潜孔钻具等。是年全园区共有各类企业10家，从业人员7100人，实现技工贸收入10亿元，其中规模工业总产值8.8亿元，上缴税收1726万。

2005年，园区引进湖南新王码环境科技有限公司、湖南华裕环保科技实业公司、湖南蓝盾安防工程公司、湖南稀土金属研究院、湖南汇通实业有限公司、长沙天野电子科技有限公司、长沙亿味静环保科技有限公司、湖南创普集团、长沙鼎力置业有限公司10家企业。其中检验检测企业2家、文化创意企业3家、工业企业2家、房地产企业3家，主要产品类有王码地暖、消防设备、稀土加工、臭氧水、多功能臭氧消毒机、环保产品等210种知名品牌和房地产楼盘。是年，园区共有各类企业20家，从业人员8215人，实现技工贸总收入12亿元，其中规模工业总产值10.5亿元，上缴税收2370万元。

2006年，园区引进长沙世邦科技设备有限公司、湖南有光显示有限公司、湖南恒毅科技发展有限公司、湖南金海化工有限公司、湖南碧水园林环保工程公司、长沙湘杏房地产开发有限公司、广州莱佛湖南房产开发公司7家企业。主要产品种类有电子、电器、化工、环保、工程机械类、检验检测等新型产品和房地产楼盘。是年,全园区共有各类企业27家,从业人员1.21亿人,实现技工贸总收入18亿元,其中规模工业总产值16亿元，利税总额3671万元，其中上缴税收3171万元。

2007年，园区引进湖南斯德尔特泵有限公司、长沙三和管桩有限公司、长沙福雪光电科技有限公司、长沙环高电子设备有限公司、长沙通达环境工程有限工程、湖南九龙房地产开发公司、湖南璟泰置发展有限公司、长沙恒天房地产实业有限公司、湖南广晟地产控股有限公司9家企业，主要产品种类电子设备、环保设备、混凝土管桩、高效节能水泵等产品和房地产楼盘。是年，园区共有各类企业36家，从业人员1.43万人，实现技工贸收入22.5亿元，其中规模工业总产值20.2亿元，上缴税收7180万元。

2008年，园区引入湖南比扬医疗科技有限公司、长沙赛恩斯环保科技有限公司、湖南宏特试验检验有限公司、湖南希杰斯建材科技有限公司、湖南网优科技发展有限公司、松致文化传播有限公司、长沙天年文化产业有限公司、湖南麓山别墅投资开发公司、湖南瑞盛房地产开发公司9家规模以上企业，其中，检验检测企业3家，医疗企业1家、文化创意企业3家、房地产企业2家。主要产品类有医疗器械、重金属污染监测、防治仪器、互联网通信电子智能、工程检验检测设备等。上规模的湖南比扬医疗科技有限公司年生产总值达6000万元。长沙赛恩斯环保股份有限公司，是一家专门从事重金属污染监测与防治的高新技术企业，年产值5500万元。湖南网优科技发展有限公司是上规模文化创意企业，年产值达8000万元。是年，全园区共有各类企业45家，从业人员1.56万人，实现技工贸总收入25亿元，规模工业总产值23.73亿元，其中上缴税收1.2亿元。技工贸总收入、规模工业总产值、上缴税收比2005年分别增长52%、55%、85%。

2009年，园区引进检验检测和工业企业7家，其中引进检验检测年产值达1

亿元以上规模企业2家，分别是湖南致力工程科技有限公司、湖南宏尚土术工程检测有限公司。引进工业企业有捷西实业公司、湖南瑞鹭科技有限公司、湖南希杰斯建材科技有限公司、湖南浦洋节能科技有限公司、湖南利海房地产开发公司5家。主要产品类有公路、铁路、水利、城建质量试验检测、橱柜、氧炭铝、单板幕墙、烤瓷铝单板、水泥助磨剂、混凝土外加剂、太阳能发电机组设备等高新技术产品，是年，园区共有各类企业52家，从业人员1.78万人，实现技工贸总收入35亿元，其中规模工业总产值30.33亿元，上缴税收1.7亿元。

2010年，园区引进上规模企业有湖南中大检验检测股份公司、湖南爱威科技股份有限公司、湖南海普科技有限公司、长沙赛维能源科技有限公司、上海浦公检测技术有限公司、湖南中建信和开发公司、继善枫华府第房产开发公司7家企业，主要产品类有土木检验检测仪器、医疗检测仪器、医疗器械、医疗试剂、各类聚合物锂离子电池房地产项目等。其中检验检测企业湖南中大检验检测股份公司，主要从事公路、桥梁、隧道工程检测检验，年生产能力近亿元。医药健康产业湖南爱威科技股份有限公司，年产值分别达7200万元，湖南海普科技有限公司是园区文化创意龙头企业，在园区内建立“中南国家数字出版四海通达基地”，年产值5400万元。是年，园区共有各类企业59家，从业人员1.92万人，实现技工贸总收入38亿元，其中规模工业总产值34亿元，上缴税收2.1亿元。

2011年，园区引进湖南达嘉维康医药有限公司、湖南九城集团云栖路汽车4S城、长沙广瑞紧固件有限公司、湖南楚天电气工业有限公司、长沙学士房地产开发公司5家企业，主要产品类有医疗器械、实验仪器、药品、汽车、汽车配件、紧固件产品、高压电气成套设备等。其中规模以上企业湖南达嘉维康医药有限公司，主要生产和经营医疗器械、实验仪器、药品、房地产项目等，年产值9200万元。是年，全园区共有各类企业48家，从业人员2.1万人，实现技工贸总收入42亿元，其中工业总产值37.6亿元，其中上缴税收2.2亿元。

2012年，园区引进北京联东集团（联东U谷·长沙国际企业港）、中铝华德节能科技总部、长沙恒威热能科技有限公司、湖南大麓科技有限公司、长沙太一电子科技有限公司、湖南医枢亚网络科技有限公司、湖南金鼎房地产开发公司等8家企业，其中检验检测企业3家、文化创意企业2家。主要经营都市型产业集聚地标准厂房、研发总部办公楼开发、环保水检验检测化石燃料设备、互联网、电子智能、无人机、高效燃烧和燃烧尾气治理等产品。是年，园区共有各类企业72家，其中检验检测企业28家，文化创意企业13家，工业企业15家，从业人员2.35万人，实现技工贸总收入51亿元，其中工业总产值43.6亿元，比2008

年增长 60%，其中上缴税收 2.6 亿元。技工贸总收入、规模工业总产值、上缴税收比 2008 年分别增长 51%、45%、54%。2013 年，检验检测装备产业初具雏形。园区已基本形成了以工程探测、医疗器械、电子信息为代表的检测装备产业发展链。园区引进长沙赛恩斯环保科技园，占地 4 公顷，投入资金 3.1 亿元，从业人员 161 人，年产值 8011 万元，主要建设重金属废水处理、固体废弃物处理处置、污染修复等技术研发实验室与工程技术中心。长沙赛恩斯环保股份有限公司的有色金属污染治理装备已获批湖南省工程实验室、院士工作站已启动建设。“有色冶炼含砷固废治理与清洁利用技术”荣获国家科技进步二等奖。长沙赛恩斯环保股份有限公司被评为中南大学产学研合作示范企业、“湖南省两型示范创建单位”、“湖南省高新技术企业”、湖南省“环境服务试点单位”和湖南省环保产业协会副会长单位。

2013 年 11 月 4 日，中共中央总书记习近平参观长沙赛恩斯股份有限公司重金属废水生物制剂深度净化和回用系统及相关工程技术装备。是年，园区共有规模以上企业 95 家，从业人员 1.92 万人，实现技工贸总收入 65 亿元，利税总额 3.42 亿元，其中上缴税收 3.1 亿元。

2014 年，入驻园区科研企业有湖南博奥医学检验所有限公司、湖南赛奥维生物技术有限公司、湖南测智科技有限公司三家检验检测企业。引入文化创意企业有湖南万坤文化传播有限公司、湖南新云网科技有限公司、长沙智芯高科技创业投资公司三家。湖南博奥医学检验所有限公司是由博奥生物集团投资湖南区域总部的承载主体，注册资本为 2 亿元。博奥生物集团是中国基因检测行业的国家队主力，由清华大学控股，程京院士为技术领衔，是第一家以企业模式运作的国家级科研单位，现为国家工程研究中心。博奥生物致力于为生命科学与集成医疗（包括预测、预防和个体化医疗）领域开发和提供创新性技术产品和服务，利用自主创新技术成功开发出生物芯片及相关试剂耗材、仪器设备、软件数据库、生命科学服务、临床检验服务五个系列数十项具有自主知识产权的产品和服务，其中十余项为国际首创，有 238 项专利获全球授权。是年，全园区共有规模以上企业 105 家，从业人员 2200 万人，实现技工贸总收入 80 亿元，利税总额 4.1 亿元，其中上缴税收 3.98 亿元。

2015 年，检验检测认证产业发展迅猛，园区现已聚集检验认证 30 家。湖南苏试广博检测技术有限公司、湖南特传重工科技股份有限公司、湖南文泰能源科技有限公司、湖南零渡检测技术服务有限公司、湖南绿野航空科技有限公司、正元地理信息有限责任公司湖南分公司、湖南省宏尚检测技术股份有限公司、湖南新科尔科学仪器有限公司、长沙市长湘环保科技有限公司、中南大学湘雅医学检验所、湖南中汽汽车发展有限公司、湖南恒动机械科技有限公司12家企业相继入园。湖南苏试广博检测技术有限公司注册资金2000万元，是苏州苏试试验仪器股份有限公司控股子公司。主要产品包括各类振动试验设备及其他力学环境试验设备，产品广泛应用于航空航天、电子电器、汽车、轨道交通等领域。园区引进文化创意企业长沙尚启文化传媒有限公司、湖南汇网通信息技术有限公司、湖南提奥信息技术有限公司、湖南智悟信息科技有限公司、湖南彩虹谷信息技术有限公司。是年，全园区共有上规模企业125家，从业人员2500万人，实现技工贸总收入102亿元，利税总额5.5亿元，其中上缴税收4.81亿元。

2016年，园区转型创新的高科技现代园区和检验检测专业园区，新增入园企业367家，其中检验检测企业33家，大健康企业18家，互联网大数据相关企业144家，大创意企业27家。引进5亿元以上投资项目26个，包括投资60亿元的中汽（湖南）汽车服务产业基地、投资20亿元的智能网联无人驾驶测试区等10亿元以上的重大投资项目5个。是年，园区共有上规模企业150家，从业人员2895人，实现技工贸总收入120亿元，利税总额6.8亿元，其中上缴税收5.94亿元。

国家智能网联汽车（长沙）测试区
（供图者：长沙岳麓科技产业园）

◆第二节　经济效益

2002年，长沙含浦科教产业园成立，定性为教育产业为主，其他科技产业为辅的综合性园区。望城县规划局委托长沙市规划建筑设计院编制完成7.73平方千米的园区规划。其中控规建设用地552.07公顷。园区引进各类企业3家，从业人员4500人，实现技工贸收入2.6亿元，人均劳动生产率5.77万元/人；地均产值率为46.88万元/公顷，上缴税收775万元，人均纳税0.17万元/人。

2003年，望城县规划长沙含浦科教产业园作为岳麓山大学科技园区一部分，承载高校园区的科技成果实验基地和孵化基地，园区控规用地面积扩为906.67公顷。是年，园区共有各类企业10家，从业人员6500人，实现技工贸收入4.5亿元，人均劳动生产率6.93万元/人；地均产值率为5.44万元/公顷，上缴税收1256万元，人均纳税0.2万元/人。

2004年，园区作为长沙市都市区外围的四个组团之一，用地规模调整为21.71平方千米，控规建设用地2173.33公顷。园区共有各类企业共12家，从业人员7200人，实现技工贸收入10亿元，人均劳动生产率13.88万元/人；地均产值率为26.58万元/公顷，上缴税收1726万元，人均纳税0.24万元/人。

2005年，园区共有各类企业共17个，从业人员8215人，实现技工贸收入8亿元，人均劳动生产率14.6万元/人；地均产值率为36.73万元/公顷，上缴税收2370万元，人均纳税0.20万元/人。

2006年，园区共有各类企业共22家，从业人员1.21万人，实现技工贸收入18亿元，人均劳动生产率14.88万元/人；地均产值率为59.57万元/公顷，上缴税收3171万元，人均纳税0.27万元/人。

2007年，园区共有各类企业共26家，从业人员1.43万人，实现技工贸收入22.5亿元，人均劳动生产率15.73万元/人；地均产值率为68.83万元/公顷，上缴税收7180万元，人均纳税0.51万元/人。

2008年，园区成建制划归岳麓区。更名为长沙岳麓科技产业园。是年，园区共有各类企业33家，从业人员1.56万人，实现技工贸收入25亿元，人均劳动生产率16.02万元/人；地均产值率为91.67万元/公顷，上缴税收1.2亿元，人均纳税0.77万元/人。

2009年，园区共有各类企业共39家，从业人员1.78万人，实现技工贸收入35亿元，人均劳动生产率19.66万元/人；地均产值率为128.25万元/公顷，上缴税收1.7亿元，人均纳税0.96万元/人。

2010年，园区共有各类企业共44家，从业人员1.92万人，实现技工贸收入38亿元，人均劳动生产率19.94万元/人；地均产值率为146.61万元/公顷，上缴税收2.1亿元，人均纳税1.10万元/人。

2011年，园区共有各类企业共48家，从业人员2.1万人，实现技工贸收入42亿元，人均劳动生产率20万元/人；地均产值率为183.19万元/公顷，上缴税收2.2亿元，人均纳税1.05万元/人。

2012年，园区编制《长沙岳麓科技产业园总体规划（2012—2030）》，规划总用地面积46.12平方千米，其中城镇控规建设用地2246.67公顷。园区引进各类企业共 54 家，从业人员 2.35 万人，实现技工贸收入 51 亿元，人均劳动生产率 21.71 万元 / 人；地均产值率为 226.04 万元 / 公顷，上缴税收 2.6 亿元，人均纳税 1.11 万元 / 人。人均劳动生产率 21.71 万元 / 人，比 2008 年增长 169%，地均产值率 226.04 万元 / 公顷，比 2008 年增长 119%，人均纳税率 1.11 万元 / 人，比 2008 年增长 85%。

2013 年，园区引进各类企业共 36 个，从业人员 2.66 万人，实现技工贸收入 65 亿元，人均劳动生产率 24.45 万元 / 人；地均产值率为 288 万元 / 公顷，上缴税收 3.1 亿元，人均纳税 1.17 万元 / 人。

2014 年，园区引进各类企业共 74 个，从业人员 3.12 万人，实现技工贸收入 80 亿元，人均劳动生产率 25.65 万元 / 人；地均产值率为 354.44 万元 / 公顷，上缴税收 3.98 亿元，人均纳税 1.28 万元 / 人。

2015 年，园区引进各类企业共 86 个，从业人员 3.53 万人，实现技工贸收入 102 亿元，人均劳动生产率 28.90 万元 / 人；地均产值率为 451.93 万元 / 公顷，上缴税收 4.8 亿元，人均纳税 1.36 万元 / 人。

2016 年，园区引进各类企业共 102 个，从业人员 4.25 万人，实现技工贸收入 120 亿元，人均劳动生产率 28.24 万元 / 人；地均产值率为 531.66 万元 / 公顷，上缴税收 5.94 亿元，人均纳税 1.40 万元 / 人。

◆第三节　总部商务基地

园区充分发挥现有产业集群优势，加快产业集成、集聚、延伸产业链条、提升产业核心竞争力；大力发展现代服务业，建设超五星级酒店、大型城市综合体、商业综合体和 AAAAA 写字楼等高档次商务、休闲设施，吸纳国内外知名企业总部入驻，加快建设全省一流的总部经济集聚区，将科技园建设成为二、三产业协调发展、具有综合功能的总部商务基地。

2006 年，园区引进房地产开发商湖南利海地产开发建设公司。在园区范围内，云栖路以北、联丰路以南、象嘴路以西、车塘河以东地块，兴建高层住宅、商铺、写字楼于一体的意大利欧式风格建筑楼群。开发项目为利海米兰春天，地块总用地面积为 35.88 公顷，总建筑面积 80 万平方米，其中商业建筑面积 18 万平方米。2008 年 12 月，利海米兰春天主体相继完成，周边商业群体初具雏形，电影院、星级宾馆、多类商铺达 1200 家。商品销售额 1.89 亿元，从业人员 3419 人。

2009 年 12 月，园区裕园安置小区 141 栋相继落成。裕园小区位于学士路以北、象嘴路以东、联丰路以南、裕园安置小区以西地块，占地面积 2.38 万平方米，建筑面积 4.27 万平方米，其中住宅面积 3.12 万平方米，一二楼商铺面积 1.15 万平方米。园内有商业店铺 1914 家，商品销售额 1.8 亿元，从业人员 4500 人，主要经营珠宝黄金、移动宽带、百货超市、家庭旅馆、农贸市场、酒店宾馆、服装鞋帽、副食水果。以联丰路为中轴线，北向米兰春天产业集群，南向裕园产业区，南北区域连成一片，成为园区商业繁华中心，形成商业购物城。

2010 年，园区引进房地产商湖南楚盛园置业发展有限公司开发楼盘江山帝景。其位于学士路中段，东临含浦大道，西靠车塘河路。该项目占地面积 66.67 公顷，总建筑面积 168 万平方米，住宅总户数为 1.1 万户，是以高层电梯洋房、联排别墅为主的大型生态型旅居小区。是年 1 月建成 32 层高洋房 12 栋，交付使用 6115 套。是年 3 月启动北区建设项目。建筑面积 11 万平方米，26 层高档住宅 7 栋，建筑面积 9 万平方米，是集大型影院、五星级酒店、餐饮于一体的商业群体，建筑面积 2 万平方米。湖南最大五星级酒店之一的华天大酒店江山帝景店签约进入小区。

2011 年，湖南上城投资发展有限公司开发建设的“洋湖时代广场”项目，位于长沙岳麓科技产业园内，北临学士路、西靠象嘴路，项目总建筑面积 25 万平方米，其中住宅面积 17.5 万平方米，商业面积 7.5 万平方米。2012 年，第一期工程开工建设，23 层高层住宅 10.5 万平方米，集中商业群体 5 万平方米。第二期住宅工程 7 万平方米，商业建筑 2.5 万平方米进入规划设计方案，初步方案明确为 23 层。1~3 层为星级酒店配套营业用房，4 层及以上为客房、写字楼办公用房按 4 星级建设。

2012 年 12 月，位于学士路的维也纳酒店隆重开业，建筑面积 1.1 万平方米。长沙银行、中国农业银行、湖南省农业商业银行、中国建设银行、兴业银行、招商银行均在园区学士路设立支行和营业部，初步形成金融一条街。在学士路段，东头有“江山帝景”，西头有“洋湖时代广场”，东西相映，环境优雅，形成星级宾馆休闲城。

2013 年 10 月，晚安·中国红木家具城开业。中国红木馆是湖南省晚安家居实业有限公司倾力打造的红木家具专业卖场，总建筑面积 8 万平方米，总投资 3 亿元，红木馆营业面积 6 万平方米，分为 A 馆和 B 馆，在省内独享红木行业龙头地位，影响力辐射中南五省。主营黄花梨、紫檀、大红酸枝、乌木、金丝楠等材质的红木家具，以及根雕大板、红木工艺品、木雕木刻制品、茶家具、家居艺术精品等，来自浙江东阳、广东中山、福建仙游、广西凭祥、云南瑞丽等全国各主流红木产区的近 300 家知名品牌的红木家具厂商悉数入驻。中国红木馆自 2013

年10月18日正式开业以来，得到社会各界和行业的广泛认可，获得一系列星光灿烂的荣誉。中国红木馆先后取得“消费者最喜欢建材家具卖场”“最受市场认可红木家具专业卖场”“湖南具文化特色家居卖场”等多项荣誉。

2014年，全省汽车经营行业大户湖南九城投资集团有限公司、湖南兰天集团有限公司入驻园区，两家企业齐心打造新建白鹤地块汽车4S商城。湖南九城投资集团有限公司是中国汽车经销集团百强企业之一。在园区云栖路以北，投资60亿元，建筑面积40万平方米，征地40公顷。第一期用地面积6.65公顷，总建筑面积6.95万平方米，建设6个汽车4S城，经营品种有：进口现代、进口起亚、克莱斯勒、广汽丰田、广汽本田、雪佛兰、东风悦达起亚、北京现代、比亚迪、别克、广汽三菱、上海大众斯柯达、四川现代客车等。公司董事长肖九城被评为湖南省第十二届十大杰出经济人物，并担任湖南省第十二届人大代表及人大财经委员会委员。湖南兰天集团有限公司是中国汽车经销服务企业500强之一。该公司投资30亿元打造白鹤汽车4S城商城，占地33.33公顷，建筑面积30万平方米，项目涵盖品牌汽配、快修、美容、二手车、检测站等十大主题功能，融合高规格整车销售、高满意售后服务、深度驾乘体验以及多维度衍生服务于一体。打造新型汽车文化产业综合集群，旨在实现“车在蓝天下，人在幸福中”的人文理念。

2015年，园区精品商业街道、高档写字楼集群的中国铁建洋湖苑初显规模。项目位于长沙岳麓科技产业园洋湖板块的门户地段，即含浦大道以东，洋湖大道两厢（靳江河以西）。项目由世界500强——中国铁建股份公司下属企业中铁城建集团投资开发，总用地面积4.33万平方米（其中B地块用地面积1659平方米，C地块用地面积2.67万平方米），总建筑面积25万平方米，总投资15亿元。项目分两期开发，一期由高档住宅、企业总部、精品商业街组成；二期由甲级写字楼、星级酒店、独栋商业组成，其定位为推动城市发展的复合型城市综合体。项目一期建设落成，世界500强企业中铁城建集团总部将落户于此，是园区商务基地的一道独特的风景线。

2016年1月，中心商务岛开工建设。项目地处岳麓科技产业园内，距长沙市洋湖湿地公园不到一千米，项目北临学士路，东临车塘河路，交通区位优势十分明显。项目占地6.67公顷，总投资约3亿元，主要建设主题公园、AAAAA级办公楼、大型商场、主题商业街等，打造集商业、娱乐、餐饮及文化设施为一体的现代化生活中心，项目建成后将成为人民群众商务、生活、休闲、宜居、购物等城市文化生活的目的地。是园区二、三产业策划、管理、协调、服务、指挥中心。

岳麓智谷科技广场占地4.76万平方米，景观部分占地4.61万平方米。其中公园配套建筑为1.95万平方米，包含地下室车库和一栋公园管理用房。管理用房外墙采用黄色的大理石材与蓝色玻璃幕墙相结合，屋面采用蓝色玻璃屋顶，犹如六颗蓝宝石。岳麓智谷科技广场（公园）分为南北两个主入口，北入口设置旱喷音乐广场，面积达到800余平方米；靠学士路侧设置一个70余平方米的数字投影屏，作为公益性政策及文件的发布设施；南入口设置7个特色树池及文化长廊，将相关文化底蕴包含在内。整个公园内布置了科技logo雕塑、五色花瓣（景观小品）、数字阶梯看台、环形数字跑步道、休闲长椅、儿童活动区、阳光大草坪、老年人活动空间、太阳能数字站、时光隧道、篮球场、生态停车场、休闲小游园、室内网球场等设施。岳麓智谷科技广场（公园）采用海绵城市的设计，进行雨水收集处理，同时尽量将绿化面积最大化。公园内共栽种40余种苗木以及各类灌木、特色草坪，其中有杜英、广玉兰、金和欢、金桂、罗汉松、香樟、杨梅、柚子树、二桥玉兰、朴树、乌桕、银杏、栾树、海棠、碧桃、红枫、紫薇、木芙蓉、红叶石楠、山茶、苏铁、樱花、紫荆、紫叶李、大叶黄杨、海桐、构骨球、红继木球、火辣球等。2016年12月底第一期工程部分基本竣工，第二期工程正在启动建设。五栋高层建筑为商业写字楼和公寓住宅群楼，总用地面积为2.29万平方米，净用地面积为1.78万平方米，其他用地面积为4950.00平方米，容积率为4.00，建筑密度为23.48%，绿地率为28%。由地下一层及地上五栋高层建筑组成，1~3栋为（2+30F）住宅，高度为99.0米，4栋为（2+24F）住宅，高度为81.0米，5栋为（2+1+15F）公寓式办公楼，高度为82.8米，一、二层为商业，总建筑面积为9.29万平方米。五栋高层建筑商业写字楼和公寓住宅群楼计容建筑面积为7.13万平方米，其中住宅面积为5.03万平方米，公寓式办公面积为1.21万平方米，商业面积为8411.39平方米，物业管理用房面积为469.18平方米。不计容面积为2.16万平方米，其中车库（含人防）面积为1.59万平方米，架空层及骑楼面积为1686.53平方米。五栋高层建筑商业写字楼和公寓住宅群楼区域内交通组织形式采用人车分流，车辆直接进入地库。地库高度为3.9米，住宅建筑层高为3米，公寓式办公层高为4.5米。

◆第四节　科技研发中心

岳麓科技产业园充分发挥临靠大学城的区位优势，利用雄厚的科教资源，探索建立科技资源和创新成果的市场转化机制，着力建设数家在全国有影响的省级以上工程技术中心和实验室，着力培养和聚集一批优秀创业人才，研发和转化一批国内外领先的科技成果，培育和发展一批具有全球影响力的创新型企业，建设和提升一批研发平台和科技创新项目，将园区建设成为人才集聚、科技集中、功能集成的科技研发中心。

2003年，园区初建时期本着“融城强县、科教兴园”的方针，充分利用周边高等院校集聚优势，强力招商引资，重点引进科研技术项目。湖南继善高科技股份公司、长沙业翔科技发展有限公司、博奥科技有限公司、长沙高新技术创业投资公司和湖南中医药大学、湖南工业职业技术学院、湖南南方职业技术学院、湖南食品药品职业学院等四所高等院校相继签约入园。

2005年，科技研发企业落户园区达16家，相继有湖南华裕环保科技实业公司、湖南蓝盾安防公司、长沙望新数码科技有限公司、中南大学成果科技有限公司、湖南稀土金属研究院、长沙世邦科技设备有限公司、湖南省有成光电显示有限公司、湖南恒毅科技发展有限公司等签约入园。以长沙业翔、继善、博奥领衔的3个入园项目为中科院院士项目。科技研发主要是科研成果孵化转化。园区初步形成孵化转化科研中心。引入继善高科、天和钻具、新王码科技等高科技企业45个，湖南大学、中南大学、湖南师范大学、长沙大地构造研究所、矿山研究所、矿冶研究院、中医药研究院等重点高校、科研院所云集于此，拥有各类科技人才10万多人，发明专利2000多项。园内已建设孵化组团3个，每年产生科技成果20余项，为岳麓科技产业园建设省级科技成果转化示范基地奠定坚实基础。

2008年，园区成立以管委会主任周浩波任组长、副主任罗政任副组长、其他班子成员为组员的科技成果转化领导小组。在大学科技园和继善高科分别设立产学研办公室、孵化器管理办公室。按照“组织网络化、功能社会化、服务产业化”的要求，园区制作“长沙岳麓科技产业园科技成果转化网”、人才创业网，全力推进创业服务信息平台建设，实现科技资源、技术、人才、信息共享。并为2个项目受理科技成果转化政策申请，为8个项目提供政策咨询服务。

2010年，园区财政拨付4000万元用于园区科技研发基地基础设施配套建设。其中区内重大科技项目引导资金642万元，科技成果引进费8万元，科技成果推广示范费20万元，科技服务费30万元，科技人员培训费10万元。是年，引进科技成果孵化企业10家，实现科研成果转化21项，科技成果转化项目新产品产值15亿元，创税1.5亿元。造就了一批中小型高新技术企业，培养、引进各类科技人才50人，初步形成高新技术产业集聚效应。岳麓科技产业园被湖南省科技厅授予湖南省科技成果转化示范基地。

2012年，园区文化创新创意服务产业蓬勃发展，新一代信息技术电子商务渐露峥嵘。文化创新创意企业集聚园区、文化创新创意科技研发中心形成规模。园区以湖湘文化为底蕴，以中南大学、湖南大学、湖南师范大学、湖南中医药大学等高校为依托，以四海通达、海普科技、万坤文化、松致文化、天年文化、盛瑞文化、纪瑞文化、乐龙文化等企业为龙头，引进优质企业120家。承担国家和省、市科技课题100多项。其中省级以上重点项目30项，争取资金支持15000万元。项目包括：中南大学张尧学院士领衔的荣获国家自然科学一等奖的“透明计算”项目；依托香港科技大学人工智能技术的智能网联无人驾驶测试区项目；依托清华大学核心技术的湖南大数据交易中心及未来信息基础设施中心项目；由全球排名前三的IDC公司Global Switch控股的北京德利迅达科技有限公司湖南数据中心项目；国内知名互联网企业网数科技等。

2015年，检验检测产业快速壮大，检验检测科研中心基本形成。是年9月正式获批为“国家检验检测认证公共服务平台示范区”，成为全国中部第一、全省唯一的检验检测产业承载平台。检验检测认证总部基地、中南大学科技园研发总部基地、洋湖国际汽车检测基地、中汽（湖南）汽车服务产业基地、智能驾驶测试区等构成园区发展新功能。围绕生命科学、建设工程、工业产品、环境工程、消费品五大检验检测领域，集聚检验检测企业72家，包括全球排名前十的瑞士SGS集团intertek天祥，全国专业行业检测领导品牌清华博奥、苏州苏试，本土龙头企业中大检测、赛恩斯环保、继善高科等。湖南继善高科技有限公司拥有中国工程院院士4人，中国科学院院士1人，承担国家项目40多项，拥有30多项国家专利，是全国物探检测领军企业；湖南中大建设工程检测技术有限公司拥有交通运输部公路工程综合甲级资质、公路工程桥梁隧道工程专项试验检测资质、水利部工程质量检测甲级资质等14项资质证书，检测技术实力雄厚。

2016年，园区根据建设5万平方米孵化器、3.33万平方米加速器、10万平方米研发总部和100万平方米产业转化基地工程所需，集中投资10亿元，与中南大学共建中南大学科技园（研发）总部。该宗用地5万平方米，总建筑面积8万平方米，主要建设企业孵化楼、科技服务楼及研发办公楼，共7栋建筑。是年，完成5栋建筑，总建筑面积5.77万平方米。中南大学科技园（研发）总部项目得到省、市、区领导和中南大学的高度重视和支持。省、市领导杜家毫、陈向群、易炼红、胡衡华先后赴实地考察调研中南大学科研总部。园区对接意向入驻中南大学校友企业120家，其中中南大学项目76家，其他高校项目44家，两院院士项目5家，技术合同交易额8.29亿元，科技成果转化产值30亿元。具体项目有与湖南大学签订的60亿元合作协议创新创业园，与湖南中医药大学达成战略合作的建设中医药创新联盟和中医药鉴定检测认证中心。构建产学研一体化平台，与湖南商学院签订合作协议共建5000平方米创新创业基地。园区3个院士研发实验工作站签订产学研战略合作，吸引何继善、黄伯云、张学尧、程京、邱定蕃、李幼平6位院士及其团队创办和领办7家高科技企业，吸引海外留学人员、博士、硕士等高校师生创新项目100余个入园落地，成为最新的科技成果孵化、转化、产业化重要基地。荣获国家自然科学一等奖、代表新一代信息技术和先进制造业前沿、中国工程院院士张尧学的“透明计算”项目以及代表先进轨道交通装备、新能源装备等工业新兴优势产业链的中达轨道交通、纳昇印刷电子等24个项目已注册入园，另有50多家重点企业（项目）达成入驻意向。截至2016年12月，园区科研成果转化申报获批科研专利580项。科技成果转化获国家、省、市创新发展发明进步奖15项。

◆第五节 检验检测产业

2002年，园区引进的检验检测企业有湖南继善高科技有限公司，公司注册资本为3880万元，是以中南大学为依托、由中国工程院院士何继善发起成立的一家高科技企业，在园区建成2.5万平方米集办公、研发、生产及员工公寓为一体的继善科技产业园。公司主要从事矿产资源勘探类智能仪器、强声定向声波仪的研发、生产和销售、工程地质勘查、工程检测、矿产资源勘探、地球物理信息综合处理解释服务、信息安全服务等业务。公司年工业产值8000万元。是年，全园区有检验检测企业1家，从业人员1100人，检验检测生产总值8000万元，上缴税收450万元，分别占园区规模企业、从业人员、技工贸总收入、上缴税收总额的25%、24%、31%、37.5%。

2003年，湖南科创高新工程检测有限公司入驻园区是从事建设工程质量检测与鉴定、科技开发、房屋加固为一体的专业检测服务型企业。主要资质有：地基基础工程检测、主体结构工程现场检测、钢结构工程检测、室内环境检测、设备安装工程检测、筑智能化工程检测、合布线系统检测、证取样检测、建筑节能检测、基坑支护监测、市政道路与桥梁检测、房屋安全性鉴定等资质；材料检测的第三方检验单位。公司先后获得7项国家专利、《重晶石防辐射混凝土应用技术规范》。是年，全园区有检验检测企业2家，从业人员1598人，检验检测生产总值1.8亿元，上缴税收1200万元。

2005年，湖南新王码环境科技有限公司、湖南稀土金属研究院、广东省绿色产品认证检测中心3家检验检测科技企业入驻园区。其中广东省绿色产品认证检测中心是经广东省人民政府批准成立的事业法人性质的独立机构。中心拥有1800多平方米检测场地，配置包括美国安捷伦的气—质联仪、液—质联仪、ICP-MS、高效液相色谱仪、美国PE公司的原子吸收分光光度计、气相色谱、原子荧光、荧光分谱、紫外分光光度计等。中心技术人员占92%，其中中高级技术职称的人员占22.5%。中心拥有一批长期从事质检、检疫、鉴定的专门技术人员，可满足所承担的各项检验项目的需要。是年，全园区有检验检测企业6家，从业人员1600人，检验检测生产总值2.8亿元，上缴税收1259万元分别为园区总产值、从业人员、技工贸总收入、上缴税收的26%、19%、23%、53%。

2007年，湖南斯德尔特泵有限公司、长沙世邦科技设备有限公司、湖南恒毅科技发展有限公司、长沙福雪光电科技有限公司、长沙环高电子设备有限公司、长沙通达环境工程6家检验检测企业入驻园区，其中湖南斯德尔特泵有限公司注册资本为2000万元，是一家集节能检测设备研发与生产、节能改造工程总承包于一体的高新科技企业。公司所生产的高效节能泵为长沙市节能推荐产品，被评为知名品牌，公司已在园区范围内购置土地3.33公顷，并与中国农业大学开展深度合作，筹备成立中国农业大学流体机械技术联合研发中心，以水力机械基础科学研究和水力模型研发试验为主要目标，打造一个集流体机械测试、EMC节能技术研发于一体的大型科技产业平台。是年，园区有检验检测企业12家，从业人员3200人，检验检测生产总值6.8亿元，上缴税收3700万元。

2008年，长沙赛恩斯环保科技有限公司、湖南宏特试验检测有限公司、湖南希杰斯建材科技有限公司、湖南比扬医疗科技有限公司4家检验检测高科企业入驻园区。其中长沙赛恩斯环保科技园，占地5.33公顷，投入资金3.1亿元，从业人员161人，年产值8011万元。主要从事建设重金属废水处理、固体废弃物处置、污染修复等技术研发实验室与工程技术中心。公司的有色金属污染治理装备已获批湖南省工程实验室、同步启动院士工作站建设，公司先后荣获“国家环保科学技术奖二等奖”“中国有色金属工业科学技术奖一等奖”。湖南宏特试验检测有限公司具有湖南省交通厅、省住房和城乡建设厅核发的交通部综合乙级公路工程、水运材料乙级、水运结构乙级工程检测资质，见证取样、主体结构资质。湖南比扬医疗科技有限公司注册资金3048万元，占地面积6172平方米，建筑面积1.4万平方米，拥有员工200多名，其中研发人员约80人，年产值5000万元。是一家以经营医疗器械为主，涉及家用电子类（家用呼吸机）、医疗电子类（医用数码呼叫对讲系统），以及医疗器械类（注射泵系列、输液泵系列）等相关领域，集设备研发、制造、营销、服务为一体的科、工、贸企业，同时也是医疗器械检验检测企业。首家拥有输、注液泵“语音报警”系统和独家研发生产家用呼吸机产品的高科技企业，综合实力位居全国医疗器械行业前列。是年，全园区有检验检测企业16家，从业人员3800人，检验检测生产总值10亿元，上缴税收5890万元，分别为园区总产值、从业人员、技工贸总收入、上缴税收的42%、24%、40%、49%。

2009年，园区入驻检验检测年产值1亿元以上企业2家，分别是湖南致力工程科技有限公司和湖南宏尚土木工程检测有限公司。湖南致力工程科技有限公司，注册资金3000万元，公司经营范围包括公路、铁路、水利、城建工程质量试验、检测、监测、养护检测、勘察设计、技术咨询，不良地质灾害探测、监测、评价与技术咨询，检测、监测仪器设备的研发与研制等。公司自主知识产权的特色技术有：改性沥青SBS含量检测仪、BQT-G1预应力桥梁管道注浆质量检测仪、地质灾害自动监测预警系统，广泛应用于国内交通工程建设领域。其中，改性沥青SBS含量检测仪，首次利用电化学分析方法，实现对改性沥青中SBS含量的快速精确自动检测，填补SBS含量精确检测技术空白，研究成果总体达到国际先进水平，其中自动化检测的技术达到国际领先水平。湖南宏尚土木工程检测有限公司入园，是从事建设工程质量检测的高新技术企业。公司检测试验室面积约6000平方米，固定资产原值2000多万元，公司各类仪器设备齐全，有国际、国内领先仪器设备873台套。是年，全园区有检验检测企业18家，从业人员4100人，检验检测生产总值15亿元，上缴税收9200万元。

2010年，园区引进湖南中大检测股份有限公司、湖南爱威医疗科技有限公司2家。湖南中大检测股份有限公司，建有3500平方米的中大检测大楼，下辖四个子公司，员工300余人，公司注册资金5500万元。具有交通运输部公路工程综合甲级资质、公路工程桥梁隧道工程专项试验检测资质、水利部工程质量检测甲级资质等14项资质证书。是湖南省试验检测资质齐全、技术实力雄厚的工程检测试验机构。湖南爱威医疗科技有限公司入园投资4.5亿元，占地67公顷建筑面积4.5万平方米。是一家专业从事医疗检验检测仪器、体外诊断试剂及耗材等产品的研发、生产、销售及相关技术咨询服务的现代化高科技企业。是年，全园区有检验检测企业20家，从业人员4500人，检验检测生产总值15亿元，上缴税收1.12亿元。

2011年，湖南继善高科技股份有限公司8万平方米检验检测基地和创业基地投入使用，引进检测认证企业5家，其中院士项目4家，并启动建设约7万平方米物探检测中心、国家工程技术中心。是年，全园区有检验检测企业25家，从业人员4800人，检验检测生产总值21亿元，上缴税收1.24亿元。

2012年，园区基本形成以工程探测、医疗器械、电子信息为代表的检验检测装备产业发展链。园区投入资金5亿元，占地20公顷，开发建设湖南省检验检测特色园区认证总部基地。是年引进中铝华德节能科技总部、长沙市食品药品检验所、长沙恒威热能科技有限公司3家检验检测高科企业。其中中铝华德节能科技总部，项目占地3.33公顷，建筑面积4万平方米，建设环保型水检验检测基地、生产厂房、研发、办公及辅助设施，构建检测装备智造产业发展平台。是年，全园区有检验检测企业28家，从业人员5200人，检验检测生产总值25亿元，上缴税收1.35亿元，分别为园区总产值、从业人员、技工贸总收入、上缴税收的66%、22%、49%、52%。

2013年，检验检测装备产业初具雏形。园区基本形成以工程探测、医疗器械、电子信息为代表的检测装备产业发展链。已聚集了以湖南大学、矿山矿冶为标志的专业研究院所，以黄伯云、何继善、程京、邱定蕃、尹小波等院士为代表的相关领域专家团队，以文泰能源为代表的智能控制一体化生产企业，以爱威科技、比扬医疗为代表的医疗装备企业。拥有检测装备相关发明专利1000余件，国家级、省级重点实验室10家，为检测装备产业发展提供雄厚的技术支持。构建检验检测装备产业研发平台。湖南继善高科技股份有限公司检验检测基地，8万平方米创业基地已投入使用，引进检测认证企业5家，其中院士项目4家，并规划建设约7万平方米物探检测中心、国家工程技术中心。园区引进长沙赛恩斯环保科技园，占地80公顷，投入资金3.1亿元，从业人员161人，年产值8011万元，主要建设重金属废水处理、固体废弃物处理处置、污染修复等技术研发实验室与工程技术中心。公司的有色金属污染治理装备已获批湖南省工程实验室、院士工作站已启动建设。“有色冶炼含砷固废治理与清洁利用技术”荣获国家科技进步二等奖。被评为中南大学产学研合作示范企业、“湖南省两型示范创建单位”、“湖南省高新技术企业”、湖南省“环境服务试点单位”和湖南省环保产业协会副会长单位。2013年11月4日，中共中央总书记习近平参观长沙赛恩斯有限公司重金属废水生物制剂深度净化和回用系统及相关工程技术装备时，高度评价此技术先进、成本低，鼓励进一步加大技术研究和市场推广。中铝华德节能科技总部，项目占地3.33公顷，建筑面积4万平方米，建设环保型水检验检测基地、生产厂房、研发、办公及辅助设施。构建检测装备智造产业发展平台，联东U谷科技加速器第二期规划总用地61.12公顷，总建筑面积106.12万平方米，打造湖南省检验检测装备智造园。一期基础配套建筑面积约10万平方米，已签约引进检测认证企业8家，2016年全面交使用。是年，全园区拥有检验检测企业42家，从业人员7800人，检验检测生产总值30亿元，创利税1.35亿元。

2014年，入驻园区科研企业有湖南博奥医学检验所有限公司、湖南赛奥维物技术有限公司、湖南测智科技有限公司3家检验检测企业。湖南博奥医学检验所有限公司是由博奥生物集团投资湖南区域总部的承载主体，注册资本为2亿元。博奥生物集团是中国基因检测行业的国家队主力，由清华大学控股，程京院士为技术领衔，是第一家以企业模式运作的国家级科研单位，现为国家工程研究中心。博奥生物致力于为生命科学与集成医疗（包括预测、预防和个体化医疗）领域开发和提供创新性技术产品和服务，利用自主创新技术成功开发出生物芯片及相关试剂耗材、仪器设备、软件数据库、生命科学服务、临床检验服务五个系列数十项具有自主知识产权的产品和服务，其中十余项为国际首创，238项专利获全球授权。项目已入驻中南大学科技园孵化器，占地面积为3435平方米，投资5亿元，自主创新的国内外产品注册和认证证书114项，国家技术发明奖二等奖，湖南赛奥维生物技术有限公司是留美博士归国创业项目，注册资本为1500万元，主要从事临床病人基因组的数据分析、病人皮肤来源的人工多能干细胞的制备、再生器官的体外定向分化、疾病早期诊断试剂盒的开发等业务，是一个集研发与检测服务于一体的高科技生物技术公司。公司与美国赛威生物公司（Cellway Bio）共同投资建设美国赛威生物湖南干细胞研发中心。项目投入120万美元建设诊断试剂盒的生产线干细胞研发平台以及抗体测试平台，主要构建分子生物学技术平台、细胞生物学技术平台、蛋白检测平台和实验动物平台4个技术平台。实现生产和经营收入1000万元以上，利税500万元。是年，全园区拥有检验检测企业45家，从业人员8150人，检验检测生产总值32亿元，创利税1.41亿元。

2015年，检验检测认证产业发展迅猛，园区现已聚集检验认证30家。12家检验检测企业相继入园。湖南苏试广博检测技术有限公司注册资金2000万元，是苏州苏试试验仪器股份有限公司控股子公司。主要产品包括各类振动试验设备及其他力学环境试验设备，产品广泛应用于航空航天、电子电器、汽车、轨道交通等领域。湖南苏试广博检测技术有限公司位于岳麓科技产业园内，投资6000万元，占地面积2.06万平方米，主要建设实验室、办公场地和科研研发中心。公司建有国内先进的专业第三方环境与可靠性实验室，具有计量认证证书（CMA）、中国合格评定国家认可委员会（CNAS）实验室认可证书和国防科技工业实验室认可委员会（DILAC）认可证书，试验范围涵盖力学环境与可靠性试验、气候环境与可靠性试验、温度/湿度/振动复合环境试验等产品环境与可靠性试验的主要项目。湖南特传重工科技股份有限公司注册资本为6100万元，是一家专业从事双向逆止高端减速机技术研发以及扭矩与拉力检测服务的公司。公司先后投入近4亿元研发经费，获得5项国家发明专利，牵头参与制定2项国家行业标准，并成功研发具有中国自主知识产权的“动、静态可旋转扭矩综合检测设备”技术，可先后开发1万～400万牛米的动、静态旋转扭矩计量检测设备，一举打破国外同类大扭矩检测设备的垄断地位。在此技术的基础上成功突破日本RV减速机技术，成功研制双向逆止减速机。是年，全园区拥有检验检测企业48家，从业人员8200人，检验检测生产总值33亿元，创利税1.52亿元。

2016年，湖南省检验检测特色产业园建设稳步推进。湖南瑞泰克检测科技有限公司、湖南宏力土木工程检测有限公司、长沙盖亚中南环保科技有限公司、湖南同尚工程设计咨询有限公司、湖南鑫威工程检测有限公司、湖南赛博环保科技有限公司、湖南慧通检验检测有限公司7家公司入园。湖南瑞泰克检测科技有限公司注册资本为200万元，是一家无损检测解决方案提供商，主要致力于常规超声、相控阵超声、TOFD、导波、电磁耦合超声和空气耦合超声等方面超声无损检测及成像技术的应用开发和推广。公司在超声相控阵C扫描成像系统、超声相控阵无损探伤成像多自由度全自动机器人、超声相控阵便携式设备开发等领域拥有国内领先的技术实力。公司产品涉及焊链检测、线材检测、在役检测、石油天然气行业管道无损检测、军工产品无损检测、核电行业关键部件无损检测、航空航天国防部件检测等不同的尖端工业领域，公司年产值1200万元。是年，全园区拥有检验检测企业56家，从业人员8500人，检验检测生产总值36亿元，创利税1.58亿元。

附：重点企业简介

湖南继善高科技有限公司　2002年，湖南继善高科技有限公司是由世界著名应用地球物理学家、中国工程院首批院士之一何继善教授发起成立的一家高科技公司。总投资1.5亿元，征地26.67公顷。在园区建成2.5万平方米集办公、研发、生产及员工公寓为一体的继善科技产业园。注册资金3880万元，拥有专业技术人员58人，主要从事资源勘探类智能仪器、强声定向声波仪的研发、生产和销售；工程地质勘查；工程检测；矿产资源勘探；地球物理信息综合处理解释服务；信息安全服务等业务。年工业产值8000万元，上缴税收450万元。2005年，公司利用控制的矿权、土地资源和新能源技术等组建了继善矿业、继善能源、继善投资和广州继善四家控股子公司。公司年产值929万元，上缴税收580万元,2008年，公司有1个研究院和1个重点实验室，共同承担国家“863”项目、“国家火炬计划项目”、“国家创新基金项目”、国家“十一五”项目等40项，拥有专利36项，

湖南继善高科技有限公司大楼
（供图者：长沙岳麓科技产业园）

其中发明专利16项，公司工业年产值达12000万元，比2005年增长92%；上缴税收820万元，比2005年增长29%。2012年，公司投入资金3.6亿元，建筑面积8万平方米的检验检测基地投入使用，公司年产值1.5亿元，比2008年增长20%，上缴税收1100万元，比2008年增长47%。

湖南中大建设工程检测技术有限公司 2010年，湖南中大建设工程检测技术有限公司落户园区，投资1.2亿元，征地3.33公顷，开工建设建筑面积3.6万平方米工业园场地，正式投产。公司有员工300余人，年产值达1.05亿元，上缴税收829万元。公司拥有交通运输部、水利部、铁路总公司、环保部、农业部、建设厅等14项资质证书，是湖南省试验检测资质齐全、技术实力雄厚的工程检测试验机构。主要从事房建、市政、交通、水利、铁路、食品、农业、环保、军工、特种设备等领域的检验检测、工程勘察和智能监测服务，工地试验室遍布全国各地。2012年，公司成立智能检测研究院，投入每年总收入的15%，并积极与国内外高校广泛开展产、学、研合作，所研发的“智能监测大数据云平台”广泛应用于全

湖南中大检测大楼（供图者：长沙岳麓科技产业园）

国各地地铁工程、高速公路、铁路、桥梁、隧道工程以及环保项目的监测与数据分析中。公司承接京港澳高速、海南三沙市永兴岛综合码头、长沙市轨道交通工程、矮寨大桥、阳江核电站等上万个 工程检测项目。公司年工业产值 1.25 亿元，比 2010 年增长 19%，上缴税收 1066 万元，比 2010 年增长 29%。

赛恩斯环保股份有限公司 2009 年，赛恩斯环保股份有限公司，公司总部及研发中心位于岳麓科技产业园内，公司注册资金 6800 万元，占地面积 4 公顷，建筑面积 2.2 万平方米。有员工 330 多人，其中教授、高工等高级技术人员 70 多人，是一家专业从事重金属污染防治的高新技术企业，年生产力上亿元规模，是年投产运营，年产值达 1200 万元，上缴税收 22 万元。2011 年，公司自主研发的重金属污染治理技术已推广应用于国内 300 多家大中型采、选、冶企业，业务涵盖废水治理与资源化利用、废渣治理与资源化利用、土壤修复、环境咨询、设备制造、环境检测等环保全领域。工业产值达 5000 万元，上缴税收 160 万元。2012 年，公司依托中南大学的人才和技术优势，充分利用“国家重金属污染防治工程技术研究中心”“国家环境保护有色金属工业污染控制工程技术中心”“水污染控制技术湖南省重点实验室”等科技创新平台，致力于重金属污染综合治理。拥有 60 多项国家专利，荣获国家科技进步二等奖、国家技术发明二等奖、环保部环境保护科学技术二等奖、中国有色金属工业科学技术一等奖等重大奖项。是年，工业产值 8000 万元，比 2009 年增长 567%，上缴税收 200 万元，比 2009 年增长 25%。

赛恩斯环保股份有限公司大楼
（供图者：长沙岳麓科技产业园）

◆第六节 文化创意产业

2003 年园区初创，依托中南大学、湖南大学、湖南中医药大学、湖南工业职业技术学院、长沙南方职业技术学院、湖南商业学院等高等院校在学士路创新创业走廊，为大学毕业生创新创业提供场地。文化创意产业有电子商务、互联网交易平台、软件开发、网络信息技术服务、文化传播、广告服务、文化活动的组织与策划等文化创意业务。全年文化创意产业总产值8829万元，上缴税收140万元，从业人员600人。

2005年，入园的文化创意产业企业长沙亿味静环保科技有限公司是集研发、生产、经营和销售为一体的绿色环保公司。经营范围是环保产品研发、环保技术服务、化工产品的研发与销售、室内净化活性炭的销售。公司专业致力于除味产品亿味静快速除味黄金炭。公司所生产的快速除味黄金炭已被众多跨国公司、政府机关、科研院校采用。该产品主要用于家庭，办公楼等的装修除味，汽车除味。选用印度尼西亚优质椰壳为原料，采用国际先进的活化造孔技术，利用活性炭丰富发达的孔隙结构高效吸附甲醛、苯系物、氢、氨、TVOC等有毒有害气体，调节空气湿度，吸除室内异味等。园区全年文化创意企业4家，从业人员1500人，总产值1.2亿元，上缴税收180万元，分别为园区总产值、从业人员、技工贸总收入、上缴税收的11%、18%、10%、7.5%。

2008年，园区文化创意产业发展迅速，优势明显，影视传媒、新闻出版、演艺娱乐、动漫游戏等产业相继入园。3月，文化创意企业湖南网优科技发展有限公司入园，注册资金8068万元，专注于从事互联网+连接智能创新、通信工程技术服务、电子与建筑智能化解决方案和电信运营商增值业务。公司有员工180余人，平均年龄35岁，博士5名、研究生60名，其中研发人员45名，工程服务人员90名。网优公司通过ISO20000、ISO9001、GB/T24001、GB/T28001等体系认证，被认定为高新技术企业。公司拥有动环监控、能耗管理、医疗健康等业务的软件产品著作权15项。5月，松致文化传播有限公司入园。注册资本达3000万元，占地面积1000平方米以上。松致文化传播有限公司是一家以互联网技术为支持，以智能终端显示屏为硬件，以全案策划、全媒体资源整合为主体，构建互联网时代基础产品（服务）的专业营销推广运营媒体公司。是年10月，长沙天年文化产业有限公司入园，公司是湖南省中医药大健康产业、文化产业、茶文化传播的领军企业。其主要产品是“贯香堂”系列高端黑茶、古丈红茶、黄金茶。是年，园区文化创意企业达7家，文化创意产业总产值1.53亿元，上缴税收260万元，从业人员1800人，分别为园区总产值、从业人员、技工贸总收入、上缴税收的6.4%、12%、6%、2%。

2009年，落户园区的湖南蓝海迷迭香生物科技有限公司是国内领先的专业天然抗氧化剂生产商，旗下拥有芬康生物、坪塘香料、蓝海迷迭香基地等多家子公司，集迷迭香种植、天然抗氧化剂提取、应用技术研究、衍生产品开发、高新成果转化及产品检测服务于一体，致力于天然抗氧化剂产品的研究和推广，为食品安全和人民健康尽责。公司在长沙建立占地 333.33 公顷的迷迭香种苗繁育基地，年产迷迭香种苗上千万株，年产迷迭香盆景上百万盆，是中部地区的迷迭香专业化种植企业。是年，园区全年文化创意企业 9 家，从业人员 2200 人，文化创意产业总产值 1.83 亿元，上缴税收 410 万元。

2010 年，湖南四海通达文化传媒有限公司入园。该企业主营增值电信业务、信息服务业务、呼叫中心业务、湖南省信息服务（仅限互联网信息服务业务不含固定网电话信息服务和互联网信息服务）软件开发。公司在园区内投资建设“中南国家数字出版基地四海通达基地”（四海通达数字园），总投资 8 亿元，占地面积 6.67 公顷，总建筑面积 16 万平方米，综合配套区（创新创业孵化区）五大功能区：集数字出版、研发设计、文化创意制作、信息技术服务、体验展示、创新创业等功能于一体的数字出版、文化创意产业园，年产值 5000 万元。是年，园区全年文化创意企业 11 家，从业人员 2600 人，文化创意产业总产值 2.29 亿元，上缴税收 580 万元。

2012 年，园区被长沙市政府评为长沙市文化创意产业示范园区。入园企业长沙太一电子科技有限公司的经营范围是雷达及配套设备、通信设备的制造；电子产品研发；电子产品生产；软件开发；软件技术转让；软件技术服务；集成电路设计；物联网技术研发；机器人开发；卫星导航定位应用系统及软硬件产品研发；无人（飞）机技术的开发；信息系统集成服务；监控系统工程安装服务；智能化安装工程服务；保安监控及防盗报警系统工程服务。园区全年文化创意企业 13 家，从业人员 2800 人，文化创意产业总产值 3.6 亿元，上缴税收 820 万元，分别为园区总产值、从业人员、技工贸总收入、上缴税收的 8%、12%、7%、3%。

截至 2012 年的 11 年中，长沙岳麓科技产业园定位于文化创意产业高地，投入资金 10 亿元，重点建设了 3 万平方千米的岳麓文化创意产业园。引入湖南海普科技有限公司为代表的文化创意企业 13 家，引进 11 个文化创意项目。文化创意产业的渗透力、影响力和辐射力逐年提高。

2014 年，落户园区企业湖南万坤文化传播有限公司的经营范围是广告制作服务、发布服务、国内外代理服务；软件、计算机软件、办公用品、电子产品、服装、监控设备的销售；其他广告服务；广告设计；动漫（动画）经纪代理服务；软件开发；软件技术服务；企业管理咨询服务；文化艺术咨询服务；文化活动的组织与策划；办公用品批发；电子产品生产；电子产品研发；电子产品服务；服装制造；信息系统集成服务；监控系统工程安装服务；安全系统监控服务。是年，入园企业湖南新云网科技有限公司是一家以研发推广透明计算系列产品产业化为核心，专业提供计算机信息系统集成、智慧城市、智慧医疗、智能楼宇、智慧教育等信息化整体解决方案的高新技术企业，主要服务于政府、教育、医疗、运营商、金融等行业客户。经营范围是节能技术开发服务；软件测试服务；环保技术开发服务；信息系统集成服务；信息技术咨询服务；保安监控及防盗报警系统工程服务；楼宇设备自控系统工程服务；计算机技术开发、技术服务；信息电子技术服务；电子产品互联网销售；软件开发；计算机和辅助设备修理。园区全年文化创意企业 260 家，文化创意产业总产值 2.98 亿元，创造税利 8600 万元，从业人员 9120 人。

2015 年 1 月，入园文化创意产业企业长沙尚启文化传媒有限公司，经营范围是文化活动的组织与策划；体育活动的组织与策划；商业活动的策划；专业化设计服务；软件开发；软件技术服务；信息技术咨询服务；电子商务平台的开发建设；摄影扩印服务；学术交流活动的组织；广告设计；导向标识设计；导向标识制作；培训活动的组织。是年 3 月湖南汇网通信息技术有限公司落户园区，注册资本 1600 万元人民币，经营范围是信息技术咨询服务；软件开发；电子产品互联网销售；计算机技术开发、技术服务；信息电子技术服务；计算机和辅助设备修理；一类医疗器械生产；通信终端设备批发；通信终端设备制造；电子产品、计算机软件、一类医疗器械的销售；通信技术、通信产品、网络技术、电子产品、一类医疗器械、通信终端设备的研发；电子产品、通信工程的设计服务。是年，园区全年文化创意企业 280 家，文化创意产业总产值 3.25 亿元，创造税利 9200 万元，从业人员 1.12 万人。

2016 年，园区把文化创意产业作为新兴的朝阳产业，重点发展实力雄厚的文化创意龙头企业，带动动漫、数字媒体等行业整体进步，促进文化与科技、文化与创意、文化与旅游相继的产业发展，打造新的城市名片，带动园区经济快速发展。长沙智能驾驶研究院经营范围是智能产品、汽车动力电池、汽车动力电池材料的生产；智能产品、汽车动力电池、汽车用品、汽车动力电池材料、品牌汽车、新能源汽车零配件的销售；智能化技术、汽车动力电池、电动汽车驱动电机控制系统的研发；智能技术咨询、服务；智能化技术转让；智能化技术服务；汽车动力电池材料的研究；能源技术研究、技术开发服务；汽车维修技术咨询；汽车赛事策划；自营和代理各类商品及技术的进出口，但国家限定公司经营或禁止进出口的商品和技术除外；汽车批发；新能源汽车充电信息化平台开发运营；汽车动力新技术的推广与应用；新能源汽车零配件制造；新能源汽车充电桩运营及技术服务；汽车租赁；汽车相关技术咨询服务；汽车上牌代理服务等。智能网联无人驾驶测试区总投资约18.96亿元，占地规模约66.67公顷，主要建设内容包括桐关桥路、玉学路、长潭西线东辅道、西辅道、智仁路、智雅璐、智达路、智星路8条市政道路和一期场地工程。其中，一期场地呈T字形，包含场内测试道路工程、场内景观及场景工程、强弱电系统及建筑配套工程等。在功能分区上，该项目既囊括国内已有测试区项目的特点，又结合湖南独特的丘陵地貌，重点突出测试区越野性的驾驶体验，主要分为管理研发与调试区、特种车辆无人战车越野测试区、模拟高速公路测试区、乡村道路测试区、城市道路测试区等。园区全年文化创意企业320家，文化创意产业总产值3.8亿元，创造税利9800万元，从业人员1.25万人。

无人驾驶测试区（供图者：长沙岳麓科技产业园）

附重点企业简介

湖南四海通达文化传媒公司 2010年，湖南四海通达文化传媒公司签约入园，投资8亿元，占地面积100公顷，总建筑面积为16万平方米，基地建设总部办公区、研发设计区、文化创意区、体验展示中心、综合配套区等五大功能区，打造国内首个集数字出版、文化创意、信息服务技术服务、体验展示、投融资、孵化、培训、产权交易、资产评估等功能于一体的移动互联数字出版产业园（四海通达数字园）。公司拥有员工52名，采取边建设边营业服务模式，年营业额达364万元，上缴税收14万元，2012年，公司被授予“长沙市首批文化和科技融合示范企业”荣誉称号和荣获国家新闻出版广电总局颁发的“互联网出版许可证”及省文化厅颁发的“网络文化经营许可证”。是年营业额达1522万元，比2010年增长318%，上缴税收60万元，比2010年增长328%。

◆第七节　其他产业

2002年，湖南晚安家居实业有限公司入园，投资5000万元，占地25.33公顷，是第一家进入园区的民营工业企业，也是一家集研发、生产、销售于一体的大型家居企业。公司旗下拥有10余家分子公司,年产值8000万元,产品系列涵盖床垫、真皮及布艺沙发、软床、实木床、实木套房、五金茶几地柜、餐台椅、欧式大款沙发、全屋定制、家纺产品等。员工3000余人，产品畅销华南、华北、中南及长江中下游等20多个省、市、自治区，并远销至欧美、日本、澳大利亚、阿拉伯等国家。晚安家居是“中国家具协会副理事长单位”“中国家具协会软垫家具专业副主任单位”“湖南省家具协会会长单位”。

2004年，长沙天和钻具机械有限公司落户园区，注册资本4286万元，年产值2500万元，是中国钎钢钎具协会单位，与长沙矿山研究院、中南大学等多家科研院所保持长期密切技术合作，主要从事钻具研制，专业覆盖包括金属材料、热处理、硬质合金和机械设计，公司独立研制和开发的深孔凿岩潜孔钻头和超大孔径冲击器处于国际一流水平。是年5月，长沙华信合金机电有限公司，注册资本2600万元。有员工100人，专业工程技术人员15人，厂区面积2万平方米，年生产能力1200万元。经营范围有色金属合金、烘炉、熔炉及电炉的制造。

2005年，湖南省华裕环保科技实业有限责任公司，是经省环保局，省科技厅批准成立的一家环保高科技企业。占地面积3.8公顷，注册资金人民币2300万元，年产值1000万元。公司拥有一批国内著名技术专家和中青年技术专业人员，本科学历占员工总数的80%以上，主营产品有臭氧水、家用臭氧水消毒机、食堂果蔬杀菌消毒机、多功能臭氧消毒机、空气消毒机等环保产品，国内享有盛誉。是年，园区共有其他企业7家，工业企业4家，房地产开发商3家，从业人员1280人，工业总产值3.5亿元，上缴税收1265万元，分别为园区总产值、从业人员、技工贸总收入、上缴税收的33%、16%、29%、53%。

2007年，长沙三和管桩有限公司入园，注册资本9100万元，年产值6000万元。经营范围包括预应力混凝土管桩、水泥制品和其他新型建筑材料的生产、销售；管桩基础施工。

2008年，园区共有其他企业18家，其中，工业企业7家，从业人员1500人，工业总产值4.2亿元，占园区技工贸收入的24%，上缴税收3200万元，分别为园区总产值、从业人员、技工贸总收入、上缴税收的18%、10%、18%、27%。

2009年，捷西实业有限公司入驻园区，占地4.06公顷，有职工500人，捷西橱柜采用世界先进的德国豪迈标准家具生产线，年均生产橱柜可达20万套。是年入驻园区的湖南瑞鹭科技有限公司是一家集新型装饰材料研发、材料、生产、销售、安装、服务于一体的综合性技术企业，拥有多项专利产品，瑞鹭氧碳铝单板幕墙、烤瓷铝单板以及各类铝单板造型单顶材料、铝方通、铝天花等材料综合年产能规模达百万立方米，年产值达7000万元。入园的湖南浦洋节能科技股份有限公司是一家从事专业开发、生产和销售家用太阳能发电系统和太阳能发电机组设备及相关的配套产品的科技企业。公司注册资本8180万元,年产值8000万元。拥有一种带防雷功能的太阳能供电系统等多项专利。11月引进湖南维德科技发展有限公司，主要从事注塑膜、压铸模、五金冲压模、服装珠片模、橡胶模及机械零配件，非标准件精密设计和加、注塑成型加工、超声波焊接加工。是湖南省模具设计与制造学会模具基地和理事单位。

2010年，湖南运通轨道交通设备有限公司于2010年5月31日入园成立，注册资本为2000万元，年生产能力为2100万元，主要经营轨道交通设备及配件的生产和销售；轨道板、混凝土管片、轨枕制造；地铁附属混凝土配件生产。

2011年，湖南达嘉维康医药有限公司落户园区，注册资金3.3亿元，占地面积5.67公顷，办公面积2万平方米，仓储面积1.5万平方米，有员工300多人。是湖南第一家实行冷链国际标准化管理的医药企业。公司以经营新特药为主，尤其是在抗肿瘤用药、移植用药、呼吸系统用药等方面独具特色，经营的品种近4000个，50%为中外合资品种，年销售额达9200万元。长沙市广瑞紧固件有限公司，2011年4月18日入园成立，经营范围包括紧固件制造；计算机技术开发、技术服务；半导体材料产品的批发及技术服务、售后服务；电子技术服务；物业管理；仓储管理服务；货物仓储（不含危化品和监控品）；电子产品、通信终端设备的研发；机械配件、五金机电产品的销售。注册资本1000万元，年产值达1200万元。

2012年1月，联东U谷·长沙国际企业港入园，是岳麓科技产业园引进的重点工业地产建筑企业。企业征地面积68.53公顷，总投资20亿元，总建筑面积116万平方米，分三期建设。项目一期，建成10栋高层厂房和29栋多层厂房及综合配套服务设施，为引进的广绿、宏特等企业。定位为“集高端生产制造、研发设计、中试成果转化、企业总部、产品展示和生产性服务、配套设施于一体的都市型产业集聚地”，主要引进电子信息、生物医药、高新技术、能源环保等高新技术企业。规划建成集标准厂房、企业定制厂房、研发中试楼、服务配套设施、总部办公楼等业态为一体的产业综合体。项目全部建成后可容纳中小企业400多家,年产值将达150亿元以上,创税10亿元以上,可安排就业10000人以上。是年，园区共有其他企业31家，其中工业产业企业15家，房地产企业16家从业人员3800人，工业产值15亿元，上缴税收9800万元，分别为园区总产值、从业人员、技工贸总收入、上缴税收的 34 %、16%、29%、38%。

附重点企业简介

联东 U 谷．长沙国际企业港 联东 U 谷·长沙国际企业港是由北京联东投资（集团）有限公司开发建设，联东集团（LIANDO）创立于 1991 年，经过 20 多年的市场历练，成为集产业园区运营、模板钢结构和投资业务为一体的集团化公司。公司致力于打造产业集聚平台，服务于实体企业成长和地区经济发展。是国内规模最大、产品系列最全、入住客户最多、运营体系最完善的产业园区专业运营商。联东 U 谷·长沙国际企业港项目是岳麓科技产业园 2012 年引进的重点工业地产项目。项目计划占地面积 68.53 公顷，分三期建设，定位为“集高端生产制造、研发设计、中试成果转化、企业总部、产品展示和生产性服务、配套设施于一体的都市型产业集聚地”，主要引进电子信息、生物医药、高新技术、能源环保等高新技术企业。规划建成集标准厂房、企业定制厂房、研发中试楼、服务配套设施、总部办公楼等业态为一体的产业综合体。项目全部建成后可容纳中小企业 400 多家，年产值将达 150 亿元以上，创税 10 亿元以上，可安排就业 10000 人以上。该项目一期竣工建设、二期工程全面启动建设，已签订引进 40 余家规模以上工业、高科企业入驻意向。

联东U谷·长沙国际企业港
（供图者：长沙岳麓科技产业园）

湖南晚安家居实业有限公司 湖南晚安家居实业有限公司，2002 年入驻岳麓科技产业园，是一家集研发、生产、销售于一体的大型家居企业。产品系列涵盖床垫、真皮及布艺沙发、软床、实木床、实木套房、五金茶几地柜、餐台椅、欧式大款沙发、全屋定制、家纺产品等。2005 年公司扩大规模和经营，

湖南晚安家居实业有限公司
（供图者：长沙岳麓科技产业园）

年产值达 8000 万元，上缴税收 600 万元。2010 年 6 月，占地 13.33 公顷，投资 3.5 亿元建设晚安工业园，年生产总值突破亿元大关，上缴税收创千万元，拥有员工 3000 余人，产品畅销华南、华北、中南及长江中下游等 20 多个省、直辖市、自治区，并远销欧美、日本、澳大利亚、阿拉伯等国家。2012 年晚安家居实业有限公司拥有 10 余家分公司。年产值达 1.5 亿元，上缴税收 1500 万元。公司产品多次获得"湖南省名牌产品""湖南省著名商标"称号。

第六篇

科学技术

SCIENCE AND TECHNOLOGY

第一章 科技机构与平台

◆第一节 机构

2002年4月，望城县成立长沙含浦科教产业园。是年，招商引资引入的10个项目中，湖南继善高科技股份有限公司和长沙业翔科技发展有限公司，分别为何继善、刘业翔两位中国工程院院士领衔的高科技公司。园区“科技兴园，招商引智”自此起步。

2008年6月，园区成建制划归岳麓区管辖。2009年3月，长沙含浦科教产业园更名为长沙岳麓科技产业园。是年10月，岳麓区召开科学技术协会第二次代表大会，选举产生岳麓区第二届科学技术协会，著名科学家、中国工程院院士何继善任名誉主席，时任区科技局党组书记、副局长张双武任主席，园区管委会副主任张俊雄任副主席兼秘书长。

2009年10月，岳麓区政府在园区召开建设岳麓科技产业园孵化组团办公会议，组建由区长担任组长、副区长和园区管委会主任担任副组长的领导小组；明确组团范围及打造平台、制定政策，联合大学科技园重点引进周边院校科技含量高、成长性好的中小型孵化企业入园创业。

2010年9月，园区获湖南省科技厅授牌的省科技成果转化基地。是年，园区成立以管委会主任周浩波任组长、副主任罗政任副组长、其他管委会成员任组员的科技成果转化领导小组，制定工作职责，为科技成果转化企业提供全方位服务。园区以招商产业处为依托，专门在大学科技园、继善高科分别设立产学研办公室、孵化器管理办公室，明确各办公室职责，协调工作。

2013年，长沙市编委批准成立岳麓工业集中区管理委员会，下设经济发展局、招商合作局、国土规划局等7个局室。经济发展局分设统计站、安监分局、环保站、企业服务中心，由专人负责统计、科技、知识产权、安监、环保等工作。经济发展局对接入园企业，具体负责编制园区科技、产业发展规划并组织实施；负责入园企业的跟踪协调服务工作；负责园区经济数据统计和绩效考核经济工作的协调；负责园区产业优惠政策制定、审核和落实；负责国家和省、市重大项目及专项拨款的申报；负责专业园区、特色基地的申报；负责园区孵化基地管理工作；负责企业科技创新、知识产权等有关工作；负责入园企业安全生产、环境保护等工作。

2015 年，长沙岳麓科技产业园着力打造服务型园区，利用互联网技术进一步优化园区企业服务环境，以园区服务外包系统为基础，建立园区内部审批系统（OA 系统及掌上 APP）、企业服务评价系统和联合审核体系，并将服务平台接入市区政务平台端口，实现市、区、园区审批系统的互联互通，加快审批事项办理进度，建设“一站式”企业服务平台。园区整合政务中心、生产力促进中心，成立 500 平方米的园区企业服务中心，设置发改、经信、住建等部门业务办事窗口 16 个，全面承接市、区下放的涉企行政审批权限，打通企业服务的“最后一千米”“最后一步路”。同时，园区联动岳麓山国家大学科技园创业服务中心、麓山科技风险投资公司等创业服务载体，依托长沙市技术产权交易中心、风雅颂知识产权公司等机构，引进长沙银行、湘江新区农村商业银行、长沙智芯高科技创业投资有限公司等科技金融机构，以及律师、会计师、知识产权财务咨询、管理咨询、科技咨询等科技服务机构 10 多家，有效构建科技创新服务体系，为企业提供全方位的创新创业服务。

◆第二节　科技平台

2002 年，园区初创。4 月，中共望城县委、县政府发文成立“院士（博导）科技产业园”，以推进长沙含浦科教产业园与岳麓山大学城的产业对接和人才、信息交流，并为大学城院士、博导的产业孵化、科研成果转化提供规划用地 100 公顷，建设享受国家、省、市规定的各项优惠政策的孵化器和成果转化基地，在园区建立起第一个科技研发平台。

2004 年，经湖南省科技厅批准，由中南大学建立“有色资源与地质灾害探查湖南省重点实验室”工作平台。

2007 年，长沙市经济委员会认定，湖南继善高科技有限公司为“企业技术中心”。

2009 年，环保部批准长沙赛恩斯环保科技有限公司，建立“国家环境保护有色金属工业污染控制工程技术研究中心产业化基地”。

2010年9月，湖南省科学技术厅批复，同意长沙岳麓科技产业园建立“湖南省科技成果转化基地”。是年12月，长沙市科学技术局批准继善高科为“长沙市资源勘探工程技术研究中心”。

2012年，园区企业长沙赛恩斯环保科技有限公司，获科技部批准建立“国家重金属污染防治工程技术研究中心产业化基地”；是年，省科技厅批准湖南省中医药大学建立“湖南省中药不良成分快速检测及脱除工程技术研究中心”；是年8月，园区获湖南省发展开放型经济领导小组批准成为“湖南省服务外包示范区”。

2013年，经省科技厅批准，园区依托湖南中医药大学建立起“湖南省中药活性物质筛选工程技术研究中心”；是年7月，获长沙市文化体制改革和文化产业发展领导小组批准，成为“长沙市首批文化产业示范园区”。

2014年，省发改委批准爱威科技股份有限公司，在园区建立“医学显微镜检测自动化”服务平台；是年，省发改委批准园区依托湖南中大建设工程检测技术有限公司，建立“工程安全与地质灾害智能检测湖南省工程研究中心”。

2015年1月，长沙市科协批准湖南继善高科技有限公司建立“湖南继善高科院士工作站”；是年3月，中国有色金属工业协会批准长沙赛恩斯环保科技有限公司成立“中国有色行业污染治理与装备工程技术研究中心”；是年5月，省发展改革委批准长沙赛恩斯环保科技有限公司建立“有色重金属污染治理装备湖南省工程实验室”；是年8月，中国有色金属工业协会、省环保厅分别授予长沙赛恩斯环保科技有限公司“湖南有色行业重金属污染治理技术与装备工程技术中心”；是年12月，省科技厅、省科协批准长沙赛恩斯环保科技有限公司建立“湖南省院士专家站”。

2016年，园区与中南大学共建中南大学科技园（研发）总部，是年完成近3万平方米建筑主体，对接意向入驻科研企业40余家；是年2月，省科技厅、省科协批准入园企业湖南网数科技有限公司建立“湖南省院士工作站”；是年4月，国家认监委同意园区申报创建“国家检验检测认证公共服务平台示范区”；是年5月，省发改委、科技厅、经信委、省财政厅联合发文，授予园区“湖南省检验检测特色产业园”；是年11月，省发展和改革委批准园区为“湖南省服务业示范集聚区”，主导产业为检验检测认证服务。

园区企业科技研发平台一览表

表6—1—1—1

序号	平台名称	依托单位	批准部门	取得时间（年）
1	湖南省干细胞工程技术研究中心	中南大学生殖与干细胞工程研究所	省科技厅	2001
2	有色资源与地质灾害探查湖南省重点实验室	中南大学	省科技厅	2004
3	企业技术中心	湖南继善高科技有限公司	市经信委	2007
4	国家环境保护有色金属工业污染控制工程技术研究中心产业化基地	长沙赛恩斯环保科技有限公司	环保部	2009
5	国家重金属污染防治工程技术	长沙赛恩斯环保科技有限公司	科技部	2012
6	研究中心产业化基地	湖南省中医药大学等	省科技厅	2012
7	湖南省中药不良成分快速检测	湖南中医药大学	省科技厅	2013
8	及脱除工程技术研究中心	爱威科技股份有限公司	省发改委	2014
9	湖南省中药活性物质筛选工程	湖南中大建设工程检测技术有限公司	省发改委	2014
10	技术研究中心	湖南继善高科技有限公司	市科协	2015
11	医学显微镜检测自动化	长沙赛恩斯环保科技有限公司	中国有色金属工业协会	2015
12	工程安全与地质灾害智能检测	长沙赛恩斯环保科技有限公司	省发改委	2015
13	湖南省工程研究中心	长沙赛恩斯环保科技有限公司	中国有色金属工业协会	2015

续表6—1—1—1

序号	平台名称	依托单位	批准部门	取得时间(年)
14	湖南继善高科院士工作站	长沙赛恩斯环保科技有限公司	省环保厅	2015
15	湖南省院士专家站	长沙赛恩斯环保科技有限公司	省科技厅 省科协	2015
16	湖南省院士工作站	湖南网数科技有限公司	省科技厅 省科协	2016

园区企业承担的部分重点科研课题情况表

表6—1—1—2

序号	企业名称	课题名称	下达部门	时间(年)
1	湖南中大建设工程检测技术有限公司	基于WSN和BOTDR技术的ZD2000地质灾害预防系统及设备研发	省科技厅	2014
2	湖南继善高科技有限公司	频率域激电法测井关键技术及应用研究	省科技厅	2014
3	湖南继善高科技有限公司	深部金属矿勘探装备关键技术研究及应用	科技部	2015
4	湖南继善高科技有限公司	深海勘探及高精度传感装备的研发	省科技厅	2015
5	湖南中大建设工程检测技术有限公司	工程安全与地质灾害智能检测湖南省工程研究中心	省发改委	2015
6	湖南中大建设工程检测技术有限公司	智能传感器及多源信息融合技术在智能交通领域的应用研究与开发	市科技局	2016
7	长沙赛恩斯环保科技有限公司	湘江流域重点有色冶炼企业铊污染防治关键技术集成与示范	省科技厅	2016
8	长沙赛恩斯环保科技有限公司	含铊重金属废水深度处理工艺研究	省环保厅	2016
9	长沙赛恩斯环保科技有限公司	电渗析在污酸废水治理中的应用研究	省环保厅	2016

园区院士创办（领办）的高科技企业一览表

表6—1—1—3

企业名称	院士姓名	转化的重大科技成果	授予机关及时间
湖南继善高科技有限公司	中南大学 何继善院士	地球物理探测类智能仪器研发及生产	长沙市人民政府 2015年12月7日
湖南特传重工科技有限公司	中南大学 黄伯云院士	双向逆止高端减速机技术动、静态可旋转扭矩综合监测设备研发	
长沙博奥医学检验所有限公司	中南大学 黄伯云院士	基因检测	
湖南新云网科技有限公司	清华大学 程京院士	“透明计算”	
湖南提奥信息技术有限公司	中南大学 张学尧院士		
长沙赛恩斯环保科技有限公司	北京矿冶研究院 邱定蕃院士	环境工程检测	省科技厅、省科协 2015年12月
湖南网数科技有限公司	清华大学 李幼平院士	大数据交易	省科技厅、省科协 2016年

第二章　科技引进与人才引进

◆第一节　科技引进

2002年，望城县委、县人民政府决定成立长沙含浦科教产业园，利用毗邻岳麓山大学城的区位优势和土地资源优势，把引进科学技术和科技人才作为实现融城强县战略目标的重大举措。1月湖南中医学院新校区签约入驻。引进中医药科研平台68个，中医药研发获奖成果117项，其中获国家科技进步二等奖1项，湖南省科技进步一等奖2项，中华中医药学会科学技术奖一等奖2项，古汉养生精、四磨汤等中药传承创新品种72个。引进入驻的湖南工业职业技术学院获得国家专利139项。3月，湖南继善高科技有限公司签约入驻，引进"国家'863'项目""国家火炬计划项目""国家创新基金项目"40多项科研课题，产品拥有专利36项，其中发明专利16项。另外具有自主知识产权的主要产品有堤坝管涵渗漏探测系统、火焰探测报警系统、双频道激电仪、伪随机双向复合波理疗仪、指纹识别系统等科技成果。4月，长沙业翔科技有限公司签约入驻，引进园区的主导产业"现场总线型智能控制系统"在全国铝电解行业占50%市场份额；引进有大型预焙铝电解厂管控一体化、铝电解智能模糊控制机、多种类型的氢氧化铝产品、金属泡沫材料等科技成果，其中2项产品获得国家重点新产品称号，1项获得国家科技进步二等奖、1项省部级科技进步一等奖和2项省部级科技进步二等奖。5月，湖南晚安家居实业有限公司签约入驻，引进其先进的沙发床垫制造技术，该公司的沙发床垫是湖南省名牌产品，并获湖南著名商标称号。

2003年，引进湖南春光药业中药饮片有限公司超微饮片技术成果、湖南科创高新工程检测有限公司7项国家专利技术成果。2004年，引进长沙天和钻具机械有限公司的深孔凿岩潜孔钻头和超大孔径冲击器生产技术处于国际一流水平。引进长沙华信合金机电有限公司的DC系列高强高耐磨凿岩硬质合金项目，被列为市科技重大专项。

2005年1月，引进湖南新王码环境科技有限公司14项薄型地暖的外观设计、实用新型等国家专利，王码产品中冷热源新技术研发课题被纳入国家“863计划”科研项目。6月，引进天野电子科技有限公司微型电动汽车的研发和生产技术。

2006年，引进湖南恒毅科技发展有限公司应用软件开发和智能建筑弱电系统集成技术成果。2007年8月，引进湖南斯德尔特泵有限公司研发的导轴承润滑封闭水循环系统、新型防反转中开泵、长轴泵新型套筒联轴器等5项科技成果。

2008年7月，引进长沙赛恩斯环保科技有限公司的“铜冶炼污酸治理与资源化新工艺及装置”“生物制剂多基因协同氧化技术及在有色金属矿采选废水处理中的应用”“重金属污酸废水资源化回收方法及装置”“含砷废水的处理装置”“重金属污酸废水资源化回收装置”等科技成果。10月，引进湖南网优科技发展有限公司的计算机软、硬件及其配套产品和网络信息系统技术开发与集成等科技成果。12月,引进长沙比扬医疗科技有限公司的“用于呼吸机数据测量的装置”“Epworh嗜睡量测量装置”“呼吸面罩前额支撑及具有该支撑架的呼吸面罩”等科技成果及新型智能数字呼叫系统、医院护理管理软件、注输液原系列和天创呼吸机系列产品生产技术，天创呼吸机产品达到国际先进水平。

2009年4月,湖南致力工程科技有限公司签约入驻,拥有工程试验检测、监测、检测设备研发与制造等技术成果。5月，湖南希杰斯建材科技有限公司签约入驻，5项环保建材发明专利。10月，湖南省宏尚土木工程检测有限公司签约入驻，具有“一种保温混凝土空心砌块”实用新型专利技术成果。湖南浦洋节能科技股份有限公司签约入园，引进具有防雷功能的太阳能供电系统生产技术成果。

2010年，省科技厅授予园区“湖南省科技成果转化基地”。2月，湖南中大建设工程检测科技有限公司签约入驻，引进“轨道沉降安全监测系统”“ZD桥梁工程远程监测预警系统”“治理含六价铬废水的方法”等技术成果，及“ZD2000数字化工程监测安全预警平台”“第三方农产品公共检测服务平台”等检测技术。6月,湖南致极网络科技股份有限公司签约入驻,具有“串口转以太通信系统”“可兼容多种芯片的硬件电路结构及具有该电路结构的电器设备”“插卡式内置网络模块”等实用新型专利技术成果。10月湖南爱威医疗科技有限公司签约入驻，引进其研发的“图像处理方法和装置”“机器视觉技术在显微镜形态学镜检中的应用”“智能显微镜形态学检验技术”等重大科技成果，填补国际、国内显微镜形态学自动镜检技术空白，居世界领先水平。引进长沙赛维能源科技有限公司的环保高能电极、电芯、电池材料和电池管理系统的研发、制造等高新技术。

2012年，长沙恒威热能科技有限公司、中铝华德节能科技总部、湖南大麓科技有限公司、湖南太一电子科技有限公司、湖南医枢亚网络科技有限公司5家高科技企业入驻园区。其中长沙恒威热能科技有限公司获批科技部国家高新技术企业，引进其化石燃料制备、高效燃烧和燃烧尾气治理等多项技术成果。

截至2012年12月，引进科学技术企业26家，其中国家级高新科技企业15个。引进科学技术（高新先进生产技术）项目186项。

2013年，建筑工程产业领域企业中铁城建集团有限公司入驻园区，从事工业与民用建筑、市政工程、铁路工程、公路工程、轨道交通工程、机电设备安装、园林及环保工程的施工，以及建筑装饰装修、建筑幕墙、建筑智能、建筑消防的设计与施工等。是年，经省科技厅批准，园区依托湖南中医药大学建立起“湖南省中药活性物质筛选工程技术研究中心”；7月，获长沙市文化体制改革和文化产业发展领导小组批准，成为“长沙市首批文化产业示范园区”。是年，引入科学技术企业42家，科研项目75个，科研产值14.5亿元。

2014年，湖南继善高科技有限公司获得湖南省科学技术杰出贡献奖。是年11月，湖南爱威医疗科技有限公司获得第十六届中国专利优秀奖。是年12月，湖南继善高科技有限公司获得中国有色金属工业科学技术奖一等奖。是年，省发改委批准爱威科技股份有限公司，在园区建立“医学显微镜检测自动化”服务平台；是年，省发改委批准园区依托湖南中大建设工程检测技术有限公司，建立“工程安全与地质灾害智能检测湖南省工程研究中心”。是年，引入科学技术企业48家，科研项目84个，科研产值15.8亿元。

2015年，园区本土龙头企业中大检测、赛恩斯环保、继善高科等。湖南继善高科技有限公司拥有中国工程院院士4人、中国科学院院士1人，承担国家项目40多项，拥有30多项国家专利，是全国物探检测领军企业；1月，湖南文泰能源科技有限公司获得长沙市智能制造试点示范企业称号，湖南爱威医疗科技有限公司荣获湖南省技术发明奖二等奖，长沙赛恩斯环保科技有限公司荣获环境保护科学技术二等奖。长沙市科协批准湖南继善高科技有限公司建立“湖南继善高科院士工作站”；3月，中国有色金属工业协会批准长沙赛恩斯环保科技有限公司成立“中国有色行业污染治理与装备工程技术研究中心”；5月，省发展改革委批准长沙赛恩斯环保科技有限公司建立“有色重金属污染治理装备湖南省工程实验室”；8月，中国有色金属工业协会、省环保厅分别授予长沙赛恩斯环保科技有限公司“湖南有色行业重金属污染治理技术与装备工程技术中心”；12月，省科技厅、省科协批准长沙赛恩斯环保科技有限公司建立“湖南省院士专家站”。是年，引入科学技术企业 52 家，科研项目 110 个，科研产值 21.5 亿元。

2016 年，园区建设 5 万平方米孵化器、3.33 公顷加速器、10 公顷研发总部和 100 公顷产业转化基地工程需要，集中投资 10 亿元，与中南大学共建中南大学科技园（研发）总部。该宗用地 5 万平方米，总建筑面积 8 万平方米，主要建设企业孵化楼、科技服务楼及研发办公楼，共 7 栋建筑。是年，完成 5 栋建筑，总建筑面积 5.77 万平方米。中南大学科技园（研发）总部项目得到了省、市、区领导和中南大学的高度重视和支持。省、市领导杜家毫、陈向群、易炼红、胡衡华先后赴实地考察调研中南大学科研总部。园区对接意向入驻中南大学校友企业 120 家，其中中南大学项目 76 家，其他高校项目 44 家，两院院士项目 5 家，技术合同交易额 8.29 亿元，科技成果转化产值 30 亿元。园区 3 个院士研发实验工作站签订产学研战略合作，吸引何继善、黄伯云、张学尧、程京、邱定蕃、李幼平 6 位院士及其团队创办和领办的 7 家高科技企业，吸引海外留学人员、博士、硕士等高校师生创新项目 100 余个入园落地，成为最新的科技成果孵化、转化、产业化重要基地。园区科研成果转化申报获批科研专利 580 项。科技成果转化获国家、省、市创新发展发明进步奖 15 项。是年，湖南爱威医疗科技有限公司获得第五届中国创新创业大赛优秀企业称号。获得第十九届中国专利优秀奖；湖南爱威医疗科技有限公司荣获湖南专利奖一等奖。是年，长沙赛恩斯环保科技有限公司荣获中国有色金属工业科学技术奖一等奖；是年，中南大学与赛恩斯环保公司研发的重金属废水生物制剂深度处理与回用新技术荣获国家技术发明二等奖。是年，院士张尧学领衔的“透明计算”技术，荣获国家自然科学研究成果奖一等奖；院士柴立元领衔的重金属废水处理与回用新技术，荣获国家技术发明二等奖。省科技厅、省科协批准入园企业湖南网数科技有限公司建立“湖南省院士工作站”；国家认监委同意园区申报创建“国家检验检测认证公共服务平台示范区”；省发改委、省科技厅、省经信委、省财政厅联合发文，授予园区“湖南省检验检测特色产业园”。是年，引入科学技术企业 62 家，科研项目 130 个，科研产值 30 亿元。

◆第二节　科技人才引进

2002 年，园区起步招商注重引智。对入园领军人才在住房安家、配偶工作安排，子女入园入学以及科研办公、实验场地用房诸问题给予免费或减免收费等优惠政策。4 月 4 日，中共望城县委、县政府印发《关于成立“院士（博导）科技产业园”的决定》，在含浦科教产业园区内设立院士（博导）科技园，为人才引进铺路搭台。

引进三所高等院校。以湖南中医学院（河西新校区）为首的中医药学科拥有一批国家级中医诊断学、中医内科学等学科领军人物国医大师 8 名，专任教师 736 人，其中副高以上职称 401 人，博士生导师 48 人，硕士生导师 141 人，正教授 138 人。湖南工业职业学院和长沙南方职业学院，副高职称教师 238 人，教授（含客座教授）25 人，国家级教学名师 1 人，省级教学名师 3 人。引进 2 家高科技企业，湖南继善高科技有限公司是湖南首席科学家何继善领军的团队，拥有专业技术人员 55 人，中国工程院院士 1 人，博士生导师 14 人，教授 20 人，博士生 20 人。长沙业翔科技发展有限公司，是中南大学院士刘业翔学术团队组建的一家实业有限公司，有中高级职称骨干 39 人。2003 年，湖南科创高新工程检测有限公司，长沙户外气体照明镇流器公司等 2 家公司集聚科技人才 268 人，其中高级职称教授 26 名，中级职称工程师、经济师 140 名，中级以上技师等技术人员 102 名。2004 年，入园项目引进专业技术人员 214 人，其中高级职称 34 人，中级职称 180 人。2005 年入驻的湖南新王码环保科技有限公司有员工 120 人，其中正高以上科研技术人员 89 人，中级职称 31 人。2006 年，引进各类专业技术人才 261 人，高级职称 21 人，中级职称 240 人。2007 年，随着国家高新技术企业湖南斯德尔特泵有限公司进入，园区引进各类专业技术人才 208 人，高级职称 82 人，中级职称 126 人。

2008 年，园区文化创意产业，孵化器产业发展迅速，引进各类科技人员 884 名，其中院士 1 人，高级职称 82 人，中级职称 802 人。2009 年，园区引进中国工程院院士 1 人，专家级顾问 4 人，高级职称专业技术研发人员 45 人，中级职称 242 人。

2010 年，园区引进各类科技人员 980 人，高级职称 88 人，中级职称 892 人。2011 年，园区制定《长沙岳麓科技产业园人才招聘实施方案》，面向社会公开招聘 28 名专业技术人员，其中高级工程师、高级会计师、高级预算师、高级审计师共 4 人，中级专业技术人员 24 人。是年，园区引进各类专业技术人员 1200 人，高级职称 85 人，中级职称 1192 人。

2012 年，园区科研企业引进高科技人才达 1500 人，其中高级职称 564 人，中级职称 931 人。截至 2012 年 12 月，园区各企业累计引进各类科技专业人才 7637 人，其中院士 3 人，国医大师 8 人，高级职称 2150 人，中级职称 5476 人。

2013 年，检验检测装备产业初具雏形。园区基本形成以工程探测、医疗器械、电子信息为代表的检测装备产业发展链；以湖南大学、矿山矿冶为标志的专业研究所，以黄伯云、何继善、程京、邱定蕃等院士为代表的相关领域专家团队，以文泰能源为代表的智能控制一体化生产企业；以爱威科技、比扬医疗为代表的医疗企业，拥有检测装备相关发明专利 1000 余项，国家级、省级重点实验室 10 家，湖南继善高科技股份有限公司检验检测基地建成，赛恩斯环保科技园落成。是年，园区科研企业引进高级科技人才4500人。其中，两院院士4名，高级职称564人，中级职称3935人。

2016年，园区获得省发改委、科技厅、经信委、财政厅联合发文授予“湖南检验检测特色产业园”，园区聚集检验认证科技企业30家，中南大学科技园（研发）总部5栋建筑，总建筑面积5.77万平方米，企业孵化楼、科技服务楼、研发办公楼落成，成立3个院士工作站。中国工程院院士张尧学、李幼平创办和领衔的高科技企业入园，海外留学人员、博士、硕士等高校师生创新项目100余个入园落地。是年，园区企业引进科技人才6200人，其中两院院士4人，高级职称680人，中级职称5516人。截至2016年12月，园区各企业引进各类科技专业人才2.1万人。其中，院士12人，高级职称2732人，中级职称1.31万人。

第三章 知识产权与孵化企业

◆第一节 知识产权保护

2002年2月，园区协助湖南斯德尔特泵有限公司申报实用新型专利1项，获得省科委扶持资金20万元，园区给予专利发明人奖励3000元。2004年6月，园区湖南继善高科技有限公司办理申报实用新型专利一项，获得省科委扶持资金20万元，给予专利发明人奖励3000元。2005年，园区协助中南大学科技孵化基地申报实用新型“内燃机械增压器”一项，协助申报湖南继善高科技有限公司发明专利一项，获得园区无偿资助和贷款贴息20万元。2006年，湖南继善高科技有限公司——中国工程院院士何继善为首的科研团队，研发的“激发极化测量斩波区藕器”“一种低电场伪随机三频地电响应测量装置”“一种可编程伪随多频信号芯片”3项科研成果，获国家创新扶持资金60万元，获长沙能源办专项扶持资金40万元。园区给予发明专利人员奖励5万余元。2007年8月，园区协助湖南中医药大学教授申报两项发明专利，获得省科委奖励金额20万元，园区再给予专利发明人奖金3万元。是年10月，园区协助湖南继善高科技有限公司成功申报两项发明专利。是年，湖南继善高科技有限公司获批湖南省经信委“企业技术中心”，并成功引入高科技研发资金2000万元。是年，湖南继善高科技有限公司研发项目荣获国家科技进步二等奖，国家奖励400万元，荣获国家技术发明二等奖，国家奖励400万元。

2008年，园区协助湖南继善高科技有限公司申报4项发明，外观设计专利。协助中南大学孵化基地申报3项发明专利。园区给予两个科技企业7项发明、实用新型专利无偿资助和贴息贷款40万元。

2009年，长沙赛恩斯环保科技有限公司获批科技部“国家环境保护有色金属工业污染控制工程研究中心产业化基地”，园区给予企业扶持基金奖励20万元。

对湖南省宏尚土木工程技术有限公司、湖南继善高科技有限公司 3 项发明、实用新型专利 3 项给予无偿资助 2 万元。

2010 年，湖南继善高科技有限公司获批长沙市政府“长沙市知识产权优势培养企业”称号，园区奖励企业扶持基金 20 万元。是年，园区协助湖南继善高科技有限公司申报 3 项发明专利，中南大学科技园“生物制剂直接深度处理重金属废水的方法”等 3 项发明专利，园区给予发明专利奖 2 万元。

2011 年，园区高科技企业湖南继善高科技有限公司、长沙仲腾金属材料科技有限公司、湖南中医药大学研究院、中南大学科技园等 20 家机构申报外观设计、实用新型、发明专利计 16 项。全年园区企业获技术改造引导资金 60 万元，科技创新扶持资金 20 万元。湖南中医药大学研究院“一种具有抗肿瘤活性的蜈蚣提取物及其制备方法”“中医药科普系列丛书”发明专利获得同行高度评价。是年，入园高科技企业长沙赛恩斯环保股份有限公司荣获中国有色金属工业科学技术奖一等奖，获国家科学奖励 500 万元，获园区贷款贴息 40 万元。

2012 年，园区协助申报长沙赛恩斯环保股份有限公司、湖南斯德尔特泵有限公、湖南致极网络科技股份有限公司 3 家科技企业，申报 20 项实用新型国家专利获批，园区给予国家专利奖励金 40 万元。长沙赛恩斯环保股份有限公司荣获中国环境保护科学技术奖，获国家级科学奖励 400 万元。

至 2012 年的 11 年中，园区科技产业在研科学技术项目 480 项，获得科技成果 138 项。其中，国家重点新产品奖 12 项，发明专利 60 项，软件著作权 12 项，自主知识产权项目累计 1256 件。

◆第二节　孵化企业转化

2005 年，长沙含浦科教产业园开始科技成果孵化转化。是年，园区共有孵化面积 32295 平方米，引进孵化企业 20 余家，转化成果 180 项。

2006 年，园区积极推进区校合作，明确区校合作职责建立区校合作工作机制，与中南大学、湖南大学、湖南商学院、湖南中医药大学、湖南工业职业技术学院、长沙南方职业学院等签订合作机制，搭建高校面向园区和社会对接综合服务平台。是年，引进高校成果转化项目 24 个，转化成果 240 项。

2008 年，园区新增科技成果转化和创新企业 26 家，引进创业团队 12 家，创业人才 120 人，带动就业 1200 人。科技成果转化 12 项，其中湖南新王码环境科技有限公司孵化转化的“超尊地暖走向保温板、地暖分水器”等 4 项科技成果获省、部级外观设计、实用新型专利证书。

2010 年 9 月，园区被省科技厅批准为第一批湖南省科技成果转化基地，长沙岳麓科技产业园孵化基地，建筑总面积 5.6 万平方米，总投资 3.5 亿元，引进孵化企业 100 余家。基地分为：孵化基地Ⅰ：位于园区管委会大楼及裕丰园小区二楼商务中心，面积约 8000 平方米，先后有 20 家企业进入孵化基地，年产值达 1.5 亿元；孵化基地Ⅱ：包括麓山和苑 2000 平方米和江山帝景 3000 平方米场地，引进孵化企业 15 家。孵化基地Ⅲ：位于管委会大楼东西两侧，萃程科技和天聿·金领汇大楼建筑面积 2 万平方米，上城国际广场建筑面积 2.3 万平方米的孵化基地，引进 50 家以上的孵化企业，有继善高科、中大检测、赛恩斯环保、宏尚检测、比扬医疗 5 家企业在园区购地产业化，促进科技成果转化。园区成立风险投资公司，年提供 1000 万元，以风险投资的形式支持孵化企业发展。全面启动孵化器项目招商。

2012 年，园区出台《岳麓科技产业园关于高校科技成果孵化基地企业入驻扶持的暂行办法》，园区安排 100 万元区校合作专项资金，用于支持大学科技园公共服务平台建设、创业服务和科技企业培育。配套支持资金以及财政税收地方所得部分 50%，统筹设定扶持基金，区校共同成立基金管理委员会，负责资金的管理、运作和使用。项目用地按照岳麓科技产业园用地对外价格优惠 20%，科技成果孵化基地实施办公场地租金补贴，本科生、硕士生、博士、副教授、教授获国家技术发明一等奖，国家科技进步一等奖的项目或院士领衔的创业项目，给予三年期内办公场地 50% 的实际租金补贴。实施新产品开发和技术改造贷款贴息，贴息额度根据不同创业项目，分别有 10 万 ~50 万元的额度。研发机构：获批为国家、省级技术中心、工程中心、实验室等创业创新平台，或在园区建立博士后工作站点、院士工作站点的企业，园区给予其一次性扶助 20 万元。税收贡献奖：进入孵化基地前 3 年内，累计缴纳税收园区实得部分超过 100 万元的企业，园区给予其 20 万元奖励；超过 500 万元的，给予其 100 万元的奖励。创立品牌奖：企业获批中国驰名商标、国家质量奖，获得称号的当年，给予其一次性奖励 50 万元。是年园区组织科技成果孵化企业、项目的入驻筛选入驻企业 52 家，清华大学程京院士的博奥医学检验项目落户园区。全年申报创新创业资金等各类扶持资金 310 万元，提供免费办公用地 1.2 万平方米，减免租金 120 万元。截至 2012 年，园区组织、指导企业申报各级科技项目扶持资金累计 2.4 亿元。园区注册企业 168 家，其中孵化企业 128 家、大学生创业企业 40 家，累计转化科技成果 680 项。

第七篇 财政 融资 税务 审计

FINANCE, FINANCING, TAXATION AND AUDIT

第一章 财 政

◆第一节 机构

2002 年 4 月，长沙含浦科教产业园为望城县政府派出机构，正科级事业单位，对园区实行统一领导、统一开发和统一管理，园区设立党的工作委员会和行政管理委员会，管委会设主任 1 名，副主任 2 名。内设机构按县编委批复配置，定编 10 名。工作经费列入财政预算，实行会计委派。园区项目资金和经营收入在县财政结算中心设立专户，接受审计。相关政策是园区新引进企业投产后创造的县级税收 60% 进入园区财政。引进项目土地开发县级税费，由县财政列收列支，全部用于园区的自身建设和发展。园区内的土地开发项目协议用地每平方米提留 2 元。拍卖用地每平方米提留 4 元。按属地分别给坪塘镇、含浦镇做工作经费。

2003 年 1 月，长沙含浦科教产业园下属国有独资长沙含浦科教产业园开发建设有限公司成立，注册资本 2100 万元，主要负责园区基础设施建设、房地产开发及土地整理。

2004 年 1 月，园区内设机构增设财务管理处，明确 1 名财务处负责人。

2005 年 10 月望城县政府办公室印发《长沙含浦科教产业园管理委员会智能配置、内设机构和人员编制规定》文件，规定科教园 6 项主要职责、4 个内设机构。园区聘任 2 名财务人员为园区雇员，财务管理人员增至 6 人。

2008 年 6 月，湖南岳麓经济开发有限责任公司划归并入园区，为园区平台公司，注册资金 1.2 亿元，经营范围包括企业管理咨询；城乡基础设施建设；土地整理、复垦；工程项目管理服务；工程技术咨询服务；为创业企业提供创业管理服务。2008 年 6 月，长沙含浦科教产业园由望城县成建制划归岳麓区管辖。

2009 年 3 月，岳麓区机构编制委员会印发《关于长沙含浦科教产业园更名为岳麓科技产业园的通知》。园区更名后，内设机构明确设置长沙岳麓科技产业园财政分局，9月，长沙市人民政府下发《关于进一步明确长沙岳麓科技产业园的优惠政策的通知》，明确规定岳麓科技园在开发建设过程中享受以下优惠政策：岳麓科技园内项目在征地过程中用地管理费按政策标准收取后，50% 部分返还给岳麓科技园；在现行政策条件下，岳麓科技园内的土地出让收入中，土地出让金在扣除农土资金、征地拆迁补偿调节资金和土地出让手续后，金额（69% 部分）返还给岳麓科技产业园；土地出让中产生的增值部分的市级所得金额返还给岳麓科技产业园；对于在岳麓科技产业园内收取的城市基础设施配套费，按政策标准收取后，全额返还岳麓科技产业园。

2010 年 2 月，长沙含浦科教产业园开发建设有限公司注册资本由 2100 万元增至 5000 万元。出资人为长沙岳麓科技产业园。

2012 年，长沙岳麓科技产业园升级为省级园区，园区机构升级为副县级。长沙含浦科教产业园开发建设有限公司注册资本由 5000 万元增至 1.5 亿元。

2013 年，长沙含浦科教产业园开发建设有限公司和岳麓区财政局共同出资新成立了湖南智谷新城开发建设有限公司，公司注册资本 1.5 亿元，实物资本 5000 万元，其中长沙含浦科教产业园开发建设有限公司认缴 2450 万元，占注册资本的 16.33%，长沙岳麓区财政局认缴 2550 万元，占注册资本的 17%。新公司经营范围：城乡基础设施投资、土地整理、企业资金重组、转让策划、咨询；市场营销策划；工程技术咨询；商务咨询。

2014 年，随着园区经济快速发展，为使财政管理工作更加规范有序，财政分局设财务部、融资部和内审中心。财务人员增至 13 人，其中分局局长 1 名，副局长 3 名。7 月，园区下属平台公司湖南智芯高科技创业投资有限公司挂牌，注册资金 3000 万元。经营范围以自有合法资金（资产）进行高科技创业投资、教育投资；商业投资；法律法规及政策允许的风险投资和实业投资；金融信息咨询服务。

2016 年 6 月，湖南慧谷实业有限公司成立。是园区下属平台公司，注册资金 2 亿元。经营范围：自有房地产经营活动；房地产开发经营；物业管理；房屋租赁；场地租赁；土地管理服务；工业地产开发。

财政分局主要职责是负责园区及所属平台公司的财务管理、财政监督和内部审计工作；负责编制园区年度财政预算草案，执行经区政府批准的财政预算，编制园区年度财政决算；负责园区的投融资工作和资本运营管理；负责园区基础设施建设过程中合同的审核（包括财评中心评审意见）及结算；参与建设过程的设计变更、签证及工程支付方案初审；完成领导交办的其他事项。

◆第二节　管理

一、财政收支

（一）收入

2002年，长沙含浦科教产业园建立之初，园区克服人员少、资金缺、基础差、协调难度大等诸多困难，完成财政收入5000万元。2003年完成财政收入2.5亿元，比2002年增长4倍，其中土地收益1.63亿元。2004年园区完成财政收入9080万元。2005年园区实现财政收入3.8亿元，相当于园区成立前三年的总和，其中向望城县建设银行贷款2000万元，首次银行贷款融资成功。2006年园区完成财政收入3.2亿元。2007年完成财政收入2.88亿元。2008年长沙含浦科教产业园成建制划归岳麓区管辖，园区更名为长沙岳麓科技产业园，全年完成财政收入3.9亿元。2009年，园区把握大河西先导区建设契机，紧扣科技产业发展主题，积极推进招商项目。全年完成财政收入4.33亿元。2010年园区完成财政收入3.59亿元。2011年园区完成财政收入4.47亿元。2012年园区升级为省级园区，升格为副县级机构。园区总体规划由21平方千米扩大至46平方千米。园区拉开大干架势，展现产业雏形，形成发展氛围。完成财政收入7.95亿元。2013年园区财政收入突破10亿元大关，完成财政收入10.52亿元。2014年园区完成财政收入10.38亿元。2015年，园区按照长沙市委、市政府《工业园区转型提质发展三年行动计划》要求，全面推进倍增倍升，满园扩园，提标提档，强力推进项目建设，着力招大引强，加快产业结构调整，不断增强园区发展后劲。是年园区财政收入突破20亿元大关，完成财政收入23亿元。2016年园区财政收入飞速突破30亿元，完成财政收入35.79亿元。财政收入大幅度增长，实现经济新一轮快速发展，为园区建设奠定坚实基础。

（二）支出

一切围绕建设和发展，这是园区财政支出的宗旨。2002年，园区建立之初，财政支出4500万元。主要用于土地征拆和招商引资项目、园区办公经费、差旅费用、应酬接待费用层层把关，厉行节约，提倡廉洁。2003年园区财政支出2.4亿元，其中用于园区基础设施工程建设投入资金1.63亿元，土地征拆补偿款6200万元，招商及其他经费1520万元。2004年，园区财政支出9000万元，主要用于基础设施建设和土地征拆安置费用。2005年，园区财政支出3.7亿元。用于道路建设等10项基础设施建设投资1.53亿元，征拆项目14个补偿金额6500万元。2006年，园区财政支出3.1亿元。其中支付土地征拆款1.79亿元，支付基础设施建设工程款1.3亿元，支付招商及其他费用208万元。园区域内主干道路左栗路、学士路、含浦大道，次干道路象嘴路、联丰路、车塘河路基本建成通车，园区道路网络形成了三纵三横。2007年，园区财政支出2.7亿元。主要投入基础设施建设资金1.8亿元，支付土地征拆费用8000万元。园区初步实现了道路工程网络化、排水工程系统化、电力电信合理化。2008年，财政支出2.3亿元。2009年，园区财政支出4.3亿元。主要投入基础设施建设资金3.55亿元。园区域内联丰路、车塘河路配套设施，新建1.2万平方米综合服务楼，两条220千伏高压杆线的电力走廊，641处重建安置地基础配套设施，4.6万平方米安置房建设已相继完成。2010年，园区财政支出3.6亿元。银行利息1992万元，偿还银行本金9800万元，招商及其他经费1568万元。2011年，园区财政支出4.26亿元。其中征地拆迁款1.59亿元，基础设施建设工程款9337万元，偿还银行利息3786万元，银行本金3786万，招商及其他经费4591万元。2012年，园区财政支出4.92亿元。偿还银行利息5315万元、银行本金1.18亿元、招商及其他经费1431万元。2013年，园区秉承“精心规划、精致建设、精细管理”的原则，完善和规范了30余项涵盖财务管理的制度，严格把好专项经费的支出和对项目资金支付报批审核关，全年园区财政支出10.25亿元。其中：归还银行贷款本金2.1亿元，归还社会融资借款1.55亿元，利息9757万元，工程建设款1.19亿元，土地挂牌费6488万元，征地税费1.28亿元，拆迁资金2.46亿元，人员工资社保交通费等397万元。2014年，园区财政支出12.11亿元。其中：拆迁安置费1.16亿元，基础设施建设1.27亿元，偿还银行贷款本金7.2亿元，利息1.15亿元，退还社会融资借款967.5万元，征地税费1.04亿元，招商及其他费用1059万元。2015年，园区围绕市委、市政府建成“三市”、实施“三倍”发展战略，着力推进集群式项目满园扩园、合作型产业孵化催生、两型化管理提标提档“三大行动”，园区工程建设项目达到高峰。全年园区财政支出17.83亿元。其中：征地税费及其他经费1064万元。2016年，全年园区财政支出34.39亿元。其中：基础设施建设4.41亿元，拆迁安置费用11.27亿元，征地税费2.41亿元，银行本金12.33亿元，利息2.07亿元。退还社会融资6696万元，拨付下属子公司建设工程款1.06亿元，招商及其他经费1786万元。

二、预算管理

2003年园区创建之初，积极推进望城县政府提出的融城强县战略，着力拓展园区规模，提升园区品位。财政预算管理主要依托招商引资、土地融资、自收自支的原则，促进园区开发建设。全年财政预算收入2.4亿元，实际完成2.5亿元，占年度预算的104%。预算支出2.4亿元，实际财政支出2.4亿元，为预算的100 %。

2005 年，园区财政预算围绕园区发展目标对一定时期内资金的取得和投放，收入与支出，经营成果及其分配作出资金计划，坚持量入为出，压缩非生产性支出，保正常运转，保工作重点，保园区发展所需资金。全年财政预算 3.7 亿元。实际完成 3.8 亿元，占年度预算的 102%。预算支出 3.7 亿元，实际财政支出 3.7 亿元，为预算的 100%。

2007 年，园区财政预算充分考虑全球金融危机等因素，按照保稳定、保运转、保重点工程、保发展资金的原则。全年预算 2.6 亿元，实际完成 2.88 亿元，占年度财政预算的 110%。预算支出 2.5 亿元，实际财政支出 2.7 亿元，为预算的 108%。

2009 年，园区财政预算紧紧抓住长沙含浦科教产业园成建制划归岳麓区管辖和更名为长沙岳麓科技产业园的机遇，把握大河西先导区建设契机，紧扣科技产业发展主题，按照促发展、扩融资、增效益、强园区的原则，积极推进招商项目。全年财政预算 4 亿元，实际完成 4.33 亿元，占年度预算的 108%。预算支出 4 亿元，实际财政支出 4.3 亿元，占年度预算的 107%。

2012 年，园区财政预算紧紧抓住晋升省级园区，升格副县级机构和总体规划由 21 平方千米扩大至 46 平方千米的机遇，拉开大架势、展现产业雏形，形成发展氛围，按照大发展、大产业、大数据、大创意、大检测、大健康的要求，财政收入破 5 亿大关。全年财政预算 5 亿元，实际完成 7.95 亿元，占年度预算的 159%。预算支出 4.9 亿元，实际财政支出 4.92 亿元，为预算的 100.3%。本年账面余额 3.83 亿元。

2013 年，园区财政预算编制按照“两上两下”程序进行。“两上”即：（一）编制上报：园区各职能部门和国有公司根据园区实际、结合工作性质、目标任务提出详细预算方案上报园区财务部门；（二）修改上报：各部门和国有公司根据园区财务部门提出的初步调整意见进行修改后上报园区领导初审。“两下”即：（一）初审方案，园区财务部门对多部门、国有公司预算进行审核、汇总，提出调整初步方案，反馈征求意见；（二）下达执行，园区财务部门收到区财政局预算批复后，下达预算指标，预算一经下达，多部门和国有公司必须认真组织实施，严格预算指标管理，形成全方位的预算执行责任体系。确保年度预算收支平衡。是年，园区财政预算秉承精心策划、精致调研、精细管理原则，财政收入突破 10 亿元大关。全年财政预算 10 亿元，实际完成 10.52 亿元，占年度预算 105%。预算支出 10 亿元，实际财政支出 10.26 亿元，为预算的 103%。全年账面结余 4.02 亿元。

2014年，园区财政预算本着稳步推进、巩固提高、创新发展的思路，确保经济整体运行平稳。全年财政预算10亿元，保持上年速度水平，实际完成10.38亿元，占年度预算的104%。预算财政支出11亿元，实际财政支出12.11亿元，为预算的110%。本年账面结余2.19亿元。

2015年，园区财政预算按照市委、市政府《工业园区转型提质发展三年行动计划》要求，招大引强，加快产业结构调整，增强园区发展后劲。财政收入要求在上年基础水平上实现翻一番，突破20亿元。全年财政预算20亿元，实际完成23亿元，占年度预算115%。预算财政支出18亿元，实际财政支出17.83亿元。为预算的99%。账面结余资金5.97亿元。

2016年，园区财政预算紧紧围绕打造引领转型创新的高科技现代园区和检验检测专业园区的目标，紧紧围绕全市“稳住、进好、调优”的总基调，着力抓住招商引资和项目建设两条主线，紧紧围绕“大检测、大健康、大创意、大数据”四大主导产业，着力培养经济增长点。全年财政预算30亿元，实际完成35.79亿元，占年度预算119%。预算财政支出32亿元。实际财政支出34.39亿元，为预算的107%。账面结余6.92亿元。

第二章 融 资

◆第一节 银行信贷

融资兴园，资金是园区命脉，信贷是园区血源。为加快园区建设和经济发展，园区不断加强与银行、证券等金融机构的联系，引导企业走多元化融资之路，积极搭建多种融资平台，解决资金难题。

2005 年，园区积极与望城县建设银行合作，首次成功贷款 700 万元，解决园区基础设施建设和二自来水厂筹建燃眉之急。

2006 年，园区为打破建园之初经济基础条件差、资金紧缺的困境，积极与银行沟通、协调、合作。是年，园区在取得望城农村合作信用社合作的基础上，争取了县农村合作信用社银行贷款 2000 万元，保证重点项目顺利进行。

2007 年，园区继续与发生银企关系的县建设银行和县农村合作信用社两家银行密切关系、诚信合作。向两家银行贷款融资 3500 万元。其中，县建行 2000 万元，农信社 1500 万元。

2008 年，长沙含浦科教产业园由望城县成建制划归岳麓区管辖，园区更名为长沙岳麓科技产业园。园区抓住“建设大河西，打造先导区”的契机，积极搭建融资平台，先后向五家金融机构银行贷款 2.43 亿元，其中：中国银行旺旺分理处贷款 9000 万元；农村合作信用社含浦支行贷款 1600 万元；望城县中小型企业担保公司贷款 1472 万元；农业发展银行长沙市建湘支行贷款 1 亿元；中国建设银行望城县支行贷款 2200 万元。

2009 年，园区优化自身融资平台，整合园区所属的湖南岳麓经济开发有限公司和长沙含浦科教产业园开发建设有限公司的资产，提升园区实力，多方争取银行信贷支持，是年银行贷款融资 2.5 亿元。其中：湖南省信托有限责任公司通过发行集合资金信托方式募集提供信托贷款 1.2 亿元，兴业银行长沙分行贷款 6000

万元，岳麓农村合作银行贷款2000万元，中国建设银行岳麓支行贷款5000万元。

2010年，在国家宏观经济政策紧缩的情况下，园区把融资工作作为重要工作来抓，加大与金融部门的协调力度，加大与多家银行的合作力度。园区所属岳麓经济开发有限公司和长沙含浦科教产业园开发建设有限公司被评为湖南省银行协会“信贷诚信单位”。全年银行贷款融资3.3亿元。其中长沙银行1.7亿元，兴业银行6000万元，岳麓农村合作银行7000万元。

2011年，园区融资工作紧紧围绕园区中心工作和建设发展大局，精心组织，攻坚克难，积极协调沟通各银行金融机构关系，不断拓宽融资渠道。全年，园区银行信贷融资2.91亿元，其中：农合行联丰分理处贷款1800万元，兴业银行解放路支行贷款6000万元，长沙市技术进步担保有限公司贷款1500万元，农发行建湘支行1.98亿元。

2012年，园区坚持以科学发展观为统领，齐心协力谋发展，克难攻坚求突破，转变作风抓落实。全面推进开发建设，掀起大建设、大发展的高潮。融资工作紧跟园区部署，加大融资合作力度，拓宽项目融资渠道。全年银行信贷融资9.01亿元。其中，农商行联丰分理处1800万元，兴业银行解放路支行4.2亿元，农发行长沙市建湘支行4.18亿元，长沙银行先导区支行4500万元。

2013年，园区融资工作认真探讨适应园区的融资方式，充分利用银行长期信贷、短期融资、信托资金等方式筹集资金，发挥综合优势。全年银行信贷4.44亿元。其中，长沙银行1.6亿元，农发行9800万元，建设银行1.86亿元。

2014年，园区充分利用自有资金，合理安排债务融资，建设项目资金筹措以长期资金为主，短期资金为辅，重视融资风险管理，做好与融资对象的沟通协调，保障资金链安全和信用，保障资金的动态平衡。全年银行信贷7.34亿元，其中：先导区农商行融资3000万元，长沙技术进步担保公司融资1500万元，厦门国际银行融资3000万元，光大银行融资1.7亿元，兴业银行融资1.45亿元，农发行融资5000万元，交通银行融资8000万元，建设银行2.14亿元。

2015年，园区融资工作紧紧围绕全面推进倍增倍升、满园扩园、提标提档、招大引强的目标。根据国务院《关于加强地方政府融资平台公司管理有关问题的通知》精神，秉承园区“精心规划、精致建设、精细管理”的原则，积极开拓融资渠道，不断夯实融资工作基础，全年园区银行信贷融资19.27亿元，其中：长沙银行融资1.45亿元，农发银行融资10亿元，东莞银行融资2亿元，建设银行融资3.12亿元，渤海银行融资2.7亿元。

2016年，园区融资工作紧扣园区引领转型创新的高科技现代园区和检验检测专业园区目标，按照“稳住、进好、调优”的总基调，着力坚持以多元融资为抓手，灵活运用新政策，主动把握新机遇，有效突破融资瓶颈。全年园区银行信贷融资20.3亿元，其中：农发银行融资8.1亿元，建设银行融资3.12亿元，渤海银行融资3.08亿元，长沙银行融资6亿元。

◆第二节　企业融资

搭建融资平台，拓展融资渠道，是园区建设发展的重要举措之一。

2002年园区成立之初，园区管委会成立融资工作领导小组，管委会主任任组长，各职能部门负责人为成员，将对外融资作为主要资金筹集渠道。融资逐渐成为财务部门的重要工作。在企业融资中，由于园区刚刚起步，面临人员少、条件差、资金紧、机构不完善等诸多困难，企业融资来源于两个方面，一是土地融资，二是社会融资。当年，园区企业融资到位5000万元。其中土地融资3200万元，社会融资1800万元。

2003年，园区平台公司本着“公司运作、市场融资、土地储备、滚动开发、加快发展”的经营思路。园区国有独资长沙含浦科教产业园开发建设有限公司成立，搭建第一个园区融资平台。全年园区企业融资2.3亿元。其中土地融资1.6亿元。社会融资7000万元。社会融资主要来源于招商引资，引进湖南中医药学校、湖南工业职业技术学院、南方大学、凯达财信集团、自来水二厂等6个项目。

2004年，园区在全国开发园区清理整顿中，被国家四部委列为保留园区。园区实体公司承担园区的融资、基础设施建设、对外合资、合作、兴办实体等职能。全年园区企业融资9000万元。其中，土地融资4800万元，社会融资4200万元。

2005年是望城县委县政府确定的项目建设年。园区进行大规模开发建设，为保障重点工程项目顺利进行，园区严把项目准入、供地规模和供地价格“三关”。全年园区企业融资3.6亿元，其中土地融资2.94亿元，社会融资6600万元，其中：湖南西城实业公司2600万元，马王堆机械化施工有限公司2200万元，长沙华景实业有限公司1800万元。

2006年，园区为确保持续、健康发展，广泛宣传区位优势、产业特色，积极推介招商项目、优化投资环境，年内引进项目11个。其中招商项目8个，引资项目3个。全年园区企业融资3亿元。其中土地融资2.1亿元，社会融资9000万元。

2007年，园区主动应对长、株、潭一体化机遇，积极打造“洼地”效应，不断创新招商思路，抓住一批大项目、好项目落户，进一步提升土地价值。全年，园区企业融资 2.2 亿元。其中土地融资 1.56 亿元。社会融资 6400 万元。

2008 年，长沙含浦科教产业园由望城县成建制划归岳麓区管辖。园区更名为长沙岳麓科技产业园。园区按照“保稳定、保运转、扩规划”的总目标要求，审时度势，扎实工作，全年园区企业融资 1.5 亿元，其中土地融资 1.1 亿元，社会融资 4000 万元。

2009 年，园区科学编制规划，明晰产业定位，全力融资引智，促进产业发展，全年企业融资 2.48 亿元，其中土地融资 5000 万元，社会融资 1.98 亿元。

2010 年，在国家宏观经济政策紧缩的情况下，园区始终把融资工作摆到重要位置，全年企业融资 1.97 亿元，其中土地融资 6700 万元，社会融资 1.3 亿元。

2011 年，园区围绕建设国家级科技成果转化基地、新型都市工业示范基地和生态宜居新区目标，按照园区产业定位和“两型社会”建设要求，创新工作思路，紧扣发展主题，转变招商观念，扩大融资渠道，全年企业融资 1.77 亿元，其中土地融资 1.12 亿元，社会融资 6500 万元。

2012 年，为加大园区建设力度，全力推动园区发展。园区围绕“两型”示范，着力基础先行，打造可持续发展平台发挥资源优势，致力科技成果转化基地建设的战略决策，调整园区定位，全力融资引智，全年企业融资 2.18 亿元，其中土地融资 1.5 亿元，社会融资 6800 万元。

2013 年，园区按照“精心规划、精致建设、精细管理”的原则，加速推进项目建设，抢占发展先机，破除发展制约，夯实发展平台，全年园区企业融资 5.78 亿元。其中，土地融资 3.42 亿元，社会融资 2.36 亿元。

2014 年，园区以打造产业支撑、两型引领、产城融合的高科技现代园区为目标，全力推进倍增倍升、满园扩园、提标提档战略，经济整体运转平稳。全年园区企业融资 2.81 亿元，其中，土地融资 2.01 亿元，社会融资 8000 万元。

2015 年，园区积极开拓融资渠道，多角度收集融资信息，及时掌握国家及地方政府对基础设施建设的融资服务方针政策，寻求融资切入点，夯实融资工作基础。全年园区企业融资 5.67 亿元，其中土地融资 3.17 亿元，社会融资 2.5 亿元。

2016 年，园区坚持以多元融资为抓手，灵活运用新政策，主动把握新机遇，融资渠道不断拓宽，融资瓶颈有效突破。玉赤河生态公园系湖南省第二批政府与社会资本合作示范项目。全年园区企业融资 14.14 亿元。其中土地融资 2.14 亿元，社会融资 12 亿元。

◆第三节　发行债券

2002—2015年，园区融资渠道主要来源于银行融资、土地融资和社会融资三大部分。这三大部分资金的支撑使园区建设和发展日新月异，基础设施建设和配套更加完善，招商项目实现新突破。湖南中医药大学、湖南工业职业技术学院、南方大学等一批大专院校驻园兴校，检验检测、继善高科、科技研发中心等一批高科技产业相继投产。集群式项目满园扩园，两型社会、高科技现代园区初显雏形。

2016年，为加速园区建设和发展，保障园区资金良性循环，进一步优化资金结构，在融资工作中把握新机遇，拓宽新渠道，突破新瓶颈，出新招，辟新路，园区首次成功发行7亿元企业债券。2016年12月，经国家发改委审批同意，园区发行债券7亿元，期限7年，利率5.8%。7亿元企业债券发行，是获得AA主体信用评级的园区下属融资平台长沙含浦科教开发建设有限公司面向资本市场的融资。广东南粤银行股份有限公司长沙分行作为监管银行，恒泰证券公司合作公开发行。发行企业债券融入的资金金额大、利率低、期限长、使用范围广，实为园区融资的优良途径。

第三章 税　务

◆第一节　国家税务

2002 年，为实现望城县委、县政府融城战略，多点对接长沙城区，振兴望城经济，县委、县政府在望城南部的含浦、坪塘两镇部分区域划定 21 平方千米成立长沙含浦科教产业园。初建阶段，园区税收征管工作根据国家税务属地征管的原则，长沙含浦科教产业园国税征管归口望城县国税局，具体业务操作由含浦镇税务所负责。国税具体实施征管的有增值税、国税企业所得税税种，全年完成国税 380 万元。

2003 年，园区实施“提升品位、打造精品”战略，开发建设进入了实质性运作，呈现出良好发展态势。全年引进入园项目 24 个，部分项目已经启动建设和投产。全年完成国税 581 万元，比上年增长 52.9%。

2004 年，园区引进 1 亿元以上产业项目 3 个，引进孵化企业 9 个，引进湖南楚盛园置业发展有限公司等房地产企业 5 个。湖南工业职业技术学院、湖南中医药大学第一期基础设施和教学大楼、学生公寓相继建成，开始招生。园区 7 家规模企业全部盈利，全年实现工业总产值 14 亿元，超额完成财税收入 1840 万元，完成国税 703 万元，比上年同期增长 21%。

2005 年，园区遵循“增创新优势、谋求新突破”的总体要求，实施“融城强县，园区兴工”方针。全年引进招商项目 12 个，其中工业产业项目 5 个，分别是湖南华裕环保科技实业公司、湖南蓝盾安防工程公司、长沙望新数码科技有限公司、湖南稀土金属研究院、湖南汇通实业有限公司。全年完成国税收入 920 万元，比上年同期增长 30.9%。

2006 年，长沙含浦科教产业园广泛宣传园区的区位优势和产业特色，积极推介招商项目，优化投资环境，引进项目 10 个，其中工业项目 5 个，分别为长沙世邦科技设备有限公司、湖南有成光电显示有限公司、湖南恒毅科技发展有限公司、湖南金信化工有限公司、湖南碧水园林环保工程有限公司。全年完成国税收入1220万元，比上年同期增长32.6%。

2007年，为进一步理顺财政关系，强化园区税收征管，望城县政府出台新一轮税收分成体制，县级税收的构成：增值税的25%，企业所得税的12%，个人所得税的8%，土地使用税、土地增值税的50%。园区所属管辖范围内，由国税、地税、工商联合开展了纳税“阳光行动”大检查活动，合理核实税额，下发限期送税通知书140份，出动宣传车10台，宣传税法，提高纳税意识，规范纳税行为，全园区清理追缴税金80万元。全年完成国税1580万元，比上年同期增长29.5%。

2008年6月15日，长沙含浦科教产业园成建制统一划归岳麓区管辖。2009年3月，长沙含浦科教产业园更名为长沙岳麓科技产业园，在原规划面积21平方千米基础上，向西南沿长潭高速西线和长花灰韶公路两厢扩大园区规划范围至46平方千米。新的园区规划及定位，为园区产业发展和财源培植提供较大的发展空间。园区的国税征管工作由望城县国税局移交长沙市岳麓区国税局征缴管理。全年完成国税2200万元，比上年同期增长39.2%。

2009年，园区产业基本定位是：发挥独特的科教生态优势，对接高校科研院所，配套高新技术产业，坚持科技兴园，打造特色园区。坚持二、三产业联动，工业化和城市化并举，与相邻园区实行错位发展和差异化发展，积极引进新型工业化的“三高”（高新技术、高税收、高附加值）项目和企业，打造成为国家级科技成果转化基地、新型都市工业基地、生态宜居新城区。全年完成国税2300万元，比上年同期增长4.5%。

2010年，园区对于建设和发展提出“一年打基础，两年上规模，三年见成效”，通过五年的努力，实现园区工业总产值达到100亿元以上的中期工作目标。园区成立入园企业资格审查委员会，制定项目准入制度，对项目进行调查、筛选和论证，注重对入园企业产品的科技含量、投入产出、税收、能耗、环保、发展前景、企业家素质等方面的分析，确保入园企业的质量。全年完成国税2356万元，比上年同期增长2.4%。

2011年，园区按照“拉开架式，展现雏形，形成氛围”三年工作计划。项目签约洽谈，产业项目有达嘉维康、锄禾标识、楚天电气、萃程科技、天聿置业、兰天集团、运通集团、九城集团等10家企业；着力发展服务外包产业，荣获“长沙市服务外包示范园区”；全面提升孵化功能和培育能力，联手打造科技孵化平台，吸纳入孵企业70余家。全年完成国税2528万元，比上年同期增长7.3%。

2012年，园区大力提升传统产业，倾力发展新兴产业。中铁轨道交通、晚安家居两个项目建成投产，年产值4亿元。汽车4S城4家店已经投入运营。全年园区完成国税3393万元，比上年同期增长34.2%。

2013年，园区经济在项目助推中活力增强，围绕“项目达效、产业集聚”，切实加强项目跟踪服务，不断提升园区经济活力。中大检测、达嘉维康等6个产业“园中园”项目全面启动建设，晚安家居实现整体量产，“中国红木馆”开张营业，上城国际广场一期，江山帝景商业街一期启动营业。全年国税纳税79家，完成国税6800万元，其中增值税2313万元，国税企业所得税4448万元，比上年同期增长100.4%。

2014年，园区积极面对严峻复杂经济形势，攻坚克难、逆势进取，围绕建筑工程、机械设备、汽车产品、食品药品、环境质量等检验检测产业，着力打造检验检测专业园区。国税纳税由上年79家增至89家。全年完成国税1.21亿元，其中增值税4837.58万元，国税企业所得税7242.42万元，比上年同期增长77.6%。

2015年，园区着力推进集群式项目满园扩园、合作型产业孵化催生、两型化管理提标提档三大行动，围绕大检测、大健康、大创意、新能源等战略性新兴产业深耕细作，努力培育经济新增长点。中大检测突破产值1亿元，继善高科产值5900万元，宏尚检测产值2800万元，爱威科技产值9000万元，比扬医疗产值2200万元，晚安家纺产值翻番达7400万元，国税纳税企业89家产值增幅20%以上。全园区国税纳税达208家。全年完成国税1.42亿元，其中增值税6581万元，国税企业所得税7611万元，比上年同期增长17.5%。

2016年，园区以打造引领转型创新的高科技现代园区和检验检测专业园区为目标，紧密围绕全市“稳住、进好、调优”的总基调，面对经济下行压力，积极创新工作举措，经济增长新动能不断培育壮大。多项经济指标实现稳步增长，检验检测产业完成产值30亿元，大健康产业完成销售额31亿元，文化创意产业完成产值2亿元。园区国税纳税达251家。全年完成国税2.63亿元，其中增值税1.65亿元，国税企业所得税9810万元，比上年同期增长85.3%。

◆第二节　地方税务

2002年，园区初建阶段，为实施望城县委、县政府融城战略，多点对接长沙城区，振兴望城经济，县委、县政府在望城南部的含浦、坪塘两镇部分区域划定21平方千米成立长沙含浦科教产业园。园区税收征管工作根据国家税务属地征管原则，长沙含浦科教产业园地税征管归口望城县地税局。具体业务操作由含浦镇税务所负责。地税具体实施征管营业税、消费税、地税、企业所得税、个人所得税、房产税、城市维护建设费、城镇土地使用税、印花税、契税、土地增值税、车船税、耕地占用税、资源费、教育附加费 15 种。全年地税纳税户为 138 户，完成地税 395 万元。

2003 年，园区根据县委、县政府《关于进一步开展依法理财治税的通知》精神，认真开展自查自纠，对债权债务进行全面清理，对重点工程、办公楼、联校、企业、个体商户进行清理，摸清底子。对范围区内小规模纳税人和个体商户纳税情况进行检查。先后增加个体商户 56 家，补缴地税金额 3.6 万元。全年地税纳税户升至 215 户，完成地税 675 万元，比上年同期增长 70.9%。

2004 年，园区处于建设阶段，引进 1 亿元以上产业项目 3 个，引进孵化企业 9 个，全年地税纳税户达 330 户，完成地税 1023 万元，比上年同期增长 51.6%。

2005 年，园区强化税源控管，积极开展税源调查工作，定期对经济和税源状况进行调查摸底。含浦镇税务分局全面实行电脑办公程序，税源对象实行电脑网络化，大大提高服务质量和工作效率。全年地税纳税户 380 户，完成地税 1450 万元，比上年同期增长 41.7%。

2006 年，园区基础设施进一步夯实，大规模实施开发建设。道路工程完成学士路、联丰路、含浦大道、车塘河路和象嘴路二期硬化、绿化、亮化工程，基本形成“三纵三横”。居住建设有香格里麓山别墅、十里丁湘、滨江花园、米兰春天等 30 余栋高层高居楼盘入住。安置小区有白鹤小区、裕园小区、学士小区部分迁居。学校有工业职院、中医学院、南方大学落成开学。园区所辖范围街道商铺林立而起，科技产业园区落户投产，初步形成城市小都。这为园区扩大税源打下良好基础，全年地税纳税户增至 510 户，完成地税 1951 万元，比上年同期增长 34.6%。

2007 年，园区夯实征管基础，税收征管得到新的提升。建立有效的税收管理员管户机制和考核机制，严格税收执法，依法治税，由国税、地税、工商联合开展了纳税“阳光行动”大检查活动。合理核实税额，下发限期送税通知书 140 份，出动宣传车 10 余台，宣传税法，提高纳税意识，规范纳税行为。全园区追缴税金 80 万元。全年地税纳税户达到 530 户，完成地税 5600 万元，比上年同期增长 187%。

2008 年 6 月 15 日，长沙含浦科教产业园成建制统一划归岳麓区管辖。2009 年 3 月，长沙含浦科教产业园更名为长沙岳麓科技产业园。园区的地税征管工作由望城县地税局移交长沙市岳麓区地税局七分局。全年地方纳税户达545户，完成地税9800万元，比上年同期增长75%。

2009年，园区对税收征管工作，建立健全互动工作责任体系，落实互动例会制度，统筹安排互动工作，增强整体工作合力。联合税务、街道、城管、工商等部门，抓住项目管理，对园区房地产、建安项目进行集中结标和清理；开展“四小税”清理，税收稽查，以房地产、中介机构、规模较大的个体户为检查重点，检查单位12户，查补税费9.8万元。全年地税纳税户达547户，完成地税1.52亿元，比上年同期增长55%。

2010年，园区按照区委、区政府下达的财税目标任务，并制定相应的目标管理考核办法和奖惩措施，做到每月汇报收入进度、每季检查考评、及时督促项目单位按时缴税。全年地税纳税户达558家，完成地税1.89亿元，比上年同期增长24%。

2011年，园区协同税务部门认真做好税源调查工作，逐项目逐单位建立税收台账。全年地税纳税户达562家，完成地税2.1亿元，比上年同期增长11.2%。

2012年，园区财政分局积极协调、配合地税部门采取项目跟踪、专人负责的方法，全年地税纳税户达582家，完成地税2.57亿元，比上年同期增长22.6%。

2013年，园区围绕“项目达效、产业集聚”的目标，不断提升园区经济活力。全年地税纳税户609家，完成地税2.27亿元。

2014年，园区开展走访纳税人活动，及时反馈纳税人意见和建议，坚持“谁主管、谁负责”的原则，进一步推进征税责任制。通过走访20家重点企业，满意率达100%。全年地税纳税户854家，完成地税2.79亿元，比上年同期增长23%。

2015年，园区全面贯彻市委、市政府建成“三市”、实施“三倍”发展战略，着力推进集群式项目满园扩园、合作型产业孵化催生、“两型化”管理提标提档“三大行动”。全年经济指标稳步回升，技工贸总收入突破82亿元。完成规模工业总产值4亿元，规模工业增加值1.2亿元。完成固定资产投资62亿元。完成产业增加值2.85亿元。完成区级财政全口径税收5亿元。全年地税纳税户1080家，完成地税3.39亿元，比上年同期增长21.5%。

2016年，园区协同税务部门成立综合治税办公室。街道、社区、村配备协税专干，对生产经营单位进行全面摸底并协助办理相关业务。充分利用综合治税平台，补正地税纳税人信息和外埠纳税人信息。全年地税纳税户1260户，完成地税3.31亿元。

第四章 审 计

◆第一节 工程审计

2003 年，长沙含浦科教产业园建设投资内审办法，坚持“依法、高效、廉洁、公平、公正”的原则，每个建设工程项目内审结论必须经过一审、二审两个部门签字才能出具结论，并提交望城县财政局财评中心终审，数额较大的工程建设项目（100 万元以上）提交有资质有权威的审计专业部门审核。

2005 年，园区根据财政部《关于加强基本建设财务管理若干意见的通知》和《湖南省财政性基本建设投资审查办法》文件精神。园区科教新村基础强夯工程、科教新村道路恢复工程、科教园小学地基强夯工程等三个项目，送审造价 52.53 万元。通过园区工程处一审、财务处二审、县财政局评审中心终审审定造价 50.60 万元，核减造价 1.93 万元。

2006 年，园区基础设施建设项目 2 个，送审造价 3817.66 万元，经过园区工程处一审，财务处二审，县财政局评审中心终审审定价格 2851.48 万元，核减造价 966.18 万元。其中象嘴路路基、路面、排水、箱涵工程送审造价 3000.95 万元，审定造价 2251.68 万元，核减造价 749.28 万元；象嘴路高排箱涵工程送审造价 816.71 万元，审定造价 599.80 万元，核减造价 216.91 万元。

2007 年，园区基础设施建设项目 41 个。项目主要是学士路路基土方、水泥路硬化、学士路高排双孔箱涵工程、科教新村白鹤社区安置小区基础、联丰路绿化、重建地变压器及线路工程、园区靳江河自排闸和高排箱涵等，经过园区工程处一审、财务处二审、县财政局评审中心终审审定工程造价 18208.21 万元，审定工程造价 12080.45 万元，核减工程造价 6127.76 万元。

2008 年，长沙含浦科教产业园成建制划归岳麓区管辖，园区更名为长沙岳麓科技产业园。园区基础设施建设项目 18 个，经过园区工程处一审、财务处二审、园区财政局评审中心终审工程造价 11743.98 万元，审定工程造价 7069.75 万元，核减工程造价 4674.23 万元。核减工程造价较大的项目有科教新村安置小区基础工程，送审造价 1005.75 万元，审定造价 571.92 万元，核减造价 433.83 万元；科教新村二期石方爆破工程送审造价 2037.3 万元，审定造价 1376.12 万元，核减造价 661.18 万元；园区 10 千伏线路配网工程送审造价 2506.01 万元，审定造价 1568.14 万元。核减造价 937.87 万元；联丰路三期工程造价送审造价 2327.44 万元，审定造价 1226.12 万元，核减造价 1101.33 万元。

2009 年，园区根据财政部《财政投资评审管理暂行规定》、《长沙市财政投资评审管理办法》和岳麓区委、区政府《关于加强政府投资建设项目监管工作的实施意见》及区人民政府《关于加强财政投资评审工作的若干规定》等文件精神。园区基础设施建设工程项目 6 个，通过园区内审机构工程建设处一审、财务处二审、区财政局评审中心终审，送审工程造价 1708.59 万元，审定工程造价 1094.29 万元，核减工程造价 614.3 万元。

2010 年，园区基础建设工程项目 3 项，通过园区内审机构的工程建设处一审、财政处二审、区财政局评审中心终审，送审工程造价 10867.77 万元，审定工程造价 9168.93 万元，核减工程造价 1698.85 万元，其中工程项目较大，核减造价较多的，送交岳麓区审计局复审。白鹤重建地道路及排水工程，送审工程造价 687.55 万元，审定工程造价 515.89 万元，核减工程造价 171.66 万元；统建安置房二标段工程，送审工程造价 3525.02 万元，审定工程造价 3159.31 万元，核减工程造价 365.71 万元；统建安置房三标段工程，送审工程造价 3497.45 万元，审定工程价格 3119.73 万元，核减工程造价 377.71 万元。园区综合服务楼 2 栋室内装修工程结算，送审工程造价 546.96 万元，审定工程造价 414.43 万元，核减工程造价 132.52 万元。

2011 年，园区基础设施建设工程项目 30 项，通过园区内审机构的工程建设处一审、财政处二审、区财政局评审中心终审，送审工程造价 15818.58 万元，审定工程造价 12645.75 万元，核减工程造价 3172.83 万元。其中审核项目较大、核减工程造价较多的项目有：园区综合服务楼 2 栋工程送审工程造价 2099.66 万元，审定工程造价 1904.8 万元，核减工程造价 194.86 万元；统建安置房 1 栋、2 栋，送审造价 3782.2 万元，审定造价 3025.76 万元，核减造价 756.44 万元；统建房 3 栋、4 栋送审造价 3774.05 万元，审定造价 2981.5 万元，核减造价 792.55 万元；科教新村二期基础工程二标段，送审造价 2449.01 万元，审定造价 2018.78 万元，核减造价 430.23 万元。

2012年，园区根据财政部《财政投资评审管理规定》、《长沙市财政投资评审管理办法》和岳麓区委、区政府《关于加强政府投资建设项目监管工作的实施意见》及区人民政府《关于加强财政投资评审工作的若干规定》、区财政局《关于印发〈长沙市岳麓区财政性投资基本建设工程造价管理办法实施细则的通知〉》等文件精神，对园区基础设施建设工程14个项目逐一进行审计。通过园区内审机构的工程建设处一审、财政分局二审、区财政局评审中心终审项目11个，送审工程造价1092.51万元，核减工程造价360.35万元。另外3个较大项目即园区综合服务楼2栋工程、科教新村二期一标基础工程、坪塘污水处理截污干管工程，通过内审机构工程建设处一审、财政分局二审、区财政局评审中心审定后，送岳麓区审计局复审，送审造价7081.2万元，审定造价6969.92万元，核减造价111.27万元。

2013年，园区基础设施建设工程11个项目，其中8个项目通过内审机构工程建设局一审，财政分局二审，区财政局评审中心终审，送审工程造价1668.06万元，审定工程造价1261.30万元，核减工程造价406.76万元。3个项目即科教新村二期基础工程二标段、白鹤小学土石方工程、白鹤小学边坡支护工程，经过园区内审机构工程建设局，财政分局一、二审核区财政局评审中心审核后，送交岳麓区审计局进行复审，送审工程造价8114.35万元，审定工程造价6587.7万元，核减工程造价1526.65万元。

2014年，园区基础设施建设工程项目40个，通过园区内审机构的工程建设处一审、财政分局二审、区财政局评审中心终审，送审工程造价6442.27万元，审定工程造价5413.14万元，核减工程造价1029.13万元。在审计的40个工程项目中，有9个项目属于路面测量、桥底编制、地质勘查、路面检测等费用，送审造价合规合理，核减造价为0。是年，核减造价最大的一笔是关于学士路（象嘴路—含浦大道）道路提质改造工程预算的评审报告，送审工程造价2970.18万元，审定工程造价2447.64万元，核减工程造价522.54万元。

2015年，园区根据财政部《财政投资评审管理规定》《长沙市财政投资评审管理办法》和区委、区政府《关于加强政府投资建设项目监管工作的实施意见》及区人民政府《关于加强财政投资评审工作的若干规定》《关于印发〈长沙市岳麓区财政性投资基本建设工程造价管理办法〉的通知》、区财政局《关于印发〈长沙市岳麓区财政性投资基本建设工程造价管理办法实施细则〉的通知》等文件精神，园区基础设施建设工程项目25个，通过园区内审机构的工程建设处一审、财政分局二审、区财政局评审中心终审，送审工程造价1.08亿元，审定工程造价1亿元，核减工程造价759.29万元。

2016年，园区基础设施建设工程项目22个，通过园区内审机构的工程建设处一审、财政分局二审、区财政局评审中心终审，送审工程造价3.7亿元，审定工程造价3.28亿元，核减工程造价4369.01万元。在工程审计中，各级审计部门秉承客观公正，实事求是的原则，认真全面展开审计评审工作。是年25个工程项目中，核减工程造价较大的项目有园区截污工程，送审造价581.95万元，审定造价290.96万元，核减造价290.99万元；学士路、黎张路、黎家冲路道路绿化提质改造工程，送审造价605.78万元，审定造价392.06万元，核减造价213.72万元;望江路第二标段道路工程，送审造价5898.63万元，审定造价4524.63万元，核减造价1374.001万元；有成路（莲含大道—三环线辅道）道路工程，送审造价4138.08万元，审定造价2761.47万元，核减造价1376.61万元。

◆第二节　财务审计

2005年，为贯彻实施《中华人民共和国审计法》《湖南省审计监督条例》《望城县人民政府关于进一步加强审计监督的通知》等文件精神。3月1日至5月30日，望城县审计局在园区开展为期3个月的全面审计工作，主要对园区财务管理状况进行全面审计。通过审计严格规范、健全、落实财务管理制度，严格财务审批，在大额资金支出上坚持集体研究并及时公开支付情况，对30万以上的基建项目，5万元以上的专项资金进行依法审计，并及时公布审计结果。是年，园区主要领导调整，园区实行主要领导任期和离任，经济责任审计，坚持任期与离任审计相结合，坚持“先审计后离任，先审计后使用”的原则，充分发挥经济责任审计在领导干部监督职能作用。

2007年，园区根据望城县纪委《关于开展查、堵、纠专项财务清理工作的通知》精神，成立以园区管委会主任周浩波为组长，管委会副主任刘铁钢、园区纪工委书记李国斌为副组长，财务总监、财务处处长为成员的专项清理工作领导小组，并设立举报箱和举报电话，鼓励和发动群众检举违规违纪问题。全区对历年来的全部政府性投资项目逐个进行认真、细致、全面清理和审核复查。制度上：严格财务管理制度，严格财务审批，在大额资金支出上坚持集体研究决定并及时公开支付情况，各项债权债务往来清楚、仔细。管理上：严格会计出纳分工负责，财务总监审核制，严格实行“收支两条线”管理，坚持每月财务公开，没有截留、坐支现象，没有账外账和私设“小金库”问题，各项支出真实合理。重点工程严格按审计审核标准实报实付，招投标严格按法定程序进行，全国审计部门、纪委部门全程跟踪监督。领导作风上：严格党风廉洁制度，做到“四个不准”，即：不准在行使行政审批权、征缴税费和分配使用财政过程中搞权钱交易，为个人和小团体谋取利益；不准利用职权违反规定干预和插手建设工程招标、投标、经营性土地使用权出让等市场经济活动；不准收受与其行使职权有关系的单位、个人的现金、有价证券和支付凭证；不准默许或授意配偶、子女及身边工作人员打着自己的旗号以权谋私。做到“五个严禁”，即：严禁沽名钓誉、劳民伤财的各种“形象工程”“政绩工程”；严禁超编制、超标准配备使用小汽车；严禁以开会、考察、招商、研讨、培训等名义变相公费旅游；严禁在各类会议中未经批准赠送礼品、礼金和发放纪念品；严禁向企事业单位摊派会议经费。做到“四个严格”，即：未经上级批准，严格控制新建和超标准装修机关办公楼；严格控制各种名目的庆典和达标评比活动；严格控制出国（境）活动；严格控制会议和文件，切实解决“文山会海”问题。

2009 年，园区全面加强审计队伍和能力建设，园区财政分局增设内部审计机构，调整充实审计人员和力量，加强审计制度建设。3 月，园区充实加强财务人员队伍，专门配备 3 名财务审计专干。9 月，为进一步加强园区内部管理，规范财政业务行为，园区建立和完善《园区财政分局管理办法》《园区财政分局管理制度》《园区融资管理制度》《部门公共经费预算管理办法》《园区投资评审办法》《报账管理办法》等制度，强化内审及监督管理制约，使财政业务管理更加规范。

2010 年 9 月 25 日至 11 月 25 日，园区配合岳麓区审计局对 2010 年财务收支情况进行全面审计，审计中对于应缴未缴税费 25.22 万元及时进行补交，并全面建立和完善账务台账、税收台账、融资台账、工程审计台账等专项档案。

2014 年，园区认真接受审计署和省委巡视组的检查、监督、审计。对审计反馈的部分工程超概和裕园小区少数非拆迁过户未及时缴纳物业管理费问题进行专题情况说明。并责成物业公司对物业管理费收缴进行整改和补缴。7 月 21 日至 9 月 29 日，长沙市岳麓区审计局对岳麓科技产业园管理委员会 2011—2013 年度财政财务收支情况进行全面审计，针对财务审核不细致、财务资金支出审批流程欠规范等问题。园区逐一进行认真整改，对历史遗留问题进行彻底排查。园区进一步完善相关审批制度，并举办二期财务专业培训班，提高财务人员专业素质。

2016 年，园区对 2015 年 1 月—2016 年 12 月的财务收支情况进行自查、自审，通过财务自查和内部审计，发现在融资过程中存在不够规范的地方：未按贷款合同规定用途使用贷款资金；部分贷款成本过高；部分融资主体偿债能力不强等问题。园区制定整改措施，根据园区的发展需要，以预算管理精细化铺排各个项目费用，确保资金专款专用。为解决部分贷款融资成本过高，园区制定措施，通过协商降低资金成本；提前归还部分利率过高债务。2015 年 1 月—2016 年 12 月，银行融资 52.3 亿元，并成功发行债权 7 亿元，融资成本从过去的平均 8%，下降控制在 6%。通过自查、自纠、自审，园区加强财务的监督管理力度，健全理财机制。与此同时，园区财政分局建立健全财产物资登记保管制度、资产台账、融资借款还款台账、预算评审台账、合同评审台账、工程及拆迁付款台账，保证园区资金链安全和信用安全。

第八篇 园区管理

PARK MANAGEMENT

第一章 工商行政管理

◆第一节 机构

2002 年，根据省委省、政府“科教兴园，融城强县”的战略方针。望城县委、县政府确定划出含浦、坪塘两镇 10 余个村，土地规划面积 21 平方千米，成立长沙含浦科教产业园。创园初期，园区管辖范围内工商行政管理工作由坪塘工商所负责，主要任务是坚持以“服务园区经济发展”为原则，以“营造良好的投资环境，公平竞争的市场环境”为己任，充分发挥工商行政管理职能作用，支持国有、集体、个体私营和外商投资企业的发展；主要职能是为园区内企业和工商户办理注册登记，对园区范围内工商规费的收取和市场监督管理，严格执行消费维权、工商行政执法、流通环节产品质量监管、食品安全监管等管理机制。

2005 年，随着园区经济发展和建设规模的壮大，坪塘工商所的工作量逐渐增加。为适应新形势和发展的新要求，坪塘工商所由原来管理农村小镇的小所进一步发展壮大：工作人员由原来 6 人增至 12 人；所长由原来 1 人增至 3 人，设所长 1 人，副所长 2 人；分别设立办证登记组、市场监管巡查组、消费维权组、行政执法组共 4 个小组。

2008 年，园区成建制划归岳麓区管辖，坪塘工商所随之由望城县划入岳麓区，隶属岳麓区工商分局领导。为加强园区辖区内工商行政管理工作，充分发挥工商所职能作用，切实加强流通环节、食品安全监管、消费维权、行政执法、市场管理、商品广告等工作，进一步规范监督管理行为，坪塘工商所结合辖区实际，全面建立健全工商监管各项规章制度。是年，建立健全的规章制度达 25 项。流通环节商品质量监管相关制度有产品质量监管巡查制度、不合格产品质量监管退市制度、产品质量安全信息公示制度、报告制度、产品质量安全知识学习制度等 8 项。食品安全监管制度有巡查、信息公示、快速检测、安全事故应急预案、广告监管、执法协调协作等 17 项管理制度。

2010 年，对于园区工商行政监督管理工作，坪塘工商所重点抓住“五无”监管区创建工作。“五无”即：监管区无假冒伪劣产品、无消费投诉积案、无非法传销窝点、无没有营业执照经营、无对工商干部投诉。坪塘工商所并依法开展“六查六看”，即：查经营资格，看食品经营者许可证和营业执照是否齐全、是否真实有效、是否按要求悬挂、是否超范围经营、食品经营人员是否取得健康证明；查自律制度，看食品经营者是否建立并执行进货检查验收、购销台账、质量管理、质量承诺、不合格食品退市等自律制度，是否签订食品安全承诺书；查食品质量，看是否有质量合格证明或检验检疫证明，是否掺杂使假、以假充真、以次充好，是否为过期变质的食品，是否为国家明令淘汰、失效或有关监管部门通报的不合格食品；查包装标识，看食品标识内容是否虚假，是否有产品名称、厂名、厂址，是否标明食品主要成分和含量，是否按规定标明食品添加剂通用名称，是否标明生产日期和有效期，按规定应标注“QS”标志的食品是否有“QS”标志；查商标广告，看食品商标是否有侵权和违法使用行为，食品广告是否有虚假或误导宣传的内容，是否涉及疾病预防和治疗功能；查市场开办者责任，看食品市场开办者是否履行《中华人民共和国食品安全法》等法律法规规定的义务，经营场所内部质量管理制度是否健全和落实。

2012 年，园区获批省级工业集中区后，升格为副县级机构，园区管辖范围内成立学士街道办事处，园区辖区内工商行政管理工作由学士工商所负责。学士工商所析置而建，是年 1 月 18 日正式挂牌营业，工作人员 12 人，设所长 1 人，副所长 2 人；内设办证登记组、市场监管巡查组、消费维权组、行政执法组等 4 个职能部门；其工作重点和力度，紧紧围绕园区辖区工商行政监管工作，以服务“五位一体”建设为目标，以“开拓创新服务发展”为主线，突出重点、强化责任，加大流通领域商品质量监管和规范经营行为，构建科学规范的工商监管执法体系；提高“一会两站”“五进”工作面和规范化水平，为园区营造一个满意的市场环境和安全，放心的生产和消费环境。

◆第二节　注册登记

园区工商行政管理部门强化服务意识，提高服务效率，建立高效绿色通道，为入园企业和个体商户提供全方位的快速服务。

2002 年，园区起步时期，辖区范围一片农田，纯属农村小镇，繁华之地主要集中在境内白鹤村（新建长沙南方职业学院）地块。随着唯一一条乡村公路左栗路拓宽改造，形成简易的一条商业街。是年，个体经营户工商登记注册 176 户，注册资金 320 万元。入园内资企业工商登记注册 18 家，注册资金 842 万元。

2005 年，园区基础设施建设和项目引进不断加强，湖南中医药大学、湖南工业职业技术学院等 4 所高等院校进驻，10 多家房地产项目入园。是年，入园内资企业工商登记注册 154 户，注册资产 1.78 亿元；个体经营户工商登记注册 683 户，注册资金 7173 万元。

2008 年，园区成建制划归长沙市岳麓区管辖。2009 年，长沙含浦科教产业园更名为长沙岳麓科技产业园。园区基础设施建设发展迅速，城市道路形成“三横三纵”，10 多座高档别墅群体和高层建筑楼盘矗立开盘，新型城市初具雏形。是年，入园内资企业工商登记注册 1412 家，注册资本 12.33 亿元；个体经营商户 1180 家，注册资本 1.39 亿元。

2012 年，园区获批省级工业集中区，升格为副县级机构，园区科研技术产业不断涌入。是年，入园内资企业工商登记注册 735 家，注册资本 25.82 亿元；个体经营商户 2640 户，注册资本 2.94 亿元；外资企业工商登记注册 6 家，注册资本 6100 万元。

截至 2016 年 12 月，园区境内共注册内资企业 2301 户，注册资本 107.19 亿元；共注册个体经营商户 4697 户，注册资本 5.79 亿元；共注册外资企业 14 家，注册资本 9300 万元。

◆第三节　市场管理

农贸集市管理　2005 年，园区初创时期，辖区范围内是农村小镇，村民人口 3.5 万人。园区范围内有学士桥、白鹤村、联丰村等 5 处集贸市场，皆系露天马路市场，基础条件差，设施简陋。坪塘工商所遵照《湖南省城乡集贸市场管理条例》，根据各集市的不同情况，主要采取驻场制和巡查制办法进行管理。针对马路市场流动摊贩多，社会闲散人员比重大的特点，实行入市人员登记制度，集市掌握经营者流动情况，精心疏导，合理安排，做到多而不乱，管而不死，活而有序。对于占道经营突出，欺行霸市及治安案件频繁出现的马路市场，由园区辖区坪塘工商管理所牵头，含浦派出所、园区城管队及驻园区单位、部门配合，实行全天候管理。

2008 年，园区成建制由望城县规划岳麓区后，岳麓科技产业园为彻底改变马路市场的落后面貌，鼓励投资者在辖区内兴建市场，贯彻“谁建市场谁受益”的精神，并承诺实行多项优惠政策：新建贸易市场三年内税收由当地政府根据实际情况按一定比例返还市场建设投资者；贸易市场建设投资方面调节税执行零税率；银行对贸易市场建设贷款给予支持和优惠。

2010年，位于园区香格里大道的学士桥地段，人口居住集中，交通方便快捷。是年8月，学士桥农贸市场建成营业，该市场营业面积1200平方米，商业店铺22家，摊位28个，从业人员280余人。为加强对市场主体资格和市场主体行为进行规范管理，设置市场管理人员共6人。并进一步明确了登记口与工商所的职能和监管责任，初步建立市场与工商联动监管机制。

2013年，位于园区商业集聚、人口居住集中的裕园安置小区，联丰农贸市场建成营业，该市场营业面积1679平方米，商业店铺26家，摊位76个，从业人员180人，市场管理人员8人。学士工商所对市场内经营商户建立经济户口，管理数据库，完善经济户口管理档案，实行网络化管理，实现对市场主体和工商所职责监管责任联动管理机制。

2016年，位于园区湖南工业职业技术学院和长沙南方职业学院等高等院校相对集中的白鹤社区，新建白鹤农贸市场。是年12月1日揭牌营业。该市场营业面积1500平方米，商业店铺18个，摊位35个，从业人员125人，市场管理人员6人。学士工商所将该市场作为“网格”责任区，制作网管化管理示意图，实行定员定岗定责管理，通过日常监管和市场巡查，将市场运行和巡查情况及时录入网络档案。截至2016年12月，园区域内终结马路市场的历史。

食品安全管理　食品安全关系到国计民生，关系到人民群众的身体健康和生命安全，关系到经济健康发展和社会稳定大局，是园区辖区工商行政监督管理部门重点工作。

2005年，园区辖内工商行政管理部门，认真贯彻《中华人民共和国食品安全法》及其实施条例，进一步加强学校及周边的食品安全工作，确保广大师生饮食安全。坪塘工商所根据长沙含浦科教产业园辖区湖南中医药大学、湖南工业职业技术学院、长沙南方职业学院、湖南食品药品职业学院4所高等院校集聚的特点，制定《科教园区院校及校园周边食品安全专项整顿工作方案》。是年4月1日至6月30日，出动执法人员32人次，执法车6台次，检查经营户325户，重点对辖区范围内学校及校园周边食品经营店、饮食小吃店，学校内的超市、商店、小卖部进行严格检查监督，进一步明确食品流通许可证、工商营业执照和从业人员健康证明、进货检查验收、索证索票、购销台账、质量承诺等制度落实情况。

2008年，园区为迎接国庆、中秋佳节来临，辖区工商行政管理部门开展食品市场专项整治。坪塘工商所组织执法人员26人次，出动执法车辆10台次，检测经营商户186户，其中经营月饼有80户，共查处不符合食品安全标准月饼数量50千克，对食品进行抽样检测5批次，合格率100%。通过专项检查，进一步规范辖区市场秩序。是年11月，进行为期一个月米粉市场监管，出动执法车8次，执法人员24人次，检查米粉经营25家，发现1户无证照米粉加工点后立即取缔。

2010年，为严厉打击地沟油作为食用油使用的不法行为，进一步规范辖区食用油市场秩序，确保广大人民群众的饮食安全，园区工商行政管理部门结合辖区实际，9月1日至10月30日，开展为期两个月的打击违法加工销售和使用地沟油专项整治行动。整治期间，坪塘工商所出动车辆25台次，对辖区内重点检查对象进行拉网式检查，共检集贸市场4个，检查商场超市20户，粮油店及副食店32户，对12户未严格建立进货检查验索证索票制度的经营户责令整改，对2户无照经营食用油的经营户进行取缔。

2011年，园区工商部门根据《长沙市工商行政管理红盾风暴5号行动——食品安全专项整治方案》总体安排部署，开展声势浩大的食品安全专项整治。专项整治共出动执法人员46人次，出动执法车辆26台次，对食品经营户325户进行检查。在专项整治和“红盾五号风暴”的食品安全专项检查中没有发现问题商品，通过检查使辖区经营者和消费者增强食品安全意识，使经营者自觉履行好法定义务，进一步规范经营行为，建立长效监管机制。

2013年，园区工商管理部门开展夏秋季食品安全专项整顿行动。夏秋季节气温高，是食品安全事故易发时段。为确保辖区食品安全，保障人民群众的身体健康和生命安全，学士工商所共出动执法人员24人次，出动执法车辆12台次，大街小巷悬挂宣传横幅40条。对辖区412家经营户进行检查和监管巡查，强化食品经营者进货查验、索票索证和进货台账制度的落实，并将巡查记录录入信息档案。

2016年，园区工商行政管理部门，根据不同季节和节假日，开展3次食品安全整治周活动，检查巡查重点有早餐、夜宵整治活动，食品调味料和食品添加剂整顿行动，以奶粉、乳制品为主的副食品整治周活动。是年，学士工商所3次行动，共出动执法人员68人次，执法车辆48台次，检查巡查经营户548户，对9户经营户无新食品安全制度及时进行整改，检测3个批次，重点检查食品添加剂，合格率达100%，整治活动不留死角，巡查监督，严格执法，确保辖区内食品安全责任到位。

◆第四节 行政执法

园区工商行政管理部门是政府的市场监管执法部门，辖区工商所是基层一线执法机构，同时也是园区的重要派驻机构。

2002年，坪塘工商所严格执行《工商行政管理所条例》《工商行政管理行政处罚信息公示暂行条例》《企业信息公示暂行条例》等法规文件规定，结合辖区实际，制定行政执法人员管理制度、立案审批制度、案件审理制度、现场处罚制度、结案复查制度、执法文书使用管理共6项制度。是年，园区成立社会综合治理办公室，联合工商、公安、城管等部门联合行动，拆除乱搭乱建、违章棚户、无证经营场所35处。

2005年，园区开展校园周边环境整治专项行动。组织工商、公安、城管、文化、教育等部门开展整治行动4次，出动人员30人，检查服务娱乐场所10家，取缔网吧1家，违章摊位3个，关停18家黑旅社，5家歌厅，7家电游室，规范2家歌厅，5家网吧，收缴音像制品7件，电脑光盘13盘，非法刊物16册，中小学门口200米范围内网吧全部取缔，有效净化学校周边环境。

2008年，园区为贯彻治理整顿的总方针，遏制伪劣商品流通，维护广大消费者利益，工商行政管理部门重点开展查处制售假冒伪类劣产品专项行动4次，出动执法人员45人次，出动执法车辆25台次，重点检查、巡查建材经营户，电器电缆线材产品经营户250家。是年，查处制售假冒伪劣案件6起，其中立案3起，端掉制假窝点1个，行政处罚金额5200元。

2010年，园区为全面贯彻落实国务院、省政府和国家工商行政管理总局召开的知识产权保护与执法电视电话会议精神，园区工商行政管理部门结合辖区实际，从2010年10月至2011年3月，集中人员对辖区市场主体开展为期半年的打击侵犯知识产权和制售假冒伪劣商品专项行动。园区工商行政管理部门出动执法人员565人次，出动执法车辆298台次，清理假冒知名品牌服装43余件，金额达1587元，组织8次食品快速检测，抽检样品64个，其中不合格样品4个，关停不合格食品经营户6家，收缴问题食品30千克。

2013年，岳麓科技产业园为保一方平安、争创美丽园区，以高压态势，严厉打击传销。4—8月，组织工商、公安、城管、卫生等部门200人，开展两次打击传销行动，共出动宣传车辆12台次，悬挂横幅110条，张贴和发放通告2000份，设立宣传栏6处，查处传销窝点52个，抓获遣散传销人员450人，抓获传销头目2人，缴获涉案物品200余件。

2016年，园区为创建“总部商务基地、科技研发中心、文化创意高地、两型宜业新城”，街道为创建“创新学士、效能学士、繁荣学士、幸福学士”，园区工商行政管理部门切实履行服务发展、市场监管和行政执法职能职责。是年，学士工商所受理“12315”消费者投诉100起，“12345”市民服务热线工单39起，并联合街道、公安开展集中打击传销整治行动3次，捣毁传销窝点36处，驱散、遣送传销人员266人次，罚没3万元。是年，加强校园周边监管，确保学生消费安全。出动执法人员32人次，检查校园周边经营户154户，现场行政指导38户，下达催办通知书36份,有效净化校园周边环境。是年,辖区内新增经济户2042户，其中企业812户，个体1230户；提供咨询指导服务1008起，受到广大经营户和消费者的一致好评。

第二章 劳动人事管理

◆第一节 机构编制

2002年9月17日，园区初创。为进一步加快长沙含浦科教产业园开发建设，加速融城强县战略实施，望城县委、县政府下达《关于明确长沙含浦科教产业园管理体制》的通知，进一步明确长沙含浦科教产业园开发范围、产业导向、管理体制、职能职责、规划建设、相关政策等事宜。9月25日，望城县机构编制委员会办公室下达《关于明确长沙含浦科教产业园管理委员会内设机构》的通知。园区管理体制为：长沙含浦科教产业园为县政府派出机构，正科级事业单位，对园区实施统一领导、统一开发和统一管理。园区设立党的工作委员会和行政的管理委员会，管委会主任1名，副主任2名，内设机构设置办公室、招商联络处、规划建设处、拆迁安置处4个职能处室、暂定编10名，工作经费列入财政预算，实行会计委派。园区项目资金和经营收入在县财政结算中心设立专户接受审计。

2003年，望城县委、县政府成立长沙含浦科教产业园工程建设指挥部，由县委、县政府直接领导，指挥长由县委常委、县纪委书记兼任，并从县直机关和坪塘、含浦两镇抽调16名科局级干部和15名工作人员参与园区建设，组织人事、劳动关系仍在原单位。除管委会编制外，园区开发建设有限公司为自收自支公司，向社会招聘专业人才7人。园区开发建设指挥部从县直机关和乡镇临时调配人员11人。

2005年10月，望城县人民政府办公室下发《关于印发长沙含浦科教产业园管委会职能配置、内设机构和人员编制规定》的通知，明确园区管委会职能配置、内设机构和人员编制经县机构编制委员会办公室审核，县人民政府批准，内设机构为办公室、招商合作处、规划建设处、社会事务处4个职能处（室）。长沙含浦科教产业园管理委员会机关行政编制10名，管理人员实行国家公务员制度，其中主任1名，副主任2名，机关后勤服务人员事业编制1人。是年，园区管委会根据工作需要，增设财务管理处和城管执法中队，管委会任命7人为处室中层正副负责人。除管委会编制外，园区开发建设有限公司为自收自支，在原招聘7人基础上，向社会招聘专业人才3人，暂定10人。园区开发建设指挥部抽调临时工作人员保持8人。

2008年6月12日，湖南省民政厅印发《关于将望城县含浦等三个镇划归岳麓区管辖的批复》，同意长沙市政府将含浦、坪塘、莲花3个镇成建制划入岳麓区。2009年3月，长沙市岳麓区机构编制委员下发《关于长沙含浦科教产业园更名为长沙岳麓科技产业园》的通知，同意长沙含浦科教产业园更名为长沙岳麓科技产业园，长沙含浦科教产业园管理委员会更名为长沙岳麓科技产业园管理委员会。是年，园区开发建设指挥部撤销。园区管委会职能配置、内设机构和人员编制成建制划归岳麓区管辖。

2011年8月，区委决定设立园区专职党工委书记，主持全面工作，并对园区党政正职党工委书记曾跃平、管委会主任周浩波高配副县级。园区领导班子成员8名，设党政正职各1人，副职5人，纪检监察书记1人。是年11月，园区党工委、管委会集体研究决定，职能部门调整为办公室、招商产业处、国土规划处、征拆安置处、工程建设处、财务处、城管执法中队7个处室，任命处室中层干部正职5人，副职7人。是年核定园区人员编制49名，其中全额拨款的事业编制人员19名，招聘员工30名。

2012年11月，湖南省人民政府办公厅印发《关于设立安仁工业集中区等29家省级工业集中区的通知》，明确岳麓工业集中区为省级工业集中园区。12月，湖南省机构编制委员会办公室印发《关于中共岳麓工业集中管理委员会机构规格的批复》，明确中共岳麓工业集中区工作委员会、岳麓工业集中区管理委员会为副处级机构，合署办公，分别为长沙市委、市政府派出机构。是年，园区全额拨款的事业编制人员16人，招聘员工33人，下设综合办公室、国土规划处、招商产业处、工程建设处、征拆安置处、财务处、城管办7个职能处室。

2013年1月，园区规划范围内含浦镇析分为学士街道和含浦街道，园区内设机构城管办移交学士街道管理。

2017年，长沙岳麓科技产业园（岳麓工业集中区）党工委、管委会根据园区发展状况再次调整和设置内部机构7个，即办公室（党群工作局）、经济发展局、招商合作局、工程建设局、社会事务局、国土规划局、财政分局7个职能局室。是年，园区全额拨款的事业编制人员21人，招聘员工61人，其中党工委书记1名（副处级），管委会主任 1 名（副处级），副主任 6 名（正科级），职能部门中层负责人通过职位竞争上岗的办法，职能部门中层正职 7 名，副职 14 名。

◆第二节　干部管理

干部结构　长沙岳麓科技产业园的干部管理体制经历三个阶段。

第一阶段，2002 年 1 月—2008 年 6 月，为初创阶段，即望城县含浦科教产业园阶段。组织机构与领导职务安排、工作人员调配均由望城县统一安排，干部人事分别归口县委组织部门和县人事部门管理。园区人员编制核定 25 人，其中全额拨款的事业编制人员 10 名，招聘员工 15 人。干部文化结构：本科学历 9 名，大专学历 13 名，中专、高中学历 6 名；年龄结构：平均年龄 31.08 岁，年龄最大 44 周岁，最小 21 周岁。

第二阶段，2008 年 6 月—2012 年 12 月，为园区发展阶段，也就是长沙含浦科教产业园成建制划归岳麓区管辖，更名为长沙岳麓科技产业园管理委员会。园区全额拨款事业编制人员 19 名，招聘员工 30 名。岳麓科技产业园管委会领导班子和中层干部实行交叉任职，干部人事归口岳麓区委组织部和区人力资源和社会保障局管理。干部的文化结构是：本科、大专文化 45 名，中专、高中文化程度 4 名。平均年龄 36.5 岁。

第三阶段，2013 年 1 月—2016 年 12 月，岳麓科技产业园（岳麓工业集中区）升格为省级工业园区，机构升级为副处级园区。岳麓科技产业园党工委书记、管委会主任，由市委管理。岳麓科技产业园副职由岳麓区委管理，并向市委组织部门备案。局处室负责人通过竞争上岗产生，实行聘任管理，由园区党工委、管委会管理，并向岳麓区组织部门备案。管委会机构、编制人员由岳麓区组织、人事相关部门管理。岳麓区委核定园区编制数 25 名，其中党工委书记 1 名，管委会主任 1 名，副主任 6 名，中层处室负责人 6 名。文化结构：大专学历 3 名，本科学历 13 名，硕士学历 6 名，博士学历 3 名。员工平均年龄 36 岁。

实施公务员制度管理　2002 年，长沙含浦科教产业园经望城县委、县政府确定为实施公务员制度事业编制单位。园区人事部门着手进行人员造册摸底建立人事档案，并举办培训班，分期分批组织机关全额拨款事业编制人员和园区招聘人员参加培训班，学习《国家公务员制度概要》《国家公务员暂行条例》。将园区职位设置、考核、奖惩、任免、录用等工作纳入规范化，推行公务员制度实施。

2006 年 1 月 1 日，《中华人民共和国公务员法》正式实行。为贯彻实施公务员法，是年4月9日，中共中央、国务院《关于印发〈中华人民共和国公务员法〉实施方案的通知》规定：中国共产党各级机关，各级行政机关等七类机关列入公务员实施范围。公务员登记的对象为：依法履行公职，纳入国家行政编制，由国家财政负担工资福利且在编在职的除工勤人员以外的工作人员；暂缓登记的对象为：试用期内的新录用公务员，以及纪检、监察机关或司法机关立案审查尚未结束人员；不予登记的对象有：实施国家公务员制度以来，违反《国家公务员暂行条例》有关规定进入机关的人员等三类。根据规定，长沙含浦科教产业园党工委、管委会机关列入公务员法实施范围，园区制定实施《中华人民共和国公务员法》工作方案。在实施过程中，园区严格按照规定的范围、对象、条件、程序和权限，开展公务员登记工作，完成登记11人，其中科级5人，科员6人。是年，园区领导班子成员参加县委干部培训班8人次，学习《中华人民共和国公务员法》，人均做读书笔记5000余字，书写心得体会4篇。

2008年，长沙含浦科教产业园成建制划归岳麓区管辖，2009年3月，长沙含浦科教产业园更名为长沙岳麓科技产业园。按照岳麓区委组织部要求，园区领导干部交叉使用，园区新登记2人正科级，3人副科级，14人科员。是年，园区制作政务和财务公开栏，做到办事六公开，实施服务承诺制、首问责任制和错案追究制。

2013年，岳麓科技产业园（岳麓工业集中区）晋升为省级工业集中区，机构升格为副处级。园区公务人员19名，其中2人副处级，3人正科级，3人副科级，11人科员。是年，园区认真落实查风廉政建设责任制，严格履行“一岗多责”领导干部公开述廉、“三重一大”集体决策、党政正职“三个不直接分管”等制度，严格执行《中国共产党廉洁自律准则》和“八项制度”。

2015年，园区党工委、管委会根据《岳麓科技产业园竞争上岗实施方案》和《岳麓科技产业园2015年中层干部竞争上岗拟聘人选公告》，按相关程序和要求，决定聘任19人为长沙岳麓科技产业园管委会中层干部，任期2年，从2015年1月1日至2016年12月31日，其中5名处室负责人报请区委组织部，纳入副科级实职干部管理。是年，园区事业编制公务人员21名，其中2名副处级，6名正科级，5名副科级，8名科员。

实行竞争上岗和绩效考核管理 在为干部职工打造干事创业发展平台的基础上，充分激发干部职工的工作潜能和活力，营造争先创优的浓厚氛围，加快园区发展，园区党工委、管委会进一步加强探索推行领导班子成员工作述职、中层负责人竞争上岗和全员聘用机制，实行绩效考核管理办法。

2005 年，园区制定实施《长沙含浦科教产业园党工委、管委会领导干部民主测评管理制度》《长沙含浦科教产业园中层负责干部聘任管理暂行办法》《长沙含浦建设开发公司招聘方案》，园区党工委、管委会领导干部通过述职、述廉，民主评议，群众满意度达 100%。园区中层负责干部通过竞争上岗产生，并实现职务聘任制管理，每届三年，有 8 人被聘任处室中层正副职负责人。园区对专业编内人员和招聘人员一律实现劳动合同管理，全部实行竞聘上岗，双向选择，采取一年一聘，能上能下，能进能出的用人机制。园区全面实施目标管理考核制度。是年，园区荣获县委、县政府授予的“2005 年度全县工作目标管理考核一等奖”。

2008 年，长沙含浦科教产业园成建制划归岳麓区管辖，园区更名为长沙岳麓科技产业园。园区党工委、管委会提出“老人老办法，新人新办法，调位不调编”的竞岗原则，突破人员编制、身份性质等障碍，对竞争上岗的干部，实行合同制管理，聘期内享受相应级的政治、经济待遇，其他人员实行岗位聘用管理；所有岗位只调整工作分工，不改变编制属性、个人身份、档案工资等。园区党工委、管委会对聘期届满的中层干部组织实施任期内考核，并同步开展竞争上岗与双向选择工作。

2012 年，长沙岳麓科技产业园（岳麓工业集中区）晋升为省级园区，机构升格为副县级单位。园区党工委、管委会为加强园区内部管理，强化激励机制，充分调动干部职工工作积极性，提高工作效率，促进绩效管理的制度化、规模化和科学化。园区党工委、管委会成立以党工委书记任组长，管委会主任任副组长的园区绩效考核领导小组。制定和完善《长沙岳麓科技产业绩效考核办法》，绩效考核办法明确考核对象、考核内容、考核程序、考核等次、考核结果等内容，实行 100 分制考核测评，薪酬福利按一、二、三类部门年度绩效奖励标准实施。是年，岳麓科技产业园荣获岳麓区委、区政府授予的“2013 年度工作绩效考核一等奖”，保持连续三年工作绩效考核一等奖的成绩。

2015 年，岳麓科技产业园党工委、管委会成功实现中层干部竞争上岗、工作人员双向选择的人才、管理机制。根据《岳麓科技产业园 2015 年竞争上岗实施方案》《岳麓科技产业园 2015 年中层干部竞争上岗拟聘人选公告》，按照相关程序和要求聘任姚寿主等 19 人为长沙岳麓科技产业园管委会中层干部，任期 2 年，从 2015 年 1 月 1 日至 2016 年 12 月 31 日，并将园区 5 名处室正职负责人报请区委组织部，纳入副科实职干部管理。在工作人员中深入细致地进行人才双向选择，并健全园区薪酬体制，公平合理调整薪酬结构。采取“以岗定薪、以绩定薪。效率优先，兼顾公平。岗变薪变，动态管理”的薪酬管理新模式。薪酬制度与绩效考核有机结合。制定和完善《岳麓经济开发有限责任公司薪酬制度》，对园区招聘人员薪酬待遇进行明确规定，招聘人员薪资结构由基础工资、岗位工资、学历工资、职称工资、安全奖、绩效考核奖组成。园区通过劳动制度和薪酬管理制度的改革，充分调动工作人员的工作积极性和创造性，增强员工责任感、凝聚力和向心力。是年，园区荣获岳麓区委、区政府“2015年度绩效考核目标管理一等奖”。

◆第三节　人才引进

企业的竞争就是人才的竞争，园区的发展第一要素是人才。长沙岳麓科技产业园在人才引进和管理上分两大块，园区管理人才由党工委、管委会，人事管理归办公室负责。企业科技人才引进和管理由各科研单位和各类科技企业管理，归口园区产业发展局协调。

园区管理人才引进　2002年，园区成立长沙含浦科教产业园，园区定员25人，其中全额拨款事业编制人员10人，招聘员工15人。望城县委、县政府十分重视人才引进和人才配备，配备的10名事业编制人员全部来自于县委、县政府机关直属部门，并通过层层筛选，从政治上、业务水平和工作能力上严格把关后确定。园区党工委、管委会对中层负责人等7人严格把关，注重政治、业务素质、能力水平；注重人才引进和人才使用，文化水平都具有大专、本科学历，工作实践经验都在五年以上，年龄40周岁以下，年富力强，开拓进取。招聘的15名专业人才，学历起点高，专业对口，业务娴熟，能独当一面。

2005年，园区为加强党工委、管委会领导班子建设，从县委、县政府直属机关和国土、水利、教育、乡镇负责人中抽调3人，充实力量。园区核定人员28名，园区十分注重人才使用和培养。是年，选送10名干部分别参加审计培训、公务员法培训、国土管理培训等；4人参加中南大学、湖南大学研究生班和省委党校研究班函授教育。

2008年，园区成建制划归岳麓区管辖。2009年，长沙含浦科教产业园更名为长沙岳麓科技产业园，并将干部、教育培训纳入议事日程。园区制定《关于对取得国家承认的学历实行奖励的暂行规定》对机关工作人员，通过自学考试、夜校、函授等形式取得国家承认学历的予以奖励、鼓励自学成才。并对园区机关管理人员制定干部培训方案，进行各类专项培训，园区财政在预算中安排专项培训经费。为加强科技人才队伍，确保专业技术职称评聘工作顺利展开，园区成立职称改革领导小组。是年，园区通过参加自学考试，获得国家承认学历的，有4人拿到研究生硕士学位，8 人拿到大学本科文凭，12 人被评聘为经济师、工程师、会计师、统计师、审计师等中级专业技术职称。

2012 年，岳麓科技产业园为进一步优化园区人才队伍结构，加速推进园区跨越发展。园区党工委、管委会制定《长沙岳麓科技产业园第一批人才招聘实施方案》（岳科委〔2012〕2 号），面向社会公开招聘 9 名专业技术人员，招聘岗位为总工程师、高级会计师、高级审计师、预决算工程师、房建工程师、规划师、融资专员、招商专员、国土专干等岗位各 1 名。人才甄选采取笔试、面试、实际考察，合格人选确定后采取试用合同，上岗试用期 6 个月，试用合格后采取聘用制的园区雇员合同管理。总工程师、高级会计师、高级审计师、预决算工程师、房建工程师薪酬待遇根据不同职称级别和岗位年收入为 10 万元至 25 万元不等，招聘的规划师、融资专员、招商专员、国土专干参照政府雇员待遇。是年，新招聘入园的 8 名专业人才，其职位是总工程师、总会计师、预决算工程师、会计师、测绘专员、规划专员、造价工程师、国土专员各 1 名，充实园区管理队伍素质结构。

2013 年，园区党工委、管委会制定实施《岳麓科技产业园第二批人才招聘工作方案》，根据岳麓区委、区政府优秀人才引进计划统一安排，园区下属湖南岳麓经济开发有限公司面向中南大学、湖南大学、湖南师范大学公开招聘 20 名优秀毕业生人才，以优化园区人才队伍结构，促进园区持续健康发展。招聘程序采取 3 所高校推荐、资格初审、笔试面试、体检、聘用 5 个环节。试用期合格者与聘用单位签订园区雇员聘用正式合同，一聘三年，享受政府雇员待遇。通过严格筛选，园区最终录用 3 所高校优秀毕业生人才 10 人，10 人都具备全日制研究生硕士学位文凭，专业既有工商管理、法学、财会、文秘等管理人才，又有国土资源、规划、计算机、工程造价、电气工程等技术专业人才。

2015 年，为加快推进长沙大河西先导区核心区建设，经岳麓区委、区政府决定，面向社会公开招聘 7 名学历层次高、专业性强的高素质合同聘用制人才，其中岳麓科技产业园下属国有公司湖南岳麓经济开发有限公司聘用 6 名。公开招聘合同制聘用人员工作在岳麓区人事工作领导小组领导下展开，由区人力资源和社会保障局组织实施，区委组织部具体指导，区编委办、招聘单位协调配合，区纪委全程参与监督。新招聘的 6 人，其中 2 人为经济类全日制研究生，岗位安排是招商总监和产业服务专干，4 人为土地资源、土木工程类全日制本科生，岗位安排为工业地产运营总监、国土规划专干、工程造价专干、安全管理专干。

2016 年，根据园区经济发展需要，园区制定《岳麓科技产业园 2016 年人才招聘方案》，招聘公告于 4 月 14 日发布在长沙岳麓科技产业园官网、《长沙晚报》、

《潇湘晨报》、湖南人才网、前程无忧网、智联招聘网，面向社会公开招聘12名专业技术人员。招聘岗位是面向社会招聘综合文秘、宣传专干、招商专干、统计专干、产业服务、综合管理专干、房屋建筑工程师。财务文员、造价工程师、报建专干、城市规划师等。招聘程序按报名分资格审查、资格复审、面试、总成绩合成、体检、考察、聘用等八个环节。通过公开招聘，在2800名符合报名条件人选中，层层筛选，优中选择，最终12人被园区聘用上岗。

截至2016年，园区共有干部员工84名，其中财政全额拨款专业编制人员20名，园区雇员64名。园区文化结构：研究生以上学历12人，本科学历47人，大专学历25人；职称聘用：高级职称15人，中级职称16人，初级职称21人。

第三章　工程管理

◆第一节　工程立项审批

2003年，为规范园区工程项目建设管理，使项目建设管理制度化、规范化，根据有关法律、法规和省、市、县建设管理有关规定，结合园区实际，制定项目建设管理制度和项目操作流程。对于启动的项目建设，报建程序是：委托有资质的机构编制可行性研究报告及报批，确定投资估算；委托有资质的机构编制环评报告及报批；向发改委申请项目立项和核准招标；向规划部门申请规划依据图、申请设计要点；依照市、县及园区的相关规定确定招标代理机构或自行组织招标；委托招标代理机构实施勘察、设计招标，确定勘察设计单位并签订合同；设计单位完成项目的方案设计及报审（方案设计评审会），取得设计的批复，向勘察单位提供勘察、测量要求；依据批复的方案设计向规划部门申请用地选址及调查蓝线，办理项目用地手续；建设单位依据批准的初步设计办理综合管线规划许可，对施工图设计委托有资质的机构进行施工图审查；依据批准的初步设计委托招标代理机构进行施工、监理招标，经财评中心和纪委部门审核的工程清单标底作为投标最高限额，总价和单价均不得突破；招标实施过程中及招标完成后，均按市、县要求办理相应备案手续。是年，园区制定8项基础设施管理规章制度，即：工程立项：坚持先论证，再立项，后施工的原则。园区在收到工程立项申请报告后，即召开建设工程调度会评审论证，按投资价款多少分别由副主任或主任提出意见，提交园区管委会集体讨论审批，避免决策中的盲目性；工程设计：坚持由持有相应资质证明和执照的、具有一定可信度、知名度的设计单位进行设计；工程招标：按设计文件和管委会相关预结标定价及取费标准的文件编制工程招标；工程承包：对工程承包单位的工期、质量、投资及其他条款进行详细的约定和严格控制，严格承包合同管理；工程施工：现场施工员对工程实施全过程管理，制定现场签证管理规定，实行工程洽商记录、工程签证记录，认真核实工程数量，确保工程质量和按期完工；工程变更：严格控制工程变更，履行变更工程数量签证的程序手续。园区设立一般计量变更审批表、较大设计变更审批表，并规定工程变更工作的奖励和违约处罚条例；工程竣工结算：严格规定竣工验收和结标支付的程序和制度，特别是施工方提交的竣工结算资料，必须经过质监部门、工程建设部门、造价审计、财务复核、纪委监察和主管领导审核审定后，方能办理结算；工程档案：工程资料不齐、未经档案室验收签字，财务不予结标，保证工程竣工资料及时归档。

园区成立之初，管委会十分重视制度建设，每项工程一般要经过建设方自审，技术部门负责主审，财务部门评审，律师和纪检监察部门监审几个层次审查把关后，领导才审批。

2004 年，园区建园初期，工程立项和审批，主要是根据望城县人民政府《关于发布望城县重点工程建设管理办法（试行）的通知》精神执行。重点工程列为：对园区经济发展或区域经济发展具有带动或者推动作用的工业制造业项目；具有行业领先和关联带动作用的产业化项目；国家火炬计划、星火计划或者省、市、县认定的高新技术产业化项目；重大能源、交通、通信、城市基础设施项目；对全县或者区域可持续发展具有积极作用的防洪保安、生态农业、环境保护项目；教育、科技、文化、体育、旅游、卫生等社会发展的重大项目；房地产开发项目。

工程规模标准。工业及高新技术类项目：投资额在 2000 万元以上的生产型工业项目和高新技术类项目；投资额在 1000 万元以上的工业技术改造项目。能源类项目：总装机 10 万千瓦以上的水电项目；燃煤发电单机 15 万千瓦以上的火电项目；110 千伏以上的送变电建设工程，投资额在 1000 万元以上的电网改造工程；供气在 1 万户以上的城市燃气工程和配套的长输管道工程。交通类项目：高速公路和 5 千米以上的三级公路；投资额 1000 万元以上的大型桥梁、城市高架桥、立交桥；投资额 2000 万元以上的新建、改建铁路干线或者铁路枢纽技术改造工程；投资额 2000 万元以上的航道整治和航电枢纽工程；建筑面积 5 万平方米以上的物流或市场项目。信息化基础设施类项目：跨地区的光缆，微波通信干线和重要的通信、邮政枢纽工程；新增、扩容交换机容量 100 万门以上的通信项目及配套工程。城市基础设施类项目；日供水 10 万吨以上的独立水厂、日处理 1 万吨以上的污水处理厂，日处理 5000 吨以上的垃圾处理场；投资额 2000 万元以上的城市主次干道工程。社会公益类项目：2000 座以上体育馆；1000 座以上游泳馆；1000 座以上影剧院；建筑面积 1 万平方米以上的金融中心、博物馆、文化艺术馆及医院新建扩建工程；建筑面积 10 万平方米以上的院校新建、扩建工程；投资额在2000万元以上的旅游景点建设工程；投资额在1000万元以上的公园、城市广场等公益项目。工程立项和审批程序：根据重点工程条件和工程规模标准，园区通过严格筛选逐级向县、市、省相关部门申报工程立项资料和审批意见。还要提交的材料是：书面申请并附申请表；项目简介；项目建议书及可行性研究报告批准文件；初步设计批准文件；建设用地批准文件；招标备案材料。

2005年，园区工程立项8个，投入基础设施建设资金1800万元，完成香格里拉大道、象嘴路；基本上完成学士路、含浦大道、联丰路、车塘河路基础工程；铺设自来水管网9千米，迁移110千伏高压线杆26基，低压杆线340基；驻园企业和学校项目4个，其中南方大学一期全面建成，二期基本建成，在校师生7800人；湖南工业职业技术学院基本建成，在校师生1.2万人；湖南中医学院部分建成，入住新生3000人；凯达财信的香格里麓山别墅40栋全部建成。

2006年，望城县发展和改革局批准，同意含浦大道（滨江段）项目立项。该项目起点为学士路，经湖南楚盛园公司用地至象嘴路全长1.12千米。工程按城市干道1级标准设计路幅宽36米，双向四车道，项目总投资2500万元。是年，投资基础设施建设资金1800万元，启动学士路（二期）、联丰路（二期）的建设，道路总里程达3.22千米，完成路基土石方45万立方米，硬化路石面5600平方米；办理园区综合办公服务楼工程立项和审批；启动总投资1800万元，总建筑面积9500平方米综合办公服务楼建设。

2007年，园区工程立项审批程序到位。工程项目重点放在排水和电力电信工程，排水工程实现系统化，完善园区主排水管网。象嘴路污水管道工程480米，车塘河路雨污水管道300米，联丰路雨污水管道750米，拉通园区主排水管网。电力电信工程实现合理化，投资1800万元完成园区一期规划范围内10千伏、14千伏电力配网工程，完成新线110千伏、3千米杆线迁移工程；完成医药专科学校、利海泽岱、和翔、恒天、枫华府第、瑞盛等项目范围内电信杆线搬迁；启动学响线220千伏、3.8千米搬迁改道工程，科教新村白鹤安置地电力增容1830千伏安。

2008年，园区投入基础设施和配套设施建设资金1.63亿元。

道路工程。先后完成联丰路二期1.1千米道路工程、湘和路道路工程，启动学士路二期工程建设。园区“三纵三横”道路网络基本形成。

重建安置工程。投资5600万元、总面积4.28万平方米临象嘴路的统建安置房建设工程，完成白鹤重建地及科教新村农民安置房641缝正负零基础工程，完成科教新村及白鹤重建地道路硬化3千米，完成科教新村二期50万立方米土石方爆破及场地平整工程。

2009年，园区投入基础设施建设资金3.55亿元，完成工程建设项目。一是投资4500万元，续建和新建联丰路1.7千米道路和车圹河路500米道路及配套设施建设；二是投资3500万元新建1.2万平方米的园区综合服务楼，提升园区对外形象；三是投资1500万元完成两条220千伏高压杆线的搬迁工程，新建新的电力走廊；四是投资800万元完成641缝重建地基础工程和配套建设；五是投资1.2亿元新建完成学士路二期2000米的道路工程和配套设施建设工程，完成望山路、望江路、学士路南段道路设计、用地报批工作；六是投资6000万元，完成4.6万平方米的安置房建设。

2010—2011年,园区重点工程监事项目20项,投入基础设施建设资金12亿元。

2011年，园区工程项目10项。截污工程：污水主干管起点为学士路与含浦大道向南交会处，经洋湖大道，穿靳江河底至坪圹污水处理厂。管道长1.2千米，管径为1.2米（其中过河道段两根管经为0.8米钢管）。学士路三期：学士路三期起于学士路二期k1+760,止于望江路,全场1.26千米,路基宽29米,路面宽23米,为城市主干道。望江路：东起山湾路，西至长潭西辅道全长2.64千米，路幅31米，为城市主干道，工程投资5416万元。白鹤小学土石方工程：占地2.67公顷，土方工程量41.8万立方米。茯岑冲路：为园区内一条重要的南北向城市次干道，双向四车路，一标段全场592米，路幅宽26米，二标段全长828米，路幅宽26米。梨张路：梨家村路—莲含大道，道路工程全长1.7千米，路幅宽20米，为城市次干道，总投资1.01亿元。医专路：医专路（长潭西辅道—学士路）道路工程全长766米，路幅宽16米，为城市支路，总投资4000万元。黎家村路：为园区一条重要的南北向城市支路，起点梨张路，终点学士路，全长441米，路幅宽16米，双向2车道，总投资额1417万元。有成路：园区内一条重要的南北向城市支路，起点三环线辅道，终点莲含大道，全长1.15千米，路幅宽16米，双向2车道，投资总额4477万元。观音路：该工程全长501米，路幅宽16米，为城市支路，总投资4000万元。

2012年，园区启动筹建工程项目八项。含浦大道第三段：含浦大道第三段北起象嘴路，南至莲坪大道，全长1.34千米，路幅27米，为城市次干道。2011年4月，长沙先导投将工程资料移交园区，工程进入方案评审和招投标工作及立项审批程序。左粟线：该道路是岳麓科技产业园一条重要的东西走向城市支路，西到学士联络线，东到含浦大道，全长1.33千米，路幅宽26米，双向二车道，总占地面积3.45公顷，总投资结算价6592万元。2012年完成勘测。通过方案设计评审会，进入立项审批程序。莲含大道：该项目是岳麓科技产业园一条重要东西走向城市次干道，西起长谭西线，东至含浦大道，全长 1.87 千米，路幅宽 36 米，双向 6 车道，总投资 1.29 亿元。2012 年完成设计投标工作，进入国土规划审批。裕丰园三期重建安置小区工程：总建筑面积 4 万平方米，占地面积 1.1 万平方米，投资 8000 万元，进入立项审批程序。联丰苑 10.73 公顷重建地安置小区：投资额 8000 万元。该项目同时进入立项审批程序。

2013 年，园区在建工程 8 项，投资总额 1.8 亿元，工程全部竣工完成。茯岺冲路：全长 1.42 千米，路幅宽 26 米，投资 2867 万元，12 月底竣工通车。有成路：全长 1.15 千米，路幅宽 16 米，投资 1878 万元，12 月底竣工通车。梨张路：起点梨家村路，终点莲含大道，全长 1.7 千米，路宽 20 米，为城市次干道，投资额 3287 万元。医专路：起点学士路，终点长潭西辅道，全长 700 米，路宽 16 米，投资 708 万元。观音路：起点学士路，终点长潭西辅道，全长 501 米，路幅宽 16 米，投资 607.12 万元。含浦大道第一段：该道路位于岳麓汽车 4S 城项目内，全长 530 米，路幅宽 36 米，投资 5600 万元。

2014 年，园区新建工程项目 7 个。莲坪大道：起点为学士路，终点到东山湾路，长 2.78 千米，路幅宽 36 米。张家村路一期：张家村路全长 1.61 千米，路幅宽 16 米，工程投资 5000 万元。为城市 1 级支路，完成排水工程，拉通毛路。含浦大道第三段：已拉通土路基，进行排水管道施工。含浦大道一段改造工程：300 米道路和排水进行改造，全线竣工通车。米兰路：位于岳麓科技产业园内，北起学士联络线，南至联丰路，全长 911 米，工程投资 1300 万元。春兰路：位于岳麓科技产业园内，西起象嘴路，东至车塘河路，全长 1.02 千米，路幅宽 16 米，工程投资 3150 万元。车塘河路 10 千伏蚂蚁山线三一六杆线入地工程：该工程从车塘河路 10 千伏蚂蚁山线三一六杆至联丰路，三一六一二零杆沿线原有的 JKLYJ—3 × 120/922 米高压架空线路拆除，杆变换成箱变，并将原有的高压架空线路进行入地改造，工程总投资 700 万元。

2015 年，园区工程立项建设 7 项。含浦大道第三段：北起象嘴路，南至莲坪大道，全长 1344 米，路幅 27 米，工程投资 5500 万元。是年，已完成综合管线铺设，环线内路面铺筑、桥梁，工程进度完成 95%。联丰苑保障性住房一期：一期占地 8.93 公顷，建筑面积 24.6 万平方米，计划建 5 栋 24 层，3 栋 30 层高层住宅。其中 4#、6#、7# 栋已封顶，2#、3# 栋地下室基础全部完工，工程投资 8000 万元。学士路两厢提质改造和道路改造工程：全程 1.92 千米，包括道路改造、排水、绿化、路灯、交通等改造内容，工程投资 3500 万元。大塘路：西起新星路，东至学士路，全长 910，路幅宽 20 米，工程投资 2800 万元。玉赤路：全长 1.4 千米，宽 36 米，工程投资 8000 万元。

玉赤河景观廊道。本项目建设长潭西—茯苓冲段，22.7 万平方米的水系景观，总长度 1.21 千米，红线宽度 26 米，工程投资 2.2 亿元。靳江河堤岸综合治理：该项目整治的堤防为颜家桥至下游西三环间的靳江河左岸堤防，总长度 2475.5 米，堤防段 1965.7 米，山体段 509.8 米，一条支流赤江河 1443 米，工程投资 1500 万元。

2016 年，园区工程建设项目 8 个，投资总额 4.27 亿元。学士路道路改造：全长 1.8 千米，路幅宽 36 米，两侧各 10 米绿化带，工程投资 3500 万元。北京联东土方回填：项目土石方工程的总平面 68.53 公顷，总土石方工程量 300 万立方米，工程投资 900 万元。玉润公园绿化景观及配套设施：总占地 1.27 公顷，项目投资 1550 万元，绿化完成 95%，园建完成 90%，水电完成 95%，房建装饰完成 80%。新增路灯箱变工程：四台路箱变分别是学士路与象嘴路交叉口一台；茯岑路与张家村路口一台；梨张路与大塘路口一台；学士路与观音路口一台。工程总投资 200 万元。学士路沿线亮化工程：工程总投资 600 万元。含浦 110 千伏变电站建设工程：该项目位于学士路西侧，望江路北侧，工程总投资 3000 万元。联丰苑保障性住房二期工程：该项目建筑面积 10 万平方米，建设 3 栋高层住宅楼及 1 栋综合楼，工程投资 2.6 亿元。智谷科技广场：该项目位于学士路与智谷路交叉口的西南角，是中心商务岛的重要组成部分，项目总用地 5.89 公顷，工程总投资 6962.47 万元。

◆第二节　招标投标

2002 年 8 月，长沙岳麓科教产业园成立之初，园区作为望城县政府派出机构，园区基础设施建设工程项目、工程招投标和政府采购工作直接由县委、县政府直接领导和管理。

2003 年 6 月，园区管委会成立以管委会主任为组长的建设工程项目招投标和政府采购工作领导小组。随着建设规模的扩大，纳入建筑工程项目的招标投标和政府采购的物料逐渐增多。为进一步加强和规范园区招投标工作，根据《中华人民共和国招标投标法》《湖南省实施（中华人民共和国招标投标）办法》《湖南省人民政府办公厅关于进一步加强和规范招标投标工作的通知》精神，按照国家建筑施工项目招投标和政府采购法的有关规定：凡建筑工程施工项目投资在 30 万元以上，采购物料金额在 10 万元以上，都进行招投标和按照规定进行政府采购，切实保证招投标和物资采购公正、公开、公平合理、节约资金，防止暗箱操作，杜绝腐败现象。

2007年，根据《望城县人民政府关于进一步加强和规范政府性投资项目招标投标工作的若干意见》精神，园区招投标领导小组和招投标工作直接在县政府领导下开展工作。县政府招标投标工作领导小组，由常务副县长任组长，相关副县长、园区主管负责人任副组长，下设招标投标管理办公室，财政投资评审中心（设县财政局）建设工程交易中心（设县建设局），并严格核准规定：凡达到法定招标范围和规模标准的县属政府性投资项目（包括各类房屋建筑、市政工程、交通设施、水利工程等及其附属设施项目）都必须进行招标。依法核准应公开招标的项目必须实行公开招标。任何单位和个人不得将依法招标的项目化整为零，或者以其他任何方式规避招标。必须进入县建设工程交易中心实行公开招标的建设项目有以下几项：（1）县属国有投资占主导的工程建设项目，新建项目施工单项合同估算价在50万元以上的；（2）装饰、装修和维修单项合同估算价在30万元以上的；（3）勘察、设计、监理等服务单项合同估算价在20万元以上的；（4）单项合同估算价低于本条前三项规定标准，但项目总投资额在500万元以上的。

2008年6月，长沙含浦科教产业园成建制划归岳麓区管理，2009年3月，长沙含浦科教产业园更名为长沙岳麓科技产业园。2012年12月园区升格为省级园区，岳麓科教产业园管委会为副处级机构。2013年，为加强园区及其下属公司的公共设施、工程建设项目依法进行招标投标活动，确保在基础设施、工程建设项目上能择优选择设计、施工、监理队伍，有效节约投资确保工程质量，岳麓科技产业园制定建设工程招投标管理办法。执法明确规定：建设工程中的建设安装工程费用、设备及工器具购置费用、勘察费、设计费、工程监理费、招标代理费、中介机构咨询等费用，在开标前报区财政投资评审中心评审，通过公开竞争，工程立项、可研、设计概算等批复文件抄送区监察、财政、审计、建设等部门；项目工程初步设计方案审查会通知财政、建设等相关职能部门共同参与，设计概算送区财评评审，经发改委批准后作为指导项目总投资的依据，且标底上限及工程竣工结标价均不突破概算金额的工程总费用。招标工程（含政府采购工程）：1.工程建设项目，包括项目的勘察、设计、施工、监理以及与工程建设项目有关的重要设备、材料等物资的采购，达到下列规模标准或规模标准以上的，进行招标：工程建设施工单项合同估算在人民币50万元以上（含50万元）、200万元以下（不含200万元）的；重要设备和材料等物资采购单项合同估算价在人民币50万元以上（含50万），100万元以下（不含100万元）的；勘察、设计、监理、工程预决算等单项合同估算价在人民币30万元以上（含30万元），50万元以下（不含50万元）的。上述限额以上的项目要按规定进入长沙公共资源交易中心进行交易，并必须在项目进入交易中心之前报区公共资源交易委员会办公室备案；上述限额以内的项目由区公共资源交易委员会指定地点进行交易。2. 工程建设项目以及与之相关的工程服务项目，工程建设施工单项合同估算价和装饰装修、维修改造、重要设备和材料等物资采购单项合同估算价在人民币50万元以下（不含50万元）的，勘察、设计、监理、工程预决算等单项合同估算价在30万元以下（不含30万元）的严格按政府采购相关制度规定实行采购。3. 50万元以下的杆线迁移、农电改造、自来水管道改造、燃气管道抢修、国防光缆迁移、外线引入等项目，由建设单位负责组织编制预算送区财评评审，按区财评出具的上限值直接签订合同。4. 禁止建设单位肢解发包工程，规避招标，应该招标的工程未进行招标的（或应实行政府采购的未进行政府采购的），建设单位不得签订施工合同，财政不得拨付资金。5. 建设单位应当委托具有相应资质的中介机构编制和审核标底上限值（50万元以下的不委托中介机构审标）。6. 建设工程招标（含政府采购单项工程合同估算价在20万元以上的）采用工程量清单计价方法计价。7. 建设单位委托中介机构编制的招标文件的有效组成部分提供给投标人，作为投标的最高限额，总价和单价均不得突破。8. 编制、评审招标工程上限值时，市政、园林、建筑装饰、安装、水利等工程套用现行相应消耗量标准或定额，取费根据相关规定执行。不论采用何种定额及取费标准，不计取劳保基金（劳保基金开工前由建设单位缴纳，不列入标底中）。9. 结合园区实际情况，园区招标工程在编制上限值时实行标前优惠，其中采用合理定价（抽签法）的招标工程上限值下浮4%，采用竞价报价的招标工程上限值下浮3%，政府采购范围内的工程项目编制上限值时统一下浮4%执行。下浮金额只体现在清单单价内，但包干单价或暂定金额不下浮。

2015年，园区根据长沙市人民政府办公厅《关于规范政府投资项目招标投标行为的实施意见》精神，为进一步规范投资项目招标投标行为，提高投资效益，保证工程质量，防范和遏制围标串标行为，确保招标投标活动公平、公正、廉洁、高效，园区结合实际，制定和坚持了六项招投标规章制度。即实行招标前期准备工作审查制：对建设项目工程可行性研究报告进行充分论证，严格投资结算，设计概算审查，控制工程造价，具备招标条件的才能开展招标；推行电子招标投标制：进入长沙市公共资源交易中心交易的工程施工项目全面实行电子招标投标；实行资格后审制：所有投资项目，一律由投标单位按照公告要求，投标文件一律采用国家规定的标准格式，评标委员会按照招标文件载明的资格条件，对所有投标单位进行严格审查；实行投标单位法人承诺制：由投标人的法定代表亲笔签署统一格式的书面承诺书，对投标行为的合法性、规范性和真实性予以承诺，并保证申标后严格履行合同条款；实行投标保证金集中管理制：投标保证金实行集中统一专户管理，行政监督部门全程监督，设立专用账户负责投标保证金的代收代退及保管、保密等工作；实行招标监管责任制：加强行业监管、监督、建立健全各项现场管理制度，规范交易各方主体行为。2015 年 1 月—2016 年 12 月，园区政府采购与工程招标公开招投标率达 100%，平均节约率为 10.52%，杜绝规避招标和场外交易现象。

2010年—2016年招投标明细表年

表8—3—2—1

序号	项目名称	项目概况	投标方式	中标单位	开工日期	完工日期	中标价格（万元）
1	学士路二期工程承包合同书（三标）	学士路二期（K1+760~K3+020）	公开投标	湖南省含浦建筑工程有限公司	2010年6月	2011年12月	4595.46
2	望江路工程承包合同书：二标段	东山湾路—长潭西高速，全长2.72千米，宽26米，占用土地面积106.14公顷	公开投标	湖南新宇建筑工程有限公司	2010年6月	2012年6月	3292.65
3	望江路工程承包合同书：一标段		公开投标	湖南省西湖建筑工程有限公司	2010年6月	2012年6月	2324.06
4	工程承包合同：坪塘污水处理厂截污干管（过靳江河）工程		公开投标	湖南含浦建筑工程有限公司	2010年1月	2011年4月	1009.16
5	医专路工程承包合同书	长潭西辅道—茯苓冲路，全长1.28千米，宽16米，总占用土地面积30.624公顷	公开投标	湖南西城建设有限公司	2011年3月	2014年12月	708.12
6	白鹤小学土石方工程承包合同书		公开投标	湖南含浦建筑工程有限公司	2011年3月	2011年4月	1752.82
7	茯苓冲路工程一标段工程承包合同书	三环线辅道—长潭西线辅道，全长2.49千米，宽26米，全线占用土地面积97.227公顷	公开投标	湖南含浦建筑工程有限公司	2011年3月24日	2014年12月	1308.14
8	茯苓冲路工程二标段工程承包合同书		公开投标	湖南含浦建筑工程有限公司	2011年3月24日	2014年12月	1553.56

续表8—3—2—1

序号	项目名称	项目概况	投标方式	中标单位	开工日期	完工日期	中标价格（万元）
9	工程施工合同：含浦大道、车塘河路道路改造工程一标段	含浦大道长3千米，宽24米，改造面积72000平方米；车塘河路长1.9千米，宽16米，改造面积30400平方米	公开投标	湖南含浦建筑工程有限公司	2011年8月	2016年1月	1958.72
10	梨家村路工程承包合同书	梨张路—学士路，全长441米，宽16米	公开投标	长沙市金盛建筑安装有限公司	2011年3月25日	2012年9月20日	383.29
11	学士路、连丰路、象嘴路道路改造工程（二标段）	学士路长1.9千米，宽16米，改造面积30400平方米；联丰路长1.97千米，宽16米，改造面积31360平方米；象嘴路长2.3千米，宽20米，改造面积46000平方米	公开投标	湖南新宇建筑工程有限公司	2011年3月	2016年1月	2022.7
12	含浦大道第三段工程承包合同书	象鼻路—莲坪大道，全长1.9千米，宽30.5米	公开投标	湖南西城建设有限公司	2010年1月	2016年11月	2962.22
13	梨张路工程承包合同书	三环线辅道—茯苓路，全长2.64千米，宽20米	公开投标	长沙岳麓山建筑工程有限公司	2011年3月	2014年1月	3287.5
14	有成路工程承包合同书	三环线辅道—莲含大道，全长1.15千米，宽16米	公开投标	湖南省含浦建筑工程有限公司	2011年3月	2014年1月	1878.68
15	白鹤工院安置房基础工程承包合同书	总面积4800平方米，其中科教新村安置房基础2160平方米，工院安置房基础2640平方米	公开投标	长沙乔口建设有限公司	2010年3月	2014年1月	142.57
16	联丰路沿街安置房基础工程承包合同书		公开投标		2011年3月	2014年1月	292.35
17	观音路工程承包合同书	长潭西辅道—茯苓路，全长985米，宽20米，双向二车道，设计车速30千米/小时，总占用土地面积29.55公顷	公开投标	湖南天顶建筑工程有限公司	2011年3月	2011年12月	607.17

续表8—3—2—1

序号	项目名称	项目概况	投标方式	中标单位	开工日期	完工日期	中标价格（万元）
18	交通信号灯工程承包合同书：五条主干道交通信号灯工程	建设内容包括含浦大道、象嘴路、学士路、联丰路、车塘河路等交叉路口的交通信号灯及管道、线路、检查井、电控井	公开投标	湖南海鸿交通工程有限公司			180.96
19	路灯设施改建工程承包合同书：二标段	建设内容包括含浦大道、象嘴路、学士路、联丰路、车塘河路等道路路灯及管道、线路、检查井、电控井以及路灯专变	公开投标	湖南金安交通设施有限公司	2011年12月		1461.34
20	路灯设施改建工程承包合同书：一标段		公开投标	湖南兴能电力建设有限公司	2011年12月		1227
21	电力埋管工程承包合同：茯苓冲路、黎家村路、有成路	三条道路均为城市1级支路，其中有成路起点三环线辅道，终点莲含大道，全长1.15千米，路宽16米；黎家村路起点梨张路，终点学士路，全长441米，路宽16米；茯苓冲路起点三环线辅道，终点长潭西线辅道，全长2.49千米，路宽26米。项目投资约1300万元	公开投标	湖南湘江电力建设有限公司	2012年5月	2013年1月30日	845.78
22	电力埋管工程承包合同：梨张路、医专路、观音路	三条道路均为城市1级支路，其中观音路起点长潭西辅道，终点茯苓冲路，全长985米，路宽20米；医专路起点长潭西辅道，终点茯苓冲路，全长1.28千米，路宽16米；梨张路起点三环线辅道，终点茯苓冲路，全长2.64千米，路宽20米。项目投资约1150万元	公开投标	湘潭水利电力开发有限公司	2012年5月	2015年12月	705.87

续表8—3—2—1

序号	项目名称	项目概况	投标方式	中标单位	开工日期	完工日期	中标价格（万元）
23	电力建设工程施工合同：车塘河路蚂蚁山线三一六杆线（10千伏）下地工程	车塘河路10千伏蚂蚁山线三一六杆至联丰路三一六·二〇杆沿线原有的JKLYJ—3×120/922米高压架空线路拆除和杆变换成箱变，并将原有的高压架空线路进行入地改造，工程预计总投资约700万元	公开投标	长沙星辰农电工程服务有限责任公司	2013年3月29日	2013年5月1日	
24	联丰苑保障性住房项目委托开发合同	位于含浦镇联丰村	公开投标	湖南省新雅置业有限公司	2013年7月		
25	学士门户广场工程施工合同	位于园区含浦大道二段北端，云栖路以南，建设内容包括景观绿化、景观小品、人行道改造等	公开投标	湖南省绿林市政景工程有限公司	2014年3月	2014年9月	
26	科教新村二期环境综合改造工程第一标段施工合同	环境综合改造区域位于园区联丰路以北、金鼎·公园尚项目以南、米兰路以东、车塘河路以西，工程投资约700万元，包括科教新村二期的小区路面改造、人行道改造、雨污水管道改造、绿化工程等	公开投标	湖南省含浦建筑工程有限公司	2014年5月	2015年1月	
27	张家村路一标段施工合同	张家村路道路工程施工一标（学士路—茯苓冲路）位于长沙市岳麓区岳麓科技产业园内，呈东西走向，全长约510米，规划路宽为16米	公开投标	长沙友仁建筑工程有限公司	2013年8月	2014年12月	

续表8—3—2—1

序号	项目名称	项目概况	投标方式	中标单位	开工日期	完工日期	中标价格（万元）
28	科教新村二期环境改造二标段	环境综合改造区域位于园区联丰路以北、金鼎·公园尚项目以南、米兰路以东、车塘河路以西，工程投资约700万元，包括科教新村二期的小区路面改造、人行道改造、雨污水管道改造、绿化工程等	公开投标	湖南咸嘉建设工程有限公司	2014年5月	2015年1月	
29	博才白鹤小学边坡治理护坡工程合同	白鹤小学位于含浦镇白鹤片鹤纹路以东、杏子路以北，占地40公顷。支护边坡坡底至坡顶最大高差相距约55米，工程造价约700万元	公开投标	湖南麟辉建设集团有限公司	2014年6月	2014年8月	
30	联东U谷·长沙国际企业港一期土石方工程	位于莲含大道以南，学士路以西，望江路以北，长潭西告诉细线辅道以东，项目土石方工程的总平面约1028公顷，总土石方量约300万立方米	公开投标	湖南省西湖建筑集团有限公司	2013年8月	2014年8月	
31	张家村路10千伏电力埋管合同		公开投标	湘潭水利水电开发有限公司	2014年10月	2014年12月	
32	岳麓科技产业园规划展示馆设计施工总承包工程合同	位于岳麓科技产业园园区办公楼一楼，占地面积约500平方米	公开投标	上海易城工程设计有限公司	2014年10月	2015年6月	
33	靳江河（望江路—西三环）西岸堤防整治工程	北起三环线辅道，南至望江路，全长2380米	公开投标	大华建设工程有限公司	2014年12月	2016年7月	

续表8—3—2—1

序号	项目名称	项目概况	投标方式	中标单位	开工日期	完工日期	中标价格（万元）
34	含浦大道第三段便道工程施工合同	全长1.9千米，道路规划宽度27.5米	公开投标	望建（集团）有限公司	2015年2月	2015年5月	
35	学士路（象嘴路—含浦大道）人行道、铺道、交通设施、两厢绿化提质改造工程施工合同		公开投标	岳麓区学士街道东山湾村村民委员会	2015年7月	2015年12月	
36	学士路与象嘴路电力埋管工程施工第一标段施工合同	埋管总长3.87千米	公开投标	湖南天福景观建设有限公司	2015年6月	2015年12月	
37	大塘路道路建设工程施工合同	新星路—学士路，长910米，宽20米	公开投标	湖南兴能电力建设有限公司	2015年1月	2017年1月	
38	学士路与象嘴路电力埋管工程施工第二标段施工合同	埋管总长3.87千米	公开投标	湖南湘力电力安装工程有限公司	2015年6月	2015年12月	
39	学士桥变新出10千伏线路配电工程施工合同	新设4间隔智能环网柜6台	公开投标	湖南安喆电力建设有限公司	2015年10月	2015年12月	
40	联东U谷·长沙国际企业港土石方二期工程施工合同	位于莲含大道以南，学士路以西，望江路以北，长潭西告诉细线辅道以东，项目土石方工程的总平面约1028公顷，总土石方量约300万立方米	公开投标	湖南省西湖建筑集团有限公司	2016年6月	2016年9月	

续表8—3—2—1

序号	项目名称	项目概况	投标方式	中标单位	开工日期	完工日期	中标价格（万元）
41	学士路（象嘴路—莲坪路）道路提质改造及景观工程一标段施工合同	象嘴路—三环线	公开投标	湖南省西城建设有限公司	2015年10月	2016年6月	
42	学士路（象嘴路—莲坪路）道路提质改造及景观工程二标段施工合同	三环线—莲坪路，长约888米，两侧10米宽外侧绿化带，长韶娄高速出入口长约240米，西侧5.5米，东侧15.5米宽外侧绿化带及形成的交叉口范围	公开投标	湖南省西湖建筑集团有限公司	2015年10月	2016年6月	
43	大塘路10千伏电力埋管工程施工合同	新挖普通工作井18个，拐角工作井1个，T形分线工作井1个，十字形分线工作井1个，电缆工作井标识牌41个，新建电缆埋管4×∅175长17米，8×∅175长943米	公开投标	湘潭水利电力开发有限公	2016年1月	2016年6月	
44	含浦大道道路提质改造工程（联丰路—学士路）补充协议书	长2.26千米	公开投标	湖南含浦建设集团有限公司			
45	玉润公园绿化景观及配套设施项目设计施工总承包合同	位于含浦大道与玉润路交叉口的东北角，总用地约25公顷	公开投标	湖南一建园林景观有限公司	2016年5月	2017年1月	
46	茯苓冲路、土城线、二水Ⅰ回10千伏杆线下地工程施工合同	新上二进四处智能型环网柜2台；在九五线628.9.1杆新装户外永磁真空断路器1套；从九五线628.9.1新放一回YJV22—3×300/10千伏电缆沿已建管道路K2	公开投标	湖南湘力电力安装工程有限责任公司	2016年3月	2016年9月	

续表8—3—2—1

序号	项目名称	项目概况	投标方式	中标单位	开工日期	完工日期	中标价格（万元）
47	岳麓智客空间建设项目设计施工总承包	建设内容为：创业咖啡吧、头脑风暴间、综合会议室、创业项目路演对接区、创客沙龙区和公共服务区，政策咨询、创新创业、投融资服务、科技成果转化等服务行平台	公开投标	港湘（长沙）建筑装饰工程有限公司	2016年4月	2017年3月	
48	含浦大道、车塘河路、联丰路、象嘴路四条道路提质改造工程施工合同	联丰路（象嘴路—含浦大道）长1.57千米，宽26米；象嘴路（云栖路—含浦大道），长2.43千米，宽36米；车塘河路（联丰路—象嘴路）长1.24德米，宽26米	公开投标	湖南省西城建设有限公司	2016年9月	2017年1月	
49	白鹤线301#~322#杆、香格里线001#~022#杆杆线下地电力埋管工程	主要建设内容包含白鹤线301#~322#杆、香格里线001#~022#杆杆线下地工程施工的全部内容	公开投标	湖南安喆电力建设有限公司	2016年9月	2016年11月	
50	含浦大道、车塘河路、联丰路、象嘴路四条道路沥青罩面工程施工合同	联丰路（象嘴路—含浦大道）长1.57千米，宽26米；象嘴路（云栖路—含浦大道），长2.43千米，宽36米；车塘河路（联丰路—象嘴路）长1.24千米，宽26米	公开投标	湖南业达建设有限公司	2016年12月	2017年1月	
51	联丰路、车塘河路电力埋管工程施工合同		公开投标	湖南湘电电力安装工程有限责任公司	2016年11月	2016年12月	
52	立赛垸泵站堤防2016年应急度汛工程施工合同		公开投标	望建（集团）有限公司	2016年10月	2016年12月	
53	智谷科技广场及附属工程项目设计施工总承包	位于学士路与车塘河路交会处，用地面积约78公顷	公开投标	湖南省城市园林实业有限公司、湖南省建筑科学研究院	未开工		

◆第三节 质量监理与监督

为确保工程质量，园区遵照国家建筑法的规定，所有过程建设项目均通过公开招标，由有一定资质的专业监理公司实行全程管理。

2003年，园区初建时期，在人员少、工作强度大的情况下，始终把工程质量摆在首位。园区开发建设指挥部制定工程现场监督管理八项规定：各施工项目经理部必须严格按施工合同、设计图纸及有关变更文件施工。施工过程中必须接受甲方现场代表和监理工程师（以下合并简称监督人员）的监督。监督人员对施工单位的施工质量有监督管理的权利与职责，如不合格，监督人员有权不予签证，并将意见记入监理日记内，待整改并重验合格后才能签证，方可进行下道工序施工。对较严重的质量问题或已形成隐患的问题，由监理工程师填写“不合格工程项目通知书”，通知施工单位，同时抄报总监理工程师和建设方，施工单位必须按要求及时做出整改。如施工单位不及时整改，情节较严重的，监理工程师在征得建设方同意后，报总监理工程师批准后，发出《工程暂停令》，指令部分工程、单项工程或全部工程暂停施工。待施工单位整改后，报监督人员进行复验，合格后发出《复工令》。分部分项工程完成后，经自检合格，应填写工程报验单，经监督人员现场查验后，签字认可。施工单位在施工过程中，不按照双方合同或有关施工设计图纸施工，监督人员除责令施工单位无条件整改、返工外，可依情节进行处理，处罚结果进行通报，并不得参与园区相关的投招标项目。在施工过程中有变更的工程量，由施工方报甲方现场代表，再由现场代表报甲方工程总监和分管领导认定，方可施工并由监督人员签证。所有经济签证，施工单位在施工验收后，必须在三日内报送监督人员，由监督人员报工程总监和分管领导同意后签证，过期视为放弃签证。

2006年，为进一步强化工程质量监理与监督工作，园区行政监督，园区管委会授权当地县级建筑行政部门，对园区工程建设投资、监理公司和建设方施工人员履行全面监督职能；园区工程建设处监督，聘请资质相适应的监理公司，对施工方进行施工质量监督；专人监督，每一项工程确定项目经理，安排技术施工员进行现场跟班监督。

2008年，为规范园区工程项目建设管理，确保工程质量安全、进度、投资达到目标控制要求，使项目建设管理制度化、规范化，园区出台市政道路施工规范管理制度。建设项目施工两个阶段：1. 建设项目施工准备阶段。施工单位、监理单位按合同要求组建施工项目经理部、项目监理部，上岗人员应与招标书一致。

开工前园区工程处（建设单位）应对施工单位、监理单位进行相关园区工程管理制度文件规定、要求、表格的交底。开工前园区工程处（建设单位）组织勘察、施工、监理单位共同参加项目测量控制点交接，督促完善交接手续，复核无误后交接表要求各方共同签字。园区工程处现场工程师应全程参与施工范围原始地貌测量，地貌变化造成工程量增加应及时书面通知园区工程处、区财评，并测量核准完善相关手续。园区工程处现场工程师应熟悉现场情况，会同监理单位督促施工单位对施工范围内受影响的房屋、构筑物、边坡、水系、临时和永久通行便道、管线提供测量资料，并予以核实和提出初步解决方案。园区工程处现场工程师应会同监理单位督促施工单位对需进行拆迁、拆除、迁移的房屋、土地、构筑物、管线、绿化等提供数据，并予以核实和提出初步解决方案。园区工程处现场工程师应督促监理提交监理规划和监理细则，督促施工单位提交由施工单位技术负责人、总监、建设方代表审核签字的施工组织设计。园区工程处（建设单位）组织施工组织设计审查会，督促监理单位将施工组织设计审查会议纪要于 15 天内完成并提交园区工程档案室。园区工程处（建设单位）组织相关部门参加园区建设项目的前期协调会。2. 建设项目施工管理阶段。分别对路基工程、排水工程、钢筋硅结构工程、路面基层工程、沥青路面工程、人行道工程、路灯亮化工程、绿化工程、电力埋管工程、综合管线等十项工程提出具体操作流程和实施方案。园区工程处组织设计、勘察、监理、质监、区财评等单位共同进行验收。园区工程处现场工程师、监理人员全程参与，现场监理，保证实验检测数据的真实性。监理单位按设计、规范要求工序到位。施工单位自检合格后达到预验收条件，由施工单位提出书面申请。监理单位和园区工程师签字认可后，报园区工程处方可组织进入相关单位验收阶段。

2011 年，园区根据长沙市住房城乡建设委《关于全面提升城市工程建设质量水平精细化管理三年行动计划的通知》精神，组织各施工单位、监理单位结合项目实际情况，制定工程质量精细化管理制度及实施细则，在重点工程项目中、在质量监管上下功夫。园区聘请两位专家担任技术顾问，抓住工程建设关键环节，深化工程建设“四个统一”,即统一水泥、钢材等关键材料供给,统一技术工艺标准,统一考核验收，统一附属工程建设管理要求。同时园区管委会组织领导干部、管理人员对其他项目部在建工程进行参观学习，扬长避短，相互交流，提高质量创先意识。

2013 年，园区重新修订《长沙岳麓科技产业园监理单位管理办法》，加强园区投资项目监理单位的管理，督促监理单位严格履行合同，切实控制工程建设项目的质量、安全、进度、投资，确保工程建设项目的优质、高效、安全、节能、环保。园区创新《监理周报》和《监理月报》,对监理单位及监理人员提出基本要求；即监理单位经遵循客观、公正和诚信的原则，维护园区、施工单位及参建各方的合法权益，建筑材料、建筑构配件和设备不得降低质量、以次充好、弄虚作假；监理单位不得将监理业务转让；所有监理人员必须持证上岗。对项目监理部及监理人员的监理工作要求：即工程项目施工时，项目监理部安排监理人员采取巡视、旁站等方式到工地现场检查、督促施工进度，监理单位将巡视、检查结果总结于《监理周报》和《监理月报》。监理工作周报在每周星期日编制完成，周一报送园区工程处。监理工作月报在本月 28 日编制完成，下月 1 日报园区工程处。项目监理部一周至两周召开监理工作例会,形成监理例会会议纪要。质量控制,采用《监理通知单》《暂停施工通知单》,要求施工单位及时整改,直至消除问题或潜在隐患,报园区工程处备案。对监理单位实行奖惩办法，监理单位违反规定的视情节严重，每次罚款 200~10000 元。项目监理工作结束，项目监理部未发生违反规定的任何行为，项目监理工作综合评价为合格以上，给予项目监理部 50000 元奖励。

2010—2016年质量管理与监理明细表（2010—2016年）

表8—3—3—1

立项名称	项目名称	招投标方式	施工单位	监理单位	开工时间	投资总额（万元）		备注（万元）
						计划总投资	已完成总投资	
学士路二期	学士路二期道路工程（三标）	公开招投标	湖南含浦建筑工程有限公司	湖南建科工程项目管理有限公司	2010年6月	4595.46	6263.38	二标监理：25；三标监理：55；三标电力埋管：291.8139；水系恢复：24.451253；三标结算中介初审：50；三标电力埋管委托结算审计：5.32
							55	
望江路	望江路工程承包合同书：二标段	公开招投标	湖南新宇建筑工程有限公司	湖南天福项目管理有限公司	2010年6月	3292.65	4524.63	道路、水系恢复：4.9688+17.39+26.8441+42（望江、有成）；新塘便道：8.35；监理：75；还塘设计、测量：1.33+1.28；一标结算初审委托：29.8
	望江路工程承包合同书：一标段	公开招投标	湖南省西湖建筑工程有限公司		2010年6月	2324.06	3564.46	

续表8—3—3—1

立项名称	项目名称	招投标方式	施工单位	监理单位	开工时间	投资总额（万元）		备注（万元）
						计划总投资	已完成总投资	
长沙市坪塘污水处理厂及中水回用工程	坪塘污水处理厂截污干管（过靳江河）工程	公开招投标	湖南含浦建筑工程有限公司	湖南省余辉水利水电建设监理咨询有限公司	2010年10月	1009.16	3435.43	监理：15.3；质量鉴定检测：20；防洪预案：8
	靳江河污水工程设计		湖南省建筑设计院			19.8	19.8	
医专路	医专路工程	公开招投标	湖南西城建设有限公司	湖南环宇建设工程咨询监理有限责任公司	2011年3月	708.12	843.4	监理：10.98；便道：17.47；恢复水塘（医专、有成）：12；横断面测量：0.6；标高调整图纸设计：13.237
	设计见梨张路					85.2	85.2	
白鹤小学	白鹤小学土石方工程	公开招投标	湖南含浦建筑工程有限公司		2011年3月	1752.82	3466.81	
茯苓冲路	茯苓冲路工程一标段工程	公开招投标	湖南含浦建筑工程有限公司	湖南友谊工程咨询有限公司	2011年3月24日	1308.14	2108.37	监理：37；竣工测量：9.447；标高调整（茯苓、有成路）：23.547
	茯苓冲路工程二标段工程	公开招投标	湖南含浦建筑工程有限公司		2011年3月24日	1553.56	2095.1	
茯苓冲路	茯苓冲路、有成路、观音路设计		湖南华罡交通规划设计研究院	湖南友谊工程咨询有限公司		103.98	103.98	监理：37；竣工测量：9.447；标高调整（茯苓、有成路）：23.547
	茯苓冲路、有成路、观音路增补设计					69.6	69.6	
	电力埋管工程承包合同：茯苓冲路、黎家村路、有成路	公开招投标	湖南湘江电力建设有限公司		2012年5月	845.78	879.07	
含浦大道等六条道路提质改造工程	含浦大道道路提质改造工程（联丰路—学士路）补充协议书	公开招投标	湖南含浦建设集团有限公司		2011年8月	按实		

续表8—3—3—1

<table>
<tr><th rowspan="2">立项名称</th><th rowspan="2">项目名称</th><th rowspan="2">招投标方式</th><th rowspan="2">施工单位</th><th rowspan="2">监理单位</th><th rowspan="2">开工时间</th><th colspan="2">投资总额（万元）</th><th rowspan="2">备注（万元）</th></tr>
<tr><th>计划总投资</th><th>已完成总投资</th></tr>
<tr><td>含浦大道等六条道路提质改造工程</td><td>学士路、联丰路、象嘴路道路改造工程（二标段）</td><td>公开招投标</td><td>湖南新宇建筑工程有限公司</td><td></td><td>2011年3月</td><td>2022.7</td><td>1636.21</td><td>监理：37；
竣工测量：9.44；
标高调整（茯苓、有成路）：23.54</td></tr>
<tr><td>黎家村路</td><td>黎家村路工程</td><td>公开招投标</td><td>长沙市金盛建筑安装有限公司</td><td>长沙展望工程建设监理有限公司</td><td>2011年3月25日</td><td>383.29</td><td>926.77</td><td>监理：7；
结算初审：10</td></tr>
<tr><td rowspan="2">龙王港路等道路</td><td>含浦大道第三段工程承包合同书</td><td>公开招投标</td><td>湖南西城建设有限公司</td><td rowspan="2">湖南湖大建设监理有限公司</td><td>2010年1月</td><td>2962.22</td><td>3611</td><td rowspan="2">标底审核：2.11；
标底编制：5.96；
可研：9.5；
测量：6.79；
安全方案咨询：2.98；
监理：76；
检测：13.5</td></tr>
<tr><td>含浦大道第三段便道工程施工合同</td><td>公开招投标</td><td>岳麓区学士街道东山湾村村民委员会</td><td>2015年2月</td><td></td><td>5</td></tr>
<tr><td rowspan="2">梨张路</td><td>梨张路工程承包合同书</td><td>公开招投标</td><td>长沙岳麓山建筑工程有限公司</td><td rowspan="2">湖南安泰工程项目管理有限公司</td><td>2011年3月</td><td>3287.5</td><td>2453.91</td><td rowspan="2">医专路、梨张路、茯苓路检测：38.77</td></tr>
<tr><td>电力埋管工程承包合同：梨张路、医专路、观音路</td><td>公开招投标</td><td>湘潭水利电力开发有限公司</td><td>2012年5月</td><td>705.87</td><td>490</td></tr>
<tr><td>有成路</td><td>有成路工程</td><td>公开招投标</td><td>湖南省含浦建筑工程有限公司</td><td>长沙展望工程建设监理有限公司</td><td>2011年3月</td><td>1878.68</td><td>2660.67</td><td>监理：28；
竣工测量：6.79</td></tr>
<tr><td rowspan="2">岳麓科技产业园拆迁农民安置房基础工程</td><td>白鹤工院安置房基础工程</td><td>公开招投标</td><td>长沙乔口建设有限公司</td><td rowspan="2"></td><td>2011年3月</td><td>142.57</td><td>501.2</td><td rowspan="2"></td></tr>
<tr><td>联丰路沿街安置房基础工程</td><td>公开招投标</td><td>长沙乔口建设有限公司</td><td>2011年3月</td><td>292.35</td><td>280</td></tr>
</table>

续表8—3—3—1

立项名称	项目名称	招投标方式	施工单位	监理单位	开工时间	投资总额（万元）		备注（万元）
						计划总投资	已完成总投资	
观音路	观音路工程	公开招投标	湖南天顶建筑工程有限公司	湖南环宇建设工程咨询监理有限责任公司	2011年3月	607.17	637.17	监理：9.48；水系恢复：48.38；便道：49.73
园区主干道交通信号灯工程	交通信号灯工程：五条主干道交通信号灯工程	公开招投标	湖南海鸿交通工程有限公司		未开工	180.963		标底编制：0.64
园区主干道路灯设施	路灯设施改建工程：二标段	公开招投标	湖南金安交通设施有限公司		2011年12月	1461.34	800	
	路灯设施改建工程：一标段	公开招投标	湖南兴能电力建设有限公司		2011年12月	1227	650	
车塘河路10千伏蚂蚁山线三一六杆线入地	电力建设工程：车塘河路蚂蚁山线三一六杆线（10千伏）下地工程	公开招投标	长沙星辰农电工程服务有限责任公司		2013年3月29日		628.04	
联丰保障性住房（联丰苑）	联丰苑保障性住房项目委托开发	公开招投标	湖南省新雅置业有限公司		2013年7月	62456.8		
学士广场	学士门户广场工程	公开招投标	湖南省绿林市政景观工程有限公司	湖南和天工程项目管理有限公司	2014年3月	945.62	817.41	标底编制：4.12；监理：18.82；标底审核：1.33；测量：1.51

续表8—3—3—1

立项名称	项目名称	招投标方式	施工单位	监理单位	开工时间	投资总额（万元）		备注（万元）
						计划总投资	已完成总投资	
科教新村二期环境综合改造	科教新村二期环境综合改造工程第一标段	公开招投标	湖南省含浦建筑工程有限公司	湖南华顺建设项目管理有限公司	2014年5月	294.63	170	标底编制：2.54；测量：1.36；监理：14；测量测绘：1.92；给水工程：4.12
	科教新村二期环境改造二标段	公开招投标	湖南咸嘉建设工程有限公司		2014年5月	281.02	120	
张家村路	张家村路一标段施工	公开招投标	长沙友仁建筑工程有限公司	湖南省华顺建设项目管理有限公司	2013年8月	845.41	607	可研：8；测量：5.119+1.2；勘察：34.88；图纸审查：3.984；标底编制：3.23；标底审核：1.24；监理：16.2
	张家村路10千伏电力埋管合同	公开招投标	湘潭水利水电开发有限公司		2014年10月	64.97	32	
	张家村路10千伏电力埋管设计		长沙星电电力勘测设计有限公司			3.44	3.44	
博才白鹤小学边坡治理护坡工程	博才白鹤小学边坡治理护坡工程	公开招投标	湖南麟辉建设集团有限公司		2014年6月	584.66	501	图纸审查：2；标底编制：8.13；标底审核：0.998；司法鉴定：2；监测：20.22
联东U谷·长沙国际企业港土石方	联东U谷·长沙国际企业港一期土石方工程	公开招投标	湖南省西湖建筑集团有限公司		2013年8月	1414.81	1400	标底：4.4806+3.281+1.6435；勘查：4.82；测量：5.78
	联东U谷·长沙国际企业港土石方二期工程	公开招投标	湖南省西湖建筑集团有限公司		2016年6月	670.28	400	

续表8—3—3—1

立项名称	项目名称	招投标方式	施工单位	监理单位	开工时间	投资总额（万元）		备注（万元）
						计划总投资	已完成总投资	
岳麓科技产业园规划展示馆	岳麓科技产业园规划展示馆设计施工总承包	公开招投标	上海易城工程设计有限公司	湖南省硅谷工程监理咨询有限公司	2014年10月	493.93	446.66	监理：12； 编制：2.23
靳江河西岸综合整治工程	靳江河（望江路—西三环）西岸堤防整治工程	公开招投标	望建（集团）有限公司	湖南省余辉水利水电建设监理咨询有限公司	2014年12月	1250.26	975	勘察：60； 标底编制：4.58； 监理：23.76； 测量：1.3133+2.1； 标底审核：1.67
	立赛垸泵站堤防2016年应急度汛工程施工合同	公开招投标	望建（集团）有限公司		2016年10月	294.61	116	
学士路（含浦大道–三环线）	学士路（象嘴路—含浦大道）人行道、铺道、交通设施、两厢绿化提质改造工程	公开招投标	湖南天福景观建设有限公司	湖南和天工程项目管理有限公司	2015年7月	998.78	600	勘察：60； 标底编制：4.58； 监理：23.76； 测量：1.3133+2.1； 标底审核：1.67
学士路（含浦大道–三环线）	学士路（象嘴路—莲坪路）道路提质改造及景观工程一标段（象嘴路—三环线）	公开招投标	湖南省西城建设有限公司		2015年10月	1407.4	1040	预算：5.43； 勘察：1.5； 监理：22； 标底编制：4.5； 消防栓移位：3.93； 竣工测量：3.52
学士路与象嘴路电力埋管	学士路与象嘴路电力埋管工程施工第一标段	公开招投标	湖南兴能电力建设有限公司	湖南东泰工程项目管理有限公司	2015年6月	748.97	470	标底编制： 2.3915+3.2164； 技术监督：2.88； 监理：25

续表8—3—3—1

立项名称	项目名称	招投标方式	施工单位	监理单位	开工时间	投资总额（万元）		备注（万元）
						计划总投资	已完成总投资	
学士路与象嘴路电力埋管	学士路与象嘴路电力埋管工程施工第二标段	公开招投标	湖南湘力电力安装工程有限公司	湖南东泰工程项目管理有限公司	2015年6月	553.57	390	标底编制：2.3915+3.2164；技术监督：2.88；监理：25
大塘路	大塘路道路建设工程	公开招投标	湖南中柱建设有限公司	湖南省经建工程监理有限责任公司	2015年7月	2686.37	1900	竣工测量测绘：2.76；测量：1.9+8.9498；标底编制：6.83；标底审核：2.43；监理：50
大塘路10千伏电力埋管	大塘路10千伏电力埋管工程	公开招投标	湘潭水利电力开发有限公司		2016年1月	122.77	60	标底编制：0.61
学士桥变新出10千伏线路配电工程（黎家村路—观音路）	学士桥变新出10千伏线路配电工程	公开招投标	湖南安喆电力建设有限公司	湖南省硅谷工程监理咨询有限公司	2015年10月	493.59	350	监理：10.5
学士路（三环线—莲坪路）与长韶娄高速出入口景观项目	学士路（象嘴路—莲坪路）道路提质改造及景观工程二标段（三环线—莲坪路）	公开招投标	湖南省西湖建筑集团有限公司	监理见学士路一标	2015年10月	1740.42	1040	箱涵检测：21.41；监理：62.1（含一标）；病害检测：4.5；咨询：4.98；测量测绘：4.98
玉润公园及文化设施等配套项目	玉润公园绿化景观及配套设施项目设计施工总承包合同	公开招投标	湖南一建园林景观有限公司	东泰工程项目管理有限公司	2016年5月	1525.2	610	监理：25；临时用电：4.76

续表8—3—3—1

立项名称	项目名称	招投标方式	施工单位	监理单位	开工时间	投资总额（万元）		备注（万元）
						计划总投资	已完成总投资	
茯苓冲路10千伏杆线下地工程；土城线、二水Ⅰ回10千伏杆线下地工程【2015】107	茯苓冲路、土城线、二水Ⅰ回110千伏杆线下地工程	公开招投标	湖南湘力电力安装工程有限责任公司	湖南众鑫工程咨询监理有限公司	2016年3月	751.671	300	预算编制：3.55；监理：16.26
岳麓智客空间项目	岳麓智客空间建设项目设计施工总承包	公开招投标	港湘（长沙）建筑装饰工程有限公司	湖南众鑫工程咨询监理有限公司	2016年4月	350	280	监理：4
含浦大道等六路提质改造；联丰路（象嘴路—含浦大道）提质改造；象嘴路（云栖路—含浦大道）提质改造；车塘河路（联丰路—象嘴路）提质改造	含浦大道、车塘河路、联丰路、象嘴路四条道路提质改造工程	公开招投标	湖南省西城建设有限公司	湖南明泰项目管理有限公司	2016年9月	5392.71	2200	标底：1.057+4.4007+3.128+4.3833+4.0303+2.3501+6.3111+2.2537；检测：3.5；监理：108
	含浦大道、车塘河路、联丰路、象嘴路四条道路沥青罩面工程	公开招投标	湖南业达建设有限公司		2016年12月	2470.8	1240	
	联丰路、车塘河路电力埋管工程施工合同	公开招投标	湖南湘电电力安装工程有限责任公司	长沙东泰工程项目管理有限公司	2016年11月	315.039	130	
智谷科技广场及附属工程项目（含地下人防工程）	智谷科技广场及附属工程项目设计施工总承包	公开招投标	湖南星电建设实业集团股份有限公司照明亮化工程分公司	湖南和天工程项目管理有限公司	2016年7月28日	6895		

第九篇

党政群团

PARTY AND GOVERNMENT GROUP

第一章 中共组织

◆第一节 机构与领导成员

长沙岳麓科技产业园始终坚持党对园区工作的绝对领导，自觉地把园区的开发建设和发展置于党的领导之下。

2002 年 4 月，望城县机构编制委员会发文《关于成立长沙含浦科教产业园管理委员会的通知》。

2003 年 3 月，成立长沙含浦科教产业园开发建设指挥部，由中共望城县委直接领导。园区所有工作人员都由县委统一抽调和安排，党员干部的组织关系仍在原单位。

2004 年 2 月，遵照县直工委《关于同意成立长沙含浦科教产业园管理委员会机关党支部的批复》精神，按照党章规定，园区召开全体党员大会，选举产生中共长沙含浦科教产业园管理委员会机关党支部委员会，机关党支部委员会由姚寿主、张献武、李曼组成，姚寿主当选为支部书记。

2006 年 7 月，中共望城县委印发《关于成立中共望城县长沙含浦科教产业园区工作委员会和纪律检查工作委员会的通知》，中共望城县委决定成立中共长沙含浦科教产业园区工作委员会和纪律检查工作委员会（简称含浦科教产业园区党工委和纪工委）。党工委由苏春光、周浩波、张俊雄、朱若平、刘铁刚、李国斌组成，苏春光兼任党工委书记，周浩波任党工委副书记，李国斌任纪工委书记。

2008 年 6 月 12 日，省民政厅印发《关于将望城县含浦等三个镇划归岳麓区管辖的批复》，同意市政府将含浦、坪塘、莲花 3 个镇成建制划归岳麓区管辖的请示。长沙含浦科教产业园行政区划隶属望城县含浦镇，园区成建制同步划入岳麓区。2009 年 3 月，长沙含浦科教产业园更名为长沙岳麓科技产业园。次年，中共长沙岳麓区委派程继华任中共长沙岳麓科技产业园工作委员会党工委书记（兼）；周浩波任党工委副书记、管委会主任。

2011 年 8 月，区委决定委派曾跃平担任岳麓科技产业园专职党工委书记，主持园区全面工作，切实加强党对园区的领导。

2011 年—2012 年长沙岳麓科技产业园工作委员会党风廉政建设领导小组成员名单。政委：曾跃平；组长：周浩波；副组长：罗政、成京辉、刘正文、张俊雄、李国斌（常务）、李曼；成员：姚寿主、张献武、龙略成、黄志怀、虢旭、朱玉先、谭文学；领导小组下设办公室，姚寿主任办公室主任。

2012 年 12 月 12 日，湖南省机构编制委员会办公室印发《关于中共岳麓工业集中区工作委员会岳麓工业集中区管理委员会机构规格的批复》，明确中共岳麓工业集中区工作委员会、岳麓工业集中区管理委员会为副处级机构，合署办公，分别作为中共长沙市委、市政府派出机构。中共岳麓工业集中区工作委员会、中共长沙岳麓科技产业园区工作委员会（简称园区党工委，“两块招牌，一套班子”），形成党对园区一切工作的领导核心集体。

2013 年，园区党工委根据区纪检工作要求，为更好地贯彻落实园区廉政建设和反腐败工作，加强党政监督的整体效能，提高工作效率，进一步做好党风廉政建设工作，服务园区发展大局，设立纪检监察室，与园区办公室合署办公。纪检监察室主任：姚寿主；纪检委员：张献武、龙略成、黄志怀；纪检监察室专干陈奇志。

2014 年 11 月，区委决定委派屈志峰担任园区党工委书记，主持园区全面工作。

2015 年—2016 年岳麓科技产业园工作委员会党风廉政建设领导小组成员名单：政委屈志峰、组长张永久、副组长刘正文、张俊雄、单旭红、张双武、黄颖。成员：姚寿主、吴清萍、黄志怀、陈建湘、龙略成、黄志怀、虢旭领导小组下设办公室，姚寿主兼任办公室主任。

中共长沙岳麓科技产业园区（岳麓工业集中区）工作委员会（2002—2016年）历届领导成员任职表一览表

表9—1—1—1

姓　名	职　务	任职时间
苏春光	党工委书记（兼）	2006年7月—2009年3月
程继华	党工委书记（兼）	2009年3月—2011年8月
曾跃平	党工委书记（副县）	2011年8月—2014年11月
屈志峰	党工委书记	2014年11月—
周浩波	党工委副书记	2006年7月—2012年9月

续表9—1—1—1

姓　名	职　务	任职时间
张永久	党工委副书记	2012年8月—2016年9月
黄　燕	党工委副书记	2016年9月—
周建华	党工委副书记（兼）	2013年1月—
罗　政	党工委副书记	2009年—
刘正文	党工委委员、副书记	2011年4月—
张俊雄	党工委委员	2006年7月—
刘铁刚	党工委委员	2006年7月—2011年3月
朱若平	党工委委员	2006年7月—2009年8月
成京辉	党工委委员	2009年10月—2012年5月
李国斌	党工委委员、纪工委书记	2006年7月—2013年1月
单旭红	党工委委员、纪工委书记	2013年2月—2016年12月
厉雅硕	党工委副书记、纪工委书记	2016年12月—

中共长沙岳麓区学士街道工作委员会
长沙市岳麓区学士街道办事处
领导班子成员任职表一览表

表9—1—1—2

姓　名	职　务	任职时间
罗　政	工委书记（园区党工委副书记）	2013年1月—
李　鸿	工委副书记、办事处主任	2013年1月—
殷建国	工委副书记、纪工委书记、人大工委主任	2013年1月—
张　驰	工委副书记、政协联络处主任	2013年1月—
刘金顶	工委委员、办事处副主任、武装部部长	2013年1月—
曾　兵	工委委员、办事处副主任	2013年1月—
吴静波	工委副书记	2015年—
严民意	工委副书记、工会主席、机关支部书记	2013年1月—

续表9—1—1—2

姓　名	职　务	任职时间
周苍松	人大工委副主任	2013年1月—
李昌遐	办事处副主任	2013年1月—
徐祎琳	办事处副主任	2013年1月—
王小军	城管执法中队队长	2015年—
周海波	政协联络处副主任	2015年—
彭　阳	工委委员、组织委员、党政办主任	

中共长沙岳麓科技产业园区纪律检查工作委员会纪律检查工作委员会（2002—2016年）历届领导成员任职表

表9—1—1—3

姓　名	职　务	任职时间
李国斌	纪工委书记	2006年7月—2013年1月
单旭红	纪工委书记	2013年2月—2016年12月
厉雅硕	纪工委书记	2016年12月—
张献武	纪工委副书记	2006年7月—2012年7月
姚寿主	纪工委副书记	2012年7月—2016年12月
黄志怀	纪工委委员	2006年6月—
龙略成	纪工委委员	2013年7月—

中共长沙岳麓科技产业园机关支部委员会任职一览表

表9—1—1—4

党支部书记	支部副书记	组织委员	宣传委员	纪检委员	任职时间
姚寿主		张献武	李　曼		2004年2月—2005年
徐　勋		张献武	李　曼		2005年—2006年
李　曼	张献武	姚寿主	陈奇志	虢　旭	2006年—2012年
张献武	姚寿主	陈建湘	陈奇志	陈　雁	2012年—2016年
陈奇志	陈建湘	陈　雁	黄志怀	史国胜	2016年—

◆第二节　党的建设

组织建设　2003年，中共望城县直工委发文《关于同意成立长沙含浦科教产业园管理委员会机关党支部的批复》，按照党章规定，园区召开全体党员大会，选举产生机关党支部委员会，支部共有党员12人。

2006年7月，成立中共望城县长沙含浦科教产业园区工作委员会和纪律检查工作委员会（简称含浦科教产业园区党工委和纪工委）。园区党工委、纪工委由中共望城县委统一领导，领导班子由望城县委、县政府委派。2008年6月，湖南省民政厅发文《关于将望城县含浦等三个镇划归岳麓区管辖的批复》，园区成建置划归岳麓区管辖，党工委划归中共岳麓区委领导，更名为中共长沙岳麓科技产业园区工作委员会。

2012年11月，湖南省人民政府办公厅《关于设立安仁工业集中区等29家省级工业集中区的通知》文件，批准岳麓科技产业园为岳麓工业集中区。是年12月，湖南省机构编制委办公室发文《关于中共岳麓工业集中区管理委员会机构规格的批复》批准中共岳麓工业集中区工作委员会、岳麓工业集中区管理委员会为副处级机构，合署办公，分别作为中共长沙市委、市政府派出机构，园区晋升副县级。党工委认真抓好党的组织、思想、作风和廉政建设，严格执行"党要管党、从严治党"的方针，深入开展党的各项活动，使园区党的基层组织更加健全，党员队伍不断壮大，为实现园区又好又快地发展提供坚强的组织保障。

2015年，机关及机关直管企业成立2个党支部，扩大到49名中共党员。中共长沙岳麓科技产业园管委会机关支部委员会有党员18名，支部委员会由陈奇志、陈建湘、黄志怀、史国胜、陈雁5人组成，陈奇志任党支部书记，陈建湘任党支部副书记，陈雁任组织委员，黄志怀任宣传委员，史国胜任纪检委员。中共湖南岳麓经济开发有限责任公司支部委员会有党员31人，支部委员会由周智能、徐玢、瞿维、谭敏、张宇娥5人组成，周智能任党支部书记，徐玢任党支部副书记，谭敏任组织委员，瞿维任宣传委员，张宇娥任纪检委员。

2016年，中共长沙市委非公有制经济组织和社会组织工作委员会办公室发文《关于认真做好第二批省直管非公企业党组织关系转接工作的通知》精神，"按照省委'两新'工委要求，第二批24家省管非公企业党组织关系需移交至长沙引进属地管理"。园区党工委立即派党群办干部，做好入园企业党员组织关系转接手续和"两新"党组织综合服务平台登记注册等相关管理服务工作。转接115名党员组织关系，中共湖南省工商联直属会员单位委员会流转移交25名党员，共接纳 140 名中共党员入园注册。根据《中国共产党章程》《中国共产党基层组织选举条例》规定，园区党工委审查新建党支部选举结果的报告。批复新建党支部有：中共湖南中大建设工程检测技术有限公司支部委员会，中汽（湖南）基地发展有限公司党支部，湖南苏试广博检测技术有限公司党支部，湖南新云网科技有限公司支部委员会，岳麓海普信息技术服务有限公司党支部，长沙博奥医学检验所有限公司党支部，湖南广绿检测有限公司党支部，长沙联丰裕园物业管理有限公司党支部，岳麓智谷创新创业基地联合党支部等 10 个党支部，加上机关党支部和直管党支部共 12 个党支部。园区共有中共党员 227 人。

2016年（届）中共长沙岳麓科技产业园区（工业集中区）工作委员会基层党支部成员任职一览表

单位：人

表9—1—2—1

党支部名称	党支部书记	支部副书记	支部组织委员	支部宣传委员	纪检委员	支部人数
中共长沙岳麓科技产业园管委会机关支部委员会	陈奇志	陈建湘	陈　雁	黄志怀	史国胜	18
中共湖南岳麓经济开发有限公司支部委员会	周智能	徐　玢	谭　敏	瞿　维	张宇娥	31
中共湖南中大建设工程检测技术有限公司支部委员会	尹小波	周　芳	王圣玉	李　信	邓绍华	40
中汽（湖南）基地发展有限公司支部	刘　义		刘　倩			3
湖南苏试广博检测技术有限公司支部	聂祖国		曹　佩			3
湖南新云网科技有限公司党支部	李政军		蒋　甜			4
岳麓海普信息技术服务有限公司党支部	张　玲					4
长沙博奥医学检验所有限公司党支部	刘　科					3
湖南广绿检测有限公司党支部	谭艳来					6
长沙联丰裕园物业管理有限公司党支部	张恭元	张建红	陈　玲			6
岳麓智谷创新创业基地联合党支部	罗　信					
长沙赛恩斯环保科技有限公司支部委员会						38

思想建设 园区党工委始终重视党员干部的思想建设。坚持以马克思列宁主义、毛泽东思想、邓小平理论、“三个代表”重要思想、科学发展观和习近平新时代中国特色社会主义思想为正确的思想理论导向，打好思想基础，坚持理论学习。组成班子成员为核心的中心学习小组，建立学习制度，认真学习中央领导系列重要论述，发挥对中层骨干和全体党员干部的带头辐射作用，推动全园区机关和基层单位党员、干部的理论学习思想教育，不断提升园区党员干部理政爱民、为民服务的思想政治觉悟。

2002 年，园区初创，规划建设工作十分繁忙，园区班子成员对党员干部的思想建设从不松懈。紧跟党中央的统一部署，开展以“三个代表”重要思想为指导，分批次深入开展“三个代表”重要思想的学习教育活动。提高党员干部队伍素质，增强基层党组织的凝聚力和战斗力。是年，园区党组织，结合望城县委第七次党代会提出的“坚持理论武装，勇于创新，加强思想建设；坚持以人为本，夯实基础，加强组织建设；坚持立党为公，执政为民，加强作风建设；坚持廉洁从政，从严治党，加强党风廉政建设”四点具体要求，把园区党员思想建设推向新阶段。

2003 年是深入贯彻落实中共十六大精神，全面建设小康社会的第一年，也是园区开发建设全面启动、进入实质运作的第一年。园区党组织、管委会根据县委指示精神，深入学习、研究、贯彻“三个代表”重要思想和中共十六大精神。坚持正确的政治方向，牢记“两个务必”，围绕稳定发展为中心，结合园区工作实际，认真贯彻执行党的路线、方针、政策。坚持执政为民，以民为本的宗旨，使党员干部树立正确的世界观、人生观、价值观。

2004 年 2 月，望城县委批准园区成立机关党支部，新支部的成立活跃了园区管委会党员政治生活。根据县委组织部《关于 2004 年度领导干部民主生活会有关事项的通知》精神，制定园区民主生活会方案。7 月 29 日，园区机关支部和管委会全体成员集中理论学习，主题是学习中央领导关于加强党的执政能力建设，树立科学发展观和正确的政绩观等论述，学习《中国共产党党内监督条例（试行）》《中国共产党纪律处分条例》等。通过学习，统一思想，提高认识。7 月 30 日，进行对照检查。党支部和管委会一班人，从思想、作风、能力、形象方面逐一对照检查，找出各自存在的问题及根源。7 月 31 日，管委会一班人交心谈心；班子成员进行剖析反思。8 月 2 日，班子成员对摆出的问题，各自提出整改措施。通过民主生活会，管委会一班人从思想上提高立党为公、执政为民的思想政治觉悟。

2005 年，园区机关党支部、管委会认真开展“保持共产党先进性教育活动”，全体党员参加县委组织的干部培训班 8 人次，学习教育覆盖率达 100%。园区组织全体党员干部参加“五四”普法活动和深入学习《中华人民共和国公务员法》活动。人均做学习笔记5000余字，写个人心得4篇，坚持每月谈心交心一次。结合“保持共产党先进性教育”活动，园区机关党支部组织全体党员干部参观无产阶级革命家彭德怀元帅故居。

2006年，园区党工委、管委会开展“弘扬雷锋精神，构建和谐园区”活动。充分发挥雷锋家乡的资源优势，用雷锋精神建队育人。园区党工委针对园区在开发建设过程中暴露出来的各种矛盾和问题，坚持用雷锋精神感召人、教育人、激励人。专程组织园区工作人员参观雷锋纪念馆，对照雷锋平凡而伟大的典范思想，挖掘和把握雷锋精神的时代内涵，激励园区人在新的历史条件下，焕发出创业精神。园区组织干部职工参观革命先烈郭亮墓、“八一”南昌起义纪念馆、井冈山革命根据地等革命圣地。是年，党工委建立会议制度和党风廉政制度。

2007年，园区党工委、管委会全面学习贯彻中共十七大精神。以学习和践行科学发展观为指引，坚持严以治政、依法行政，实行标本兼治，严厉惩处腐败行为。着力推进制度建立和健全，强化对行政权力的制约和监督。努力建设行为规范，运转协调、公正透明、廉洁高效的园区形象。首先抓住党员干部特别是班子成员思想建设这个纲，把一班人的思想引领到胡锦涛总书记在中央纪委第七次全会上的重要讲话上来。通过学习《中共中央纪委关于严禁利用职务上的便利谋取不正当利益的若干规定》，并将《规定》文本印发到园区每个党员干部，学习和对照检查。提高党工委一班人及全园区党员干部廉政行政的思想基础。是年4月，园区党工委印发《关于成立党风廉政责任制领导小组的通知》，确定党工委副书记、管委会主任任组长，纪工委书记任副组长，党工委、管委会委员为成员的领导小组机构。制定实施《长沙含浦科教产业园管委会党风廉政建设和反腐败工作制度》。在此基础上，结合园区各职能部门的工作特点，制定各中层管理部门的责任制度和对各项工作职责的承诺。层层建制，形成完整的行政监督管理机制。

2008年，根据市委、市政府“建设大河西，打造先导区”的战略决策，长沙含浦科教产业园于6月15日成建制统一划归岳麓区管辖。园区党工委、管委会坚持科学发展，和谐发展。按照保稳定、保运转、扩规划的总目标要求，审时度势，扎实工作，认真执行区委、区政府指示，实行园区党政正职“三个不直接分管”制度，重大事项坚持民主决策。园区党工委组织全体党员干部深入开展学习实践科学发展观活动。成立园区精神文明建设领导小组，制订中心组理论学习计划。每月集中学习一次，年度集中学习讨论不少于两次。要求中心组成员每次学习讨论必须认真做好记录，每年度写1~2篇学习心得体会或理论文章。是年，党工委、管委会组织园区党员干部参观韶山、花明楼等革命纪念地，增强全体党员干部理想信念和工作热情。是年5月，四川汶川发生大地震，园区党工委立即组织党员干部积极募捐4万余元，献血7000毫升，在编职工当日捐款4745元，一并支援灾区人民。

2009年，园区党工委、管委会组织班子成员认真学习中共十七届三中全会、四中全会精神，重温中共中央印发的《关于建立健全惩治和预防腐败体系工作规划》，认真对照园区财务工作现况，修订和完善《园区财务管理制度》。认真抓好思想建设的同时，组织全员业务培训，建立和健全各项规章制度。坚持用制度管理人、约束人。达到在征拆、安置、建设项目招投标方面公平、公正、公开，杜绝索、拿、卡、要等不良行为。认真开展反腐倡廉警示教育，弘扬艰苦奋斗执政为民的优良传统和作风。获得拆迁群众和投资项目单位的一致好评。

2010年，园区党工委、管委会认真开展"创建先进基层党组织、争当优秀共产党员"活动。党工委一班人以普通党员身份积极参加支部活动。以机关党支部为中心，在全园区各基层党组织中，制定学习活动计划。采取讲承诺、领导点评、评选表彰等方式，开展创先争优活动。结合实行《工业园区转型提质发展三年行动计划》,以产业项目建设年为契机,广泛开展创建"党建示范点"和"党员先锋岗"活动，全园区党员干部思想建设推向新阶段。

2011年正逢中国共产党建党90周年，年初，园区党工委、管委会作出周密安排，组织园区全体党员干部开展建党90周年系列庆祝活动。把党的思想建设作风建设结合于系列活动中，举行"庆'七一'我为祖国发展高歌"文艺演出活动;进行"红色服务月"活动，走访和慰问5个村的老党员及特困党员;开展"重走长征路,感怀先烈恩"作风教育活动。积极投入区委号召的"庆祝建党90周年"征文比赛活动，园区推荐的两篇文章分别获得优秀奖和纪念奖。积极组织园区党员干部认真学习领会胡锦涛在庆祝中国共产党成立90周年大会上的重要讲话精神。积极开展"为民服务，争先创优"活动，将招商产业处作为对外服务窗口开展示范岗评选试点。把思想作风建设与业务工作同研究、同部署，用服务窗口这种形式抓承诺、讲诚信、讲党性、亮身份，建立共产党员服务岗。把过硬的思想作风融入日常岗位工作之中。在建设两型社会中，号召全园区党员干部星期日上街清扫道路和清除白色垃圾，以普通劳动者姿态参与有益于民的社会活动。是年12月，获"岳麓区创建全国文明城市工作优秀集体"称号。

2012年，园区党工委、管委会坚持科学发展观为统领，认真贯彻落实中共岳麓区委《关于党政机关人员"十个严禁"的规定》，结合中共十七大提出的保持党与人民群众的血肉联系，积极开展学雷锋“一联一、一帮一、一助一”的“三个一”志愿者活动。积极开展“民情日记”评比，组织党员干部深入周边基层村和社区群众中结对帮扶，走访慰问。是年，对园区所在辖村、社区的特困户、老党员、优秀党员发放慰问物资及现金计5万余元。按照《关于党政机关工作人员“十个严禁”的规定》精神，园区党工委于3月10日作出实施方案，3月15日，召开全体党员干部学习动员大会。3月31日前，广泛征集群众意见，开展政务公开，进行以党工委、管委会成员带头的自我对照检查。从中层骨干到全体党员干部，层层深入自我检查。4月初至10月底，进行全面整改建制，全园区各职能部门按“十个严禁”有章可循，推动园区项目建设工作，提高服务意识，增强服务力度，推行“一站式”服务。全年处理案件1009件，督办案件69件，完成百姓投诉处理问题26条。是年11月8日中共十八大召开，习近平当选为党中央总书记。园区党工委立即组织党员干部认真学习十八大文献，践行中华民族复兴的中国梦。

2013年，园区党工委、管委会在班子队伍思想作风建设上，紧扣时代脉络，认真学习，贯彻中共十八大精神。积极开展学习总书记习近平提出“实现中华民族伟大复兴的中国梦”活动。深刻领会继续“解放思想，改革开放，凝聚力量，攻坚克难，坚定不移沿着中国特色社会主义道路前进，为全面建成小康社会而奋斗”的大政方针，结合园区发展方向，深入调查研究、坚持“精心规划、精致建设、精心管理，绿色环保”原则，打造“岳麓智谷·活力新城”的形象，确立“总部商务基地、科技研发中心、文化创意高地、两型宜业新城”的发展战略定位。制订出一个新的五年行动计划、达到一个符合国家级开发园区要求的控制性规划、一个完善的路网、配套一批设施、一套绩效考核指标、一批好的项目，争取5年内跻身国家级开发区行列。在全园区开展“六个一”工程大奉献活动。树立“园区建设是大事，群众利益无小事”思想理念。密切联系群众，关心群众。组织党员干部开展“高举党旗、奉献园区、振兴工程”座谈会和道德讲堂宣讲活动。开展为寒门学子“圆梦行动”发动全园区党员干部募捐助学，为资助一批优秀的寒门学子读书捐款2.22万元。园区党工委向全体党员干部发送《十八大报告读本》《毛泽东文选》等党建文献资料。园区党工委一班人建立项目工程工作联系点，推行“三服务”一线工作法。经常深入项目现场调研，慰问高温季节工作在一线的建筑工人，发放防暑降温物品，一杯杯凉茶送到工友们手中。是年8月，开展“一推行四公开”活动。党工委一班人深入农户了解民情，走访慰问贫困群众30余户，发放扶贫物资和慰问金1.8万元。为支持街道工作，对周边村组抗旱救灾和解决群众生产生活用水难等问题拨付专项经费45万元。年终在全园区机关工作绩效考核中，评选出3个年度绩效考核一类处室和8位“六个一”工程奉献先进个人。

2014年，紧跟中共十八届三中全会精神，按照岳麓区委、区政府的大政方针，坚持以“六个走在前列”为工作指引，开展群众路线教育实践活动，加强党员干部学习培训，坚定理想信念。园区党工委向全体党员干部发放《苦难辉煌》《党的群众路线教育实践活动论述》等党的思想建设读本，进行自学。每周五下午集中学习习近平总书记系列重要讲话精神。针对《解决“四风”问题，践行群众路线》,园区党工委书记为全园区党员讲党课。认真开展“做群众贴心人”“五项教育、五项反思”活动。深入学习习近平总书记在兰考调研指导全党群众路线教育实践活动的重要讲话精神，培育和践行社会主义核心价值观。抓好基层党员，干部思想品德教育，5月9—10日，组织园区全体党员干部和非公经济党组织党员赴浏阳胡耀邦故居及文家市秋收起义旧址参观学习。提出“入党为什么，为党干什么”专题讨论。迎“七一”活动时，开展重温入党誓词。组织园区党员干部观看《周恩来的四昼夜》《焦裕禄》电影。坚定全体党员干部党性意识、责任意识和群众路线思想。解决周边群众迫切期盼解决的难题，指派专业技术人员组织材料解决好玉江村村民生活用水、用电问题。积极动员园区党员干部参加社会公益慈善活动，园区党员募捐2万元资金，资助学士街道的寒门学子。年末，园区评选表彰3个先进处（局）和13位先进个人。

2015年，园区党工委始终坚持党的群众路线教育，要求领导干部集中学习中共十八届四中全会精神。在党员干部中开展学习践行习总书记“三严三实”重要讲话精神，坚持每月一课，党工委书记上党课。用习近平总书记提出的“既严以修身、严以用权、严于律己又谋事要实、创业要实、做人要实”，严格要求班子成员对照自省和践行不忘初心，牢记使命，一心一意为人民服务的宗旨。严格组织生活，认真开展批评与自我批评，团结同志，坦诚交心，不断增强一班人的凝集力。是年3月，制定和实施《长沙岳麓科技产业园2015年工作人员竞争上岗实施方案》，严格实行《党政机关竞争上岗工作暂行规定》，中层干部竞聘演讲和工作人员双向选择方法，评选出19名中层骨干；进一步完善《园区绩考核办法》，科学考核、量化考评，用“三严三实”推动全员创业干事活力。围绕园区“5~8年建成国家级园区”的总目标，在全园区党员干部中开展迎“七一”讲奉献活动，表彰园区各条战线评选出的10位优秀共产党员。

2016年，园区党工委、管委会围绕“专业型、效益型、精致型”特色园区，贯彻岳麓区委、区政府《关于2016年产业发展年的实施意见》精神，紧盯干部队伍建设和园区经济建设两大抓手，凝聚队伍合力、挖掘创新潜力、活跃发展动力，树立“发展是根本，党建是保证”意识。积极组织学习中共十八届五中全会、六中全会精神。《关于新形势下党内政治生活的若干准则》《中国共产党党内监督条例》等党规制度，增强防腐拒变能力。着力抓好学习型园区建设，以“两学一做”学习教育活动为载体，在园区党员领导干部中率先制定学习方案，作出长期学习实践对照整改的学改制度。把学党章党规、学习习近平总书记系列重要讲话精神，做合格共产党员的活动，作为园区全体党员干部思想作风建设的指南。在全园区党员干部中，党工委一班人带头展开“抄写党章100天”活动。从抄党章、党规原文入手，加深思想认识，对照检查个人的思想差距，结合实际工作深层次提高党工委一班人思想水平，以保持做一个合格党员发挥党员先锋模范作用为出发点，带动和激发全体党员干部的认知性和实践性。为推动全园区党员干部“两学一做”学习教育活动健康开展，党工委书记在各基层党支部率先垂范讲党课。认真抓好领导班子成员学习和调研，带头开好党内民主生活会，开展党内批评与自我批评，增强领导班子的战斗堡垒作用。自觉遵守和规范党工委议事和决策程序，为园区转型创新发展营造风清气正、干事创业的良好氛围。

廉政建设 2002年，园区成立之初党员干部的党风廉政建设由望城县纪委管理。县委、县政府委任到园区主持工作的党员领导干部，上岗前由县纪委、县委组织部按照《关于新提拔任用的副科级以上领导干部实行廉政谈话制度的意见》精神，实行岗前廉政谈话，进行预防教育。是年调园区任职的1名主任2名副主任，均接受任前廉政谈话的相关教育。到园区工作的领导干部，根据《中华人民共和国公务员法》和望城县委、县政府规定的《廉政制度》，实行年终述职述廉报告制度。园区领导班子成员年终分别作出集体和个人述职述廉报告，上交县纪委和县委组织部备案考评。

2003年，园区起步年，从一片农田山地上开发建设，招商引资、拆迁腾地、基础设施建设的大面积工作全面铺开。条件艰苦、生活清苦，管委会一班人团结奋战在条件差、任务重的环境下，放弃星期天、节假日，不计个人报酬，深入群众宣传政策法规，宣讲开发前景。耐心细致地做好群众工作，讲承诺，讲兑现，与拆迁户同吃、同住、同劳动。公平、公开、公正，执行政策一视同仁。不收群众礼品，不占群众一点小利，廉洁自律，秉公办事，以身作则，感化群众，推动园区开发建设。园区一班人的工作作风，获得失地农民群众的理解和好评。是年，园区获望城县“2003年度农村建设扶贫工作先进单位”称号。党员干部中姚寿主、周千里、夏练佳得到望城县委、县政府“融城强县”年度先进个人嘉奖。

2004年，园区管委会遵照《中共望城县委办公室关于转发〈中共望城县纪委县委组织部关于乡镇、县直单位党政主要负责人述职述廉的规定〉等2个规定的通知》精神，结合园区典型案例，认真开展反腐倡廉警示教育。管委会党政一班人率先认真学习和贯彻《县直单位党政主要负责人述职述廉的规定》和《中共望城县纪委望城县监察局关于对县领导干部诫勉谈话的规定》精神，强化全园区党员干部勤政廉政意识和互相监督的民主风气。坚持依法依规办事，自觉接受群众监督。成立园区党风廉政建设领导小组，建立廉政行政系列制度。

2005年，园区管委会坚持把党风廉政建设摆在重要议事日程，制定《党风廉政建设责任制》，班子成员做到警钟长鸣，廉洁自律，廉洁从政，严格遵守“六个不准”“六项新规定”等党纪条规，认真填写廉政记录，全年拒收礼金红包20人次，总金额8.4万元。园区主要负责人周浩波，从不搞无原则的人情往来，不接受项目单位宴请，更不利用婚寿喜庆敛财。他一人拒收礼金有7.8万元。他用实际行动在职工队伍中树立良好形象，促进当年园区10项重点工程建设项目，超额完成任务。

2006年，根据中共望城县委《关于成立中共望城县长沙含浦科教产业园工作委员会和纪律检查工作委员会的通知》和党中央国务院《关于实行党风廉政建设责任制的规定》文件精神，成立党风廉政建设领导小组。建立起副科级以上领导干部（园区管委会班子成员）“廉洁登记本”和层层签订《党风廉政建设责任书》制度。认真贯彻执行《廉政准则》“六条禁令”“三十个不准”。积极开展治理商业贿赂专项工作，组织专门班子结合园区实际情况，针对近年来的物资采购、征地补偿、工程建设、招商引资等方面，进行全面彻查，严抓整改、完善制度。园区党工委、纪工委在党员干部中认真开展“党风廉政建设教育月”活动。开展学习以郑培民等勤政廉政先进典型为榜样的教育活动，组织干部职工观看《任长霞》《党风廉政建设责任追究案例》等电影，不断增强党员干部拒腐防变的思想意识。

2007年年初，园区党工委、管委会根据《建立健全教育、制度、监督并查的惩治和预防腐败体系实施纲要》和县委、县纪委相关指示精神，结合园区实际，分层次制定实施《中共长沙含浦科教产业园管委员班子成员党风廉政建设责任制》《中共长沙含浦科教产业园管委会中层干部党风廉政建设责任制》，全体中层以上党员干部在党风廉政建设方面有章可循，以保证园区廉政建设落到实处。园区党工委把党风廉政建设贯穿到园区开发建设的各个方面。在征地拆迁安置上，严格按政策办事，坚持公开、公平、公正的原则；在工程建设上，严格实行招投标程序；在招商引资方面，严格按照园区规划定位实施工作，再好的项目与规划不相符的，不得引进，坚持做到阳光招商，阳光拆迁，阳光建设。园区党工委坚持每季召开一次中层以上干部参加的党风廉政建设形势分析会；纪工委坚持每月对招商引资、征拆、安置、工程建设、城管执法等部门进行一次责任制落实情况座谈会。或深入项目单位、拆迁群众、施工单位了解情况，查处问题解决问题。园区党工委、管委会班子成员做到按时填写廉政情况登记簿报送县纪委审查。园区党工委、管委会建立健全《党风廉政建设和反腐败工作制度》《党风廉政建设责任制度》《单位服务承诺规定》《行政效能投诉规定》《行政过错责任追究规定》《集中惩治强揽工程阻工闹事索拿卡要行为专项行动工作方案》等制度、措施。园区党工委副书记、主任周浩波全年拒收红包礼金10余次，金额3万元。

2008年，根据长沙市委、市政府“建设大河西，打造先导区”的战略决策，长沙含浦科教产业园于6月15日成建制统一划归岳麓区管辖。园区党工委按照《岳麓区廉政文化建设三年规划》精神，积极开展“廉政文化建设示范点”创建活动。园区党群办配合纪工委编辑整理古今名人倡廉佳句，图文并茂，在办公楼走道墙面创立出“廉政文化”长廊。遵照《长沙市岳麓区党风廉政建设责任制“一票否决”暂行办法》文件精神，党工委组织班子成员认真学习，深刻领会。实行政务公开，依法依规阳光行政。建立政务公开栏和财务公开栏。积极推行服务承诺制、首问责任制和错案追究制。坚持党性原则，贯彻群众路线，做好服务工作，园区建设稳步推进。

2009年，园区党工委、管委会班子、纪工委成员认真学习中共十七届三中、四中全会精神和总书记胡锦涛系列重要讲话，紧跟党中央部署。在党风廉政建设上，集体重温了中央印发的《建立健全惩治和预防腐败体系工作规划》，不断提高班子成员拒腐防变意识。根据区委提出的“八项制度”，园区党工委委托纪工委牵头组织专人扎实认真开展自查自纠。认真清理“小金库”。进一步修订完善《园区财政财务管理制度》。清退处理超标使用车辆。严格执行政府采购、车辆定点加油、车辆定点维修的相关规定。园区各职能处室执行《党风廉政建设责任制》，纪工委采取中层干部交叉检查方式，公平公正，真实地反映园区从上至下党风廉政建设实效。

2010年，园区党工委、管委会一班人认真学习贯彻中共十七大会议精神，坚持科学发展观为指导，开展加强党的执政能力建设，密切党群关系，强化党员队伍建设和干部工作作风建设活动。园区认真开展党风廉政建设“回头看”，班子成员从自身日常工作对照《党风廉政建设责任制》进行认真检查，写出思想汇报。在园区各处室、中层干部中深入“回头看”检查工作。形成用制度约束人、管理人的党风廉政建设长效管理机制。

2011年，园区党工委、纪工委在党风廉政建设方面，树起一个里程碑。纪工委书记李国斌在当年《长沙纪检监察》杂志（总第55期）上发表题为《从机制制度入手实现廉能"双促进"》文章。长沙岳麓科技产业园党工委积极适应新形势、新任务要求，大胆改革，科学创新，用发展思路和改革办法把加强党风廉政建设与效能建设有机结合，推动园区高效发展，促进廉能共赢。加强领导建立健全责任机制；强化监控，规范权力运行机制；源头防治，全面推行阳光机制。督查落实，完善目标考核机制等四个方面，下功夫加强领导建立健全责任机制，明确党工委对党风廉政建设负总责，单位主要负责人为党风廉政建设第一负责人。成立党风廉政建设领导小组和办公室。分解班子成员和中层干部党风廉政建设的具体责任。把党风廉政建设与园区业务工作一同部署、一同落实、一同检查、一同考核。强化监控，规范权力运行机制方面，实行廉政与效能的有机结合。科学建立决策权、执行权、监督权相互协调制约又适度分离的运行机制。形成对权力运行全过程的监控链。坚持党政一把手"三个不直接分管"制度，不直接分管财务，不直接分管工程建设、不直接分管人事，有效规避权力运行过程中的人情关系等风险因素。坚持每周六主任办公会议制度，班子成员集体研究决策重要工作和重大问题。涉及重大公共利益和人民群众切身利益的决策，事前深入调研，广泛征求意见，接受群众监督，对权力运行岗位实行竞岗或轮岗制度。从源头防治，全面推行阳光机制方面，在全区各事业单位中率先实行公务用车改革，杜绝公车私用。是年，园区公务用车费用降至前三年平均用车费用的60%以下。实行每月定期公开园区重大决策部署，实行党务公开、政务公开、财务公开的三公开制度。

2012年，园区党工委、管委会认真贯彻落实中共岳麓区委、区政府《关于党政机关工作人员"十个严禁"的规定》，制定实施方案。以从严带班子、从严管干部、从严抓作风为目的，把园区党风廉政建设有机联系起来，把有令不行、作风漂浮、推诿拖拉、纪律涣散、铺张浪费、滥发钱物、借机敛财、索拿卡要、参与赌博、醉酒驾车十个不良行为与惩治贪腐联系起来，着力在制度上约束管控，列入园区纪检监察范围，实行严格督查。是年，园区切实加强纪检监察机构的人员配置，强化监督、监察职能。园区党风廉政、作风建设推到新层面。

2013年，园区党工委全面贯彻中共十八大会议精神。认真组织党员干部学习习近平总书记在中共十八届中纪委二次会议上所作的《更加科学有效地防治腐败，坚定不移把反腐倡廉建设引向深入》的重要讲话精神。认真贯彻执行党中央《关于改进工作作风密切联系群众的八项规定及实施细则》，在班子成员中开展自我对照检查和认真研讨。党工委一班人谨记习总书记的重要讲话，在园区干部队伍中当好表率，牢记使命，敢于担当，坚持党的群众路线，廉洁自律，不以权谋私，自觉遵守园区《党风廉政建设责任制》，认真执行中央“八项规定”。坚持“办事讲原则，交友讲诚信，班子讲团结，工作讲奉献”。结合园区建设确立“总部商务基地、科技研发中心、文化创意高地、两型宜业新城”的发展战略定位，在园区干部职工中开展“高举党旗，奉献园区振兴工程”活动。在践行群众路线上，实行党员干部联点项目“一推行四公开”活动。

2014 年，园区党工委深入学习贯彻中共十八大精神，认真开展“党纪条规教育年”活动。强化反腐倡廉教育，推进学教合一。在打造学习型园区工作中狠抓廉政建设，充分利用干部会议、班子例会，专题学习习近平总书记在中纪委会议上的重要讲话和市区各级纪委会议精神。学习和执行《党员领导干部廉洁从政若干准则》等党纪条规，开展针对性学习，注重发挥正面典型示范作用和反面典型警示教育作用。园区党工委书记认真履行党风廉政建设“第一负责人”职责制，率先垂范，在班子成员中牵头制定园区落实党风廉政建设工作计划、工作要求和具体措施。做到重要工作亲自部署、重大问题亲自过问、重点环节亲自协调、重要条件亲自督办。主持召开园区党政联席会议，认真阅批重要文件和材料。定期接待群众来访，重视检查各局（室）执行责任制情况。带头起草、修改班子成员对照检查材料，主持召开领导班子民主生活会。在主要领导之间开展谈心谈话，督促班子成员履行“一岗双责”和廉洁从政。定期调研各局室，强调工作纪律。按照《园区 2014 年党风廉政和反腐倡廉工作组织领导及责任分工》要求，督促各局（室）对党风廉政和反腐倡廉重点任务和工作责任进行分解、细化，责任到人。规范重大事项决策程序、认真开展党务、政务公开工作。保证制度执行过程中公开化、程序化、透明化，切实做到制度的严肃性，确保权力在阳光下运行。是年 6 月，园区党工委发文管委会执行“廉政灶”制度。

2015 年，园区党工委认真贯彻落实中共长沙市岳麓区委《关于落实党风廉政建设党委主体责任纪委监督责任的意见（试行）》精神。党工委书记率领班子一班人认真吃透文件，准确把握“党委主体责任和纪委监督责任的基本内涵，加强党委主体责任和纪委监督责任有效衔接”。结合园区实际情况，重点抓住资金支配，统一思想认识，实行分部门财政预算制度。加强纪检监管，严格支出管理。园区通过调结构、保重点、抓廉政、促工程，提高资金使用效率，推进基础工程项目建设。园区党工委始终坚持党风廉政建设工作、经济建设工作“两手抓、两手硬”的工作思路。组织全体党员干部坚持每周星期五下午集中学习《中国共产党廉洁自律准则》和《中国共产党纪律处分条例》。同时，认真学习习总书记“三严三实”

的重要讲话精神，开展“严于修身”“严于用权”“严于律己”专题讨论。党工委书记结合园区党员干部思想表现，对照“三严三实”讲党课。组织全园区员工观看《乐东之变》专题纪录片，不断提高党员干部党性意识和责任担当意识，有效推进全园区党风廉政建设。

2016年，园区党工委深入学习习近平总书记系列重要讲话和中共十八届四中全会、五中全会精神。把党风廉政建设与工作岗位职责紧密结合在一起，严格实行一岗双责，自觉接受纪工委和园区干部群众的监督。党工委一把手切实履行全园区党风廉政建设“第一责任人”责任，坚持原则从严治党。注重党员干部廉洁教育，认真做好党员干部谈心谈话工作。对园区班子成员定期进行个别廉政谈话。对新到园区任职工作的4名科级干部实行任前廉政谈话，对竞聘上岗的21名中层干部进行任前集体廉政谈话。利用党员“主题党日”活动，组织观看作风建设《永远在路上》《打铁还需自身硬》《黑瞳》等廉政教育警示片，促使各级领导干部正确看待和使用手中权力，自觉严于律己，淡泊名利，清正廉洁，端正做人做事的良好作风。

第二章 行政机构

2002年4月2日，在含浦镇召开县委常委办公会议，会议认为：含浦镇是望城的"深圳"，建立科教园地域优势明显。关于科教园建设，要求：一是高起点规划，二是强力度招商，三是大手笔建设，四是高效益经营，五是严格管理。关于科教园管理范围及定位：以发展教育科技产业为主，范围以长沙市2001—2020城市总体规划中的"含浦组团"规划范围，总面积21平方千米，涉及坪塘、含浦两镇部分区域。4月9日，县委印发此次《会议纪要》。该《会议纪要》标志科教园正式起步建设。4月28日，望城县机构编制委员会印发《关于成立长沙含浦科教产业园管理委员会的通知》，同意成立长沙含浦科教产业园管理委员会，为财政全额拨款事业单位，归口县政府办管理，定事业编制10名。9月17日，中共望城县委、望城县人民政府印发《关于明确长沙含浦科教产业园管理体制的通知》，明确园区开发范围、产业导向、规划建设等相关政策；明确园区管理体制是：园区为县政府派出机构、正科级事业单位；要求园区编制21平方千米详规。9月25日，望城县机构编制委员会印发《关于明确长沙含浦科教产业园管理委员会内设机构的通知》，明确园区内设办公室、招商联络处、规划建设处、拆迁安置处4个职能处（室）。10月23日，副省长唐之享主持召开专题会议，研究科教园规划建设问题。会议要求：省直有关部门、长沙市、望城县要依据长沙市城市建设总体规划、省高等教育规划和岳麓山大学城建设规划，高起点、高标准规划科教园。11月7日，省政府印发《关于长沙含浦高教园区规划建设有关问题的会议纪要》，明确成立长沙含浦高教园区领导小组，由副省长唐之享任组长，副省长许云昭、教育厅厅长蒋作斌等任副组长；长沙含浦科教产业园定性为高教园区。12月3日，望城县人民政府印发《关于同意成立长沙含浦科教产业园开发建设有限公司的批复》，同意园区设立国有独资的长沙含浦科教产业园开发建设有限公司，以土地使用权等资产作价出资作为公司注册资本。

2003年1月，长沙含浦科教产业园开发建设有限公司成立，系长沙含浦科教产业园下属国有独资公司，注册资本1.5亿元，主要负责园区基础设施建设、房地产开发及土地整理。6月6日，省委副书记、代省长周伯华到科教园现场办公。周伯华指出：科教园要坚持高标准规划、高标准建设和高效益管理；要坚持突出科教园发挥的功能是为兴办高校服务的方向，是为整合教育资源，适应高等教育、科研和产业化的需要。同日，周伯华主持召开第9次省长办公会议，专题决议科教园建设。6月19日，省政府办公厅印发《省长办公会议纪要》。会议认为：规划建设科教园是"科教兴湘"战略的一项重大举措，是加快高等教育发展，提高湖南省国民素质的一个重要途径；科教园的规划建设要与岳麓山大学城教育资源整合协调发展；省、市、县要支持科教园基础设施建设；成立以省、市政府及有关部门领导为成员的协调科教园建设的会议制度。

2005年10月18日，望城县人民政府办公室根据县委、县人民政府印发《关于印发〈望城县人民政府机构改革方案实施意见〉的通知》精神，设置长沙含浦科教产业园管理委员会。长沙含浦科教产业园管理委员会对长沙含浦科教产业园实行统一领导、统一开发和统一管理为县人民政府派出机构。

2008年6月12日，湖南省民政厅印发《关于将望城县含浦等三个镇划归岳麓区管辖的批复》，同意长沙市政府将含浦、坪塘、莲花3个镇成建制划归岳麓区管辖的请示。长沙含浦科教产业园行政区隶属的含浦镇同步划入岳麓区。2009年3月，长沙含浦科教产业园更名为长沙岳麓科技产业园。2012年12月，湖南省机构编制委办公室印发《关于中共岳麓工业集中区管理委员会机构规格的批复》，明确中共岳麓工业集中区工作委员会、岳麓工业集中区管理委员会为副处级机构，合署办公，分别作为长沙市委、市政府派出机构。

◆第一节　机构与领导成员

2002—2016年长沙岳麓科技产业园管理委员会正、副主任一览表

表9—2—1—1

姓　名	职　务	任职时间
黄必武	主　任	2002年4月—2002年12月
姚　尧	副主任/主任	2002年12月—2004年1
周浩波	主　任	2004年2月—2012年9月
张永久	主　任	2012年9月—2016年9月
黄　燕	主　任	2016年9月—
姚寿主	副主任	2002年9月—2005年
袁　钊	副主任	2003年10月—2004年4月
徐　勋	副主任	2003年10月—2006年3月
刘铁钢	副主任	2004年2月—2011年3月
朱若平	副主任	2005年3月—2009年10月
张俊雄	副主任	2006年5月—
罗　政	副主任	2009年9月—2013年2—
成京辉	副主任	2009年9月— 2013年1月
刘正文	副主任	2011年3月—
方胜昔	副主任	2012年6月—
李　曼	副主任	2009年10月—2013年1月
黄　颖	副主任	2013年1月—2016年11月
单旭红	副主任	2013年2月—2017年4月
张双武	副主任	2013年4月—2017年4月
舒　拉	副主任	2016年12月—
吴清萍	副主任	2016年12月—

◆第二节　内设机构

办公室（2002—2016年）历任主任、副主任任职一览表

表9—2—2—1

姓　名	职　务	任职时间
张献武	主　任	2003年—2011年4月
姚寿主	主　任	2011年4月—2016年12月
刘东晓	主　任	2016年12月—
陈奇志	副主任	2011年8月—2016年12月
徐　玢	副主任	2015年4月—
曹清清	副主任	2015年4月—2016年12月
杨　波	副主任	2016年12月—

党群纪检绩效办公室（2002—2016年）历任主任、副主任任职一览表

表9—2—2—2

姓　名	职　务	任职时间
陈奇志	主　任	2016年12月—
刘　娟	副主任	2016年12月—

经济发展局（2002—2016年）历任局（处）长、副局（处）长任职一览表

表9—2—2—3

姓　名	职　务	任职时间
张献武	局　长	2011—2013年
陈建湘	局（处）长	2013年—
瞿　维	副局（处）长	2015年4月—
张宇娥	副局（处）长	2015年4月—

招商合作局（2002—2016年）历任局（处）长、副局（处）长任职一览表

表9—2—2—4

姓　名	职　务	任职时间
李　曼	局　长	2003—2010年
张献武	局　长	2010—2013年
陈建湘	副局长	2011年2月—2013年
周　敏	副局长	2015年4月—
李智傲	副局长	2016年12月—

工程建设局（2002—2016年）历任局（处）长、副局（处）长任职一览表

表9—2—2—5

姓　名	职　务	任职时间
虢　旭	局　长	2003年1月—2011年4月
黄志怀	局　长	2011年4月—
姚寿主	副局长	2006年4月—2011年4月
胡　瑶	副局长	2011年8月—
陶　令	副局长	2015年3月—2016年5月
赵　坚	副局长	2016年12月—

社会事务局（2002—2016年）历任局（处）长、副局（处）长任职一览表

表9—2—2—6

姓　名	职　务	任职时间
黄志怀	局　长	2003年—2011年4月
虢　旭	局　长	2011年4月—2016年12月
史国胜	副局长	2011年8月—
李红波	副局长	2015年3月—2016年12月
李　政	副局长	2016年12月—

国土规划局（2002—2016年）历任局（处）长、副局（处）长任职一览表

表9—2—2—7

姓　名	职　务	任职时间
李　曼	局（处）长	2003—2010年
朱玉先	局（处）长	2010—2013年
陶　令	局（处）长	2014—2015年
周智能	局（处）长	2015—2016年
刘　娟	副局（处）长	2015—2016年
宋志宏	副局（处）长	2016年12月—
张　超	副局（处）长	2016年12月—

财政分局（2002—2016年）历任局（处）长、副局（处）长任职一览表

表9—2—2—8

姓　名	职　务	任职时间
龙略成	局（处）长	2003年1月—2013年
吴清萍	局（处）长	2013年—2016年12月
陈　雁	副局（处）长	2011年4月—
谭　敏	副局（处）长	2015年4月—
李　倩	副局（处）长	2015年4月—

第三章　群众团体

◆第一节　工会

长沙岳麓科技产业园工会委员会是根据《中华人民共和国工会法》《中华人民共和国劳动法》《中国工会章程》建立的机关工会组织。其主要职责是：根据园区党政的年度大政方针，制订园区机关工会年度工作计划并组织实施；协助园区安全生产领导小组检查园区内企业事业单位的安全生产工作；维护职工合法权益；组织职工开展合理性建议、技术创新、培训和文体活动；在企业推行平等协商签订集体合同制度；建立园区内劳动争议调解组织，协调处理劳动争议；实施送温暖工程，为职工群众办实事、办好事。

机构沿革　2001 年，望城县提出融城强县战略，借含浦近邻大学城的地域优势策划筹建长沙含浦科教产业园。

2002 年 4 月，望城县机构编制委员会印发《关于成立长沙含浦科教产业园管理委员会的通知》，明确长沙含浦科教产业园自筹建以来，在基础设施建设、招商引资方面取得可喜成绩。为进一步加强园区管理，加快园区建设步伐，做好招商引资工作，发展强县经济，同意成立长沙含浦科教产业园管理委员会，为财政全额拨款的全民事业单位，归口县政府办管理，定事业编制 10 名。

2004 年 5 月 17 日，望城县总工会发函，促进园区机关工会的组建。函曰：根据《中华人民共和国工会法》《中华人民共和国劳动法》《中国工会章程》《全国总工会关于加强机关工会工作的若干问题的试行意见》规定，园区符合组建工会的条件。为了落实长沙市总工会年度工作目标任务中加快完善机关工会组建工作的要求，特此函告。

为落实园区机关工会的组建工作，园区党工委、管委会高度重视，立即报文请示。

2004年5月21日，望城县总工会发文批复同意成立长沙含浦科教产业园管理委员会工会组织，并指导民主程序和相关事项。

2004年7月1日，经全园区机关干部职工民主选举产生长沙含浦科教产业园第一届工会委员会，徐勋当选为机关工会主席，机关工会会员15人。

2008年6月，长沙含浦科教产业园成建制划归岳麓区管辖，园区机关工会组织同步划归岳麓区总工会管理。2009年3月，更名为长沙岳麓科技产业园工会委员会，有工会会员40人。

2009年至2016年，园区机关工会会员发展到117人。

主要工作 2004年，园区机关工会成立后，委员、主席都为兼职。没有设立专门的办公室，与行政办公室合署办公。是年8月，协助园区管委会开展“班子成员民主生活会”活动。配合园区各职能部门加强入园工作人员的业务培训工作，动员征拆安置相关政策的宣传工作。对全体干部职工组织征地拆迁、工程报建、项目入园等业务技术培训3次，培训职工90人次。深入失地农民家庭访贫问苦，春节进行送温暖慰问工作。

2005年，机关工会配合园区行政部门在干部职工队伍中开展普法教育。给每位在岗干部职工发放“四五”普法读本，组织专题讲座宣讲。对10位公务员发放《中华人民共和国公务员法》读本，组织自学，人均做读书笔记5000余字。

2006年，园区机关工会积极推进学雷锋“一帮一”扶贫帮困活动。管委会主任帮联芝字港村刘早花户，个人资助现金2000余元、衣服及学生用品。全园区干部职工在此次活动中共捐助资金1.1万余元，衣服200余件，还有学生学习用品60余套。组织会员积极配合区、街开展“希望工程”“爱心助残”“芙蓉爱心”捐款活动，共捐款1.8万元。机关工会积极参与园区群众信访接待工作，热情接待来访群众，耐心细致地宣传党和政府的富民强县政策，和群众期盼的安置拆迁以及失地农民再就业政策，讲解园区建设开发的幸福前景，获群众理解和好评。是年，园区机关获长沙市授予的“文明信访接待室”称号。

2007年，机关工会把学习雷锋共产主义风尚与建设中国特色社会主义新价值观紧密联系起来，准确把握雷锋精神的时代内涵，号召全园区干部职工开展义务劳动活动。每季度安排一个休息日到科教新村开展大扫除，清扫道路、搬运垃圾，带动村民群众开展爱国卫生运动。园区拆迁安置处干部职工义务为当地“五保户”、孤寡老人特困户搬家；工程建设处干部职工为联丰村丁家湾组拆迁户“五保户”余炳山家义务搭建过渡棚，接通自来水，大家捐款为他修建厕所。机关工会和园区党政领导利用春节期间，走访慰问周边180余户困难村民家庭，开展送温暖活动，推动园区征拆建设工作，群众自发到园区工人之家送感谢信。

2008年，园区机关工会配合党工委、管委会在园区周边社会积极推进学雷锋活动，连续几年开展“一帮一”扶贫活动，收到良好效果。学雷锋活动推进“五好家庭”建设，人与人之间的感情拉近，真情实意形成爱心献社会、真情暖人间的社会风气。当拆迁之时，机关工会了解到刘德芳的父母年迈体衰，哥哥弟弟体残智弱，家庭十分困难，提倡园区干部职工捐款2000余元争取项目单位捐助1000元，送到他家。安置他家过渡住房，并组织职工义务搬迁安置及春节上门慰问。周边拆迁群众看到园区工会为联丰村坝子组刘德芳家帮扶的事例后，加深群众对园区工作的理解，得到大多数农民群众的赞同，推进园区拆迁腾地、工程项目建设的进程。近两年内，在拆迁群众的大力配合下，共拆除房屋1348栋，66.88万平方米，动迁人口4940人，腾地面积320公顷。园区各职能部门坚持公平、公正、公开的办事原则，形成学雷锋献爱心的新风尚，与群众心连气顺，打开一个和谐共建的新局面。是年5月12日，四川汶川发生特大地震，园区工会配合党工委、管委会在全体党员干部中组织捐款4.5万元，献血7000毫升，支援灾区人民。是年，科教新村裕园公园全部设施落成，联丰村居民有了文明休闲场所。

2009年，机关工会配合园区党工委提出努力开展精神文明建设工作，积极开展园区职工与当地居民（村民）联欢文娱体育活动。新建落成的裕园公园花木茂盛、桂香满园，标准塑胶篮球场灯光明亮，30米高杆太阳能伞灯，把整个裕园小区映照成不夜城。在园区机关工会倡导组织下，开展联丰、白鹤、南方大学、中医药大学、中大检测、继善高科、米兰春天、红木家具城等社区、村、小区以及院、校企事业单位篮球联赛活动，推动整个园区周边的文娱体育活动，增进机关工作人员与周边群众的友谊与了解。机关工会联合湖南中医药大学师生，利用两个星期天在裕园广场开展义务为当地拆迁群众测血压、检视力、医学咨询和义诊处方活动。

2010年，园区机关工会重视干部职工技能培训工作，主动请缨，鼓励干部职工利用业余时间参加专业技能知识的培训学习。在机关工会倡导支持下，有2名园区机关干部取得硕士研究生毕业证书、5名干部参加相应职称学习考试，依据相关政策，请示行政给予经费报销，工会组织给予相应奖励。通过在岗学习，提高机关干部队伍的理论水平和工作能力，形成一支思想稳定、谋事、想事、干事的干部职工队伍。

2011年，中国共产党成立90周年，园区机关工会积极配合党工委，组织全园区党员干部，排练“庆‘七一’·我为祖国发展高歌”为主题的文艺演出节目。

6月30日，在园区礼堂举行隆重的文艺演出晚会。配合党工委筹划园区“红色服务月”活动。是年春节，在送温暖慰问活动中，特别慰问五个村的老党员和特困党员。

2012年2月24日，园区党工委、管委会发文开展学雷锋“一联一、一帮一、一助一”活动，机关工会发挥党政助手作用，鼓励全体会员投身“三个一”学雷锋志愿者活动。积极推进党员干部开展结对帮扶、走访慰问、志愿服务等活动，精心打造扶贫奔小康进程。鼓励帮扶对象学文化、学技术，从根本上脱贫致富，“既雪中送炭，又授人以渔”。耐心细致地关心贫困户学子，引导他们走出贫困，做社会有用之才。在献爱心活动中，对健康向上、品学兼优的贫困子弟优先帮扶。是年11月，机关工会协助园区党工委积极开展迎接中共十八大胜利召开的宣传工作。

2013年，园区机关工会积极配合党工委开展学习贯彻中共十八大精神和习近平总书记系列重要讲话精神。遵照园区制订的新的五年行动计划，积极组织园区职工投入“六个一”工程大奉献活动。为深入贯彻《公民道德建设实施纲要》，提高公民道德素质，为园区经济社会全面发展营造良好的社会公德环境，机关工会结合学士街道积极推动园区“道德讲堂”活动。以科学发展观为指导，在全园区、大力提倡和践行“爱国守法、明礼诚信、团结友善、勤俭自强、敬业奉献”的基本道德规范和“八荣八耻”的社会主义荣辱观。按照“教育与管理、明理与践行、德治与法治相结合”原则，重点抓住发扬互助精神，推广礼貌用语，遵守交通规则，维护公共秩序，爱护市容环境、当好文明观众等方面的教育宣讲活动。把整个园区、社会的文明道德素质推向新高。是年全园区工会评选出10名道德模范。

2014年，园区机关工会组织重视安全生产，主动协助园区安监部门，在园区安全生产委员会的领导下，组织开展园区企业安全生产培训活动。工会请来安全专家，结合园区入驻企业的特点，运用理论典例，深入浅出，学懂基础安全知识，60余名学员骨干反映良好。对园区生产型企业和产业项目建筑施工工地集中开展安全生产大检查。对于重点部位和特种作业人员未持证上岗等重点岗位，实行8次突击检查。有效督促生产型企业落实各类安全生产规章制度。同时建议开展“安全生产月”宣传周活动。是年，园区安全生产“零事故”。园区党工委十分关心当地群众文化建设，机关工会协助举办“元宵喜乐会”“洋湖大舞台”广场舞擂台赛暨文艺会演等群众文化活动。隆重举办大美洋湖·2014中国（长沙）国际雕塑文化艺术节和洋湖麦咭儿童音乐节，片区文化品牌影响力逐步提升。

2015年，园区机关工会，紧跟园区党工委认真学习和践行“乐东经验”。党工委书记屈志峰亲自主持观看《乐东之变》专题片，组织党政班子和中层干部、工会委员学习“乐东经验”相关材料。海南省乐东黎族自治县由“后进”变“先进”的宝贵经验和县委书记林北川的先进事迹，在全园区党员干部中引起巨大反响。

2016年，正值中国共产党建立95周年，园区党工委发文，要求认真做好系列活动方案，机关工会积极跟进做好活动服务工作，发挥党联系群众的纽带作用。积极配合机关办公室，做好困难党员名单的收集整理工作，为园区党政领导走访慰问做好前期准备。积极投入“两学一做”学习，开展“手抄党章100天”活动。把优秀会员推荐为入党积极分子，为党输送新生力量。积极参加党工委组织的到井冈山革命根据地参观学习活动，6月30日，工会骨干随队进入井冈山，接受革命传统教育。井冈山丰富独特的革命历史资源，是党对人民进行爱国主义、共产主义教育的好课堂。工会干部此次随党工委活动，深深感悟井冈山精神，了解红军革命打下的江山来之不易，工会干部们受到一次深刻的党课教育。坚定理想信念，促进工作作风，加强党性锻炼，切实增强园区党员干部工会班子的政治意识、大局意识和责任意识。

◆第二节　共青团

园区党工委重视和关心域内共青团工作。注重团员青年思想政治工作，充分发挥团员青年生力军和突击队作用，提升园区士气，凝聚企业人心。始终坚持党建带团建，引领团组织积极向党组织推荐和培养先进分子。支持团员青年经常开展生动活泼、灵活多样、有益青年身心健康的活动。组织团员青年学习业务、技术。

2013年1月，园区境内成立学士街道，下辖5个社区、2个行政村。辖区有1个中心校，管理2所中学和8所小学。域内有4所大专院校，在校大学生3.1万人，4所高校分设4个校团委，下辖27个团支部。辖区共有共青团员3.44万名（其中街道常住人口中团员人数2985名）。8所小学分别建立8个少年先锋队大队，有少先队员3128人。与街道建设同步，是年初，成立学士街道团工委。街道团工委在街道党工委和共青团岳麓区委的直接领导下，坚持街道围绕园区“开发建设现代工业科技两型宜业新城”，联合各院校、企业团的组织，积极开展两个文明建设创建活动。是年3月，街道团委组织院校和企业团员青年志愿者以湖南中医药大学为主体，在域内开展2次“微尘”义诊活动，3次公共卫生赶集医疗志愿活动和1次敬老院慰问活动，参加人数300余人次。在白鹤社区村部网格点建立湖南工业职业技术学院团员青年志愿者服务站，开展学雷锋义务维修服务活动

4 次，参加人数 500 余人次。组织以湖南工业职业技术学院为主体的暑期“三下乡”服务活动。

2014 年，园区域内学士街道团工委认真学习贯彻团中央十七大精神，围绕园区和区团委中心工作，开展主题活动。主动联系各高校和辖区企业、社区（村）的团员青年，推行“大团委”制度，实行域内团的活动集体联动。是年，先后 8 次动员团员青年志愿者，1 万余人次开展“洁净学士从我做起”大扫除活动。将域内学雷锋志愿者服务延伸到城市复绿、医疗义诊、家电维修和支农“三下乡”进网格层面，达到“接地气、强服务、练身心”，受到广大群众欢迎和称赞。树立起青年突击队的文明形象。湖南工业职业技术学院的志愿者，开展 7 次小家电维修，累计为群众修缮家电 1650 余件；湖南食品药品职业学院的志愿者开展 2 次食品安全、用药安全知识宣讲活动，为广大市民群众当好“饮食顾问”，为群众日常饮食、用药“把脉问诊”，提高广大群众食品药品安全意识，深受群众欢迎。是年，湖南中医药大学校团委举办“与信仰对话”主题教育活动 117 场，听众 1.8 万人次；组织班团支部开展社会主义核心价值观教育、学习习近平总书记“五四”重要讲话、学习雷锋精神、公益活动人人参与、光盘行动、校园文明行动等团日活动 10 余次，参与人数 1.2 万人次；实施青年马克思主义者培养工程，进行团干部队伍建设，全年培训青年教职工、团干、团员 2208 人次。在全省大学生“诚信为本”主题教育活动中获一等奖 2 项、二等奖 3 项、三等奖 1 项。

2015 年，园区域内街道、学校、企业、社区（村）的团员青年大联动，把“创新学士、效能学士、繁荣学士、幸福学士”的宏伟梦想推向一个新高潮，为城市文明建设增光添彩。“大团委”制深化志愿者服务新动态。长沙南方职业学院校团委配合街道“洁净学士”美化环境秩序劝导大行动，300 余名青年团员志愿者上街清除垃圾 500 多车桶；栽植树苗 300 余棵。域内各交通要口，均有志愿者戴上红袖章与各院校志愿者交叉轮岗，引导安全交通横道，提高城市文明品位。2 月 26 日，学士街道团工委结合园域区 40 余家用工企业单位，在联丰村米兰春天广场举行“春风行动”现场招聘会。有机械类、电子类、普工类、管理人员类等数十个工种类别 1000 多个用人岗位，解决当地下岗职工、失地农民（居民）就业谋职的实际问题。3 月 23 日，师大附中博才实验中学（学士校区）20 余名优秀青年学生代表，自发慰问长沙市第三福利院老人。学士街道团工委联合湖南省第二人民医院著名糖尿病教授李湘和 10 余名专家医师，走进斑马塘社区开展糖尿病家庭义诊活动，接待群众健康咨询 300 余人次，为 200 多名居民做免费体检，发放健康宣传资料 1000 余份。志愿者与教授同台为社区群众服务。湖南中医药大学校团委、政教处、青干会，暑期组织19支团队共1200余名志愿者赴湖南、江西两省40余个老区村、镇，开展“三下乡”社会实践活动，共发放药品、图书、教学设备等价值357万元、慰问金1万余元，同时进行健康知识讲座50多场。积极开展“四进社区”活动，挂牌成立2个大学生社会实践基地，每周末坚持参与志愿服务。是年，学校共有1600名青年参与无偿献血。湖南中医药大学获2015年全国大学生暑期“三下乡”社区实践活动先进单位、学校研究生院获“暑期社会实践团全国优秀团队”称号。其中发生的许多感人事迹，得到《光明日报》、中青网、中国大学在线、《湖南日报》、湖南教育电视台、《长沙晚报》等50多家新闻媒体报道。

2016年，中国共产主义青年团长沙岳麓科技产业园工作委员会（以下简称园区团工委）正式成立。园区机关、入园骨干企业共221名共青团员代表参加团代大会，选举产生由7人组成的园区第一届团工委，陈雁当选为园区团工委书记、蔡伟岸（专职）、汪黎桢（兼职）任副书记、罗信任组织委员、胡婧任宣传委员、陈铭任文体委员、刘倩任学习委员。园区团工委的成立是园区域内包括学士街道、入园企业、各大专院校广大团员青年之家，是园区的生力军、后备队。园区团工委将引领境内3.45万名青年为学习践行社会主义价值观，积极投入两个文明建设，加快岳麓“三融共进”“五化同步”现代化进程贡献力量。以青春之我，担时代之责，在园区蓬勃发展中奉献年华，建功立业。是年，湖南中医药大学校团委组织青年参加各类创新创业比赛，培养大学生创新、创业意识和能力。组织2050人参加GYB创业培训。选送6名毕业生参加志愿服务西部计划。与专业教研室合作开展中医药创新论坛等活动。获第四届全国高等医学院校中医药创意设计竞赛二等奖2项、三等奖1项；第二届全国高等中医药院校大学生课外学术科技作品竞赛一等奖、二等奖、三等奖各1项；2016年“创青春”湖南省大学生创业大赛高校优秀组织奖、银奖2项、铜奖6项；第十一届长沙市大学生科技创新创业大赛优秀组织奖、二等奖3项、三等奖1项、优胜奖2项。推选詹家仪、雷翰霖获“中国大学生自强之星”提名奖；评选学习雷锋标兵23名、学习雷锋先进团队21个；励志之星8名；“颐而康”杰出学子10名；评选“五四红旗团委”7个、“五四红旗团支部”26个、优秀团员697名、优秀团干部460名、优秀共青团员标兵28名、优秀志愿者140名。

◆第三节　妇女联合会

园区党工委、管委会关心和重视域内妇联工作。注重女干部的培养，尊重妇女权益，热心支持地方妇女儿童工作组织，在人员配合、组织建设、经费保障方面把妇女工作列入议事日程，有效维护园区域内妇女儿童合法权益。园区妇委会宣传贯彻党和国家有关保护妇女儿童的法律、法规、政策。维护本单位（社区、村）妇女儿童合法权益，负责对本单位（社区、村）女干部、女职工（村民群众）进行"自尊、自信、自立、自强"教育，开展"巾帼建功"活动；开展创建"五好文明家庭"评比表彰活动，弘扬男女平等、尊老爱幼的家庭美德和勤俭节约、乐于奉献的传统美德；反映本单位（社区、村）女职工（妇女）的合理要求，帮助本单位（社区、村）妇女儿童解决实际困难，督促有关部门做好本单位妇女儿童保健工作；组织本单位女干部、女职工开展文化体育活动；配合本单位工会、团委做好相关工作。

2002年3月26日，园区域内含浦镇妇联召开全镇妇女代表大会，参加会议人数168人。镇妇联主席邱菡代表妇联作工作报告。县妇联主席黄利娟作重要讲话，充分肯定镇妇联工作，鼓励新一任妇联组织，率领全镇妇女群众维护妇女合法权益，珍惜岗位资源，团结带领妇女自尊、自信、学习、创新，保证全体妇女有一个健康的身体为园区和村镇经济建设做出新贡献。大会表彰32名先进个人和家庭。"三学三比"先进个人16人，"五好家庭"8户、"巾帼建功"先进个人4人、优秀妇女干部4人。

2004年，园区域内含浦镇妇联，注重引导妇女参与经济发展建设，积极开展"三学三比"竞赛活动。支持农村妇女搞好农家乐和无公害农产品经营，李佩如休闲山庄每年接待顾客1万多人。激励农村妇女在产业结构调整和园区大开发建设的变革中，学科学、学技术、讲政治、讲文明，树新风，争贡献，不断提高妇女群众的综合素质。关心妇女疾病，做好农村妇女妇科病检查。全镇有684名妇女到县卫生防疫站做妇科体检，发现2例情况，及时做好治疗。配合市卫生局做好妇女乳腺疾病检查，参检人数568人。征订《今日女报》157份。开展巾帼学雷锋爱心帮困工程，共募捐金额3400元，慰问特困妇女11人，特困儿童（孤儿）29人，支出资金4700元，慰问特困户18人，发放慰问金2640元。

2005年，园区域内妇联工作，关心妇女卫生保健妇联协同镇计生办对育龄妇女进行先后两次妇科疾病检查，参检人数2680人，提高妇女自我保护能力，动员镇妇女参加保险人数299人。慰问特困孤儿10人，特困儿童24人，发放慰问金4400元，慰问特困妇女10人，发放慰问金7400元，扶助资金6000元，建立妇女维权台账，接待信访19起，其中婚姻家庭11起，财产权益6起，人身权益1起，家庭暴力1起，妇联在维权接访件件有答复、事事办到位，获群众一致好评。是年，表彰域内开展“三学三比”、“八好优秀农村妇女”竞赛、学雷锋“巾帼建功”、关爱老人和儿童等项工作涌现的优秀妇女干部6人，优秀家长8人，评出“巾帼建功”优秀个人5人，“五好家庭”18户，“三学三比”女能手20人，“八好”优秀农村妇女18人，“五好文明家庭”19户。

2006年，园区域内妇联组织，贯彻实施园区和镇党委、政府加强妇联工作部署，积极引导广大妇女参与“五好文明家庭”创建系列活动。坚持贯彻男女平等，反对家庭暴力；引导妇女群众树立依法维护自身合法权益。促进妇女做维护家庭稳定的促进者，优良伦理道德的实践者，积极开展“八好”优秀农村妇女竞赛活动。广泛开展学习宣传《中华人民共和国妇女儿童权益保障法》《中华人民共和国未成年人保护法》《中华人民共和国婚姻法》反家暴若干规定等活动，推动全社会尊重和保护妇女、关心和支持妇女工作，实现社会公正和谐发展。是年，救助特困妇女32人，特困儿童174人，发放爱心款9600余元。域内获批市级“十佳五好文明家庭”1户（代利媛刘迪辉家庭），获评县级“五好家庭”6户，镇级“五好家庭”176户，村级“五好文明家庭”1720户。

2007年，园区域内妇联组织学习贯彻落实县委、县政府颁布的“建设社会主义和谐社会五年规划”，积极开展创建和谐家庭活动。制定创建标准，提出“男女平等，共同发展；遵纪守法，廉洁奉公；爱岗科学，勤劳致富；家庭和睦，邻里融洽；为国教子，以德育人；崇尚科学，倡导文明”为创建目标，成立指导委员会，下设专门办公室，主任由妇联主席兼任。各村（社区）建立相应组织，并制定统一实施方案和评比细则。开展以奉献爱心的“三牵手”活动。“三牵手”即：干部家庭与农村家庭牵手，富裕家庭与贫困家庭牵手，和谐家庭与单亲家庭、留守儿童家庭牵手。以节日为契机，开展“四主题”活动。“四主题”即：创建“平安，学习，节约，绿色”型家庭为主题的活动。以“孝敬父母，尊重女性”为主题，利用“母亲节”、“三八”妇女节、“重阳节”等节日，开展“夫妻谈心交心”“晚辈向长辈表亲情”“邻里之间相互表友情”活动。以“科学教子，以德育人”为主题，开展“争做合格家长、培养合格人才”活动。以“学法，知法，用法，守法”为主题，开展创建“零家庭暴力村（社区）”活动。提出以建设家庭文明为核心，开展快乐进家庭、文明进家庭、学习进家庭、科学进家庭，健康进家庭等“五进家”活动。是年，域内评选“环境卫生之家”100户、“和谐文明家庭”50户。域内联丰村率先成立女子腰鼓队、红玫瑰艺术团等文艺组织，活跃社区村组居民群众文化生活。随后，各社区（村）积极跟进，有白鹤社区、斑马塘社区、学华社区、学联社区相继成立十几支女子腰鼓队、军鼓队、舞龙队和街舞队等文艺团体，活跃域内群众文化，推进园区文明建设。

2008年，园区域内妇联工作在全面推动社会主义新农村和谐建设中，关注民生民情，特别重视关爱留守儿童工作。全镇留守儿童100人，其中单亲儿童46人，孤儿2人，对他们的学习、生活、心理、安全、健康情况进行详细登记，全面了解留守儿童的生活状况和成长需求，建立留守儿童档案。针对留守儿童的需求，妇联联系学校老师关注和照料，倾听他们声音。在学校老师积极配合下，让留守儿童更多地参加班级各项活动。同时，倡导近邻之间的知心伯伯、阿姨开展与留守儿童结对，帮扶结对43对。园区党工委领导、管委会分管妇女儿童工作的副主任及县委宣传部主要负责人、镇党委书记、镇长和镇妇联主席邱菡等负责人，春节走访看望留守儿童，送慰问金4.56万元。

2009年，“三八”国际妇女节99周年，园区党工委与镇委、镇政府，高度重视和支持，以镇妇联为中心，开展各社区（村）妇代会系列庆典活动。3月5日，全镇各村（社区）妇女主任、女能人代表、五好家庭代表、机关女干部、计生助理和园区、县、镇、党政领导共146人参加庆祝大会。会议总结前三年全镇、全园区各级妇联、妇代会做好妇女工作所取得的成绩，表彰奖励优秀妇女干部、五好家庭、“三学三比”女能手、“八好”农村妇女、优秀家长、巾帼建功先进个人156名。是年3月5—8日，全镇12个村9个社区分别召开妇女大会、座谈会或培训班，进行庆典活动，参加人数2568人。

2014年，园区域内含浦街道妇联贯彻落实中共十八大精神，围绕五大文明建设，提高妇女整体素质，积极参与“六个走在前列”，响应“巾帼建新功，共筑中国梦”的号召，围绕中心、服务大局，立足基层、服务妇女，鼓励广大妇女共建和谐社会，共创幸福生活。深化“三学三比”活动，抓好“巾帼建功”立业，举办扶贫培训班2期，培训妇女145人次。为社会输送就业人才60余人。开展巾帼学雷锋献爱心活动，有63名妇女参加帮扶孤残特困人员80人次。开展创建“书香之家”“环保之家”“绿色之家”“卫生之家”“和谐之家”“产业之家”的“六进六创”特色家庭创建活动。妇联倡导和宣传“以礼治家、以学兴家、以俭持家、以廉守家、以爱暖家”的家庭建设理念，进一步扩大家庭创建活动的影响力和渗透力。是年，评选推荐市级“五好文明家庭”1户，推荐5名妇女干部、女能手参加党员积极分子学习培训班。

2016年，在园区党工委、管委会关系重视下，在岳麓区妇联指导下，9月14日，成立长沙岳麓科技产业园妇女联合会。在园区礼堂隆重举行“长沙岳麓科技产业园妇女联合会成立大会暨第一次妇女代表大会”，会议选举产生园区第一届妇女联合会主席、副主席及委员，陈奇志当选为园区妇联主席。全园区机关、企业共有女员工320名，其中40岁以下中青年员工，占80%，是一支年轻的事业担当队伍，是园区建设发展的半边天。

第十篇 社会事业

SOCIAL UNDERTAKINGS

第一章 教 育

◆第一节 学前教育

2002年，园区初创。农村的学前教育中只有塘峡小学开办学前班。

2007年8月，园区域内成立第一所幼儿园——白鹤幼儿园。园址在学士街道白鹤小区21栋投资18万元建筑面积360平方米。入园幼儿53人教职工8人。办园宗旨:让孩子们成为健康快乐的人。幼儿园的教育理念:尊重幼儿的生活需要,注重幼儿的个体差异,创设利于幼儿的发展空间,培养健康自信、睿智合群的幼儿;教学原则：重视儿童的人格尊严，保障儿童的合法权益。

2008年,园区域内有2所幼儿园,入园幼儿139人,教职工25人。是年8月8日,新成立的海阳幼儿园在裕园小区B12栋新装开班，投资48.7万元，建筑面积600平方米，入园儿童70人，教职人员17人，配置儿童接送专车。海阳幼儿园的办园理念：培养健康、快乐、自信、独立的幼儿；教学原则：坚持以《3 ~ 6岁儿童学习与发展指南》为教育宗旨。

2009年9月，园区域内新增一所蓝精灵幼儿园，园址设学华村（原玉江村29号），投资1.5万元，建筑面积1200平方米，入园幼儿92人，教职工8人。该园本着“以人为本、师幼共同成长、和谐健康”的发展理念办园。是年，园区域内共有3所幼儿园，入园幼儿共324人，教职工36人。

2010年，园区域内新增2所幼儿园。2月，在白鹤小区12栋开办新创金华幼儿园，投资45万元，建筑面积800平方米，入园儿童110人，教职工10人；该园提出的教育理念是“寓教于乐”，培养健康活泼、美好心灵、富有个性、兴趣广泛、自律有爱、独立创新的新时代儿童。5月,在裕园C9栋开办的育苗幼儿园,投资76.4万元，建筑面积720平方米，入园儿童110人，教职工12人；该园以“面向未来，服务家长，以人为本，全面育人”为宗旨，本着使幼儿在德、智、体、美、劳全面发展为目标的办园理念。是年，园区域内共有幼儿园5所，入园幼儿共587人，教职工共62人。是年，蓝精灵幼儿园举行幼儿动手成果展示会。

2011年，园区域内7所幼儿园，入园幼儿813人，教职工85人。是年，新开办的2所幼儿园。一所是9月在裕园小区D21栋新建的湘才幼儿园，投资80万元，建筑面积900平方米，入园幼儿70人，教职工20人，该园的办学理念是“倾心于孩子的今天，着眼于孩子的明天”，宗旨是“发展孩子、服务家长、成就教师”；另一所是11月在学士街道的学华村村部私人投资30万元开办的学士幼儿园，建筑面积800平方米，入园幼儿80人，教职工6人，该园办园宗旨是“用爱养育、用心教育”，办园目标是“推行优效管理，锻造优质师资，创设优美环境，培育优秀新人”。是年，岳麓幼教集团第十一幼儿园获评2011年度教育强区创建工作先进单位，德馨幼儿园荣获湖南省第二届少儿才艺电视大赛二等奖，金华幼儿园获评幼儿放心食堂，海阳幼儿园《猫鼠之夜》节目荣获湖南教育台“童心放彩我最红”电视大赛最佳指导老师奖。

2012年2月，岳麓幼教集团应云栖谷小区需求，岳麓第十一幼儿园开园，总投资340万元，配置标准园车，建筑面积1836平方米，入园幼儿199人，教职工29人。该园教育理念是“培养符合社会需求，身心健康、和谐发展的幼儿；让幼儿学会生活、学会做人、学会求知、学会生存、学会审美”。是年，园区域内共有幼儿园8所，入园儿童1218人，教职工130人。是年6月，德馨幼儿园荣获“全国幼儿九珠大赛湖南赛区团体二等奖”，岳麓幼教集团第十一幼儿园荣获“岳麓区校园文化2012年度先进单位”称号。

2013年3月，裕园小区C22栋新建德馨幼儿园，投资20万元，建筑面积600平方米，入园儿童120人，教职工12人，办园理念是“用爱养育、用心教育”“让孩子与经典同行”。是年6月，长沙市岳麓幼教集团新建第十五幼儿园，落户麓山和苑小区，投资206万元，配备标准园车，建筑面积3952.98平方米，入园儿童79人，教职工28人；该园教育理念是以《3～6岁儿童学习与发展指南》为指导，让孩子拥有幸福童年。9月，裕园小区B15栋新办童心幼儿园，投资25万元，建筑面积850平方米，入园儿童62人，教职工16人。9月，东方之子幼儿园在84公顷小区成立，投入资金100万元，建筑面积1120平方米，入园儿童178人，教职工16人；教学理念是“给孩子一个空间，让他们自己往前走”。是年，园区域内共有幼儿园12所，共有入园儿童1843人，教职工216人。是年，岳麓幼教集团第十一幼儿园荣获2013年度《湖南教育报》《幼儿画刊》团体金奖，该园姚丽被评为2013年岳麓区优秀党员；湘才幼儿园周亮媛荣获岳麓区教育局“2013

年度学前教育管理先进个人”称号；第十一幼儿园荣获“美术教学标兵单位”；东方之子幼稚园举办“亲子风筝节”。

2014年，园区域内12所幼儿园，入园儿童2495人，教职工256人。是年，湘才幼儿园荣获“岳麓区办学水平评估优秀单位”称号。岳麓区幼教集团第十一幼儿园荣获“2014年度岳麓区示范性放心食堂”。第十五幼儿园荣获第十五届全国少儿“小艺术家”大赛幼儿组集体一等奖、示范家长学校、教学常规管理优秀单位、小天使会演特等奖、儿童书画大赛团体金奖等荣誉。德馨幼儿园荣获2014年九珠杯教学竞赛“小标兵”金牌，白鹤幼儿园被评为2014年长沙市四级普惠性幼儿园。

2015年5月，在联丰路1008号新开办华龙望薪幼稚园，总投资200万元，建筑面积1757平方米，入园儿童300人，教职工40人，办园理念：“以爱和教育让孩子发展更精彩”。是年，园区域内共有幼儿园13所，入园幼儿2922人，教职工317人。是年9月，德馨幼儿园新开设国学课程，让孩子们诵读《弟子规》，文字简短，合辙押韵，浅显易懂，易学好记，教师们将国学故事情节设计成角色，让孩子们在游戏中体会经典道理。是年6月，第十一幼儿园荣获“青年教师风采大赛”团体二等奖和2015《幼儿画刊》优质教学基地称号。湘才幼儿园教师周亮媛荣获“岳麓区十佳民办教育工作者”称号；育苗幼儿园小朋友参加2015年第八届上海国际幼儿绘画大赛——童年通画，特等奖：石涵，金奖：陶思雨、曾杨家、陈欣妍，银奖：张雅涵、陈梦巧、刘雨舟，铜奖：刘畅、费思琪、谢钰晴、张雯婕；华龙望薪幼儿园举办“美劳艺术展”；海阳幼儿园彭星星荣获“2015年岳麓区教育局先进个人”称号。

2016年8月，在象嘴路368号新开办枫华湘南幼儿园，该园投资175万元，建筑面积1100平方米，入园儿童65人，教职工21人，办园宗旨是“用心办园，至诚至爱”。10月，园区汀湘十里小区新办艾思堡幼儿园，投资700万元，建筑面积2876平方米，入园儿童20人，教职工9人，教育理念是“让孩子自发探索、自立学习、自由成长、自立创造”。是年，园区域内共有幼儿园15所，入园儿童3021人，教职工355人。2016年入园儿童人数是2007年入园儿童人数的57倍。岳麓幼教集团第十一幼儿园荣获“溢美童心”第七届全国青少年儿童书画大赛团体一等奖，姚丽被评为2016年岳麓区优秀党员，枫华湘南幼儿园获评长沙市三级普惠性幼儿园。

◆第二节　初等教育

2002年，园区域内5所小学，6个年级、61个班，开设课程有思想品德、语文、数学、地理、历史、自然、体育、美术、音乐和手工劳动等，三、四年级开设英语课。在校学生2743人，适龄儿童入学率99.9%，巩固率100%，升学率100%。5所小学以玉华小学建校最早，与新中国同年。其次为博才白鹤小学，前身为望城县学士乡长塘小学，20世纪80年代初更名白鹤小学，原址在金刚石厂附近，90年代迁入白鹤社区。渣塘小学80年代末建校，在学士街道学泰村境内。塘峡小学是新世纪初由原含浦镇玉江小学与塘峡小学合并组成，亦在学华村境内。学士睿哲小学，原名学士小学，旧址在麓山别墅主门附近，因建麓山别墅，学校迁址。

2003年，园区域内5所小学，6个年级、61个班，学生2743人，适龄儿童入学率100%，巩固率100%，升学率100%。是年，学士睿哲小学新校选址象山脚下，占地1.27公顷，兴建教学楼。

2004年，园区域内5所小学，6个年级、61个班，学生3045人，适龄儿童入学率100%，巩固率100%，升学率99.8%。是年，联丰小学新校选址裕园小区境内，首期工程占地面积2008平方米，设计教学楼一栋三层总建筑面积1800方米，启动建设。学士睿哲小学新校投入使用，增加新生和教职员工；该校教育理念：过幸福完整的教育生活；校训：健康、文明、睿智、乐学。

2005年初，园区域内5所小学，6个年级、61个班，学生3045人。9月，联丰小学新校落成，新增6个年级、7个班，学生230人。联丰小学的办学目标：践行敬静净竞，孕育德才兼备小公民；校训：知行合一，止于至善；校风：和谐、智慧、奋进、创新；师风：知性、向善、敬业、乐业；教风：严谨、博爱、乐教、善教；学风：文明、向上、乐学、博学。是年秋天，园区域内共有小学6所，6个年级、68个班，共有学生3275人，入学率100%，升学率99.9%。

2006年，园区域内6所小学，6个年级、69个班，学生3380人。适龄儿童入学率100%、升学率99.9%。

2007年，园区域内6所小学，6个年级、70个班，学生3259人。适龄儿童入学率100%，升学率100%。是年，在各小学校园开展文明礼貌用语活动、“知年味，庆元旦”活动。

2008年，园区域内6所小学，6个年级、68个班，学生3168人。适龄儿童入学率100%，升学率100%。是年，在各小学开展“讲好普通话，写好标准汉字”活动。

2009年，园区域内6所小学，6个年级、68个班，学生3143人。适龄儿童入学率100%，升学率100%。是年，岳麓区政府投入资金对渣塘小学进行了全面提升改造，新建教学楼、综合楼2950平方米，设置计算机教室1间、多媒体教室5间，兴建了1780平方米田径运动场、300平方米篮球场。是年，睿哲小学新装1间计算机教室，并投入教学；睿哲小学获“长沙市经典诵读特色学校”称号。

2010年，园区域内6所小学，6个年级、66个班，学生3383人。适龄儿童入学率100%，升学率100%。是年，联丰小学建成艺术楼1栋，建筑面积2318平方米，建成标准化田径场200米环形塑胶跑道，校园整体进行了绿化美化。

2011年，园区域内6所小学，6个年级、75个班，学生3570人，教职工117人。适龄儿童入学率100%，升学率100%。适龄儿童入学人数突飞增长，尤以联丰、白鹤小学为甚。是年，岳麓区政府选择白鹤小学投入资金7000余万元，现址扩建。是年6月，园区境内各学校积极开展“世界环境日”活动，在孩子们中间倡导“保护环境，爱护绿化，我们要做的太多了，我们只有从身边做起……”学生们积极参与园区机关干部星期日上街扫除白色污染的活动。

2012年，园区域内6所小学，6个年级共69个班，学生3686人，教职工127人。适龄儿童入学率100%，升学率100%。是年初，学区精心组织各小学积极开展“爱心、精心、耐心”师德主题教育活动，涌现出李清、彭芝君、凌云等一大批中青年教师，践行“把爱心献给学生、把精心献给课堂、把耐心献给辅导”活动。在青年教师中组织赛课活动，各学校老师开动脑筋积极创新特色教育。

2013年，园区域内6所小学，99个班，学生2651人，教职工125人。适龄儿童入学率100%，升学率100%。学区组织党员教师参加中共十八大知识竞赛，32位党员教师参赛，6名教师获优胜奖。湖南省第六届阳光体操节花球一级规范套路比赛中，联丰小学健美操队获小学组冠军。是年，国家体育总局举办2013技巧冠军赛暨青少年锦标赛，联丰小学技巧队获得少年乙组女子三人组第一名和集体技巧第三名。

2014年，园区域内6所小学，6个年级、65个班，学生2915人，教职工158人。适龄儿童入学率100%，学生升学率100%。是年，占地2.41公顷，建筑面积1.2万平方米，北靠竹家桥山，南通云栖路，投资7000万元的博才白鹤小学新校落成，9月投入使用，新校落成焕然一新。是年，学区组织小学科学学科联片教研活动；启动教师集体备课活动，通过反复实践，成为辖区内同年级教师备课经典资料，共享使用；加强青年教师培训，举办青年教师基本功比赛。

2015年，园区域内6所小学，6个年级、73个班，学生3433人，教职工155人。

适龄儿童入学率100%，学生升学率100%。含浦片6位学生被评为“长沙市三好学生”，7位学生被评为岳麓区“美德少年”；联丰小学、睿哲小学获区体育大课比赛一等奖；成立含浦片教师书法社团、教工篮球社团；4位老师参加区教育工会组织的义务献血活动，5位老师参加市、区纪念抗战胜利70周年合唱赛活动，82位教师参加慈善捐款活动。

2016年，园区域内6所小学，6个年级共81个班，学生3807人，教职工198人。适龄儿童入学率100%，学生升学率100%。是年，中心校“农村小学全面落实国家课程计划研究”课题，荣获长沙市2016年度成果一等奖；联丰小学田径队囊括岳麓区举办的小学三大体育比赛团体总分第一名；学士街道创办全街区小学生“争做文明使者，当美德少年”活动，举行“红领巾红心向党”少先队献词比赛。

◆第三节　中等教育

2002年，园区域内1所农村初级中学，望城县含浦镇学士中学。学校位于学士路以西，东邻联丰苑，长韶娄高速公路入口处，在学士街道学联社区境内。校园占地面积1.59公顷，建筑面积1万余平方米，校长为张爱纯，学校有教职员工30人，其中研究生学历3人，本科学历28人，中学高级教师3人，市级骨干教师2人，市区学科理事会理事4人。学校按九年制义务教育制设初中一年级至初中三年级课程。是年，3个年级开11个班，在校学生420人。该校创办于20世纪70年代初，由一所农村完全小学升级为农村初级中学。学校自创办以来，曾经为国家培育不少优秀人才，有考上北大、清华的高才生张立新、吴志刚、张立兴、蔡煌兴等，有参加对越自卫反击战被誉为“狼牙山五壮士”式的国家一级战斗英雄吴建国，有舍己救人的少年英雄陈建云等优秀人物，他们在青少年时期曾受教于这所学校。

2003年至2007年间，学士中学校长梁福其，有教职员工30人，3个年级设10个班，在校学生460~580人。

2008年，望城县含浦镇成建制划归长沙市岳麓区管辖，学士中学随含浦镇划归岳麓区管辖，学校教学业务归属岳麓区教育局领导。学校更名为岳麓区含浦镇学士中学，校长樊开宇，有教职工30人。学校设3个年级，开12个班，招收学生580人。是年，力抓学校教学改革和师德、校风、学风的建设；他根据园区引进企业、人口增加、子弟入学的需求，把农村中学教育模式与城市中学教育理念结合起来，广泛吸纳入园企业职工子弟就读；同时，面对各校之间教学质量的竞争，他促使全校教职员工产生危机感和紧迫感，教学改革势在必行，成为全校教师的共识。学校认真贯彻实施《长沙市中小学教师教学工作规范》《关于进一步完善教师管理体制的实施意见》精神，深化教学改革，促进学校工作和谐发展；建立完善学校各项规章制度；严格绩效考核，注重奖励先进；加强教师业务培训，爱护和发挥一线教师的积极性和创造性，全面推行教学研工作；团结全校教职员工，积极参与“解放思想大讨论”和“师德师风征文”等活动；学校风气和教职工精神面貌大变。是年5月，汶川发生大地震，学校教师和学生积极捐款，党员教师交纳赈灾特殊党费。组织全校师生开展“师爱有痕诗歌朗诵会”和“学生学雷锋征文”活动。是年，学校荣获长沙市岳麓区中小学生冬运会初中组团体第二名。

2009年，园区重视学士中学硬件设施建设，得到岳麓区教育局重点支持，投入资金150万元，按照国家标准配备理化生实验室，设置图书馆、阅览室、多媒体教室、计算机网络教室、美术室、音乐室、卫生室、心理咨询室，为各学科教育顺利开展创造条件，学校教育教学工作提升到一个新层面。是年，学校有30名教职员工，3个年级，开设10个班，在读学生480人。学校针对实际情况制定“抓管理、提质量、谋生存、求发展”办学思路，以“贯彻落实科学发展观，办好人民满意的教育”为战略目标，以“创造最好的育人环境，教育好每一个学生”为办学宗旨。学校提出“科研兴校，质量立校，德育为首，教学为主，育人为本”的办学理念，坚持“德育为首、五育并举，发展特长，形成特色”，“以质量求生存，以工作求地位，提高教学水平，争创一流学校”。通过改善办学条件，完善教学设施，抓好师德建设，规范办学行为，加强教师队伍的思想建设，建立教师激励机制，学士中学开始走上制度化、规范化、精细化、科学化，形成严谨、踏实、进取、奉献的教风；勤学、博学、乐学、活学的学风和严教、勤学、团结、奋进的校风。是年，学士中学荣获岳麓区教育局授予的“绩效考核一等奖”“教学常规管理先进单位”“毕业班教学质量先进单位”等荣誉称号。

2010年，园区域内学士中学，3个年级，10个班级，教职员工30人，在校寄读学生370人。学校重视班主任队伍建设。学校政教处探索德育系列课程的开发与研究，制订《2010年德育工作计划》。学校举行班主任培训活动，请老班主任传授管理经验，与年轻班主任结对子，提高在任班主任的工作能力。同时，学校制定《班主任量化考核制度》，固定周一为班主任例会时间通报情况总结经验。学校实施《班主任量化考核制度》，建立班主任工作手册、班级日志、班会课活动记录等，德育处抽检各班级《班主任工作手册》检查3次，全校班主任记录达到100%。学校建立健全《中学生守则》《中学生日常行为规范》《学士中学班级管理制度》《学士中学寄宿生管理制度》等项规章制度。是年，学士中学荣获岳麓区教育局授予的“校本研训先进单位”称号。

2011年,园区域内学士中学3个年级,11个班,在校学生422人,教职工31人。是年，教师樊开宇荣获长沙市教育局“常规管理先进个人”称号，教师廖小春荣获长沙市教育局科学研究院“优秀语文教师”称号。

2012年,园区域内学士中学3个年级,11个班,在校学生468人,教职工34人。是年，该校教师张化崐荣获“长沙市人民政府优秀教师”称号，教师戴兵荣获长沙市教育局“友谊农村优秀教师”称号。

2013年,园区域内学士中学3个年级,11个班,在校学生572人,教职工44位。含浦镇析置划分为含浦街道和学士街道，学士中学划属学士街道辖区范围，学校更名为岳麓区学士街道学士中学。是年，学士中学教师李淑琴荣获长沙市教育科学研究院“化学优秀教研工作者”称号，教师彭向华荣获长沙市教育科学研究院“英语优秀教研工作者”称号。

2014年，园区域内2所中学，学士中学和湖南师大附中博才实验中学（学士校区）。是年，学士中学3个年级，11个班，在校学生569人，教职工43人。湖师大附中博才实验中学（学士校区）建成，9月投入使用，校址位于园区域内洋湖垸片区含浦中路726号，占地面积4.2公顷，总建筑面积3.15万平方米，固定资产总额3.8亿元。是年共18个班级，在校学生952人，教职工91人（高级职称6人，中级职称16人，初级职称17人）。是年，博才实验中学组织2014级全体师生开展“百日誓师”活动。在参与岳麓区举办的“阳光校园”演讲，征文比赛中，博才1607班学生何宜洛荣获一等奖，并代表岳麓区参加市赛。学校教师方田根撰写的《谈生物课堂教学中德育的渗透》《人教版与苏教版“生物与环境的关系”比较》两篇论文荣获《湖南教育》优秀论文奖。教师谢永红主持的“初级语文综合性学习教学策略实践与研究”教改实验课题经中国教育学会中学语文教学专业委员会评定，荣获“2014年度优秀课题成果奖”；学士中学邓月秀、段国良、胡拓、李贵、李淑琴、廖小春、彭向华、肖莹、林丽、刘其林等教师分别荣获长沙市教育局举行的“第四届‘创作杯’全国青少年作文大赛”“长沙市模型竞赛通讯赛”“化学教研工作”“2014年中国青少年英语能力大赛”优秀指导老师荣誉。

2015年，园区域内2所中学，学士中学和湖师大附中博才实验中学（学士校区）。学士中学开3个年级，11个班级，在校学生553人，教职工46人。博才实验中学（学士校区）开设七、八两个年级，共36个班级，在校学生人数1951人，教职工 91 人。是年，博才实验中学（学士校区）围绕纪念抗日战争胜利 70 周年，学校团委、少委组织开展爱国主义教育系列活动：8 月 29 日，全校师生佩戴抗日战争胜利花参加“入学第一课”;9 月 2 日,举行全校集会讲话,学生代表上台朗诵;组织“纪念抗战胜利，立志振兴中华”主题征文比赛；9 月 3 日，组织七、八年级学生赴长沙市第一福利院慰问抗战老兵。中秋佳节，湖师大附中博才实验中学（学士校区）为学生及家长策划“心月相依，家人共聚”活动，让孩子与家人团聚之时拍一张全家福，以感受亲人节日共聚的浓厚氛围。湖师大附中博才实验中学（学士校区）教师方田根在《实验教学与仪器》刊物上发表《酵母菌与甜酒酿制的关系》论文获奖，阎佩源的《少年创新则国家创新——初中生创新能力培养初探》获中国教育学会生物学教学专业委员会、中南六省生物教学研讨会组委会一等奖，阎佩源的《从做中学，开启学生创造力》、匡华芳的《试析体验式教学策略在思想品德教学中的有效实施》、文谦的《让学生成为作文评改的主人》、孙妍妮的《浅谈语文课堂有效推进艺术》、孙颖楠的《论初中音乐欣赏的西方古典音乐教学》、颜丽华的《浅谈学生的生物体验式活动中的家长融入》、邓晶晶的《特殊的保护，特殊的爱》、张静文的《浅谈语文课堂“主问题”的设计方法》、林浩的《类比思想在中学几何教学中的应用》、陈小平的《“八年级现象”教育案例分析》、崔校东的《运用模型解决生物教学中的重难点——以“人体对外界环境的感知”一节为例》等教师论文,前 6 篇获省级一等奖,后 5 篇获省级二等奖。是年，学士中学教师胡拓、刘其林荣获全国基础外语教育培训中心授予的“中国青少年英语能力大赛优秀指导老师”称号；学士中学学生参加全国中学生英语能力竞赛，获得一等奖 1 名、二等奖 4 名、三等奖 12 名,参加全国中学生语文能力竞赛国家级，获一等奖 2 名；学生魏祎获共青团长沙市教育局委员会授予的“长沙市优秀学生团员”称号；教师李正荣荣获长沙市初中数学竞赛“优秀指导教师”称号。

2016 年，园区域内 3 所中学，学士中学，湖南师大附中博才实验中学（学士小区）和在建的周南学士实验学校。学士中学 3 个年级，开设 11 个班级，在校学生 528 人，教职工 43 人。博才实验中学（学士校区）开七、八、九三个年级，共 49 个班级，在校学生人数 2639 人，教职工 91 人。周南实验学校位于紫苑路与翰林路交会处，是岳麓区和长沙市周南中学合作办兴的一所高规格、高起点的九年一贯制公办学校。周南实验学校占地面积 37993 平方米，建筑面积 29704 平方米。学校设计建造一流的教学设施和文艺体育设施：智慧课桌、多媒体网络教室、舞蹈室、音乐室、美术室等专业教室和各类设备先进的学科实验室；设置现代化学术报告中心，校园电视台、阅览室、少队室等设备齐全的学生活动中心；

设计有容量大、功能强、宽带充裕的校园网；有250米塑胶跑道的标准人工草坪足球场、篮球场、艺术馆等文体活动场所，有设施一流的学生餐厅和5159平方米的学生公寓。周南中学派出精干的管理团队和骨干教师，对学校进行科学设计和高效管理。学校拟秉持刘崐以德树人的精神，借鉴周南中学的"三心教育"理念，以智慧课堂的科学技术，用"慧"开启学生天赋，用"慧"陶冶学生本性，用"慧"塑造学生自然人格，培养学生做一个秀外慧中、健康幸福的人。是年，学士中学学生参加第四届"创作杯"全国青少年儿童作文大赛，获金奖2名，银奖5名，铜奖3名，优秀奖13名；参加第六届全国中学生语文能力竞赛，获（国家级）一等奖2名，二等奖5名三等奖3名优秀奖3名；在长沙市教育局举办的中小学模型竞各项目竞赛中，获得特等奖6名，一等奖的15名，二等奖9名；英语能力大赛湖南赛区初中组，获一等奖2名，二等奖3名，三等奖4名；初中应用物理知识竞赛获二等奖2名；地理小论文《争做环保节能的宣传者》获市级一等奖1名。是年，学士中学教师李正荣荣获"长沙市初中数学竞赛优秀指导教师"称号，教师王孟乐荣获"第九届地球小博士全国地理科技大赛优秀科技辅导员"称号，教师吴晓荣获"全国中学生语文能力竞赛优秀组织奖"，教师刘其林荣获"长沙市优秀教师"称号。是年，湖南师大附中博才实验中学（学士校区）荣获"长沙市中小学大课间展示活动初中组一等奖"，并获"全国心理健康教育特色学校"、"全国消防安全教育示范学校"等荣誉称号。是年，在2016年度长沙市中小学生独唱、独舞、独奏比赛决赛中，博才实验中学（学士校区）55名学生荣获一等奖，其中独唱类16人，独奏类30人，独舞类9人，52人获二等奖，艺术组李芳宇、谢艳霞、蒋琴、陶浪宏、黄小波、熊也、黄杰、孙颖楠8位老师荣获优秀指导教师奖。是年，博才实验中学参加2016年书香湖南长沙市少年儿童"光荣与梦想"——纪念建党95周年暨红军长征胜利80周年知识竞赛，1507班刘承启、1627班欧茹兮，滨江小学李守恒三名学生组成的岳麓区代表队，在9支代表队角逐中，初赛荣获第一名，进入决赛沉稳竞答，再夺全市一等奖。是年，博才实验中学教师获奖论文，有苏建祥撰写的"自能学习与自能发展研究"课题方案论述获省教育科学研究工作者协会"优秀论文奖"；刘平撰写的《初中生毅力之性格优点培养实验研究》获省级优秀教育论文一等奖；教改实验课题荣获"湖南省教育学会优秀奖"的有黄丽、彭国武、黄志清、陈建文、汤清清等15名老师集体撰写的《运用现代教育技术培养学生自能学习的能力与习惯研究》，方田根、赵恋君、盛宁、刘琼等15名老师集体撰写的《初中生物课外实验和实习校本课程资源的开发与利用研究》，金胎富、陈丹敏、尹文珊、阳灿等18位老师撰写的《初中历史"少数多学”教学策略研究》。

◆第四节　高等教育

园区创建之后，在园区境内迁建高校1所（湖南工业职业技术学院）、扩建高校新校区2所（湖南中医药大学、湖南食品药品职业学院）、新建高校1所（长沙南方职业学院），共4所大学。

2002年，园区域内1所高校，长沙南方职业学院。该校经湖南省人民政府批准，国家教育部备案，长沙市人民政府主管、长沙市教育局直管、省教育厅统管，面向全国招生的国家普通高等职业院校。学院实行董事会领导下院长负责制，法人代表肖晓春。学院位于园区域内白鹤社区东北面，主门正临香格里路。学院占地总面积38.27万平方米，建筑面积26万平方米，建筑总投资6.335亿元。有多媒体教室90间，座位5896个，学生用计算机1254台。校内实验室96个，生产性实训实习工厂2个，中央财政支持的实训基地1个，驾驶员培训基地1个，校外实习实训基地283个，馆藏图书50万册，校园网1000M到楼栋，100M到桌面，信息点2145个，标准田径运动场1个、篮球场13个。学院绿树成荫，环境优雅整洁，教学、生活配套设施完备。是年3月正式建成开学，招收学生1200人，专任教师486人。学院教师队伍：本校在职教师421人，兼职教师65人。专任教师中，副高以上职称70人，正教授10人，双师型教师193人。开设专业课程是：计算机网络技术、计算机应用技术、图形图像制作、软件技术、游戏软件、动漫设计与制作、电脑艺术设计（环境艺术设计方向）、电子商务、物流管理、商务管理、物业管理、工商企业管理、财务管理、市场营销、医药管理、人力资源管理、酒店管理、旅游管理、商务英语、商务日语、模具设计与制造、数控技术等22个专业。学院秉承“诚信、业绩、创新”海航理念和“自强不息、学以致用”的校训精神，办成较高水平的普通高等职业院校。

2003年，园区境内1所高校，长沙南方职业学院，是年招新学生1250人，专任教师486人。新一所入驻园区高校，湖南中医学院正式签约入园，开始征地、立项、筹建河西新校区。

2004年，园区域内1所高校，长沙南方职业学院，是年招收新生1300余人，专任教师486人。湖南中医学院，新校区选址：含浦绕城公路以东、学士路以北、象嘴路以西、石塘路以南，总征地面积62.4万平方米，是年12月举行奠基庆典开工建设。

2005 年，园区域内 2 所高校，长沙南方职业学院，湖南中医学院。长沙南方职业学院招收新生 1350 余人，在校学生 10000 余人，专任教师 486 人。8 月，湖南中医学院完成 1 号教学楼、学生食堂、学生公寓、图书馆等建筑及配套设施建设，并正式启用，入住学生 2000 余人。首次招收新生 2244 人（其中本科生 1974 人、硕士研究生 210 人、博士研究生 60 人），专任教师 736 人。是年，园区域内高校入学学生共 13594 人，教师共 1222 人。10 月 21 日，湖南食品药品职业学院经省发改委批准立项进入园区。

2006 年，园区域内 3 所高校，湖南中医药大学、长沙南方职业学院、湖南工业职业技术学院。湖南中医药大学河西主校区历时 3 年基本建设全面竣工，建筑总面积 1.49 亿平方米，固定资产总值 8.08 亿元，仪器设备投资总额 1.8 亿元，馆藏图书数 117.3 万册，教学、生活设施设备完善，校园绿化美化成形。湖南中医药大学是湖南省重点建设本科院校，是首批设立国家级重点学科高校、首批招收博士研究生、留学生及港澳台学生的中医药高校。主校区依岳麓山南麓，临湘江西岸，环境幽雅，风光秀丽，是求学成才理想之地。是年，招收新生 1951 人（其中本科生 1669 人、硕士研究生 241 人、博士研究生 41 人）。专任教师 736 人，入住学生 6000 余人，学生规模达 1.8 万余名，此后一直保持这一规模。河西主校区院系设置 18 个学院：中医学院、药学院、中西医结合学院、针灸推拿学院、护理学院、人文社科学院、管理与信息工程学院、国际教育学院、研究生院、医学院、临床医学院、第一中医临床学院、第二中医临床学院、马克思主义学院、体育艺术学院、湘杏学院、继续教育学院、高等职业技术学院。河西校区本科、硕士、博士专业情况：开设 24 个本科专业：医学信息工程、英语、应用心理学、计算机科学与技术、制药工程、食品科学与工程、生物工程、临床医学、医学影像学、医学检验、康复治疗学、口腔医学、中医学、针灸推拿学、中西医临床医学、护理学、药学、中药学、药物制剂、中药资源与开发、信息管理与信息系统、市场营销、公共事业管理、运动康复；设置博士后科研流动站：中医学博士后流动站、中西医结合博士后流动站；一级学科博士学位授权点：中医学；二级学科博士学位授权点：中医基础理论、中医临床基础、中医医史文献、方剂学、中医诊断学、中医内科学、中医外科学、中医骨伤科学、中医妇科学、中医儿科学、中医五官科学、针灸推拿学、民族医学、中西医结合临床、中医亚健康学、中医肿瘤学、中医药膳学、中医药信息学、中医心理学、临床中药学、中医文化学、中医管理学 22 个；设博士专业学位授权点：中医学；设一级学科硕士学位授权点：中医学、中西医结合、中药学、药学；二级学科硕士学位授权点：中医基础理论、中医临床基础、中医医史文献、方剂学、中医诊断学、中医内科学、中医外科学、中医骨伤科学、中医妇科学、中医儿科学、中医五官科学、针灸推拿学、民族医学、中西医结合基础、中西医结合临床、药理学、药物分析学、药物化学、药剂学、生药学、微生物与生化药学、马克思主义中国化研究22个；二级学科自主设置：医药经济与管理、中药制药工程、中药生物工程、中西医结合精神病学、中西医结合护理学、中西医结合影像医学、中西医结合康复医学、中药保健食品研究与开发、中西医结合检验医学、中医亚健康学、中医肿瘤学、中医药膳学、中医药信息学、中医心理学、临床中药学、中医文化学、中医管理学17个；硕士专业学位授权点：临床医学、中医、中药学、口腔医学、护理、公共管理；国家重点学科名称：中医诊断学；国家中医药管理局重点学科名称：中医诊断学、药用植物学、中药药剂学、中西医结合临床（心脑疾病）、针灸学、方剂学、中医肝胆病学、中医妇科学、中医肿瘤病学、中医皮肤病学、中医眼科学、各家学说、中药炮制学、中医药信息学、中医儿科、中医耳鼻喉科、中医肛肠病学、中医康复学、中医男科学、推拿学、中医肾病学、中医老年病学、中医骨伤科学；设湖南省重点学科名称：中医诊断学（优势特色重点学科）、中医内科学（优势特色重点学科）、药学、中西医结合基础、中药学、针灸推拿学、中西医结合临床、中医外科学、中医五官科学、方剂学；湖南省优势特色重点学：中医诊断学（优势特色重点学科）、中医内科学（优势特色重点学科）。学校学科门类齐全、中医药特色鲜明，构建以中医药学科为主题的三级重点学科体系，中医诊断学在学科研究领域居国内领先水平。河西校区专任教师736人，中副高以上职称309人、博士生导师48人、硕士生导师141人、正教授130人。长沙南方职业学院招收新生1400人，专任教师486人。

湖南工业职业技术学院迁入园区，新址在白鹤社区以北，含浦大道139号。学校占地面积69.13公顷，建筑面积38万平方米，固定资产6.78亿元，教学仪器设备原值9946万元，馆藏图书85万册，有专任教师448人，在校学生1.4万人。学院副高以上职称教师168人，具有博士、硕士学历教师140余人，客座教授15人，国家级教学名师1人，省级教学名师3人，湖南省中青年骨干教师8人，省级专业带头人7人，80%以上教师为“双师型”教师。学校有国家级教学团队1个，省级教学团队3个。学校设机械工程系、汽车工程学院、电气工程系、信息工程系、经济管理系、商贸旅游系、现代设计艺术系等7个院（系），开办40个专科专业。机械工程系有数控技术、机械制造与自动化、计算机辅助设计与制造、数控设备应用与维护、检测技术及应用等专业。汽车工程学院有：模具设计与制造、汽车运用技术、工程机械运用与维护、焊接技术及自动化、汽车制造与装配技术等专业。电气工程系有电气自动化技术、电子信息工程技术、电子信息工程技术（通信方向）、机电一体化技术、汽车电子技术、机电设备维护与管理、工业机器人技术。信息工程系：计算机网络技术、动漫设计与制作、软件技术、计算机多媒体技术、计算机应用技术、软件（财务软件方向）、软件（移动应用开发）等专业。经济管理系有会计电算化、物流管理、计算机信息管理、电子商务、金融与证券、营销与策划等专业。现代设计艺术系有广告设计与制作、室内设计技术、广告设计与制作（包装设计方向）、装饰艺术设计、产品造型设计等专业。商贸旅游系有商务英语、旅游管理、酒店管理、商务英语（机电外贸）、旅游管理（涉外旅游）等专业。国家示范性高等职业院校重点建设专业（2个）：计算机网络技术、数控技术。中央财政支持重点专业（2个）：电子信息工程技术、机电一体化技术。国家机械行业技能人才培养特色专业：机电一体化技术。国家级精品专业：数控技术。省级精品专业（6个）：电子信息工程技术、计算机网络技术、会计电算化、电气自动化技术、模具设计与制造、数控技术。国家级教学改革试点专业（2个）：数控技术、电气自动化工程。省级教学改革试点专业（6个）：模具设计与制造、电子信息工程、计算机网络、电算会计、数控技术、电气自动化工程。国家级精品课程（3门）：数控加工实训、机械产品检测与质量控制、现代高职体育。省级精品课程（8门）：工业产品三维制作、变频器应用工程实施、机床电器故障检测与维修、机械零部件的手工制作与机械普通加工、计算机辅助制造、数控加工实训、电子技术、图形图像处理。中央财政支持的国家级实训基地（1个）：数控技术专业实训基地。湖南省职业教育重点实训基地（2个）：电工电子及自动化技术重点实训基地、数控技术专业实训基地。学院秉承“立德、敬业、精技、创新”的校训，坚定“植根机械装备制造业，服务湖南新型工业化”的办学定位，在主动适应行业产业发展过程中增强办学实力，形成可持续发展态势。是年，学院招收新生3260人，专任教师448人。是年，园区域内共新增在校高校学生16611人，在任教师1670人。

2007年，园区域内有3所高校，湖南中医药大学（河西校区）招收学生1951人（本科生1669人、硕士研究生241人、博士研究生41人）；长沙南方职业学院招收新生1500人；湖南工业职业技术学院招收新生3250人；3所大学共招收新生6717人，共有在读高校生16717人，专任教师共1670人。是年，新入园区的湖南食品药品职业学院征地18.29公顷，启动基建。

2008年，园区域内3所高校。湖南中医药大学（河西主校区）招收新生

2594 人（本科生 2341 人、硕士研究生 206 人、博士研究生 47 人），毕业生共 2265 人（本科毕业生 1813 人、硕士研究生 398 人、博士研究生 54 人），专任教师 736 人。长沙南方职业学院招收新生 1680 人，专任教师 486 人，是年，该校进入学科建设阶段，教学专业设置进行部分调整，新调整的专业设置是：计算机网络技术、应用电子技术（通用航空飞行方向）、图形图像制作、软件技术、游戏软件、电子信息工程技术、动漫设计与制作、电脑艺术设计（环境艺术设计方向）、电子商务、物流管理、商务管理、物业管理、工商企业管理、财务管理、市场营销、医药营销、金融管理与实务、连锁经营管理、人力资源管理、酒店管理、旅游管理、航空服务（地面服务方向、空乘服务方向）、商务英语、商务日语、汽车检测与维修技术、汽车技术服务与营销、模具设计与制造、数控技术、机械制造与自动化、建筑工程管理、建筑电气工程技术物业管理、焊接技术及自动化、计算机应用技术、资产评估与管理、导游、影视动画 36 个专业，在校专任教师 486 人。湖南工业职业技术学院招收新生 3350 人，专任教师 448 人。园区域内共有在读高校生 1.76 万人，专任教师 1697 人。是年，湖南中医药大学毕业生 2265 人（本科生 1813 人、硕士研究生 398 人、博士研究生 54 人）。长沙南方职业学院毕业生 2000 余人，该校实行校企合作，学生就业率高达 95% 以上。湖南工业职业技术学院输送毕业生 2200 人，就业率达 95% 以上，用人单位满意率达 92% 以上。工业职院被评为全国普通高校毕业生就业工作先进单位。

2009 年，园区域内 3 所高校。湖南中医药大学招收新生 1888 人（本科生 1592 人、硕士研究生 253 人、博士研究生 43 人），毕业生 1864 人（本科生 1592 人、硕士研究生 232 人、博士研究生 40 人），有在校学生 10185 人，教师 736 人。长沙南方大学招收新生 1668 人，专任教师 486 人。湖南工业职业技术学院招收新生 3400 人，在校学生 1.3 万余人，专任教师 448 人。园区域内共有在读高校学生 2.53 万人，教师 1670 人。

2010 年，园区境内 3 所高校。湖南中医药大学招收新生 2838 人（本科生 2551 人、硕士研究生 242 人、博士研究生 45 人），毕业生 1914 人（本科生 1616 人、硕士研究生 255 人、博士研究生 43 人）；长沙南方职业学院招收新生 1792 人，专任教师 486 人；湖南工业职业技术学院招收新生 3425 人，专任教师 448 人。园区域内在校高校生 26326 人，教师 1670 人。4 月 12 日，长沙南方职业学院加盟世界 500 强企业——海航集团有限公司，总部位于海南省海口市美兰区国兴大道 7 号新海航大厦 25 层。该集团是一家以航空旅游、现代物流和现代金融服务三大支柱产业为主的现代服务业综合运营商，拥有航空、酒店、旅游、地产、商品零售、金融、物流、船舶制造一生态科技等多业态企业集团。长沙南方职业学院设有航空服务系、现代信息与物流系、经济管理系、建筑工程系、机械与汽车工程系、基础教学部五系一部。学院与海航的加盟对接，使学生实训、就业、专业对口，推进了学院内涵的发展。

2011 年，园区域内 3 所高校。湖南中医药大学招收新生 2893 人（本科生 2344 人、硕士研究生 483 人、博士研究生 66 人），毕业生 2372 人（本科生 1908 人、硕士研究生 414 人、博士研究生 50 人），专任教师 736 人；长沙南方职业学院招收新生 1899 人，专任教师 486 人；湖南工业职业技术学院招收新生 3460 人，专任教师 448 人。园区域内在校高校生 3.01 万人，专任教师 1670 人。

2012 年园区域内 4 所高校。湖南中医药大学是年招收新生 3372 人（本科生 2773 人、硕士研究生 536 人、博士研究生 63 人），毕业生 2682 人（本科生 2187 人、硕士研究生 445 人、博士研究生 50 人），在任教师 736 人；长沙南方职业学院招收新生 1922 人，专任教师 486 人；湖南工业职业技术学院招收新生 3465 人，专任教师 448 人。

湖南食品药品职业学院新校区建成开学，校园总征地面积 18.29 公顷，一期工程建筑总面积 6.17 万平方米，一期工程固定资产投资总金额：2.5 亿元，仪器设备投资总金额 1619.74 万元。学校新址：东临湖南岳麓开发有限责任公司，南临湘江新区土地储备中心，西临紫苑路，北临学士路。是年，学院开设学科专业有：药学、中药、生物制药技术、药物分析技术、药物制剂技术、药品经营与管理、食品药品监督管理、食品营养与检测 8 个专业。招收新生 585 人，专任教师 203 人（高级职称 80 人、中级职称 101 人、双师素质教师 80 人）。是年，园区域内共有在读高校学生 36157 人，教师 1873 人。湖南工业职业技术学院荣获第三届黄炎培职业教育优秀学校奖。

2013 年，园区域内 4 所高校。湖南中医药大学招收新生 3618 人（本科生 3002 人、硕士研究生 552 人、博士研究生 64 人），毕业生 2725 人（本科生 2258 人、硕士研究生 423 人、博士研究生 44 人），在任教师 736 人；长沙南方职业学院招收新生 1972 人，专任教师 486 人；湖南工业职业技术学院招收新生 3500 人，专任教师 448 人；湖南食品药品职业技术学院招收新生 918 人，专任教师 203 人。园区域内共有在校高校学生 3.73 万人，在任教师 1873 人。湖南中医药大学荣获全国大学生针灸推拿临床操作技能大赛团体一等奖、全国护理学临床技能大赛一等奖。

2014 年园区域内 4 所高校。湖南中医药大学招收新生 3828 人（本科生 3153

人、硕士研究生 601 人、博士研究生 74 人），毕业生 2908 人（本科生 2370 人、硕士研究生 495 人、博士研究生 43 人），在任教师 736 人；长沙南方职业学院招收新生 2768 人，专任教师 486 人；湖南工业职业技术学院招收新生 3520 人（在校学生 1.3 万人），专任教师 448 人；湖南食品药品职业学院招收新生 1374 人，专任教师 203 人。是年，园区域内有在读高校学生 4.18 万人，专任教师 1873 人。湖南中医药大学荣获中国大学生服务外包创新创业大赛全国总决赛一等奖、全国中医院校“远志杯”作品竞赛一等奖，河西总校区历届本科毕业生平均年终就业率达 96.03%，位居全省高校前列。长沙南方职业学院自从与海航集团合作之后，达到校企共育、产教结合、共促就业；学院在海航的支持下，坚持“对接产业设专业、校企合作建专业、办好专业促就业”的专业建设思路，创新“产新 + 企业 + 专业”的人才培养模式；依托海航集团旗下的航空、物流、旅游、商业、金融、机场管理等产业板块，开办“祥鹏航空定向班”、“首都航空空乘定向班”、“海南航空空乘定向班”、“海航物流班”、“家润多人才定向班”等特色班级实施订单式培养，就业率与就业质量位居同类院校前列，是年，荣获长沙市大中专院校毕业生就业工作先进集体称号。

2015 年，园区域内有 4 所高校。湖南中医药大学招收新生 3886 人（招本科生 3176 人、硕士研究生 643 人、博士研究生 67 人），毕业生 3029 人（本科生 2449 人、硕士研究生 513 人、博士研究生 67 人），专任教师 736 人；长沙南方职业学院招收新生 3103 人（在校学生 1 万人左右）专任教师 486 人；湖南工业职业技术学院招收新生 3518 人，专任教师 448 人；湖南食品药品职业学院招收新生 1734 人，毕业 725 人，专任教师 203 人。是年，园区域内共有在读高校学生 4.85 万人，专任教师 1873 人。是年，湖南中医药大学研究生院许明荣获第三届远志杯大学生课外学术科技作品竞赛“新型可调式自动脉冲电梅花针的科研与应用”全国一等奖；石溪溪、文毅获全国铜奖；针灸推拿学院谭佳佳获全国三等奖；中西医结合学院颜利晶获全国二等奖。长沙南方职业学院内涵发展壮大，开设航空旅游服务类专业群：空中乘务（核心专业）、民航运输、航空物流、高速铁路客运乘务、定翼机驾驶技术、民航安全技术管理、旅游管理、酒店管理、商务英语、民航空中安全保卫、机场运行；开设财经商贸类专业群：会计（核心专业）、财务管理、金融管理、市场营销、电子商务、工商企业管理；土木建筑类专业群：建筑工程技术（核心专业）、建设工程管理、工程造价、建筑室内设计、园林工程技术；装备制造类专业群：机械制造与自动化（核心专业）、数控技术、模具设计与制造（3D 打印方向）、工业机器人技术、汽车检测与维修技术、汽车营销与服务、汽车电子技术；电子信息类专业群：计算机网络技术（核心专业）、软件技术、移动应用开发、物流管理。该学院荣获“长沙市高校毕业学生就业先进单位”称号，湖南工业职业技术学院荣获“湖南省职业教育先进单位”称号。

2016 年，园区域内 4 所高校。湖南中医药大学（河西主校区）、长沙南方职业学院、湖南工业职业技术学院和湖南食品药品职业学院。湖南中医药大学招收新生 3843 人（招收本科生 3185 人、硕士研究生 595 人、博士研究生 63 人），毕业学生 2854 人（本科毕业生 2250 人、硕士研究生 541 人、博士研究生 63 人），专任教师 736 人；长沙南方职业学院招收新生 3263 人，专任教师 486 人；湖南工业职业技术学院招收新生 3618 人，专任教师 448 人；湖南食品药品职业学院招收新生 2151 人，毕业 1053 人，专任教师 203 人。园区域内在校高校生共 4.9 万人，任课教师共 1873 人。湖南食品药品职业学院在 2016 全国职业院校技能大赛高职组“康缘杯”中药传统技能赛，何珊珊获一等奖，钱艳丽、陈雅丽分别获二等奖；湖南中医药大学研究生学院参加湖南省第二届互联网 + 大学生创新创业大赛，李姿蓉、刘德果分别获金奖，胡彬获银奖。

第二章　文　化

◆第一节　群众文化

2002年，园区初创，贯彻省委科教兴湘，实施县委融城强县战略，多点对接长沙城区，振兴望城经济，在含浦这片农田热土上发动群众共建小康。园区干部始终坚持以人为本的群众工作路线，在拆迁安置过程中与当地村民同吃、同住、同劳动，同时十分重视群众文化建设。采用通俗易懂的群众语言，描绘园区建设的美丽远景，以党的富民政策，宣传群众走共同富裕的道路。是年，园区在周边斑马、均塘、学士、长丰、东山湾、玉华、渣塘、赤江、白鹤、塘峡10个村和社区张贴300余张宣传标语、张挂10余副横幅、设置10余个宣传橱窗，广泛宣传园区执行政府强县富民政策和园区建设远景规划。使广大村民群众与园区凝心聚力，奔向美丽幸福的新城镇。7月，为活跃群众文化生活，在白鹤塘新建成一座有线电视台开播。

2003年，园区全面启动建设，非常重视文物保护，深入村民群众了解风土民情。走访得知，"清代知府刘崐过靳江河时，见小桥已毁，遂捐款修建，始有'学士桥'名称"。走访老党员梁恭武——梁武爹，得知斑马村之由来，梁武爹说："在幼学琼林中有'五凤楼手，称文字之精奇；七步奇才，羡天才之敏捷；誉才高，曰今之班马'句。""幼学中讲的班马一词，是指汉代文学家班固和马融两个历史人物。班固九岁能文，撰两都赋，续成其父班彪所著西汉书；马融，有俊才，美辞貌，从学京兆挚恂，博通经籍。把班马引入本地的地名，是前人对学士这块多文士之乡的一个美誉。应当是'班马'二字，现在地名上采用的'班'字，误成'斑马'的斑字，此地不会有非洲斑马到此。此次修志请予纠正。"谈到九江庙，位于靳江河中游北岸，是明代江西九江人在此创业有成，建庙，名九江庙。白鹤天池，为白鹤社区境内，地处岳麓山西麓，长年山泉喷涌，四周群山环抱，绿树红楼，流云、飞鸟影映于池中，芳姿倩影，结对成双徜徉于池畔，宛如一幅出自名家的风景画。含浦地处岳麓山南麓，人杰地灵，古麓清气来衡岳，一夜轻波下洞庭。园区域内民风淳朴，好客明礼，大有长铜楚风，三国周郎赤壁。喝的湘江水，唱的花鼓戏，湘剧弹词、山歌、皮影戏、《刘海砍樵》是群众喜闻乐见的开台戏。农历三月清明挂扫，七月中元节祭祖、修族谱，这些都是民间风俗文化中的一部分，主张一个孝字。当地群众还有在迎春节写春联、闹元宵和大型集会庆典，舞狮子、玩龙灯的习惯。

2004年4月，含浦镇政府印发《关于成立含浦文化法制宣传站的通知》，明确文化站由站长、副站长、专干、成员等7人组成，其职责："为活跃全镇人民的文化生活，进行文化法制宣传，更好地服务于人民群众。"各村委、社区成立相应组织，积极配合开展群众文化活动。是年5月，村民刘建林投资500万元，创立的麓山生态旅游山庄正式开业。山庄坐落紧依白鹤天池之傍，绿树成荫，湖光山色，环境幽雅，总面积约8公顷（含水面1.33公顷），建有各档客房50余间，建有餐饮、客房、桑拿、健身、棋牌、桌球、乒乓球，1.33公顷水上设有高尔夫球练习场和垂钓，是集度假、健身、娱乐于一体的休闲山庄，时属当地一流。当年接待游客4万人次，创利润200万余元。

2005年，镇文化站与各村、社区文化组织，协同一致，在各村、社区展开巡回普法宣传和举办科普讲座活动共20余场次，参加活动5000余人。春节期间，全镇组织起10支龙灯、狮子队，到各村、社区及园区各企业单位拜年，闹新春。是年4月，驻园区单位湖南工业职业技术学院新校址基建工地蚂蚁山发现一座大型古墓葬，园区管委会高度重视，与县、市文物管理部门联系，维护现场，加强保卫。4月8日，长沙市文物考古研究所派专家与望城文物管理所介入，进行抢救性发掘，园区派专人配合。该墓长19米、宽13.5米，由墓道、墓室及东西侧室四个部分组成。整个墓坑呈"中"字形竖穴土坑，在墓道内墓室前端40厘米处有一座圆柱状石建筑。墓室主人为明朝长沙藩王谷王朱穗的乳母张妙寿，葬于永乐十一年（1413）。共出土文物91件，其中墓道内出土文物5件，分别为佛塔、漆函、经书、铜碗、铜镜；墓葬前室出土文物56件，有银币、木俑、木架、墓志等；墓群后室出土文物2件，均为陶缸；东侧室出土文物12件，有钱币、剪刀等;西侧室出土文物18件，有漆木梳、银币、木簪、银饰器、木珠、玛瑙珠等。整个发掘到9月16日结束，历时163天完成。据专家说，此次蚂蚁山明墓的发掘，创下两个"湖南之最"：新中国成立以来，湖南发现的规模最大的明代砖室墓葬，湖南考古史上第一次在砖室墓道内发现建筑物。墓道内圆柱形和十字形砖石建筑的葬制国内罕见。

2006年，园区与镇委会联合组织庆祝中国共产党成立85周年大型群众文艺演出活动。镇文化站一方面对接村和社区按年度工作计划在村、社区开展普法，科教和远程教育机构建设等活动；另一方面重点组织各村、社区和大学、驻园区企业文艺骨干配合园区与镇委组织的“红色记忆”文艺晚会节目排练。6月30日在湖南中医药大学礼堂，举行建党85周年庆典晚会，表演诗歌朗诵、相声、快板、小品、独唱、合唱等17个节目，特邀雷锋艺术剧团同台献艺。参演单位和观众2000余人，群情振奋。是年，镇文化站结合街道、村和社区，对域内的30家网吧、35家音像店、20家KTV歌厅进行有序检查、整顿，加强扫黄打非，使群众文化生活健康发展。

2007年，园区注重群众文化设施建设，着力策划裕园公园建设项目的实施。邀请广东上城投资发展有限公司共同设计、联合开发。争取县委、县政府的政策优惠支持，于11月9日，在望城县政府二楼中会议室召开相关单位主要负责人参加的县长办公会议，形成县长办公会议纪要：“原则同意含浦科教产业园公园建设方案。”园区实施规划用地区域“七通一平”，由长沙沙坪塘建设（集团）有限公司施工队伍启动裕园公园项目建设。是年，镇文化站重点创建农民文化学校。制订教学计划，安排课程，聘请专职教师，兼职教师，配置教室、教材、教学用品，由各村、社区推选年轻人员，免费开展普法教育、职业技术培训，创办村、社区群众报刊阅览室、棋牌室活跃群众文化生活。

2008年初，望城县委、县政府组织斑马湖《靳江春涌》大型农民广场文化艺术活动，含浦镇排序演第一场。园区积极组织驻园企业带头赞助和支持，4月29日晚，含浦农民艺术团的精彩表演获得万名观众热烈的掌声和点赞。这次演出，展现含浦魅力和园区风采。12月，科教新村的群众文化休闲广场裕园公园建成，交付使用。裕园总占地9.55公顷，总投资2066万元。历时1年建成的裕园绿树成行，树种有金桂、银桂、四季桂、大白玉兰、香樟、银杏、大叶女贞、紫叶枣、阳桃、李、梅、柚、紫藤、红继木、绿继木、花石榴、映山红、凤尾竹、垂杨柳和兰草花坛。不锈钢造型的高科技标志，30米高太阳能伞灯竖立广场中央；标准篮球场、灯箱宣传窗、健身体育器材安放四周；角钢轨斜竖玻璃遮雨座廊，大理石桌凳方便群众休息；大圆景观石上镌刻上新魏体着红色的“裕园”两个大字，预示着园区的开发，把人们引入幸福小康。随着裕园的启用，联丰村周边热闹起来。早上，在裕园跑步、健身、打球、读英语、散步、打太极拳的人员众多，周末夜色降临，大圆池就挂上荧幕，人们围成一圈看电影。篮球场灯光雪亮，年轻小伙子们打球比赛，中青年妇女随歌声悠扬跳街舞，小孩子们在蹦蹦床上，沙盘游戏屋玩耍，老村主任带着一队老哥们拿着胡琴、操起乐器唱花鼓戏，“红玫瑰艺术团”在园子里排演节目。对对情侣在林子避光处谈情说爱。每逢节日或庆典，园子里舞龙舞狮、锣鼓喧天，十分热闹。裕园成为当地群众的文化乐园。

2009年，园区党工委、管委会，重视爱国文化活动。组织开展向国庆60周年献礼文艺会演“同唱祖国赞歌，共庆六十华诞”。9月30日，五楼会议大厅，“五星红旗迎风飘扬……”，热情嘹亮的歌声响彻整个大楼，表达全机关干部员工饱满的政治热情，“爱国歌曲大家唱”。随着裕园公园安置小区新楼盘建设落成，一个新型小城镇点亮这片街区、家庭影院、网吧、拾年影咖、音乐码头、靓爽瑜伽、卡拉OK歌厅、小书店，年内开办10多家。园区域内玉江村，采取“政府引导，大户牵头，农民参与”方式，把岳麓区梅溪湖街道的“天露葡萄”良种引入进村，投资500万元，第一期建立面积33.33公顷生产基地，引进邻村葡萄，引入市民自助式采摘的销售模式，为当地农民开发了一个以葡萄为主题的群众文化活动，带动农民家庭式旅游柴火小餐饮。

2010年，园区域内含浦镇宣传文化体育站，为域内村和社区建立6家农家书屋、阅览室和绿色网吧，征订《长沙晚报》《文萃报》《文摘报》《演讲与口才》《法制月刊》等10余种报刊，以活跃村社区居民群众的文化生活。6月2日，岳麓区文物保护管理委员会致学士路二期工程指挥部《关于保护清晚期湖南巡抚刘崐墓地的函》，“建议暂停张家冲路（学士街道学华村原玉江村罗家湾墓庐屋子）刘崐墓段施工。”刘崐系湖南历史文化名人，道光二十一年（1841）中进士，选翰林院庶吉士，历任翰林院讲学士，专司皇太子载淳（即同治皇帝）的国史等课程教授，内阁学士兼礼部侍郎、湖南巡抚等职。在湖南任职期间，刘崐曾督修《湖南通志》，重修天心阁、大修岳麓书院等。是年，岳麓区政府编制《不可移动文物点保护责任书》，由各文化站实施落实到村、社区村民，选定专人签订文物点责任守护制度。

2011年，中国共产党成立90周年。中共岳麓区委、区政府发文组织“激情岳麓·唱红歌比赛”系列活动。园区党工委、管委会组织全机关党员干部、员工，集体排练唱红歌，开展“书香飘机关经典诵读会”活动。园区号召党员干部积极参加区委统战部组织的“庆祝建党90周年”征文比赛，推荐两篇文章，分别荣获优秀奖和纪念奖。6月18日，岳麓区举办全区红歌赛，辖区铿锵玫瑰队荣获第三名，园区荣获集体优胜奖和组织纪念奖。6月30日，园区党工委在机关大楼举办“庆‘七一’，我为祖国发展高歌”文艺演出，园区各非公有制经济支部踊跃参加。会上表彰优秀党员和先进党支部。7月1日，联丰村党总支联合5个支部，集合全村500多名党员、群众在裕园公园搭台共庆党的90周年生日，红旗招展，红玫瑰艺术团、军鼓队和腰鼓队表演精彩节目，合唱团歌声嘹亮，红歌歌颂伟大光荣正确的中国共产党。

2012年，园区域内联丰村玫瑰艺术团、军鼓队、腰鼓队等群众文艺组织热情高昂，村、支两委因势利导。4月举办“爱国歌曲大家唱”群众歌咏比赛，观众400余人。9月，在裕园公园开展广场舞大赛活动，村民群众和周边企业、商店职工积极参加，整个裕园热闹空前。白鹤社区、斑马塘社区、学安社区、学联社区、学华村等村、社区文化活动，以阅览书屋、棋牌室等形式活跃群众文化。

2013年1月18日，学士街道办事处正式挂牌成立，办公机关设学士路8号园区办公大楼。街道党工委、办事处，下辖两个行政村和5个社区居民委员会，以“创新学士，效能学士，繁荣学士，幸福学士，美丽学士”的文化理念为村居两委认真践行。各社区注重居民群众文化建设，开展丰富多彩的群众文化活动，成立社区军鼓队、广场舞队，积极参加街道及各个机构组织的文艺演出。1月，白鹤社区举办第一届社区春节晚会，全部节目均由该社区居民演出，表演获社区居民及各村、社区代表一致好评。腾讯、新浪新闻、金鹰纪实、《长沙晚报》等多家媒体进行报道。

2014年1月29日，长沙岳麓横店电影城正式开业。影城在园区域内米兰春天G3号楼一层，面积2200平方米，影城共有5个豪华3D厅共591个座位，按国际五星标准设计，秉承横店一贯的硬件品质为品牌核心，坚持“分享更多愉悦，看电影到横店”的经营理念。横店开业活跃园区群众文化生活。7月18日，长沙市民政局《关于对岳麓区岳麓科技产业园道路命名的批复》文件，对园区域内修建的“金穗路、裕园路、宝骏路、茯苓路、智贤路、翰林路、崐玉路、玉麟路、紫苑路”9条道路正式命名，并按照市路名牌设置标准和规范，设置标准道路名牌。7月25日，在学士街道学华村举行“葡萄誉三湘·农趣乐长沙”活动开幕式。葡萄节刷新“岳麓农趣谷”都市田园旅游节，推荐园区“绿芯水系”——玉赤河生态景观走廊名片，还原“绿水青山就是金山银山”的发展理念，展现学华村作为“全市绿色示范村庄”的美好景致。是年，组织白鹤艺术团、联丰村玫瑰艺术团及各村、社区军鼓队、腰鼓队等文艺团队参加学士街道举办的“欢乐潇湘，幸福学士，你我同乐”文艺会演；园区组织参加岳麓区全民健身活动，长沙市“杜鹃花”首届万人广场舞大赛，中国红木馆杯长沙首届红木石文化艺术节，区文体新局举办的“人文岳麓”第三届社区模特大赛。

2015年，学士街道动员街道干部群众撰组稿《学士赋》，以赋文化对街道园区进行整体概述，有文士作赋："麓山之阳，湘水之右，昔含浦之故地，今学士之新土。象山叠翠，玉华历千年出云之势不减。靳水推澜，颜桥屹百载伏波之劲犹盛。学士之土，古为湖湘玉昆流风之地，今处省城西拓枢机之纽。山水相依如玉带而缠华服，园街共处似日月而拱荣辉。起壬辰龙年，新更万象，谋发展心潮澎湃。始癸丑甲申，谱写华章，惠民生昂首前行。壮哉，学士新城。美哉，学士斯民。"11月3日，园区在湖南中医药大学演出中心举行"筑牢安全防线，建设和谐家园"文艺会演，有400余人观看演出，安监文化首次登上文艺舞台。

2016年10月，园区组织趣味联欢晚会，有玉赤河诗歌，100篇散文诗，入选诗词30首，散文40篇。年末登台会演："听见岳麓书声琅琅，看得见桔舟北去。玉赤河啊，秀美的呼吸谷"、"青青古樟、漫漫花道、幽幽山谷、淳淳雅河，如深中闺秀，学会了打扮"、"啊！靳江，春天的故事唱响岳麓科技园。谁主沉浮，把学士装点，放声歌唱，智慧新城"、"创新经济增长极，岳麓园区应运来。科技领先谋发展，山川灵秀巧安排"。世居斑马村、现居车塘河安置小区老人梁恭武，他提笔赋诗《联丰颂》——园区开发十年有感："沧桑巨变看联丰，十年开发建新城。移山填湖河改道，当代人民胜愚公。园区建设喜人心，安居工程惠民生。天蓝地绿环境美，公路桥梁四面通。学士人杰得地灵，高等学府育精英。科技成果创奇迹，遐迩闻名显才能。车如流水人如海，一派繁荣气象新。方兴未艾呈远景，百姓安居乐太平""眼前正值山花浪漫，玉赤河低声吟唱，扭动着婀娜身姿，轻抚芦苇青青的堤岸"。《玉赤河情思》："这是一片美丽富饶的沃土""我赞叹，设计者和建设者们用'呼吸'描述城市人与玉赤河的心迹，将现代科学与自然景观深度融合。让玉赤河锦上添花"。《玉赤河的水，科技园的情》："玉赤河，一条醉心的河，洗涤着我们的心灵，在波光粼粼中荡漾着的是美好的过程。我们将永久为之陶醉，为之牵挂，为之思念，为之倾俯！""最好的风景，它已留在人们心底！"。寻梦农趣谷，秀美玉赤河。是年，送走灵猴，迎来金鸡，园区认真彩排迎春联欢晚会节目，开场舞蹈《春到福到，新春到》《幸福小鸡拍手舞》；有学士街道的小组唱《好人好梦》、比扬医疗的《All About That Bass》、音诗画《唱响园区梦，我们在路上》、湖南工业职院歌舞《十里送红军》、湖南中医药大学器乐与太极《渔舟唱晚》、捷西家居舞蹈《雪山姑娘》、湖南晚安家居公司脱口秀、达嘉维康医药公司舞蹈《淋雨一直走》、压轴戏园区歌舞《相亲相爱》。一唱雄鸡天下白，斗志昂扬迎来奋斗幸福的2017年。

◆第二节　校园文化

小学校园文化　2002年，园区域内有5所小学。玉华小学、博才白鹤小学、渣塘小学、塘峡小学和学士睿哲希望小学。玉华小学是一所老校，学校紧紧围绕办“农村孩子的乐园，教师成长的沃土”这一理念，本着“办人民满意的学校，做人民满意的教师，教人民满意的学生”的教育宗旨，立足农村现实，科学施教，教研兴校，全面执行教育方针，积极推进素质教育。玉华小学以“文明、高雅、务实、乐学”为校训，以培养学生“独立的人格，独特的个性，独创的精神”为办学目标，以“多样化教学，安全化管理”为办学特色，努力创建“书香校园、平安校园、快乐校园”。博才白鹤小学位于园区学士街道白鹤社区境内。该校尊崇“道法自然，和而不同”的办学理念。“道法自然”源自《道德经》“人法地，地法天，天法道，道法自然”的思想，主张顺应学生的自然天性，培养学生的独特个性。“和而不同”源自《论语》“君子和而不同”的思想，主张既要培养学生独特的个性、独立的人格、独家的本领，又要培养学生人与天和、人与人和、身与心和、情与理和的和谐品格。

2003年，园区域内学士睿哲小学新校选址象山脚下，启动教学楼等主体工程建设。渣塘小学校园文化:“让孩子成为健康、快乐、幸福的人”，鼓励学生“自觉、自信、自理、自强”，“文明勤奋，活泼向上”；注重“家校结合，共创辉煌”的育人方式提升学校的教育品位；注重教师的师德表率，强化师德教育，教师自觉做到敬业爱教、廉洁从教、文明执教、优质施教、依法执教，打造师德高尚、业务过硬、锐意进取的学校教师群体形象。是年，教师代勉之《创新作文》获市语言学会优秀奖。

2004年，园区域内学士睿哲小学新校落成，该校以“健康、文明、睿智、乐学”为校训；以“过幸福完整的教育生活”为教育宗旨；坚信“每个孩子都是一个金矿，卓越其实是一种习惯，要用爱心和耐心去帮助他们成长”。学士街道塘峡小学，是园区境内的一所老校，多年来以“为孩子的终生发展打好基础”作为办学目标。该校的师德师风哺育着一代代塘峡学子走向成功的道路。是年，联丰小学教师李清明撰写的《挖掘潜能生的非智力因素》荣获望城县教研培训中心论文一等奖，李清明获“优秀教育工作者”称号。

2005年，园区域内裕园小区联丰小学新校区落成，全新的教学大楼，宏伟的校门，绿树成行，亮丽雅致的校牌格外显目。该校校训：“知行合一，止于至善”；校风：“和谐、智慧、奋进、创新”；师风：“知性、向善、敬业、乐业”；教风：

“严谨、博爱、乐教、善教”；学风：“文明、向上、乐学、博学”，充分展现校园文化特色。是年，园区域内6所小学竞相开展“讲好普通话，写好标准汉字”活动。是年，联丰小学教师袁莲荣获省“华夏杯”新课程优秀教学案例二等奖。

2006年，联丰小学荣获望城县国防动员委员的“人民防空知识”演讲赛三等奖，教师袁莲撰写的《初探新课标下的数学新课堂》荣获长沙市教育科研院、小学数学教学专委会三等奖。是年，博才白鹤小学开展校园薄荷广播站、国旗下讲话、经典朗诵和“手牵手学雷锋，情系小伙伴”活动和“串起同心圆”活动。

2007年，园区域内各小学校园开展“知年味庆元旦，迎新春诵经典”活动和文明礼貌用语活动。是年，学士睿哲希望小学荣获“红领巾红心向党”——献词比赛活动一等奖。是年秋天，渣塘小学举行“书写经典，传承文化”第二届学生硬笔书法赛。

2008年，园区域内联丰小学荣获长沙市首届“赤马湖杯”中小学生英语竞赛小学组特等奖，教师代琴荣获“赤马湖杯”小学生英语竞赛“优秀辅导奖”。教师胡玲枝荣获“赤马湖杯优秀辅导奖”。教师代琴撰写的《低段教学中合理实施听说读写之我见》论文荣获长沙市教科院授予的二等奖。教师吴婷被评为长沙市优秀中小学外语教师。是年，分别荣获国家级、省、市、区（县）奖的教师有刘义平、张立铮、胡灵波、袁莲等。联丰小学集体抢答赛获县级三等奖和“青少年中华经典诵读”区级一等奖。教师潘静、代琴荣获岳麓区“巾帼建功”先进个人称号。教师李小平荣获岳麓区“十佳”教学能手称号。

2009年，园区域内，各小学硬件升级，建立多媒体教室、计算机教室、田径运动场、标准篮球场、艺术楼等设施设备，提升学校教学品位和文化品位。是年，学士睿哲希望小学荣获“长沙市经典诵读特色学校”称号。

2010年，园区域内玉华小学，首创“最美教室”活动。制定学校和班级“最美教室”创建方案，老师和学生动手，用自己的绘画、书法、手工、种养花草装饰教室。班班设立图书角，利用晨读时间诵读《弟子规》经典。是年，玉华小学学生参加市、区“校园文化艺术节绘画比赛”活动，荣获特等奖一名，一等奖一名，二等奖3名，三等奖5名。学生唐晔的“雷锋在我心中”手抄报获长沙市三等奖。唐晔荣获岳麓区“三好”学生。学生胡秋灵荣获“岳麓区优秀学生干部”称号。在“争做文明使者，争当美德少年”活动中，尹诗晴、周佳栩获评优秀主持人称号。刘珊珊被评为含浦片“热爱劳动好少年”；谭紫研被评为“诚实守信好少年”；胡旭东被评为“友善互助好少年”；谭美钞被评为“孝老爱亲好少年”。

2011年，域内学士街道塘峡小学组织全校学生以班队为单位开展“经典诵读，伴我成长”、书法大赛和“传统文化艺术浸涌塘峡童心”等活动。该校学生在参加市、区“校园文化艺术节”活动中，荣获一等奖的8名，二等奖13名，三等奖7名。是年，园区域内的6所小学积极开展各具特色的“乡村学校少年宫”活动，学士睿哲希望小学荣获长沙市“规范汉字书写特色学校”“功夫足球试点学校”“岳麓区花园式单位”称号。6月，域内各小学开展“世界环境日”活动。

2012年，域内联丰小学校园文化颇具特色，开办校园青少年宫，制定工作方案，选聘特长教师，办起学校免费围棋训练班、书画班、舞蹈班、跆拳道班等学生兴趣性技艺性培训班级。渣塘小学开展“推荐、评议身边好人”活动。是年，域内6所小学积极开展“爱心、精心、耐心”师德主题活动，一大批中青年教师践行“把爱心献给学生，把精心献给课堂，把耐心献给辅导”。是年，教师朱建刚荣获教育部“双有”优秀工作者称号、荣获“长沙市2012年度中小学德育工作先进个人”。

2013年，园区域内学士街道联丰小学荣获湖南省第六届阳光体操节花球一级规范套路赛健美操队小学组冠军；荣获国家体育总局举办的2013技巧冠军赛暨青少年锦标赛女子三人组第一名和团体技巧第三名；王雯荣获"优秀辅导教师"称号。是年，学士睿哲希望小学卿玲荣获“筑梦杯儿童书画大赛”最佳指导老师（省级）一等奖；代妹荣获岳麓区“主持小语古诗词教学活动”特色奖，该校年内获奖教师共有27位。白鹤小学教师陈莲花“《等量代换》教学案例”获长沙市教科院一等奖。

2014年，园区域内塘峡小学学生参加长沙市举办的“中国梦·我的梦”征文、“小学模型竞赛通讯赛车模拼装”、“车模竞速”、“趣图配文”、“汉字书写”等项比赛，荣获特等奖1名，一等奖7名，二等奖7名，三等奖4名，优秀奖2名。是年，渣塘小学学生参加市、区级“科技小发明”、“动脑运动”、“车模拼装”、“科幻画”、“环保小报”、“新概念三”、“空气动力”、“纸折飞机”、“车模竞速”、“乡下人家”、“橡筋动力”等项比赛，荣获特等奖6名、一等奖28名、二等奖3名，三等奖7名的好成绩。博才白鹤小学教师王谢平撰写的《健康生活教育的实践与思考》荣获《少儿科学周刊》一等奖；教师李璟撰写的《无声的力量，黑与白共舞传统文化进校园》荣获长沙市教科院一等奖。

2015年，园区域内各小学，积极开展“抗日战争胜利70周年暨世界反法西斯胜利70周年”爱国主义教育活动；积极开展“勿忘国耻，圆梦中华”主题班会、校会、黑板报编写、“勿忘国耻”征文活动。组织小学生聆听习爷爷重要讲话，激发青少年爱国主义情操，努力学习，将来报效国家。是年，白鹤小学教师吴红梅撰写的《培养低年级孩子爱阅读、会倾听、敢表达的策略研究》荣获省教科院一等奖；教师王鑫鑫撰写的《农村留守儿童家庭教育问题及对策》荣获省家校研究会一等奖。

2016年，域内联丰小学等各小学积极开展校园科技节活动，小朋友们的作品有科学探究成果小论文、自制科幻画作品、车模拼装、车模跑道竞速、手掷橡筋动力飞机模型、纸飞机空中停留、纸飞机高空弹力赛等。艺术节开展期间，表演节目有班集体舞“小小稻草人”童话剧《森林爷爷》、合唱《四季的问候》舞蹈《云朵上的娃娃》、健美操《我是你的天使》、英语剧《小红帽》、跆拳道汇报表演《武动少年》、经典诵读《沁园春·雪》等。是年，博才白鹤小学教师肖莉撰写的《浅谈如何教好小学数学》荣获中国教育学会一等奖。

中学校园文化 2002年，园区域内1所农村中学，含浦学士中学。该校校园文化是:以“博学育才，厚德载物，明礼、康乐、勤思、奋进”为校训;以“严教、勤学、团结、奋进”为校风；坚持教师“严谨、踏实、进取、奉献”的教风；注重引导学生“勤学、博学、乐学、活学”的学风。学校始终坚持“科研兴校、质量立校、德育为首、教学为主、育人为本”的办学理念；“德育为首、五育并举、发展特长、形成特色”的办学方针。学校自20世纪70年代创办以来，在这所农村中学里先后走出4名北大、清华生；以及国家一级战斗英雄吴建国和“舍己救人的少年英雄”陈建云。2008年，行政区划析置属岳麓区，学校更名为长沙市岳麓区学士街道学士中学。2009年,学士中学推行学生“军事化”寝室文化管理模式，培育“有德之人”，打造学校德育高点。2010年，学士中学奉行“农村初中生良好行为习惯养成”教育研究课题，获《中国德育》杂志社专题采访典型报道。

2011年，学士中学荣获“长沙市教育教学科研先进单位”称号；教师樊开宇被长沙市教育局评为“常规管理先进个人”；教师廖小春获“市教研院优秀语文教师”称号。学士中学获长沙市教科院“中小学外语优秀教研组”荣誉和长沙市教育局“雷锋班”创建先进集体称号。

2012年，学士中学荣获“全国中学生英语能力竞赛优秀组织奖”一等奖，被长沙市委宣传部授予“友谊阿波罗杯”童星大赛优秀组织奖；教师李淑琴获长沙市教科院“化学优秀教研工作者”称号，教师彭向华获“英语优秀教研工作者”称号。

2013年，岳麓区学士中学获评长沙市教科院“中学外语优秀教研组”。林丽、肖莹、徐昊辉三位老师荣获全国基础外语教育研究中心授予的湖南赛区初中组优秀指导老师称号；王海平、王孟乐、文新宇、张军兵、朱媚桃老师分别荣获长沙市中学物理教学专委会、市数学学会、市教育局优秀指导老师奖。

2014年，园区域内新增1所中学，名“湖南师大附中博才实验中学（学士校区）”，9月，招生开学，初设七年级，共开18个班，招收952名学生。学校继承湖南师大附中“慎选良师，精育名师”的先进理念，打造一所起点高、发展快、品质优、口碑好、有高远追求、能自觉担当，勇立教育改革与发展潮头，有着浓郁幸福气息的三湘优质品牌中学为目标，坚持“健康成长、和谐发展、幸福生活”的办学理念，让每一个学生得到适合自身需要的最佳发展。学校努力培养“品德优、素质全、成绩佳、有担当”的社会主义合格公民，为拔尖创新人才培养奠基。校训：“志存高远，梦想激扬”。是年中秋节，组织学生“心月相依·家人共影”家人团圆活动，让孩子们珍惜家庭团圆和温暖。组织学生积极参加岳麓区举办的“阳光校园，我们是好伙伴”演讲、征文比赛，1607班学生获一等奖。是年，博才中学荣获长沙市中小学大课间展示活动初中组一等奖。学士中学开展升旗仪式主题演讲活动，优秀班级代表介绍班级优秀人物、典型好人好事，增强升旗仪式的教育意义。是年，学士中学有刘其林、胡拓、廖小春、彭向华、肖莹、林丽6位教师荣获全国“2014年中国青少年英语能力大赛优秀指导教师奖”；邓月香、段国良、李贵、廖小春4位教师荣获第四届“创作杯”全国青少年作文大赛优秀指导老师奖；教师李淑琴被长沙市教研院授予“优秀化学教研工作者”称号；教师胡拓荣获长沙市模型竞赛通讯赛优秀辅导员奖。是年，师大附中博才实验中学，历史教研组教师陈丹敏老、覃事勇分别荣获市、区片段数学竞赛一等奖，数学组老师参加长沙市解题能力大赛荣获团体一等奖。

2015年，园区师大附中博才实验中学组织七、八年级学生开展“拥抱春天·播种绿色·放飞希望”植树节活动和“青听”博才活动，为五四“献声”的诗朗诵比赛。是年8月29日，全校师生佩戴抗战胜利之花参加“入学第一课”；9月2日，举行全校集会讲话，学生代表朗诵抗战诗，组织“纪念抗战胜利，立志振兴中华”主题征文比赛；9月3日，学校团委、学生会、少委会组织七、八年级学生赴长沙市第一福利院慰问抗战老兵，进行系列爱国主义教育活动。该校借力“一师一优课”活动，申报获批“岳麓区陈艳中学语文名师工作室”、“岳麓区欧阳根班主任名师工作室”；湖南在线会客室直播学校屈琼英、靳星两位老师及4位专家与一线教师研讨“信息技术与初中地理教学深度融合”，通过网络传媒向全国播送。是年，岳麓学士中学实行“五维五环课改”活动。该校提出活动改革的目标：培养学生兴趣、爱好，发展个性特长；拓展学生知识领域，培养创新精神和实践能力；提高学生思想品德修养和审美能力，陶冶情操，增进身心健康；培养学生科学态度和科学精神，学习和掌握基本科学知识、研究的基本方法；提出五维五环课堂应当成为五种地方：课堂是学生自主学习、合作探究的地方；课堂是师生情感交流、信息合作的地方；课堂是师生共同质疑、生疑释疑的地方；课堂是师生个体表现、体验成功的地方；课堂是师生塑造个性、放飞理想的地方。

2016 年，园区域内岳麓学士中学承担《农村初中生良好行为习惯养成教育研究》正式结题，得到市教科院课题专家蔡星的高度评价，该校独具特色的德育体系成果整理成册申报参与评奖。学士中学外语教研组、物理教研组分别荣获“长沙市教科院优秀单位”称号；教师刘其林荣获长沙市人民政府授予的“长沙市优秀教师”称号；李正荣荣获长沙市初中数学竞赛优秀指导教师荣誉；王孟乐获“第九届地球小博士全国地理科技大赛”优秀指导教师奖；吴晓荣获“全国中学生语文能力竞赛”优秀组织奖；蔡佳萍、李淑琴、朱媚桃、李正荣分别荣获长沙市教育学会“市初中毕业升学体育考试”优秀测试员、初中化学竞赛优秀指导教师、初中数学竞赛优秀指导教师等荣誉。是年，师大附中博才实验中学开展系列学科特色活动，“变废为宝、低碳生活、我爱地球”地球仪制作比赛；“彩虹牙膏”、“碳单质模型”制作比赛；《中国传统文化背景下增加中学生体质的研究》课题圆满结题；学校承担的 35 项小课题在 2016 年岳麓区小课题评选中，荣获一等奖 4 项、二等奖 10 项、三等奖 21 项。是年，《湖南日报》发表《让体育之花绽放校园——访湖南师大附中博才实验中学校长苏建祥》一文，对博才中学（学士校区）的体育教育特色进行专题报道。是年，校长苏建祥当选为岳麓区第五届人大常委会委员。

高校校园文化 2002 年，湖南中医药大学是湖南省重点本科大学，全国首批设立国家级重点学科的高校。学校校园文化《医学生誓言》：“健康所系，性命相托。当我步入神圣医学学府的时刻，谨庄严宣誓：我志愿献身医学，热爱祖国，忠于人民，恪守医德，尊师守纪，刻苦钻研，孜孜不倦，精益求精，全面发展。我决心竭尽全力除人类之病痛，助健康之完美，维护医术的圣洁和荣誉。救死扶伤，不辞艰辛、执着追求、为社会医药卫生事业的发展和人类身心健康奋斗终生！”校园大型景观石上镌刻着“传承华夏瑰宝，服务人民健康”。长沙南方职业学院的校园文化是：学院秉承“诚信、业绩、创新”的海航理念和“自强不息，学以致用”的校训精神，办成较高水平的普通高等职业院校。

2006 年，湖南工业职业技术学院迁入园区域内，白鹤社区以北，含浦大道中段 139 号。学院校园文化是：秉承“立德、敬业、精技、创新”的校训，坚定“植根机械装备制造业，服务湖南新型工业化”的办学定位，主动适应行业发展过程中增强办学实力，助推学院持续发展。2012 年，落户园区的湖南食品药品职业学院新校区（学士路）建成开学。该院校园文化是：“坚持以立德树人为根本，以服务发展为宗旨，以促进就业为导向，注重学生的实践，应用能力的培养”；铸就“艰苦奋斗，务实奉献，团结拼搏，开拓创新”的学校精神；秉承“文明自强，厚德精技”的校训；传承“和谐、民主、务实、创新”的校风和“尚德敬业，勤学精教”的教风，为学校快速发展提供思想文化基础。是年，湖南工业职业技术学院荣获第三届黄炎培职业教育优秀奖。

2013 年，湖南中医药大学荣获全国大学生针灸推拿临床操作技能大赛团体一等奖、全国护理学临床技能大赛一等奖。2014 年，湖南中医药大学荣获中国大学生服务外包创新创业大赛全国一等奖。长沙南方职业学院荣获“长沙市大中院校毕业生就业工作先进集体”称号。

2015 年，湖南中医药大学研究生院学生许明荣获第三届全国“远志杯”大学生课外学术科技作品竞赛“新型可调式自动脉冲电梅花针的科研与应用”一等奖；石溪溪、文毅获全国铜奖；针灸推拿学院谭佳佳获全国三等奖；中西医结合学院颜利晶获全国二等奖。是年，湖南工业职业技术学院荣获“湖南省职业教育先进单位”称号。

2016 年，湖南食品药品职业学院学生何珊珊参加全国职业院校技能大赛高职组“康缘杯”中药传统技能赛荣获一等奖；钱艳丽、陈雅丽获二等奖。湖南中医药大学研究生院参加湖南省第二届“互联网 +”大学生创新创业大赛，李资蓉、刘德果荣获金奖，胡彬获银奖。

湖南中医药大学在国家、省、市科技成果获奖和荣誉：学校建有科研平台 56 个、国家级 3 个、部级 21 个、省级 19 个、厅级 13 个；获国家级和省部级科技成果奖 112 项，其中国家科技进步二等奖 3 项，湖南省科技进步奖一等奖 2 项，中华中医药学会科技技术一等奖 2 项，授权专利 116 项，获湖南省发明奖二等奖 1 项。

第三章 卫 生

◆第一节 医疗机构

2002 年，园区成立，属望城县管辖，域内医疗机构属含浦镇政府管理。镇政府下设卫生管理办公室，负责对镇卫生院，各行政村（社区）卫生室，进行业务管理。2002 年，国家建立新型农村合作医疗制度。新型农村合作医疗，由政府组织、引导、支持，农民自愿参加，个人、集体和政府多方筹资，以大病统筹为主的农民医疗互助共济制度。镇设立卫生管理办公室，主任 1 名，副主任 1 名，专干若干人，承担上级政府医疗卫生部门下达的医疗卫生规划、医疗卫生普查、计划生育、流行病防疫信息、医疗卫生知识普及、新型农村合作医疗或城镇居民医疗保险制度建立与运行、病患医疗、妇幼保健、诊所与药品监督、食品药品安全、环境卫生整治、除虫灭害等监督管理职责。含浦镇卫生院建筑面积 380 平方米，病床 40 个，医师中级职称 5 人，初级职称 4 人，护士、药师 4 人，设中西药房，院长 1 名，副院长 1 名，勤杂 2 人。曲江、长丰、洞庭、官埠口、均塘、玉华、学士、大坡、栗桥、花竹、九江、云盘、含浦、斑马、东山、栗树、赤江、千子、渣塘、白鹤 20 个村均设立新农村合作医疗室，各配有一名医师（具有医学学历，医师资格职称），一名助手（有医学学历，医生或护士资格），用房 80 平方米至 120 平方米，有西药柜、中药柜，有 2 个至 4 个观察床位（可打点滴）。卫生室承担医疗小常识普及，卫生防疫调查，儿童疫苗注射、通知等公益工作。

2004 年，园区域内联丰村门诊部、养天和大药房裕园店先后开业。养天和大药房裕园店，面积 85 平方米，西药 30 类 2000 种、中药 389 味，可刷医保卡、量血压、测血糖。2005 年，谭广志诊所（联丰村）开业。2006 年，裕园门诊部（联丰村）开业。2007 年，中西医结合诊所（联丰村）开业，于腊华诊所（联丰村）开业。是年，华泰大药房（白鹤小区宋家塘组）开业，面积 80 平方米，西药 1005 种，中药 320 味，可刷医保卡、量体温、测血压、中药免费打粉（粉碎）；诚信大药房（联丰村裕园小区）开业，面积 90 平方米，西药 30 类 3122 种，中药 315 味，医保刷卡、量体温、测血压血糖血脂。

2009 年，欣馨门诊部（联丰村）开业。2010 年，康成门诊部开业（白鹤社区）；是年，湘浦六谷大药房（联丰村裕园小区）开业，面积 90 平方米，西药 30 类 3122 种，中药 315 味，可刷医保卡、量体温、测血压。2011 年，杜佩林诊所开业（白鹤社区）；联丰村裕园小区青苹果健康药房开业，面积 95 平方米，西药 37 类 9450 种，中药 478 味，可刷医保卡、量体温、测血压血糖。2012 年，平旦诊所（白鹤社区）开业。2013 年，易运贻诊所（白鹤社区）开业。

2014 年，学士街道在白鹤社区建立社区卫生服务中心，建筑面积 350 平方米，病床 40 个，医师中级职称 8 人，有中西药房。是年，门诊患者 4138 人次，门诊收入 48.6 万元，住院患者 647 人次，住院收入 148.84 万元。是年，园区域内，长沙瑞华医院（位于联丰村）建成开业，这是域内第一家民营医疗机构。该医院设床位 60 个，医师副高级职称 1 人，中级职称 5 人。是年，门诊患者 50 人次，门诊收入 1200 元，住院患者 35 人次，住院收入 12.8 万元。是年，谭时来诊所开业（白鹤社区）；养天和大药房学士店（学华村学士小区）开业，面积 80 平方米，西药 18 类 1500 种，中药 289 味，医保刷卡、量体温、测血压。

2015 年，园区域内联丰村车塘河路，新建长沙长好医院，属民营中西医医疗机构。长好医院床位 200 个，医师高级职称 4 人，副高级职称 8 人，中级职称 32 人，是湖南中医药大学临床实习基地。是年，接待门诊患者 2.14 万人次，门诊收入 30.73 万元；住院患者 1610 人次，住院收入 586.78 万元。是年，学士街道社区卫生服务中心，收治门诊患者 7691 次，门诊收入 105.37 万元，住院患者 632 人次，住院部收入 149.95 万元。是年，养天和大药房学士店（联丰村集贸市场）开业，面积 80 平方米，西药 3562 种，中药 386 味，可刷医保卡、量体温、测血压，免费中药打粉。养天和大药房白鹤店（白鹤社区白鹤小区）开业，面积 60 平方米，西药 23 类 1475 种，中药 325 味，可刷医保卡、量体温、测血压血糖、中药打粉。是年，诺舟大药房（白鹤社区白鹤小区）开业，面积 100 平方米，西药 23 类 2528 种，中药 652 味，可刷医保卡、量体温、测血压血糖。崇源堂联丰店（联丰村裕园小区）开业，80 平方米，中药 367 味，可刷医保卡、量体温、测血压。是年，老百姓大药房（白鹤社区白鹤小区）开业，面积 100 平方米，西药 15 类 3498 种，中药 580 味，可刷医保卡、量体温、测血压血糖。是年，楚仁堂大药房（学士店）开业，面积 50 平方米，西药 462 种，可刷医保卡，量体温、测血压血糖。

2016年，园区域内，本草纲目关爱药房（白鹤社区白鹤小区）开业，面积80平方米，西药10类2432种，中药367味，可刷医保卡、量体温、测血压血糖、免费熬中药、免费中药打粉。星浩大药房（云栖谷小区）开业，面积80平方米，西药15类998种，中药95味，可刷医保卡、量体温、测血压血糖。老百姓大药房（联丰村裕园小区）开业，面积80平方米，西药27类1828种，中药179味，可刷医保卡、量体温、测血压血糖。益丰大药房联丰店（斑马重建地）开业，面积85平方米，西药15类1798种，可刷医保卡、量体温、测血压血糖，并有医师坐堂诊病。民心大药房（裕园小区）开业，面积90平方米，西药27类1938种，可刷医保卡、量体温、测血压血糖。益仁堂大药房（裕园小区）开业，面积83平方米，西药17类3421种，中药570味，可刷医保卡、量体温、测血压血糖血脂，测体内微量元素。赵平诊所在联丰村开业。是年，园区域内，除农村合作医疗的村、社区卫生室外，有街道社区卫生服务中心1家，民营长好、瑞华医院2家，私人诊所20家，私营药店21家，共有医疗服务人员214人。

◆第二节　卫生防疫

2002年，园区初创，卫生防疫工作统一在县政府卫生主管部门指导下工作。含浦镇设立卫生管理办公室，作为园区与镇管辖范围内的卫生防疫领导机构。镇设立卫生院，各村（社区）设立卫生室，承担具体卫生医疗、疾病防控方面的业务和服务工作，建立起县、镇、村（社区）三级医疗防疫机制，形成制度化，程序化，规范化的公益性非营利性医卫防控体系。园区党工委、管委会重视域内医卫防疫事业，指定专人对接信息，相互支持，对镇、村（社区）两级医卫防疫工作，给予人力财力支持配合，确保人民群众生命防疫安全。

2003年春季，"非典"流行。园区党工委、管委会紧密配合镇政府成立防治"非典"工作领导小组，安排人员实行"防非"24小时值班制。园区管委会拨付资金20万元，支持镇卫生院及村（社区）卫生室补充急需的医疗器材和药品。同时，派出人员参加地方统一指挥的公共场所消毒小分队工作；对园区机关、学校和驻园企业人员发放口罩和防护用品；与镇政府紧密配合，层层设立联络网点，掌控疫情动向；对于园区域内出入人员，以镇、村（社区）为中心重点跟踪登记，严格筛查，确保域内防疫安全。

2004年，园区在上年度抗击传染性非典型肺炎的基础上，继续采取积极应对措施，成功抗击非典和人、畜禽流感这两种传染性疾病的滋生。同时，在县卫生防疫站的指导下，派人员参与镇卫生管理办公室开展域内免疫整治活动，实施查漏补缺，实现域内儿童少年五苗（麻疹、脊髓灰质炎糖丸、百白破、肝炎、卡介苗）单项接种率98%，全程覆盖率95%。全年免费送诊结核病对象15例。

2005年，根据望城县关于秋季动物防疫工作的指示精神，园区协同镇政府及时部署，镇卫生管理办公室和镇卫生院组织人员迅速开展集中免疫行动，重点抓住牲畜五号病和高致病性禽流感等动物疫情的免疫防控工作。是年秋，对辖区内牛羊采用亚洲Ⅰ型—O双价疫苗，猪用O型疫苗，进行普遍免疫，免疫密度100%；对所有水禽、受感区和候鸟、野禽集中（迁徙途径）地区家禽，以及存笼禽50只以上养禽场（户）全面实行强制免疫，免疫密度100%。支持镇政府，开展规范养殖业和无害化处理行动，强化村（社区）养殖检疫监管行动，从源头上杜绝禽流感流行。

2008年4月，手足口病流行，域内含浦镇政府制定实施《手足口病防治预案》，紧急启动手足口病防治工作，召开全镇手足口病防控工作再动员会，对辖区内的医务人员及各中小学、各托幼机构负责人进行再培训，要求受训人员熟练掌握手足口病防控技术和医疗救治技能，及时有效地处置病例，杜绝死亡病例的发生。工作重点：抓好托幼机构、中小学手足口病防控措施的落实。镇政府、中心学校督促托幼机构、中小学校坚持“晨检”制度，对缺课学生追踪查明缺课原因，及时发现排查疫情苗头，定期对重点部位进行预防消毒，消除肠道病毒感染人群的隐患。是年，根据区疾控中心的防病要求，对于辖区内疑似肺结核病人报告率100%、转诊率100%，传染病报告率100%、及时准确率100%，预防性健康体检通知送达到位率100%。

2009年1月10日，含浦镇政府发文《含浦镇重大动物疫病控制应急预案》，鉴于动物疫病突发，再次启动实施预案，实现工作目标：禽畜免疫率100%。当时，全镇共有畜牧兽医和动物防疫员28人，对常年存栏生猪56485头，牛488头，羊624头，家禽17万多只，养殖水面294.6公顷，全部注射与投放疫苗、免疫粉剂。5月，防控“猪流感”病，印发宣传资料1.2万份，向养殖户免费发放消毒药物50箱，对集贸场所和养殖大户，安排专人监测、指导消毒，有效控制疫病发生和传播。是年，卫生服务中心接诊发热病人34个、腹泻病人8个、手足口病11例，医治和管理结核病人11人。

2010年春季，组织开展宣传食品安全知识活动，营造全社会关心支持食品药品监管工作的良好氛围，养成广大群众积极参与、支持食品药品安全工作风尚。是年，镇政府派出一台宣传车，发放宣传资料5000份，悬挂横幅100条。村（社区）宣传栏统一刊出宣传食品安全知识文章。是年，镇政府安排卫生院实施预防狂犬病工作。卫生院制定实施《狂犬病预防控制工作方案》，行使下列职权：狂犬病疫情调查和处理；受犬伤后伤口的正确处理；狂犬病疫苗的管理及接种；疫点、疫区、禁养区、限养区的划定与公布；狂犬病的诊断、治疗，配合疾病预防控制机构，开展狂犬病的调查等工作。卫生院向园区各单位、各居民组发放《狂犬病的诊断治疗及相关知识》宣传资料，概述狂犬病病原学、发病机理、症状，以及规范的治疗措施，有效杜绝狂犬病发生。

2011 年，甲型 HIN1 流感爆发时，域内镇政府分别组织动物防疫人员和镇村（社区）干部，在五一放假期间召开紧急工作会议，组织部署防疫工作，阻遏甲型 HIN1 流感在园区的流行。全镇范围内开展一次动物防疫工作检查，免疫注射到位率 95% 以上。

2013 年学士街道办事处制定实施《20 天灭鼠活动方案》，确定开展春、秋两季统一灭鼠活动：张贴各种灭鼠宣传资料；组织宣传车流动宣传；出黑板报宣传灭鼠方法；对村（社区）卫生专干组织灭鼠知识讲座；村（社区）卫生专干分别组织每一户居民听讲座，授课内容为教会居民如何灭鼠，如何投药；所投药物怎样做到安全、隐蔽、防潮、防霉变；灭鼠后期，如何更换新鲜毒饵，或采用粘鼠板、鼠夹等物理方法彻底消灭残存鼠。园区室内外统一投药，室内每 15 平方米投药 3 处，每处 10 克；室外沿建筑物墙根每 10 米一堆，每堆 20 克；下水道蜡块为 2 块 7 次 7 井；凡有鼠洞或投药后被盗食的地方投鼠药。是年，救治水痘 3 人，乙肝 2 人，急性出血性结膜炎 2 人，腮腺炎 1 人，风疹 2 人，其他感染性腹泻 2 人，非淋菌性尿道炎 2 人。2014 年，救治结核 16 人，流行性感冒 4 人，感染性腹泻 15 人，手足口病 191 人，水痘 18 人，乙肝 8 人，梅毒 5 人，淋病 1 人，丙肝 4 人，肺结核 16 人，出血性结膜炎 4 人，麻疹 3 人，痢疾 1 人。

2015—2016 年，学士街道办事处重视卫生防疫工作，将之纳入城乡环境卫生整治工作之中。城乡环境卫生整治目标，是创建一个文明卫生、舒适有序、安全舒畅、人民满意、环境优美、适宜居住的产业园区。为此，学士街道向园区居民提出如下十条倡议：全民动员，树立良好的卫生习惯，遵守公共秩序，自觉执行“门前三包”制度，室内经常打扫，室外保持整洁优美，房前屋后要绿化美化，积极倡导科学、文明、卫生的生活方式，树立和谐社会新风尚。园区城乡环境卫生目标是，争创“长沙市城乡环境卫生十佳街道”。2015 年，救治结核病 10 人，流行性腮腺炎 80 人，感染性腹泻 20 人，手足口病 221 人，水痘 30 人，乙肝 12 人，梅毒 6 人，肺结核 20 人，出血性结膜炎 3 人，麻疹 1 人，痢疾 1 人。2016 年，救治结核22人，流行性腮腺炎147人，感染性腹泻31人，手足口病273人，水痘104人，乙肝18人，梅毒6人，肺结核48人，出血性结膜炎3人，麻疹1人，痢疾3人，艾滋病1人，其他传染病5人，其他疾病14人。

◆第三节　妇幼保健

2002年8月，望城县人民政府办公室印发《望城县妇女儿童发展规划（2001—2010）》，文件指出："改善妇女儿童卫生保健服务条件，加大对妇幼卫生保健的投入，特别是要加强对特困孕产妇和儿童的医疗救助、母婴保健执法以及妇幼卫生监督等；完善农村妇幼卫生服务网络；推行农村住院分娩，取消家庭接生；加强产科建设，改善住院分娩条件；加强托幼机构卫生保健规范化管理工作；搞好冷链系统建设，增强常规免疫的有效性；重视普及儿童心理卫生知识；完善医疗保障制度，满足广大妇女儿童需要。"是年，园区境内8116名育龄妇女孕检率95%，优生遗传检测190例，妇科查治1823例，婴幼儿童接种一类疫苗320人次，二类疫苗接种10人次，儿童预防接种率92%。镇卫生院贯彻落实《中华人民共和国母婴保健法》，推动园区境内幼妇保健工作。2003年，管理孕妇208人，其中高危孕妇102人，管理率100%；对7岁以下1211名儿童进行体检，体弱儿童管理率86%，全年新生儿访视率98%。

2004年10月15日，县妇联在镇主持开展"女性素质教育含浦课堂"活动，邀请北京军医大学教授黄连英主讲女性生殖器课，参加人员有各村（社区）妇女主任和妇女代表，共31人听课。黄连英教授深入浅出，讲解妇女的内、外生殖器，女性的六个时期，新生儿期、婴儿期、青春期、生育期、更年期、老年期等各期疾病防治保健知识，特别在宫颈炎症、糜烂、癌变等情况了解、预防以及用药卫生上进行重点讲解。黄连英教授着重在心理卫生方面传授以身心健康为中心的知识：活泼、潇洒一点，忘记仇恨、烦恼，关爱老公，要唱、要跳、要俏等。是年，"六一"儿童节，慰问儿童41人次，发放慰问金8200元。卫生院及卫生室建立儿童健康档案1514份；孕产妇档案389份，健康管理率95%，孕妇住院分娩率98%。

2005年，园区、镇域内儿童保健卡介苗、糖丸、百白破、麻苗、乙肝疫苗"五苗"全程接种为：一类疫苗接种827人，二类疫苗接种16人次，接种率达95%。2006年，儿童防疫保健一类疫苗接种811人，二类疫苗接种151人，接种率达到98%。

2008年，园区域内镇卫生院全面系统地对孕产妇进行管理，贯彻"以人为本"，坚持"医疗安全无小事，病人利益无小事"的服务理念，特别是对高危孕妇严格管理，对 368 名孕产妇中的 2 名突出高危孕产妇实行住院全程管理，保证了分娩平安。儿童保健覆盖率大于 45%，体弱儿童管理率 100%，新生儿破伤风发生率为零，新生儿疫病筛查率 70%，表册数据填报准确率 100%。儿童健康防疫疫苗接种：一类疫苗接种 1678 人，二类疫苗接种 331 人。

2009 年，园区域内，镇卫生院及各村（社区）卫生室，共接诊手足口病 28 例，水痘 7 例。儿童免疫规范接种：一类疫苗 6358 人针次（不含麻疹强化），二类疫苗接种 2896 人针次，全程接种率 98%。是年，域内孕产妇 750 人，其中高危孕产妇 165 人，管理率 100%，全年无 1 例高危孕妇死亡。全年共对 3203 个儿童进行体检，体弱儿童管理率 80% 以上。

2010 年，园区域内镇卫生院全年接诊发热病人 85 个，腹泻病人 58 个，管理结核病人 28 个；接诊手足口病 96 例，水痘 5 例。免疫规划规范，全年共接种儿童一类疫苗 3647 人针次（不含麻疹强化），二类疫苗 271 人针次，儿童预防接种及孕产妇卡、证、册齐全，全程接种率为 98%。全年无一例孕产妇死亡，共管理 666 个孕产妇，系统管理率 98%，其中 206 名高危孕产妇全住院分娩，管理率 100%。全年共对境内 7 岁以下 4171 个儿童进行体检，体检率 85% 以上，共管理体弱儿童 19 个，体弱儿童管理率 100%。

2011 年，园区域内含浦卫生院辖区总人口 4.77 万人，共建立 2.5 万份电子健康档案，其中儿童档案 1514 份，孕产妇档案 520 份。全年共接种一类疫苗 4079 针次，单苗接种率为 95.4%，信息录入率为 98%，麻疹强化疫苗接种率达 96%。全年共管理结核病 45 个，督查追踪到位，共管理手足口病人 86 例，水痘 39 例，猩红热 4 例，腮腺炎 17 例，报告准确，随访到位。儿童保健：全镇 0 ~ 6 岁儿童 4250 名，由妇幼专干对新生儿出院后 1 周内进行家庭访视，对出生 28 天后的儿童进行体检和健康评估指导，按照要求对儿童进行疫病筛查，共体检儿童 1782 个，均建立健康档案，筛查出体弱儿童 17 人，跟踪指导健康保健。是年，全镇共有孕产妇 621 个，对每位孕妇产前健康管理率 95%，叶酸增补率 98%，其中，高危孕产妇 244 个，管理率 100%，同时为她们逐一建立健康档案。

2012 年，园区域内（含浦卫生院）婴幼儿童接种疫苗情况：乙肝接种 867 人，接种率 99.9%；卡介苗接种 281 人，接种率 100%；脊灰接种 1042 人，接种率 99%；麻疹接种 2 人，接种率 100%；百白破接种 1103 人，接种率 99.9%；麻风接种 489 人，接种率 98%；麻腮接种 2 人，接种率 100%；麻腮风接种 526 人，接种率 96%；甲肝接种 541 人，接种率 99%；乙脑接种 1055 人，接种率 97.6%；A 流脑接种 671 人，接种率 97%；AC 流脑接种 752 人，接种率 99%；是年，孕产妇2人，高危产妇无，回访100%。

2013年，园区域内孕产妇578人，高危产妇53人，均为医院产;电访、面访，回访率98%。婴幼、儿童疫苗接种：乙肝接种693人，接种率100%；卡介苗接种248人，接种率100%；脊灰接种920人，接种率99.7%；麻疹接种2人，接种率100%；百白破接种990人，接种率97.5%；麻风接种458人，接种率99%；麻腮接种1人，接种率100%；麻腮风接种487人，接种率98.3%；甲肝接种452人，接种率100%；乙脑接种832人，接种率100%；A流脑接种563人，接种率100%；AC流脑接种548人，接种率98.9%；白破接种10人，接种率100%。

2014年，园区域内孕妇832人，高危产妇71人，均为医院产，无一例死亡，回访率98%。婴幼儿童疫苗接种：乙肝接种1195人，接种率98%；脊灰接种1532人，接种率99%；麻疹接种1人，接种率100%；百白破接种1624人，接种率96.9%；麻风接种447人，接种率99.6%；麻腮接种236人，接种率100%；甲肝接种249人，接种率100%;乙脑接种625人，接种率99%;A流脑接种561人，接种率99%；AC流脑接种192人，接种率99%；白破接种33人，接种率100%。

2015年，园区域内街道中心卫生院孕产妇体检654人，高危产妇67人，均为医院产，无一例死亡，回访率98%。婴幼儿童疫苗接种：乙肝接种2434人，接种率99.6%；脊灰接种2529人，接种率99%；百白破接种2431人，接种率97%；麻风接种916人，接种率99.5%；麻腮风接种643人，接种率100%；甲肝接种546人，接种率99.6%；乙脑接种1410人，接种率100%；A流脑接种1323人，接种率100%；AC流脑接种1542人，接种率95.9%；白破接种248人，接种率96%；

2016年，园区域内街道中心卫生院妇幼保健情况，建立妇幼保健档案。是年，孕检产妇1140人，高危产妇111人，均为医院生产，无一例事故。回访以电话和面访两种方式，回访率达98%。婴幼儿童疫苗接种情况是：乙肝接种2284人，接种率99.9%；脊灰接种3922人，接种率100%；百白破接种2990人，接种率100%；麻风接种1200人，接种率99%；麻腮风接种1082人，接种率99%；甲肝接种1041人，接种率98.9%；乙脑接种1931人，接种率99%；A流脑接种1690人，接种率99.9%；AC流脑接种998人，接种率96%；白破接种461人，接种率96.5%。

第四章 体 育

◆第一节 群众体育

2002 年，园区群众体育运动以《全民健身纲要》为目标，努力打造适应社会主义市场经济体制的全民健身管理体制和运行机制：群众体育的第一要务，园区经常参加体育活动人数不断增长，居民体质明显增强，群众参加体育活动的时间、体育消费额等逐步加大，群众体育健身活动的环境和条件有较大改善。园区成立之初，含浦镇领导班子，设有分管文教体卫的副镇长，负责全镇群众体育运动的管理工作。各村（社区）设文化站，副站长负责开展群众体育运动的相关事务。

2013 年，含浦镇析置分为含浦街道、学士街道，学士街道随之设置文化站。镇（街道）文化站下设村（社区）文化站，每村（社区）配备 1 名文体专干任站长，文体专干负责组织本村（社区）群众体育活动。村（社区）文化站根据镇（街道）文化站要求组织开展各项体育运动。园区（街道）组建业余篮球队、排球队、乒乓球队（由社区选拔优秀队员组成），社区组建业余篮球队、排球队、乒乓球队，各组视自身情况，组织业余篮球队或排球队或乒乓球队。学华村、学泰村斑马塘社区、白鹤社区、学联社区、学安社区组建广场舞队；联丰村组建广场舞队、腰鼓队和军鼓队。镇政府、街道办事处成立“健身运动领导小组”，由分管文教卫体的副镇长、副主任任组长，相关科室负责人、相关单位负责人为成员，每年制订实施园区健身运动方案。主要工作：1. 园区群众体育工作重心是积极开展社区（村）体育运动。发挥居民委员会和基层体育团体的作用，有组织、有方案、有措施地发展社区（村）体育运动。2. 通过有组织的宣传工作，形成全民健身的舆论导向，增强全民体育健身意识，提高对全民健身工作的认知：全民健身工作是社会主义精神文明和物质文明建设的重要内容，体育发展水平是社会进步与人类文明程度的一个重要标志。3. 统筹建设全民健身公共设施，加强步行道、骑行道、群众健身广场、社区多功能运动场、安居小区与商品楼盘公园内设多功能健身场地等设施建设。经过逐年建设，园区域内初步形成街道、社区、组三级公共体育设施网络，人均体育场地面积达 1.5 平方米，园区实现 20 分钟健身圈全覆盖。镇、街道公共体育设施免费开放，初步形成园区街道、社区、组三级健身团队网络。园区域内以村（社区）为单位，自由组织舞龙灯、舞狮子等农村体育活动；有条件，近水源的村（社区）组织端阳节划龙船。

2004 年，域内白鹤社区、联丰村、学华村等村社农闲组织拔河赛、扭扁担比赛等体育活动。2006 年，园区投资 4 万元，组织村、社区、单位 8 支队伍，集中训练 3 个星期，参加为期 15 天的"麓山杯"男子篮球邀请赛。

2010 年，含浦镇政府组织开展"中国长沙环湘江自行车邀请赛"，制订实施《中国长沙环湘江自行车邀请赛含浦镇实施方案》，成立组织机构，组建"五一"环湘江自行车赛志愿者服务队，组成 10 个分队，共 96 名队员参赛，有啦啦队、茶水点、医疗队跟踪服务。

2011 年，镇政府组织"活力岳麓"社区体育健身比赛活动。各村（社区）组织初赛，比赛项目有登山健身、投篮、广场舞赛。9 月，区委宣传部、区文体新局举办 2011"激情岳麓"社区文化体育节，园区和镇政府组织人员参加篮球赛、拔河比赛。

2012 年国庆节，镇政府组织篮球队参加县篮球比赛，参加人数 30 人。元旦开展乒乓球比赛，参加人数 46 人。

2015 年，学士街道办事处组织首届"岳麓智谷杯"篮球赛活动，村（社区）、驻园区企事业单位共 45 支篮球队，通过初赛、半决赛、决赛三轮，历时 15 天结束。

2016 年，岳麓区委、区政府举行"2016 第三届'岳麓杯'全民健身（男子）篮球赛"活动。园区党工委、管委会十分重视，为打造园区篮球品牌，与学士街道党工委、办事处，紧密配合、广纳人才，发动域内各机关、企事业单位篮球爱好者组队训练。在 4—7 月的赛事活动中，取得较好成绩，赛出风格，赛出文明，增进友谊，获得优秀组织奖、文明风尚奖等荣誉。

◆第二节　校园体育

园区域内自 2002 年开始，逐步成立 15 所幼儿园、6 所小学、2 所中学和 4 所高校。校园的体育运动丰富多彩，生机勃勃。各幼儿园均设有适合幼儿活动的滑梯、跷跷板、攀爬屋、蹦蹦床、童车以及锻炼儿童肢体协调的大型拼块玩具积木与平衡木等器具。园区和地方政府重视中小学体育运动设施建设，投入大笔资金，实现中小学体育设施的全面换新。校园塑胶跑道，塑胶运动场及场内田径场、足球场、篮球场、排球场、羽毛球场、乒乓球室、舞蹈训练房等一应俱全。中医药大学、工业职院、食品药品职院和南方职院 4 所高校，均修建和配备现代化的标准体育运动设施场馆。

2002 年，园区域内玉华小学重视农村孩子的体育锻炼，全校各年级积极开展学生眼保健操活动。是年秋季，全校 100 多名学生和家长代表共同参与学校举办的“玩味童年，亲子同乐”活动。贴鼻子、你画我猜、调皮的弹珠、球来啦、开心运气球等游戏项目，一阵阵的欢声笑语，促进亲子之间的关系，增进教师家长的融合。

2004 年，塘峡小学和玉华小学采取“走出去，请进来”方式，在塘峡小学举行一场春季体育运动友谊赛，男子 200 米赛跑，女子跳绳和跳远比赛。200 多名学生、30 多位老师，各校选出 20 名选手进行博弈，增进两所学校师生之间的情谊。

2006 年，园区境内联丰小学新校舍落成，含浦镇中心学校组织域内 6 所小学，3000 余名学生，200 多位教师齐聚联丰小学，举行小学少年组田径运动会。共选出 200 余名运动健儿进行热烈角触，有男子 200 米赛跑、女子 100 米赛跑、跳高、跳远、铅球等。此次比赛赛出名次、增进友谊、活跃小学生的体育文化。

2008 年，域内白鹤博才小学成立校园体育社团，有国际象棋队、篮球队、羽毛球队、拉丁舞队等，适时开展学校体育节。是年，学校代表队代表岳麓区小学组接受国家教育部体育测试，合格率 100%；拉丁舞考级 83 人达标；体育舞蹈比赛荣获团体一等奖 3 个、三等奖 2 个。师大附中博才实验中学荣获长沙市中小学大课间展示活动初中组一等奖。湖南工业职业学院学生女排代表队参加省大中学生排球比赛荣获冠军，学生男子篮球代表队荣获 CCBA 篮球赛亚军。

2009 年，园区域内湖南中医药大学校园体育运动最具优势，校内设有体育艺术学院专业学科。体育学院从技术层面、时间节点上，科学编制年度各项体育竞技计划。比赛项目有：马路赛“湘杏杯”足球赛、“岐黄杯”三人制篮球赛、气排球赛、“杏林杯”篮球赛、五人制足球联赛、学生乒乓球赛、学生羽毛球赛，每两年举行一届校运会。获得名次的学生奖励体育必修课学分 1 个。是年，湖南工业职业学院学生女子排球队参加全省大中学校女子排球赛获得冠军；学生男子篮球队 CCBA 篮球赛荣获亚军称号。2011 年，塘峡小学参加岳麓区校园文化艺术节，荣获独舞一等奖 2 名，三等奖 4 名。5 月，德馨幼儿园获得省第二届少儿才艺电视大赛二等奖。

2013年阳春三月，东方之子幼儿园在洋湖时代广场开展幼儿幼师和家长共同放飞的“亲子风筝节”活动；第十一幼儿园在岳麓区幼儿集体舞比赛中荣获特等奖；睿哲希望小学学生独舞荣获区二等奖；塘峡小学获区大课间操赛三等奖；师大附中博才实验小学（学士校区）荣获长沙市中小学大课间展示活动初中组一等奖。

2014年，睿哲希望小学开展学校独具特色的学生体育活动“空竹”比赛，采取“小手拉大手”模式，高年级学生辅导低年级学生，把“空竹”编成灵动的舞蹈，形成学校体育运动的特色亮点。该校荣获岳麓区教育局举行的“三独”赛二等奖3名，含浦中心校广播操通迅赛一等奖。是年，博才白鹤小学，荣获岳麓区第九届小学生羽毛球赛第六名、岳麓区小学生阳光体育运动会团体三等奖。

2015年6月1日，睿哲希望小学全校举行“经典文化童梦飞扬”庆“六一”文化体育节，五、六年级表演武术操《旭日东升》，三、四年级表演手语舞蹈《感恩的心》，一、二年级表演健美操。是年，睿哲希望小学被长沙市教育局授予“功夫足球试点学校”荣誉与资格。9月，联丰小学荣获省青少年健美操锦标赛文明风尚奖。12月7—8日，联丰小学举行第四届校园运动会，全校6个年级25个班级1375名学生和43位老师，共聚一堂，参加比赛。竞技项目有：迎面接力赛、拔河比赛、中高年级集体长绳与低年级短绳耐力赛、“扯尾巴”、“穿越火线”；田径运动有跑、跳、投等项目。是年，该校编制实施《健美操特色项目实施方案》。该校被授予“全国体育联盟教学改革试验学校”荣誉和资格。是年，工业职院学生女排队获省大专院校女排冠军，男子篮球队再获CCBA全省亚军。

2016年，园区域内省食品药品职业学院含浦校区开展田径、篮球、排球、足球、乒乓球、羽毛球、跆拳道、武术、体操、健美操、体育舞蹈等项目教学和班级之间的友谊比赛。新建成的体育运动场地有400米标准塑胶跑道田径场1个、标准室外篮球场12个、标准室外排球场3个、体操舞蹈室1个、室内室外乒乓球台30个、羽毛球场2个。4月，长沙南方职业学院举行新生篮球联赛，入校新生3000余人聚集球场，160名男女体育健儿在篮球场上“亮剑”，各班同学为队员喝彩加油。教职工开展拔河比赛。是年，湖南中医药大学，校园体育盛况空前。学校团委、体院和学生会，按照年初制定的整体方案循序进行：3月，春季马路赛跑；4月，“湘杏杯”足球赛；5月，“岐黄杯”3人制篮球赛；6月，健康活力大赛、学生气排球赛；11月，第五届校园运动会；12月，“杏林杯”篮球赛、五人制足球联赛、学生羽毛球赛、学生乒乓球赛。是年，湖南工业职业技术学院学生女子排球队参加全省大专院校女排赛荣获冠军，该队8度蝉联冠军。该校学生男子篮球队在CCBA篮球赛荣获亚军，亦为4度连获亚军荣誉。是年，联丰小学由刘一飞、陈义老师率团参加的长沙市小学生田径赛中，男子跳高第三名、男子垒球第三名、男子立定三级跳第三名、女子三项全能第三名、女子跳高第五名；由王雯、李凌云、朱薇娟、诸琴、马成五位老师分别辅导的学生参加全市健美操比赛，获三年级有氧舞第一名、大众少儿一级第一名、健美三级轻器械第一名和男子田径1500米第一名。岳麓区教育局授予联丰小学“体育特色工作先进单位”称号。是年，湖南师大附中博才实验中学（学士校区）荣获长沙市中小学课间展示活动初中组一等奖；荣获“2016年度省武术工作突出贡献单位”；遴选为“湖南省武术队后备人才培养选拔基地”；荣获“湖南省校园武术段位制推广先进单位”。

第五章 精神文明建设

◆第一节 园区形象建设

2002年，园区初创，由望城县委派干部组成园区管委会领导班子。在望城县委、县政府的直接领导下，园区领导班子坚持学习型园区建设的思想理念，在工作任务繁忙的情况下，年初抽出一星期时间集中学习邓小平理论、“三个代表”重要思想。学习贯彻省委、省政府提出的“科教兴湘”“融城强县”战略以及园区在开发建设中实行的相关政策，提高园区和县委、县政府党员干部及应聘员工的思想政治觉悟和政治理论水平。管委会利用每周星期二工作例会时间，进行干部员工勤政廉政教育、职业道德教育和法治教育。

2004年，园区以科学发展观为引领，县委、县政府加强园区领导班子配置和各职能机构人员完善，园区建立各职能部门管理制度，用制度约束人、管理人。同时，提出用雷锋精神建队育人。是年，园区班子成员集中开展党的理论教育学习活动4场次、机关干部职员理论政策学习15场次、员工队伍培训班2场次，计58人次。与此同时，联系服务乡镇扶贫工作。是年，园区荣获县委、县政府授予的“联系服务乡镇先进单位”称号。2005年，园区荣获“2005年度全县工作目标管理年终考核二等奖”。

2006年，园区成立创建精神文明领导小组、党风廉政建设领导小组、平安园区创建领导小组、创建市级、区级“两型示范”园区工作领导小组、普法教育工作领导小组、社会治安综合治理领导小组、园区建设目标考核领导小组等机构，制订相应规（计）划并组织实施。率先进行公务用车改革，廉洁施政，杜绝“索、拿、卡、要”歪风；坚持公开公平、公正招投标程序，实行以民为本的阳光征拆并依法依规安置好被拆迁群众；制定实施《党工委党风廉政建设责任制》，实行《班子成员党风廉政建设职责》《中层干部党风廉政建设职责》《年度目标绩效考核实施办法》；实行《年度绩效考核工作目标责任状》，层层分解责任到人，把园区开发建设推入“快车道”。园区主要领导干部严格执行“三个不直接分管”制度，认真学习贯彻“八荣八耻”的重要讲话精神。开展“弘扬雷锋精神，构建和谐园区”活动，对联服务乡镇扶贫帮困“一帮一”，领导干部带头扶贫、干部员工志愿参与“希望工程”“爱心助残”送温暖捐助活动。通过学雷锋活动，增强园区干部职工的凝聚力、战斗力和乐于奉献的精神。是年，园区荣获县委、县政府授予的“2006年度学雷锋优秀集体”、望城县“文明单位”称号、“2006年度全县工作目标考核一等奖”、“2006年度招商引资目标管理考核一等奖”和“2006年度社会治安综合治理先进单位”等称号。

2007年，园区开展“保持共产党员先进性”教育活动，组织全体党员干部集中学习研讨3场次会，参加人数90人次。在学雷锋见行动活动中，联系服务含浦镇渣塘村、芝字港村和联丰村，拨付扶持资金20余万元，领导干部“一对一”联系村民刘旱花等困难家庭8户。个人单独捐助钱物3年共计2万余元，机关党员学雷锋志愿者小组捐款捐物资助贫困学生10人次，10万余元。同时，为上述三个村修补道路、兴修水利、修建学校；多次参加村委会、村民会，为他们出点子，帮助他们走上致富发展之路，获村民群众一致好评：“你们园区干部真是雷锋家乡的活雷锋。”是年，园区荣获县委、县政府“2007年度工作绩效考核一等奖”、“2007年度招商引资目标管理二等奖”和“文明接访室”等荣誉。是年，含浦镇赠予园区“支持群众文化，共建和谐社会”匾牌。

2008年，园区域内道路交通实现“三纵三横”，公交车南北畅达、东西交流，道路通，百业兴，园区项目建设提速总进程。是年，域内有四所院校。湖南中医药大学校园总面积62.4万平方米，教学楼、办公楼、图书馆等主体建筑总面积14.88万平方米。该校位于含浦绕城公路以东、学士路以北、象嘴路以西、石塘路以南。该校是全国中医类院校领先设置博士生导师、对外开放招收外籍留学生的高等院校，拥有专任教师736位，常年在校学生1.2万余人。长沙南方职业学院，位于域内白鹤社区东北片，主门正临香格里拉大道，占地总面积38.27万平方米，校园建筑总面积26万平方米，专任教师486人，常年在校学生9000余人。湖南工业职业技术学院，位于园区白鹤社区以北，含浦大道139号。学校占地面积69.13公顷，校园总建筑面积38万平方米，专任教师448人，常年在校学生1.4万余人。湖南食品药品职业学院，位于园区学士路以南，校园总面积18.29公顷，建筑总面积61736平方米，专任教师203人，在读学生4000余人。四所院校绿化覆盖率70%以上，绿树成荫，环境优雅，池塘、廊道、室内外文体场馆、小卖部应有尽有，中医药大学还设有校园观光车。是年，岳麓区委、区政府授予园区“2008 年度产业发展先进单位”“2008 年城市建设先进单位”和园区创立年“纳税百万明星企业”荣誉称号。

2011 年，园区以长沙市“创建人民满意城市”为契机，以创建两型示范园区为目标，绿化美化园区环境，安装“四纵四横”各条道路指示名牌，安装道路路灯，在学士路沿线安装中国结双福红色路灯，绿化环境，点亮城市。园区党员干部上街戴上学雷锋志愿者安全员袖章，引导文明行车安全横路和文明礼让停车的督导活动。洒水车勤巡街道运转，白天无扬尘。夜晚，学士路周边楼盘灯光明亮，成为一座不夜城。近 10 年的开发建设，园区高楼林立，别墅群体建筑有麓山别墅、香格里拉；高层楼盘有米兰春天、枫华府第、十里汀香、洋湖时代、江山帝景、金鼎·公园尚等 20 余座。是年，园区荣获区委、区政府授予的“岳麓区创建全国文明城市工作先进单位”、“2011 年度城市管理工作先进单位”、“2012 年度全市加速推进新型工业化工作优胜单位”和“2012 年度文明创建工作优秀集体”；长沙市政府授予园区“长沙市 2012 年度工业和信息化工业先进单位”；长沙市委、市政府授予园区“长沙市文明单位”称号；是年，团市委授予园区“长沙市支持青少年公益事业爱心单位”，市推进创业富民工作领导小组授予“一地一品”创业示范基地等荣誉。

2013 年，为进一步推进园区高速发展，园区党工委、管委会设定“六个一”工程建设目标，制订出一个五年计划，一个符合国家级开发园区要求的控制性规划、一个完善的路网、一批配套的设施、一套绩效考核指标、一批优质的产业项目。是年，长沙市委发出“六个走在前列”大竞赛号召，提出：在加快转型创新发展中走在前列，在维护社会和谐稳定中走在前列，在提高党的建设科学化水平中走在前列。园区立马将“六个一”工程有机融入“六个走在前列”竞赛之中，制定实施方案，付诸实施。湖南晚安家居公司、赛恩斯环保科技有限公司、湖南继善高科技有限公司、湖南中大建设工程检测技术有限公司等 100 余家高科技骨干企业、长沙长好医院有限公司等单位积极响应，共同奋进。2013 年，园区实现纳税总额达 3 亿元。2014 年完成纳税总额为 4 亿元，GDP 年增长率高达 38%。

2015 年，园区党工委、管委会领导班子成员认真学习、深刻领会、自觉践行习近平总书记关于“三严三实”重要讲话精神，把坚持党的群众路线和实施园区开展的“六个走在前列”活动有机结合起来，开展“三严三实”专题教育讲座。园区干部对照自省，牢记习近平总书记谨言，全园区党员干部自觉接受监督，不忘初心，牢记使命，实实在在地为人民服务。是年，园区开展党员亮身份一站式服务活动，在创建省级开发区与“六个走在前列”齐行。是年，长沙市加速推进新型工业化工作领导小组授予园区“全市加速推进新型工业化工作红旗单位”称号，团区委授予园区“岳麓区支持‘圆梦行动’公益事业爱心人士”称号。

2016年，园区党工委响应党中央在全体党员中开展“两学一做”的决定，成立“两学一做”学习教育领导小组，制定学习教育活动方案，按计划分阶段付诸实施。6月，组织园区党员和非公经济党组织支部书记共45人赴井冈山进行革命传统教育。是年，园区域内道路建设实现“五纵九横”格局，高层楼盘100余座，入园企业170余家。“美丽公园”有裕园公园、学士公园、紫苑公园、玉润公园和白鹤公园。园区内形成一个“总部商务基地、科技研发中心、文化创意高地、两型宜业新城”，成为一个中部崛起，唯一全能保障人民群众利益的检验检测特色服务园区。

◆第二节　公民道德建设

2004年，园区党工委、管委会积极开展贯彻实施中央颁布的《公民道德建设实施纲要》，成立学习贯彻公民道德建设实施纲要领导小组，制定实施《长沙含浦科教产业园公民道德建设实施方案》，采用“道德讲堂”方式开展宣讲教育活动。园区配合镇政府分层召开入园企事业单位、村、组（社区）及群众动员大会，宣讲《纲要》的意义。把“社会公德、职业道德、个人品德、家庭美德”四个方面的内容，融入公民生活实践之中，以“四德”规范公民的日常言行，把强调园区公民道德建设的重点落实在职业道德建设上，以及培养干部职工的敬业精神上和诚信生产经营的企业发展上。根据园区活动方案在机关、下属公司和镇管各村、组（社区）的广大干部群众中，常态化办好道德讲堂，以“勤俭、敬业、诚信、友善、自强、厚德、崇俭、尚义、守信、明礼、报国、尽孝”的基本道德观念教育启迪人，每月开展一次道德讲堂活动。全年园区和镇政府举办道德讲堂75场次，听课群众8000余人次。园区利用“五四”“七一”“八一”“十一”等革命纪念日，“三八”、“五一”、“六一”、世界环境日等国际性节日举行群众性纪念、庆祝活动，在集会庆祝、亲友团聚的氛围中，激发园区人对祖国、对人民、对家乡、对自然、对生活的热爱，陶冶园区人的道德情操。

2005年，镇党委政府号召村组（社区）开展“三学三比女能手”、“八好优秀农村妇女”活动。园区域内开展“四有公民”、文明家庭、文明楼院和文明经营户创建活动。是年，评选“三学三比女能手”5名、“八好优秀农村妇女”5名，文明单位16个、文明示范窗口5个、文明村（社区）2个、文明经营户36户、文明楼院28栋。

2006年3月4日，“八荣八耻”社会主义荣辱观的重要讲话，园区党工委、管委会及时召开党员干部大会传达贯彻。管委会主任专题宣讲树立“八荣八耻”社会主义荣辱观的重大现实意义。针对在市场经济体制下，个别人思想上滋生的拜金主义、享乐主义、见利忘义、损公肥私、不讲诚信、欺骗欺诈等，对照批驳，引导党员干部员工开展正确区分美与丑、是与非的大讨论，把“八荣八耻”作为园区人的行为准则和价值取向，争做雷锋家乡引领社会主义新风尚的带头人。根据县委、县政府统一部署，开展“五五普法”活动，组织园区干部职工“学法律、讲权利、讲义务、讲责任”“一学三讲”法制宣传教育活动。推进普法教育进园区、进乡村、进社区、进学校、进企业、进单位，提高全民法治意识，健全社会主义法制建设。

2008年，园区开展“弘扬雷锋精神，构建和谐园区”活动，以机关工会、团工委和妇联组织为基础，率先在区辖机关中建立雷锋协会，制订协会章程，开展以奉献为中心的常态化帮扶活动。是年，对接“希望工程”“爱心助残”“芙蓉爱心”等活动，在机关党员干部和员工（协会会员）中募捐款项开展捐献救助（慰问）活动。是年，管委会主任带头对接一个特别贫困户，每年拿出1000元，另加衣物等进行扶贫，直至该户脱贫。机关副科级以上干部，每人每年捐资500元，对接扶助贫困户，成为一项经常性扶助工程。5月12日，四川汶川大地震，园区机关赈灾捐款2万元，机关工作人员募捐10200元，无偿献血7000毫升等。地震赈灾，有园区民营企业家老党员张恭元捐赠实物衣服、棉被、方便面、矿泉水等共计5万余元托快递寄送灾区人民手中。湖南晚安家居实业有限公司董事长曹泽云，倾情帮扶23名贫困大学生，获《湘声报》专题报道（《爱心助学行动资助13名贫困生圆大学梦》见《湖南时报》要文版、《晚安家居80万援建红军小学》刊登在《华声财经》栏目上、《晚安投资90万建“新长城自强班”》刊登在《长沙晚报》B3教育周刊上）。曹泽云亲笔题词“将爱进行到底”。真情暖人心，满意在一福，中大检测公司慰问团每年重阳、春节慰问长沙市第一幸福院老人。当洪水袭来，中大检测人先想到周边遇灾农户和灾民，他们热心捐赠20万元赈济学士街道辖区内的受灾农民兄弟。中大检测有限公司董事长尹小波在百忙中不忘扶贫，解囊相助，授人以渔，他为帮助贫困农民走出困境，教诲他们致富的科学方法，使他们脱贫致富。园区工会、共青团、妇联组织雷锋协会，每年“七一”前，走访贫困老党员、退伍老兵、烈军属和孤寡老人。春节前，慰问上述对象、“五保户”、残疾人和困难学子及受灾户。

2013年，中共十八大召开，一个践行“社会主义核心价值观”的伟大号召，在中华大地上响起，伴随伟大的中国复兴之梦，深入人心，贴近民心。价值观24个字涵盖经济建设、政治建设、法制建设和社会生活各个层面，形成一个科学完整的体系。园区党工委、管委会把学习、践行社会主义核心价值观同党的群众路线教育实践活动有机结合起来，在机关党支部、联合支部、园区各非公有制企业、单位党支部、村（社区）党支部中组织开展学习实践活动，统一学习内容、纳入对照检查、纳入整改规划。将“和”“德”“诚”“义”“孝”等宣传画印制在大围挡上，安装在园区在建项目（如中心商务岛、洋湖创富、检验检测服务中心、科技研发总部）工地上，形成一道精神文明建设文化墙。梦娃挂画生动童趣，张贴在办公楼道和公园楼盘。把“富强、民主、文明、和谐、自由、平等、公正、法治、爱国、敬业、诚信、友善”24个字在园区网站、新闻视频等载体显示屏上滚动播出，营造浓厚氛围，推进园区社会主义核心价值观的学习和实践，提升公民道德理念，化作建设园区的强大精神动力。是年，园区慰问“五保户”146户，特困户、特困学生共128人，慰问老党员24人，捐献钱物共30余万元。

2015年，园区以突出的创新驱动发展科技体制改革成果，荣获《中国经济体制改革》杂志社颁发的“中国改革（2015）年度改革案例单位湖南省长沙市岳麓区荣誉证书”。

2016年，园区党工委、管委会认真贯彻落实《关于在全体党员中开展“学党章党规、学系列讲话，做合格党员”学习教育方案》精神，在园区全体党员中掀起“手抄党章100天”活动。全体党员通过手抄党章活动，逐条逐句通读党章，全面理解党的纲领，牢记入党誓词，牢记党的宗旨，牢记党员义务和权力，自觉尊崇党章、遵守党章、维护党章，坚定理想信念，对党绝对忠诚，把“两学一做”学习教育活动推向更深层次，以全新的先锋模范作用和饱满的政治热情，推进园区的两个文明建设。是年，园区党工委部署建立园区企业党校，由党群办付诸实施；制订园区企业党校年度课程安排计划，结合园区建设，分月安排安全生产业务知识培训、解读《关于振兴长沙工业实体经济的若干意见》、园区党工委书记上党课、科技创新政策宣讲培训、家庭教育进社区、人才新政策宣讲解读会、统计年报培训等专题课程；聘请市安监局副局长、区妇联主席、区委常委、区委组织部部长、市统计局副调研员和园区党工委书记等领导、专家讲课，全年共受训、学习380人次。是年5月，园区荣获省发改委、省科技厅、省经信委、省财政厅授予的“湖南省检验检测特色产业园”称号，巩固“长沙市文明单位”荣誉称号。园区党工委书记讲党课，倡导园区全体党员干部、入党积极分子和全体员工：高举习近平新时代旗帜，努力奋进，牢记使命，发扬中华民族“和、善、义、诚、勤、廉、孝、德”光荣传统；奋斗，幸福永远在路上。

◆第三节　文明创建活动

2002年，长沙含浦科教产业园为创建县级文明单位创造条件，进而创建市级文明单位和市、省级文明标兵单位。在长沙市文明办和望城县文明办指导下，成立长沙含浦科教产业园精神文明建设领导小组，围绕“五个文明”建设目标，制定规划、统一部署、分步实施。是年，协同含浦镇政府开展农村（社区）“十星级文明户”评选活动，得到白鹤、栗桥、花塘、官埠口、渣塘、含浦等村、支两委和广大村民群众的积极支持。是年，评出“十星级文明户”70户，通过总结表彰，广大群众创建文明户积极性高涨。是年，推荐申报创建文明单位的单位有长沙新星电碳集团公司创市文明单位、白鹤村创市文明村、含浦中学创县文明单位。是年，园区被县委、县政府授予“2003年度联系服务乡镇先进单位”荣誉称号。

2004年，园区学习贯彻党的十六届四中全会精神，开展党员干部保持共产党员先进性教育活动。为共建小康服务乡镇，园区选择渣塘村对接扶助。为改变该村的落后面貌，园区拨付基建扶贫资金4万元，帮助修建水渠800余米。参与该村扶贫协调会议4次。管委会副科级以上干部对口联系扶助特困户5户，每个干部个人资助困难户5000元。园区订阅党报党刊《人民日报》《经济日报》《湖南日报》《长沙晚报》，及时了解中央和上级党和政府政策法令。为活跃员工文化生活，园区机关工会、团委，与长沙南方职业学院师生共同举办文艺晚会。与长沙南方职业学院师生和含浦镇机关干部进行篮球友谊赛。

2006年，园区党工委、管委会在领导班子调整基础上，调整成立新的园区精神文明建设领导小组，制订实施理论学习计划和创建市、县级精神文明单位规划。园区关心周边村民群众文体活动场所建设，投入260万元，建设群众文娱休闲广场裕园公园。联系帮扶含浦镇芝字港村，管委会领导先后6次到该村召开会议，制订发展规划，筹资7万元，帮助该村整修公路、兴修水利、改造学校、发展该村集体经济，为该村经济发展奔小康打下较好基础，得到村民好评。在园区自身建设方面，扎实有效地开展“学习型”机关、干部创建活动，建立健全园区各项规章制度，坚持用制度管理人、约束人，建成一支弘扬艰苦奋斗、廉洁奉公、高效亲民的党员干部队伍，进一步完善工、青、妇、关协等群团机构。充分发挥群团组织在创建文明单位文活动中的积极性和创造性，经常开展群众性文体活动。是年，荣获县“精神文明建设先进单位”“2006 年度社会治安综合治理先进单位”“2006 年度学雷锋优秀集体”“2006 年度全县工作目标考核一等奖”“2006 年度招商引资考核一等奖”。

2008 年，根据长沙市委、市政府“建设大河西，打造先导区”的战略决策，园区与坪塘镇、含浦镇成建制从望城县划出，统一划归岳麓区管辖。2009 年，园区更名为长沙岳麓科技产业园。园区坚持科学发展，和谐发展，积极投入市政府倡导的“开展全民节约用电创造文明生活”活动；全面贯彻落实科学发展观，按照“率先基本建成两型社会城区”的目标要求，形成节约能源资源、保护生态环境的良好社会氛围，全力投入创建全国文明城区活动；不断建立健全有效机制，在入园企业中广泛宣传和开展“两型社会”创建活动;按照岳麓区委、区政府“保稳定、保运转、扩规划”的总目标，结合文明创建活动，积极开展“创建平安园区”活动。是年，园区和城管中队及街道文化工作站，开展“扫黄打非”整顿市容市貌与环境卫生，开展清洁大扫除：突击检查娱乐场所 10 家，取缔网吧 1 家，违章摊位 3 个，关停 18 家黑旅社，5 家歌厅，7 家电游室;收缴非法音像制品 7 件、电脑光盘 13 盘，非法出版物 16 册，取缔中小学校门 200 米范围内的非法网吧；打击抓捕传销头目 2 人，解救遣散传销人员 450 人;收缴罚没款 6000 余元。是年，园区荣获岳麓区委、区政府授予的“2008 年度城市建设先进单位”称号。

2011 年，园区进入道路建设年。园区党工委、管委会切实认真抓紧创建文明城市和文明园区，两个文明一起抓。年初，成立、调整园区文明创建领导小组，加强创文办公室力量，制订工作计划，分步实施。根据园区安排，针对域内白鹤重建地和裕园安置小区范围脏、乱、差、堵、违五乱现象比较突出，为确保文明创建严格达标，还老百姓一个优美舒适环境，园区创建办调动境内城管中队 20 人，在街道、区城管办以及白鹤社区、联丰村村支两委的支持配合下，根据“五治十查四看”“六拆四修四规范”原则，一举拆除违章搭建棚亭 295 处、户外违规广告招牌 312 块，取缔乱摆摊点 120 余个，清除死角垃圾、渣土 20 余车。经过清洗街道、修补路面、墙壁，新建标准摊点 100 余个，设置临时停车点 100 处，域内环境焕然一新，井然有序。《三湘都市报》《长沙晚报》报道并给予高度评价。自此，域内园林绿化、渣土管理、市容秩序、商业门店实现规范化管理。园区创建办，一人获区政府记三等功、一人获嘉奖。区委、区政府授予园区“2011 年度岳麓区创建全国文明城市工作优秀集体”“2011 年度长沙市岳麓区‘两型’示范园区”；区政府办公室授予园区“2011 年度城市管理工作先进单位”“2011 年度城市管理专项整治工作先进单位”等荣誉称号。园区域内白鹤社区，荣获“长沙市文明社区”称号。

2012年，园区文明创建领导小组根据市、区两级创建办指导意见，制订实施《2012年长沙岳麓科技产业园创建全国文明城市责任目标实施方案》《岳麓区岳麓科技产业园2012年全国文明城市测评迎检工作预案》以及对入园企业责任目标分解明细表等，由园区创建办实行绩效考核、督查落实。园区机关党员干部积极加入志愿者队伍，共62人参与，开展以环保创卫、文明礼仪、群众文化、青少年思想道德建设、公民道德建设、学雷锋文明、群众帮扶、法律教育、心理援助、文明交通安全等服务内容的志愿者活动。同时，投入资金完善境内硬件设施建设；开展“三个一”学雷锋党员志愿者活动和“民情日记”评比活动。是年，岳麓区委、区政府授予园区“2012年度岳麓区文明创建工作优秀集体”、“2012年度绩效考核工作先进单位”；团市委、市青少年发展基金会授予园区“长沙市支持青少年公益事业爱心单位”称号；长沙市政府授予园区“长沙市2012年度工业和信息化工作先进单位”。长沙市委、市政府授予岳麓科技产业园“文明单位”荣誉称号。

2013年，园区开展“平安园区”创建活动。成立和调整创建平安园区领导小组、“六五”普法领导小组，制订活动方案、安排活动实施时间，细化活动安排节点，纳入年度工作绩效考评；召开园区入园企业及街道、社区、村组负责人参加的动员大会，全员参与创建和谐单位、共创和谐社会；开办以“六五”普法宣传为主题的道德讲堂，引导提高公民自觉遵纪守法意识；完善平安创建制度，建立矛盾纠纷“排查、调处、协调”三位一体工作机制；推行信访、调解、处置三联动方法，自下而上建立领导接访首问负责、限时办结的信访工作机制；建立“红袖章”义务巡防队伍，实行群防群治。通过“平安园区”创建活动，域内公民学法、用法、守法意识大幅度提高。社会治安平稳和谐，步入了规范化、制度化的良性循环轨道。是年，园区荣获区政府办授予的“城市管理先进集体”荣誉称号。

2014年，园区开展“洁净岳麓，河西靓城”环境卫生大扫除活动，为建设秀美幸福长沙，创建园区靓丽环境，园区党员干部全面出动，入园企业志愿者共200余人参加。2014年1月27日、28日两天，清垃圾、清堆物、清死角、清“牛皮癣”，对车塘河路南北段主干道、学士路全线、象嘴路全线的人行道、街道进行全面清扫。大清洗包括：洗路面、洗立面、洗设施、洗下水道，确保路面见本色。做到人员到位，不留死角，达到预期效果。经督察小组照相对此，道路墙面见本色。这一活动引发街道和社区关注，立马发动楼盘村、组居民，紧接连动，洁净学士，打造亮丽城市文明格局。是年，学士街道被评为岳麓区“十佳文明街道”。

2015年，园区围绕践行社会主义核心价值观、讲文明树新风、长沙经济社会发展攻略三大主题，开展宣传教育活动：在园区在建项目工程1000余米围挡上彩印图文进行广泛宣传；在域内公共场所、主干道、醒目位置设立遵德守礼提示牌；在五纵九横的交通路口悬挂“岳麓科技产业园欢迎您”文明用语，彰显园区文明形象；树立10组宣传橱窗，宣传道德模范、身边好人，雷锋形象和以梦娃形象描述的文明故事。

2016年，园区党工委、管委会在园区精神文明建设活动中，充分发挥创建办、机关工会、团委的积极性。年初筹划开展“活力智谷·魅力园区”迎春文艺会演活动。该项活动是园区全体干部职工、入驻企业、学校、街道全员参加的群众文娱活动，主题是“唱响园区梦，绘筑新蓝图”，中心思想是为全面回顾和总结园区经济、社会发展“十二五”规划时期新成就；团结和激励园区干部职工、企业、学校、街道以昂扬的斗志肩负起“十三五”规划建设，切实在全区建设国家中心城区和长沙西引擎、西高地的历史使命中彰显核心组团的新担当。鼓舞干事创业新激情，丰富园区群众节日精神文化生活，汇聚园区转型创新发展的正能量；动员各单位将文艺作品与新时代紧密联系起来，彰显“和谐、奋进、祥和”氛围。2016年除夕夜，在湖南中医药大学演出中心。迎春联欢文艺晚会开场节目舞蹈《春到福到新春到》，紧接着园区主要领导作新春致辞，企业家代表讲话。依次演出节目是：舞蹈《幸福小鸡拍手歌》(岳麓科技产业园)；小组唱《好人好梦》(学士街道)；舞蹈《All About That Bass》(长沙比扬医疗器械有限公司)；音诗画《唱响园区梦 我们在路上》(岳麓科技产业园)；歌舞《十里送红军》(湖南工业职业技术学院)；器乐与太极《云水禅心》(中医药大学)；戏曲联唱《说唱脸谱》(岳麓科技产业园)；舞蹈《雪山姑娘》(岳麓科技产业园)；脱口秀《一顿乱策》(长沙晚安家居实业有限公司)；舞蹈《淋雨一直走》(湖南达嘉维康医药有限公司)；舞蹈《相亲相爱》(岳麓科技产业园)。演出中穿插猜灯谜、送大礼、抽奖活动，台上台下热烈互动。在一遍遍掌声、欢笑声中，人们不知不觉迎来新年的钟声。

第十一篇

人物篇

CHARACTERS

◆人物传记

刘 崐（1808—1887），字玉昆，号韫斋，云南普洱景东县人。刘崐是晚清时期湖南地区具有重大影响的高级官员，道光八年（1828）优贡生，道光十二年（1832）乡试中第二名举人（亚元），道光二十一年（1841）中进士，选翰林院庶吉士。刘崐历任翰林院侍读学士、内阁学士、湖南巡抚等，是中国近代史上伟大的政治家、思想家、文学家和书法家。受慈禧太后与顾命大臣肃顺夺权斗争牵连，外放湖南任巡抚。太平天国运动失败后，科举考试重新开考，实权派曾国藩亲点刘崐为江南大主考。在任湖南巡抚期间，督修《湖南通志》、重修天心阁及城墙、大修岳麓书院（岳麓书院御书楼前的长廊内仍嵌存由刘崐撰写的《重修岳麓书院记碑》）。刘崐还是晚清著名的书法家，多部清代著作中提及其精湛书法，其中一幅刘崐真迹现由丽江博物馆珍藏。其书法厚重浑融，有东坡、鲁公遗意，有《刘中丞奏稿》八卷。光绪十三年（1887）逝世后，葬于湖南省长沙市岳麓区学士街道学华村（原玉江村）罗家湾墓庐屋子。刘崐墓于光绪十三年（1887）始建，至光绪十六年（1890）竣工。该墓是典型的清代高级官员墓制，墓地按清代从二品官员墓制修建拜台、神道、牌坊、墓庐、神道碑等建筑。原墓规模宏大，占地约1000平方米，坐北朝南，半圆形墓冢，呈“Ω”形布局，墓冢和墓围均由大型花岗岩石雕砌而成。原墓早已毁损，残存墓碑用作墙基，以及石人、石马等神道石刻，具有很高的科学价值和艺术价值，现已收集作为文物留存。

萧莱生（1877—1940），又名恩震，善化县六都学士桥（岳麓区学士街道学华村）人，清光绪三年（1877）生。13岁时，由其兄引入长沙恒泰商行当学徒，因勤奋谨慎，精明干练，深为店主赏识。他将历年积攒的薪酬悉数加入恒泰股份，遂由店员升为股东。经20年的努力，恒泰成为他独家经营的店号。后来，萧莱生复以盈利所得，在同行店铺投资，成为南货业的巨擘，被推为南货同业公会负责人、市商会会董。

1920年，军阀张敬尧被逐离湘前夕，勒令长沙商会限期筹措军饷数十万元，否则以无法保障社会治安相威胁，并拘捕商会负责人为人质。萧莱生素具胆识，善辞令，代表商会侃侃陈词，据理力争，张理屈词穷，始允酌减款项，缓期交纳。萧因此更受同行尊重，被推为南货业同业公会主席，即市商会常委，并先后被聘任省、区救济院、仁术医院、孤儿院、盲哑学校董事。

1929年，萧莱生以商股代表身份，被推为湖南电灯公司常务董事。1932年，萧莱生升为主任董事兼总经理。任职期间，他潜心钻研业务，不断改进经营，扩大生产，并派技术人员分赴南京、上海等地电厂考察学习。1935年，他携董事傅念恃赴上海、北平，参加全国民营电气事业会议，与全国各大电厂交流经验。返湘后，他召开董事会，制定一系列改进企业管理的办法，修改公司章程，将职工红利由20%提高为40%，其余60%作为股东红利（只转股不发现金），公司股额由50万元增至120万元。同年又购置捷克司科达7500千瓦机组，使发电能力由原来的900千瓦增至1万千瓦以上。抗日战争期间，许多工厂内迁长沙，需电量大增，湖南电灯公司满足了这一需要。1939年，他被选为湖南省临时参议会候补参议院。

萧莱生的晚年主要精力倾注在湖南电灯公司的事业发展上。长沙文夕大火使其毕生经营的企业毁于一旦，悲愤之中一病不起，于1940年4月病逝，终年63岁。

章　蕴　（1905—1995），原名杜章蕴，善化县六都之字港（今岳麓区含浦街道之字村）人。清光绪三十一年（1905）五月初六出生，1925年考入武汉大学读书，是年12月加入中国共产党。

1926年7月，国民革命军誓师北伐，武汉的革命力量日趋活跃，章蕴放弃在大学继续深造的机会，以小学教员职业为掩护，从事革命工作。她受组织派遣，担任国民党汉口特别市党部妇女部长，发动和组织妇女参加国民革命。不久，党组织又调她任中共汉口硚口特区区委组织部部长兼妇女部部长。其间，她和特区区委书记李耘生真诚相爱，结为伉俪。1927年，在蒋介石发动“四一二”反革命政变后的非常时期，章蕴以家庭主妇身份作掩护，为地下党探听情报，联络同志。不久，她因工贼出卖被捕，幸得姨父出面营救出狱。1928年，党组织调李耘生赴南京任市委书记，章蕴同往负责机关联络工作。1932年4月，南京地下党组织遭到严重破坏，李耘生被捕，于6月8日就义。

在丈夫牺牲，自己和儿子双双被捕的情况下，章蕴立下三条誓言：一定要找到党组织、不做国民党的任何工作、不再结婚。抱着对党的信念和决心独自外出打工，想方设法寻找党组织。

1936年，章蕴同党中央派到湖南重建党组织的袁仲贤接上关系，回到党组织，被任命为湘潭中心县委书记。不久，章蕴将弟弟杜屏和杜剑秋引上革命道路。1938年，章蕴被派到皖南新四军军部，任战地服务团党支部书记。1939年11月至1941年11月，先后任中共苏南党委妇女部部长、苏中区党委组织部部长，组织开展敌后游击战争。在反扫荡日益严峻的形势下，苏中区党委决定成立第二地委，任命章蕴为书记。处在侵华日军扫荡时期的地委机关，几乎夜夜行军，章蕴常常席不暇暖，带领干部群众巧妙地与敌人周旋。1947年10月，章蕴任豫皖苏边区党委书记。翌年8月，中央决定豫皖苏区升格为豫皖苏分局，章蕴任宣传部部长兼《雪枫报》社长。为了在拉锯战形势下使报纸按期出版，她设法弄来几辆马车，组成一个流动印刷厂，在几乎无日不行军的情况下，保证报纸的印刷和发行没有中断。1948年10月，第三野战军准备渡江南下，决定成立妇女干部大学，任命章蕴为大学校长兼政委。她主持制定教学计划，并亲自讲课，为渡江后大规模的城市接管工作培养一支干部队伍。

全国解放初期，章蕴先后任中共中央华东局妇委书记，华东妇联主任，并兼任上海市委妇委书记和市妇联主任。1952年以后，任中共中央妇委第三书记兼全国妇联秘书长，后又当选为全国妇联副主席。1956年9月，被选为第八届中央委员会候补委员。

“文化大革命”中，章蕴遭受重点批斗，关入黑牢。1969年底，被下放到河北省衡水县“五七”大队监督劳动。“文化大革命”结束后，党中央安排她担任中央组织部顾问。在纠正冤假错案中，她北上黑龙江，西赴新疆，东去上海，南下福建，亲自调查案情，把每一个案件办得扎扎实实。中共十一届三中全会成立中央纪律检查委员会，章蕴任副书记。1982年10月，她调任中央顾问委员会委员。1983年，她又被中央整党工作指导委员会指派为中央机关党群系统整党工作指导小组组长。此时已是78岁的她仍带病坚持搞调查研究，先后写下许多论文和调查报告，红旗出版社汇编出版《章蕴谈党的建设》一书，成为全党重要的学习资料。

1995年10月25日，章蕴病逝于北京，享年91岁。

周　鉴（1902—1931），1902年出生于善化县六都（岳麓区含浦街道新田村），1918年考入长沙县立师范，受到徐特立校长的器重，并结识毛泽东，1920年加入社会主义青年团。中国共产党成立后，在长沙加入中国共产党。1925年，党组织派他到广州政治讲习班学习，翌年5月回到长沙，到株萍铁路沿线发动工人、农民、学生支援北伐战争，随后回到家乡河西九江一带（含浦镇）领导农民运动，处决了反动势力头目朱保生。1930年7月，周鉴参加红军，任红三军团组织科长，并参加了彭德怀第二次攻打长沙和苏区第一、第二次反“围剿”战斗。1931 年，周鉴任红三师党代表，是年 7 月第三次反“围剿”战斗中，周鉴在江西永新不幸牺牲，时年 29 岁。

杜　屏（1915—2008），善化县六都之字港（今岳麓区含浦街道之字村）人。1936 年入团，同年参军并转党。土地革命战争时期，杜屏任军委总政治部统战部训练队队长，红军前敌总指挥部特务团连长、副营长。抗日战争时期，他任新四军第一支队教导大队队长、第一支队第二团参谋长、新四军第二旅参谋长、抗大第九分校教育长、苏中军区第三军分区参谋长、二十一旅副旅长、华中野战军第七纵队参谋长、华东野战军第六纵队参谋长、第三野战军二十三军六十七师师长。新中国成立后，他任中国人民解放军二十三军副军长，总参谋部装备计划部副部长、部长，1961 年晋升为少将军衔。1984 年离职休养，1998 年授予一级红星功勋荣誉等。2008 年 2 月 19 日病逝于北京，享年 93 岁。

吴建国（1962—1979），1962 年 9 月生于长沙县学士公社（岳麓区学士街道学华村）吴家湾，父母系中共党员。吴建国初入塘峡小学读书，老师在课堂讲雷锋的故事，吴听得入迷，要求老师再细讲一遍。和同学多次步行 10 千米去雷锋纪念馆参观，回校后总要写心得体会。他乐意把文具用品赠送或借给有困难的同学。学士中学建校时，吴建国被评为建校积极分子。

1976 年盛夏，吴家湾生产队 4 个小孩跳进一口池塘玩水，其中吴伏良被水波慢慢推向池塘中央，慌乱中身子下沉。吴建国正好路过这里，不顾身体有病，纵身跃入塘中，将吴伏良救上岸。

1978 年，吴建国高中毕业回队参加生产劳动。冬季征兵时，吴建国要求入伍，但他刚 16 岁，又是独生子，公社武装部部长没有同意。他多次找接兵部队副连长表决心，终被破例批准入伍。12 月中旬，他到广西边防某部七连三排，刻苦锻炼，努力进步，很快成为班里一名优秀战士。

1979 年 2 月中旬，对越自卫还击作战命令下达到部队，战斗打响前一天，他手捧入团申请书交给排长宋宗贵，请求团组织在战斗中考验他。同一天，还向父母写信“亲爱的爸爸、妈妈，现在我要参加反侵略战争了……因为我是中国人民解放军战士，肩负着保卫祖国的重任。我要是牺牲了，你们一定不要为我难过，应该为我感到自豪……父母亲，你们只有我一个孩子……在十几年风风雨雨中，你们为我费尽了心血。现在，我用血来保卫你们。在这方面，我是问心无愧的，妈妈，在任何敌人面前，我是不会屈服的。”

家书还没来得及寄出，吴建国就已投入战斗。

2月17日，七连担任尖刀连重任，穿插到海拔1500米公母山上，在奇袭“六一二”高地、攻击越军“决战营”战斗中，吴带头请战，击毙越军工事里的3名士兵。在身中8枪后，与越南军官一同滚向两百多米深的悬崖，吴建国壮烈牺牲。

对越自卫反击战凯旋班师，军党委给吴建国追记一等功；广州军区党委授予吴建国“狼牙山五壮士”式战斗英雄称号；中央军委授予吴建国战斗英雄称号和一级英模奖章。

李　觉（1900—1987），号云波，幼时又名淑志，生于1900年6月6日（农历五月初十），原籍长沙府善化县河西乡村（学士街道学华村）。他的父亲因家境艰难，读书不成，转为经商，流寓云南；母亲纪夫人，是云南省景谷县人，婚后共生育一女三男，李觉为最小（满崽）。李觉2岁时，父亲病逝于云南昆明，母亲住在长沙西乡老家，靠丈夫生前在乡置田1公顷及在长沙城置房一所出租维持生活。其母守节抚孤，含辛茹苦，操持家务，教子立志求学成名。

李觉于1906年入县立选升高等小学读书，1913年考入长沙私立修业中学，1916年考入北京陆军第一预备学校。1919年，北京爆发“五四”运动，十几所学校师生3000余人在天安门集会举行爱国示威游行，李觉参加活动，第一次懂得“爱国光荣，卖国可耻”，懂得民主和科学救中国的道理。1919年底，他于军校毕业，被分配到山东省境边防军第二师当兵入伍;1920年下半年这支新军解散，他和十几位湘籍同学回湖南参入湘军1师2旅3团（团长唐生智），他担任排长。次年，他勇敢参加援鄂战斗，受到唐生智的器重，即派到保定陆军军官学校深造，毕业后回部队担任连长。

1923年夏，由唐生智介绍，李觉与何键的长女何玫在长沙结婚。婚后不久，谭延闿与赵恒惕两军相峙战争，李觉不恋新婚宴尔，奋勇当先，随部队一起驱谭军出湘境，立下战功，被擢升为营长。

1926年5月初，广州国民政府派遣国民革命军第四军叶挺独立团和第七军第八旅作为北伐先遣队从广东进军湖南，援助唐生智，并任命唐生智为北伐军前敌总指挥和国民革命军第八军军长，所属师、旅、团、营官佐皆晋升一级。李觉由营长晋升团长。7月，参加集团宣誓加入中国国民党。8月，他随何键师从长沙出发进行北伐。在一次战役中，他带着全团冒着敌军密集炮火，冲过城陵矶狭长的新堤湖沼地带，长驱直入汉阳附近。这时，何键等已策动汉阳守将刘佐龙参加北伐军,从而兵不血刃地占领汉阳城和汉阳兵工厂,获得大量军械武器。9—10月，攻克汉口、武昌，李觉随唐生智、何键进军鄂西，肃清北洋军阀吴佩孚的残余势力。1927年2月，吴佩孚阴谋偷袭长沙，截断北伐军后路。李觉接到密令进驻湖南澧州，相机策应，尽歼袁祖铭军残部，解除北伐军后顾之忧。尔后，部队开往河南驻马店待命。是年8月初，回师汉口，在广济、武穴一带集中。东征讨蒋开始，国共两党分开，蒋介石下令清洗共产党人，人民群众不支持部队，士气陡然低落，不明白北伐军为什么要打内战。北伐战争在推翻封建军阀的反动统治中胜利，而在胜利后走向内战的歧途，唐生智决心下野，退回湖南同桂系联络，设法把部队保存下来，以图东山再起。1929年3月，蒋桂战争爆发，李觉率部驻长沙，被晋升旅长兼代理长沙警备司令职。长沙城内发生特大抢劫案后，他被调赴城步、武冈、新宁一带驻守，在新宁期间，保住两个共产党员中学校长免遭陷害。

1937年7月7日，日本侵略军大举进攻，卢沟桥事变发生，揭开八年全面抗日战争序幕。李觉在1937年至1945年的八年抗战中，率部同日军进行十多次大、中型战役，为抗日战争的胜利舍生忘死，功勋卓著。以下列举几次战役情况：

1937年7月下旬，李觉被任命为第70军军长兼19师师长，率部到宁波集中，担任镇海一带的防卫。8月，上海保卫战打响，中共党组织秘密派马子谷等人到部队工作，潘汉年、郭沫若等到部队与他会谈，全力支持抗日。以三湘子弟为主体的19师官兵在抗日救亡进步思想影响下，于上海抗战中英勇奋战，誓死报国，与日寇浴血搏斗二十余日，日军死伤上千人，19师共伤亡一个团的兵力，成为参战的58个师中战绩最佳的10个师之一。

1938年5月，70军的两个师奉令集结金华，然后车运前线参加武汉保卫战。7月，又急调李觉直系19师驻防九江，重新构筑新的防线。此时，共产党人陈希周到部队工作，同来的还有一批爱国青年。李觉认为亟须培训后备军官力量，令部分人员到长沙成立70军战时步兵干训班（因李觉字号“云波”，亦称云干班），陈希周为训练班主任，李觉兼名誉主任。“云干班”学制为1年，教员多为共产党员和进步人士，开设课程为七分政治、三分军事，师生经常深入近郊乡村宣传抗日救亡。内部成立郭超任书记的中共支部，直属中共湖南省委领导，杨第甫负责联络（载《湖南人民革命史》第502版）。7月下旬，日寇106师团凭借海、空军绝对优势，一举攻陷湖口，随即疯狂轰炸九江。李觉率部英勇阻击七天七夜，始终未让已经登陆的日寇部队前进一步，同时迫使日军登陆的炮兵在狭窄的稻田里施展不开，从而保障友军主力撤离。当时正值酷暑，阵地上敌我遗尸很多，臭气刺鼻，令人呕吐。敌寇陆空占优势，我军只有等到晚上才能向阵地送饭送水。白天官兵只好吃馊饭，喝凉水，甚至饿着肚皮战斗……这一战役，从7月26日打响，至9月4日撤离，坚守41天，始终固守阵地，未被日寇突破，由于战功卓著，受到传令嘉奖。

1939年初，李觉率部队参加南昌战役，然后调至湖北驻防。这时，陈希周等训练的“云干班”干部已结业,李觉等为委员。此行极大地推动全省和平自救活动，各县市纷纷成立自救分会。唐生智为防止一哄而起、鱼目混珠，让李觉、刘兴等秘密在长沙、祁阳等地重点筹建。

时因白崇禧从武汉撤至长沙，李觉亲自驾车连夜送唐生智到邵阳。随后他往来长沙、邵阳之间，与程潜、唐生智及中共代表联系起义事宜。7月，李觉兼任粤汉铁路线区司令，果断及时处理长沙新河铁路桥险遭爆破的危急事件。7月底至8月初，李觉奉程潜命在邵阳处理撤销长沙绥靖公署事宜。

1949年8月4日，程潜、陈明仁、唐生智、李觉等联衔通电全国，宣布湖南起义，和平解放。次日，14军军长成刚等在邵阳发动兵变，背叛起义。李觉临危不惧，成立“联合起义前进指挥部”，率领各起义部队及党政机关突围，向长沙靠拢，沿途几经战斗，击溃叛军，于19日抵达长沙，随后将起义部队开往浏阳待命整编。回长沙后,湖南起义部队整编为“中国国民党人民解放军第一兵团”，下辖3个军9个师,陈明仁任兵团司令,李觉任副司令（兼参谋长）。不久,程潜、陈明仁赴北京参加中国人民政治协商会议,李觉受命“全权处理”兵团整编事宜。

1949年10月1日，中华人民共和国在北京宣告成立。12月1日，第一兵团在浏阳正式宣布改编为中国人民解放军第21兵团，并举行授旗典礼，陈明仁任兵团司令员，唐天际为政治委员，李觉等为副司令员。

1950年春，李觉获准辞去人民解放军第21兵团副司令员职务，赴武汉入中南军政大学学习。不久，他调任中南军区高级参谋、中南军政委员会参事。

1951年7月,李觉撰写《自传》一稿,回忆少年时代艰难求学,及青年投身军伍,历经北伐战争、十年内战、八年抗战及参与策动湖南和平起义的五十年经历，记叙颇详。

1954年，李觉被选为中国人民政治协商会议第二届委员会委员，任全国政协秘书处副处长。从此,他长住北京,从事政协工作,连任第三、四届全国政协委员。1955年,他被授予中国人民解放军少将军衔。1978年2月起,他任全国政协第五届、第六届常务委员会委员。

李觉自入京后，公务之余，不辞辛劳，伏案著述，回忆一生兵戎经历及亲见、亲闻。全书文章十余篇，近十万字先后刊于全国政协文史资料研究委员会编《文史资料选辑》及《湖南文史资料选辑》，足可窥将军一生征战行事、举义之勋业，更为史家所注目。

1980 年，李觉将军赴美国探亲、访问。在美国期间，会见当年军政僚属，发表谈话，力主国共两党第三次合作，实现祖国和平统一大业。

1986 年夏，李觉回长沙为母纪太夫人迁葬，回北京后不久，因病重住院治疗。1987 年 7 月 31 日，因病医治无效，在北京医院逝世。9 月 7 日，在北京医院举行"向李觉同志遗体告别仪式"。全国政协、中共中央统战部、民革中央、湖南省政协等单位和邓颖超、杨静仁等领导人向李觉遗体献花圈；习仲勋、刘澜涛、赵朴初等李觉生前好友约 300 人参加遗体告别仪式。《人民日报》1987 年 9 月 8 日第 4 版报道了其告别仪式在京举行的消息。

"青山埋忠骨，湘水悼英魂"。李觉将军的骨灰，遵照他生前遗愿，归葬于长沙市岳麓区望岳乡谷峰村（曾属望城县），侍奉其母亲纪太夫人墓侧。1991 年，其子女及亲属将李觉将军和夫人何玫的骨灰合茔共墓。1992 年 1 月，长沙市政协征集其遗著、怀念文章数篇并照片多帧，编印成《李觉将军》一书；《湖南军事将领》、《湖南资料手册》等书中载有他的简历。2005 年 9 月，在纪念抗日战争胜利六十周年的日子里，长沙市人民政府将在市区北正街的"李觉公馆"列为市级文物保护单位，以示永久纪念。

◆两院院士

黄培云 （1917—2012），福建省福州市人，金属材料及粉末冶金专家，中国粉末冶金学科奠基人，中南矿冶学院（现为“中南大学”）创始人之一。

1938 年毕业于清华大学，获学士学位；1945 年获美国麻省理工学院科学博士学位；1994 年当选为中国工程院院士。

民国 6 年（1917）8 月，黄培云生于北京。

民国 23 年（1934），考入清华大学化学系。

民国 24 年（1935），为挽救民族危亡，他毅然参加“一二・九”运动。

民国 26 年（1937），日本侵略军进占北平，清华大学迁至长沙，与北京大学、南开大学组成国立长沙临时大学。不久，西迁昆明成立西南联合大学。1938 年 2 月，黄培云参加由闻一多等教授率领的步行团，并担任学生小组长，风雨兼程，历时两个多月，从长沙步行到昆明。

民国 27 年（1938），从云南昆明西南联大毕业后在清华大学金属研究所任助教，从事科学研究工作。

民国 29 年（1940），黄培云考取清华大学第五届公费留美生，1941 年秋抵美，在麻省理工学院研究生院攻读博士学位。1945 年获科学博士学位后，他继续在该院从事博士后科学研究工作，是年 7 月，与哈佛大学国际著名语言学家赵元任的次女赵新那结为伉俪。黄培云的博士学位论文的题目是《铜反射炉渣中铜的存在形态研究》。论文发表后，很受美、苏、英等国矿冶工程界重视。英国出版的《冶铜物理化学》一书对该文作较详细的介绍。黄培云的导师、国际著名学者 M・柯亨（cohen）教授等对他很器重，要挽留他继续留美。但为了中华民族的振兴，黄培云毅然偕同已入美国籍的夫人于 1946 年年底回到祖国，以图科学救国。

民国 36 年（1947）3 月起，在武汉大学工学院矿冶系任教授，兼系主任。

民国 37 年（1948）冬，中国人民解放军准备渡江南下时，在美国的岳父母担心黄培云夫妇的安全，来信来电敦促他们立即赴美工作，被黄培云婉拒。

1952年3月，黄培云受命赴长沙参加中南矿冶学院筹建工作；11月1日，中南矿冶学院成立，任教授，兼教务长、副院长。

1954年，创建粉末冶金专业，兼任中国科学院长沙矿冶研究所副所长。

1956年，作为冶金专家代表，参加国家《1956—1967年科学技术发展远景规划纲要》的制定工作。这一年，中国科学院矿冶研究所在长沙成立，黄培云兼任副所长至1983年（该所现为矿冶研究院）。

1956年3月，赴北京参加"制定国家十二年科学规划"会议。

1958年，加入中国共产党。

1978年12月中共十一届三中全会后，黄培云恢复了中南矿冶学院副院长职务，兼任学术委员会主任委员，主管全校科研工作。

1979年5月，创立中南矿冶学院粉末冶金研究所并兼任所长。

1982年，黄培云当选为中共十二大代表。

1984年，黄培云退居二线，担任中南工业大学校学术顾问。

1994年，当选为中国工程院首批院士。

1998年6月，被授予中国工程院第一批资深院士。

2010年2月，《黄培云文集》出版。

2012年2月6日于长沙病逝，享年95岁。

科学研究 20世纪60年代初，在中南矿冶学院，黄培云带领他的弟子向世界高新技术发起冲击。半个世纪以来，关于烧结过程是扩散机制还是流动机制在起作用，许多学者一直争论不休。黄培云经过近20年潜心研究、反复计算，提出粉末冶金烧结过程综合作用原理。这个理论不仅对烧结过程发生的现象能够正确地定性描述，而且对烧结过程的参数能够进行精确的定量计算。

20世纪80年代初期，黄培云领导合金设计和计算相图的研究工作，提出了非规则溶液活度系数的计算模型、二元系参数计算三元系参数的方法和模型。80年代中期，黄培云开始从事粉末冶金高技术和新材料的研究工作，其中在快速冷凝超微粉末领域，他和他的学生发明一系列新型快速冷凝装置，其综合性能指标均达到或超过国际同类产品。1988年，他采用上述装置成功制备固体火箭推进器用微细铝粉，技术达到国际先进水平。

黄培云是国际上最早采用粉末流变理论研究粉末压制的学者之一，他提出的粉末体应变推迟、应力松弛、粉末体变形充分弛豫等一系列新概念和新理论，不仅对粉末冶金具有重大贡献，而且对力学、流变学也具有重要的实用意义。这一理论因而被称为"黄氏压制理论"。

黄培云是中国粉末冶金学科的启蒙者和创始人之一。在黄培云等努力下，中南矿冶学院相继创建国内第一个粉末冶金教研室、第一个粉末冶金研究所，成立中国第一座粉末冶金国家重点实验室，建立粉末冶金工程中心。由这些研究所、重点实验室和工程中心组建的中南大学粉末冶金研究院，成为具有很高国际声誉和中国最重要的粉末冶金教学、科研、生产基地。

黄培云创立著名的粉末压制理论和烧结理论，研制成功多种用于核 、航天、航空、电子等领域的粉末冶金材料，提出非规则溶液活度系数的计算模型、三元参数计算三元系相图的方法及模型和多级快速凝固制取非晶、准晶和微晶金属粉末理论，多次获得国家及省部级奖励，发表学术论文 80 余篇，专著 2 本。

他创立的粉末压型理论和烧结理论，进入当代国际材料科学和高技术发展的前沿领域，引起国际粉末冶金界的重视和高度评价。他还通过合作在合金相图计算、快速冷凝等诸多领域内取得许多重大成果，对中国航空、航天、原子能和兵器工业发展起到重要作用，曾二次获国家自然科学奖，多次获省、部级奖励。

人才培养 黄培云亲自撰写教材、开设课程、制订教学计划，培养研究生，为国家培养大量的科学技术人才，其中博士、硕士研究生 80 余人，本科生 2000 余名。这些学生都已成为中国粉末冶金领域的骨干力量。他创建和领导的粉末冶金研究所，已成为中国粉末冶金学科中心。经过黄培云教授几十年的辛勤努力，中南大学粉末冶金研究院的科研学水平已被国内外同行所公认，国家计委先后批准以该所为依托，建设“粉末冶金国家重点实验室”和“粉末冶金国家工程研究中心”。

社会任职 黄培云曾任湖南省科协主席、中南矿冶学院（中南大学前身）副院长、湖南省科协名誉主席、中南大学学术顾问、博士生导师。

获奖记录 在黄培云的主持和领导下，共完成国家重点科研项目 300 余项，其中获国家科技进步一等奖 3 项、三等奖 2 项；国家发明一等奖 1 项、三等奖 1 项，四等奖 1 项；国家自然科学进步奖三等奖 1 项、四等奖 1 项；省部级奖 47 项。这些科研成果被广泛应用于国防建设和国家重点工程上，先后 3 次受到中共中央、国务院、中央军委的贺电和嘉奖。

其中：

1985 年 8 月，“粉末压制理论”获国家自然科学奖；

1986 年获国家教委科技进步一等奖、湖南省十大科技成果奖；

1988 年获得国防科工委颁发的献身国防科技事业荣誉证章；

1989 年获国家自然科学四等奖；

1989年国务院侨务办公室、中华全国归国华侨联合会授予他“全国优秀归侨、侨眷知识分子”称号；

1990年，中共湖南省委和省政府又授予他“优秀专业技术工作者”称号；

1991年12月,“无机相图测定及计算的若干研究”获得国家自然科学奖三等奖；

1994年当选为中国工程院化工、冶金与材料工程学部院士；

1997年获国家发明三等奖；

1998年被国务院授予“中国工程院资深院士”称号。

何继善 1934年9月11日出生于湖南省浏阳县，原籍湖南省湘乡县。他是应用地球物理学家，中国工程院院士，中南大学教授、博士生导师，湖南省科协主席，中国工程院能源与矿业学部副主任，原中南工业大学（中南大学）校长，湖南省科协名誉主席，中国地球物理学会副理事长，美国勘察物理学家（SGE）协会终身会员。

何继善长期致力于地球物理理论、方法技术及观测系统的研究，主持完成四十余项重大科研项目，发表专著及论文100余篇，取得各种专利多项，获国家、省部级奖24项。其中“中国双频激电研究与应用”1995年获中国国家科技进步二等奖，“生产矿山地地质地球物理研究”1999年获中国国家科技进步三等奖。1999年，何继善院士创立流场法堤坝管涌渗漏探测理论，研制出世界上第一批能在汛期恶劣环境下准确探测堤坝管涌渗漏入口的仪器设备，并在十余个省取得成功应用。

1956年，在中国“向科学技术进军”的号召鼓舞下，何继善考入长春地质学院物探系金属物理勘探专业。

1960年，何继善从长春地质学院物探专业毕业，被分配到中南矿冶学院（现中南大学）地质系任教。

1975年，他针对在中国影响很大的由苏联学者提出的“电阻率法地形改正方法”发表自己第一篇论文《电阻率法地形改正》。随后，他提出“双频激电理论”，开始研制双频激电仪。

1978年，他从事的“电阻率法消除干扰异常研究”获得全国科学大会奖;“直流电法推断解释若干问题研究”获原冶金部成果奖。

1981年，何继善光荣加入中国共产党，将自己一生的奋斗与党和国家事业的发展紧紧联系在一起。直至1991年，先后由助教到讲师、副教授、教授，再到系实验室主任、电法教研室主任、系副主任、系主任。

1986年3月，在美国亚利桑那大学，何继善向来自世界各国专家们介绍一种地球物理勘探新方法“双频激电法”，将他潜心研究20余年的成果第一次在国际上“亮相”。

1991年，何继善走上领导岗位，担任中南工业大学副校长、校长。

1993年，何继善被英国剑桥传记中心定为“有杰出成就的人”，被美国国际传记中心选为世界名人，并被吸收为美国勘探地球物理协会的外籍会员。

1994年，何继善当选为中国工程院院士。

1995年9月，何继善应伊朗矿山金属部多次邀请，前往矿山用他发明的“双频激电仪”进行对比试验，取得圆满成功。

1996年，何继善卸任中南工业大学副校长，任湖南省科学技术协会主席。此后，他致力于把研制的一系列高水平科研成果转化为生产力。

1997年，由何继善指导的科研组和湖南省湘西金矿合作，开展“湘西金矿深边部地质地球物理探矿研究”，成功探明矿区深部金矿可供开采34年、锑矿可开采43年、钨矿也可开采20年以上，极大地缓解该矿山的资源危机。次年，他和几位院士发起成立在湘院士联谊会，为湖南经济发展出谋划策。

1998年底，何继善和助手们，携带自己设计的“CT”地质仪器，远赴阿拉伯联合酋长国（简称阿联酋），用20多天时间，在该国指定的总统、总理和爱茵市市长的农庄等四个地方很快打出4口涌出清泉的上好水井，每口井昼夜出水量达20万吨以上，在阿联酋引起轰动，并得到该国总统高度重视。

1999年初，何继善提出“流场法”，并研制出世界上第一台能探测堤坝渗漏及管涌的仪器，被教育部科学技术委员会评为该年度年中国高校十大科技进展成果项目之一。

2000年春，何继善完成的“流场法探测堤坝渗漏及汛期管涌研究”科研项目，为抗洪救灾作出重大贡献。是年，在科技部、中共湖南省委、湖南省人民政府及有关部门关心和支持下，他创办成立继善物理探测高科技公司。

2002年12月，何继善基金会成立。基金会的基金主要用于支持和奖励在教学、科研和高新技术开发等工作中作出贡献的教师、学生和员工；资助有益于国家建设的科研项目及社会公益活动。每年有20名同学获得该项奖学金3000元现金奖励。此外，何继善捐出1万元设立“双频激电”奖学金，用于激励学生为繁荣和发展地质科学作贡献。

2006年6月，在中国科学院第十三次院士大会和中国工程院第八次院士大会上，何继善当选中国工程院能源与矿业工程部主任，并荣获第六届“光华工程科技奖”。次年6月，被评为湖南省优秀共产党员。

晚年的何继善继续为家乡贡献余热。从2011年起，何继善开始构思《绿色能源在湖南的开发和利用》，为开发新能源奔走疾呼。2012—2013年，何继善率研究团队对洞庭湖盆地生物气进行采样化验，重点关注湖南省的页岩气勘探与开发，提出“气化湖南”战略思路，赢得“湖南页岩气之父”称号。

教学成就 何继善执教近20门课程。他主编出版教材7本，其中《现代科技写作》《继续教育科目指南丛书》等科普丛书深受师生欢迎；《金属矿电法勘探》1987年被评为原中国有色金属工业总公司教材二等奖；《电法勘探教程》1988年获原地质矿产部教材一等奖。

他累计为各省、市的大专院校和中学做各种科普报告200多场，听众达20多万人次；先后培养出30多名博士生、40多名硕士生以及大批本科生，经他指导的博士后研究人员大多成为科研和教学上的骨干；在完成的50余项科研项目中，获国家教委博士点基金项目有3项。

1993年，何继善获地质教育最高荣誉奖——第三届“李四光教师奖”。

科研成果 何继善主持参与完成的科研成果主要有：

《双频激电法》（北京：高等教育出版社，2006）

《防灾减灾工程理论与实践》（长沙：中南大学出版社，2001）

《瓦斯突出地球物理研究》（北京：煤炭工业出版社，1999）

《电法勘探中的电化学研究译文集》（长沙：中南大学出版社，1987）

《金属矿电法勘探》（北京：冶金工业出版社，1980）

《双频道数字激电仪》（长沙：中南工业大学出版社，1987）

《双频激电法研究》（长沙：湖南科技出版社，1990）

《可控源音频大地电磁法》（长沙：中南工业大学出版社，1990）

《电磁波伪脉冲成像及波动理论》（南京：东南大学出版社，1998）

何继善先后获国家、省、部级奖励20余项，主要包括：

1985年获国家“科技发明奖”。

1986年被人事部授予“有突出贡献中青年专家”称号。

1987年被批准为国家重点学科“矿产普查及勘探”学术带头人。

1999年获国家科技进步奖。

1990年被授予“全国高等院校先进科技工作者”。

1992年被授予“全国有色金属工业劳动模范”。

1993年被英国剑桥传记中心评选为世界名人，被美国国际传记中心评选为世界名人。

1994 年 6 月当选为中国工程院首批院士。

1993 年获得地球科学最高荣誉奖——第三届“李四光地质奖”。

1995 年获得国家科技进步奖。

2002 年 12 月荣获“全国科普先进工作者”称号。

2005 年 5 月荣获“全国先进工作者”称号。

2006 年 6 月荣获第六届“光华工程科技奖”。

2007 年 6 月荣获湖南省“优秀共产党员”称号。

2014 年 2 月，荣获 2013 年度湖南省科学技术杰出贡献奖。

刘业翔 1930 年 9 月出生于湖北省武汉市。有色冶金工业电化学专家，中国有色金属冶金学科领域的学术带头人之一，中南大学教授，博士生导师。

刘业翔长期从事有色金属冶金，特别是轻金属冶金及电化学冶金领域节能技术研究与应用，在高温熔盐电催化、锂盐阳极糊节能技术、功能电极材料及冶金过程模拟、控制与优化等方面进行许多开创性研究与实践，取得一系列杰出成就。

1953 年，毕业于中南矿冶学院（后中南工业大学，中南大学），后留校从事教学、科研工作，从此开始了在有色金属冶炼领域基础理论研究与实践中不懈奋斗的历程。

1979 年，在挪威工业大学访问进修 2 年，曾任中南工业大学党委书记兼校长。

1983 年至 1985 年，被聘为中国科学院技术科学部冶金学科组成员；国务院第三届学位委员会评议组成员。

1986 年至 1990 年，成为国家自然科学基金会材料科学与工程部冶金学科组成员。

1988 年以后，任国家教委科技委员会地、矿、冶学科组成员；人事部第三届博士后管理委员会专家组专家；中国有色金属学会第二届理事会的理事；第三、第四届常务理事和轻金属冶金学术委员会主任委员。

1989 年，刘业翔发明的锂盐阳极糊节能技术通过部级鉴定并在全国 20 余家铝厂的 2000 多台自焙阳极电解槽上推广使用，年节电 5000 万千瓦时，年创经济效益逾 1200 万元。这一技术于 1992 年获国家科技进步一等奖。

1996 年底，世界著名的铝研究中心——挪威科技大学，在挪威科学院和工业界的资助下与刘业翔合作，对预焙阳极电催化开展进一步研究，取得新的进展。

1997 年，刘业翔与其课题组一道开发出“铝电解过程控制信号滤波与噪声解析模型”“点式下料铝电解槽氧化铝浓度新型估计模型与自适应控制技术”等，成功地应用在所承担的国家经贸委“九五”重点项目——“大型预焙铝电解槽的智能模糊控制技术”中，并通过部级鉴定，达国际先进水平，可提高电流效率4%。该技术用于生产实践，经济效益显著，仅青海铝厂年增效益就达8400万元。

1997年，当选中国工程院院士。

学术成绩 刘业翔是中国著名冶金、材料及工业电化学专家，在轻金属冶金、熔盐电化学、功能材料、新能源材料及冶金过程模拟、控制与优化等方面进行许多开创性的研究与实践，取得一系列杰出成就。他开发的铝电解碳素阳极电催化剂，有效地降低阳极过电压，为解决铝电解节能降耗中这一世界性难题做出突出贡献。他开发的TiB2生产新工艺使得TiB2生产成本仅为市场售价的十分之一，TiB2阴极涂层技术在12家铝厂114余台铝电解槽上应用，使得电解槽维护强度减轻，槽寿命延长，电流效率提高2%，每吨铝节电300千瓦时。他与学生完成的国家经贸委“九五”重点项目“智能模糊控制技术在160千安预焙铝电解槽上的开发应用”和国家技术创新项目“基于现场总线的全分布式铝电解智能控制系统”，经部级鉴定，达到国际领先水平，为中国铝工业现代化改造提供一项关键技术，可望取得年增5亿元经济效益的节能增产效果。此外，他系统地研发锂离子电池正、负极材料、聚合物电解质、铝电解动态连续测温仪、CO_2传感器以及冶金过程红外故障探测仪等。

硕博培养 据中国科学技术信息研究所、国家工程技术数字研究馆信息：1990年至2005年期间，刘业翔培养的博士后、博士、硕士共38名。

获奖记录 刘业翔先后获得国家科技进步一等奖1项，省部级一等奖2项，专利6项（均排名第一）；

1989年获国家教委科技进步二等奖（排名第一）；

1990年获中国有色金属工业总公司科技进步二等奖（排名第一）；

1991年获国家教委科技进步一等奖（排名第一）；

1991年获中国有色金属工业总公司科技进步一等奖（排名第一）；

1992年获国家科技进步一等奖（排名第一）；

1993年获中国优秀专利奖；

1996年获湖南省“光召科技奖”（省最高科技奖）；

1997年获省“科技之星”称号和全国光华科技二等奖；

1998年获中国“光华科技奖”；

社会任职 刘业翔曾担任中南工业大学（现中南大学）党委书记、书记兼校长，国家自然基金委学科评审组成员，国家教委科技委员会地、矿、冶学科组成员，国务院学位委员会学科评议组成员，人事部博士后管委会专家组专家和湖南省人民政府参事；现任中南大学教授，博士生导师，中国有色金属学会常务理事及轻金属学委会主任委员、美国 TMS 学会资深会员等。

黄伯云 1945 年 11 月出生于湖南省益阳市南县，粉末冶金专家，“高性能炭/炭航空制动材料的制备技术”的发明人。

1969 年毕业于中南矿冶学院（中南大学）特种冶金专业；1980 年赴美留学，先后获爱阿华州立大学工学硕士、博士学位；1986 年进入田纳西大学和橡树岭国家实验室从事博士后研究；1999 年当选为中国工程院化工、冶金与材料工程学部院士；2001 年任中南大学党委常委、校长。

1986—2003 年，黄伯云带领团队日夜拼搏，终于打破国外对“高性能炭/炭航空制动材料的制备技术”的封锁,该技术在获 2004 年获得国家技术发明一等奖。

此外，其主持研究的“高技能粉末冶金飞机刹车材料制造”项目获 1997 年国家技术发明二等奖、“苏 27 飞机 KT156 机轮国放 ZFS27 刹车盘”项目获 1997 年中国有色总公司科技进步奖一等奖、“图—154M 飞机国产粉末冶金刹车副（盘）研究与开发”项目获 1998 年国家科技进步奖三等奖等。

黄伯云长期致力于粉末冶金材料科学与工程领域的研究和教学，在航空制动材料、高温金属间化合物和特种功能材料研究与应用方面取得一系列重大成果。1999 年获湖南“光召科技奖”，2005 年被评为 CCTV 感动中国 2005 年度人物，2005 年获何梁何利基金科学与技术进步奖。黄伯云著有《钛铝基金属间化合物》；主编有《粉末冶金标准手册》；撰有《钛铝合金的抗氧化研究》等论文 100 多篇。

1964 年 9 月，以优异成绩考入中南矿冶学院特种冶金系进行粉末冶金专业学习。

1969 年 8 月,毕业后留校在中南矿冶学院新材料研究所从事科研和教学工作，直到 1980 年 8 月。

1978 年，参加出国人员考试，以学校参考人员总分第一的成绩被录取为冶金部出国访问学者。

1980 年 8 月，开始在美国爱荷华州立大学及 AMES 国家实验室的学习和研究工作。入校不久后,受到 McGee 教授的赏识,并在他的主导下,经过教育部批准,正式成为这位美国材料界权威人士的研究生，同时由爱荷华州立大学提供攻读博士学位的全额奖学金。

1986 年 8 月，完成硕士、博士研究生的学习并获得硕士、博士学位。

1986 年 8 月至 1988 年 5 月，在美国田纳西大学从事博士后研究工作，在美学习和工作的 8 年时间里，发表十多篇有重大影响的学术论文，得到美、法、日等国科学家的高度评价。

1988 年 9 月 13 日，携妻带女回到中国，回到母校担任一名普通教师。

1988 年 9 月至 1989 年 9 月，在中南工业大学粉末冶金研究所工作，1988 年 12 月破格晋升为教授。

1989 年 9 月至 1990 年 12 月，任中南工业大学粉末冶金研究所总工程师。

1990 年 12 月至 1992 年 12 月，任中南工业大学粉冶所所长。

1992 年 12 月至 1997 年 6 月，任中南工业大学副校长，1993 年评定为博士研究生导师。

1997 年 6 月至 2000 年 4 月，任中南工业大学校长，1999 年 12 月当选为中国工程院院士。

2000 年，创办湖南刹车材料实业有限公司和湖南英捷新材料公司并任董事长。

2000 年 4 月至 2001 年 12 月，任新合并成立中南大学的党委常委、常务副校长。

2001 年 7 月，创建湖南博云新材料股份有限公司，成为公司最大个人股东。

2001 年 12 月至 2004 年 8 月，任中南大学党委常委、校长。

2002 年 11 月，当选中国共产党第十六次全国代表大会代表。

2004 年 9 月至 2011 年 10 月，任中南大学党委常委、校长（副部长级，2004 年中南大学升格为副部级高校）。

2006 年 5 月，当选中国科学技术协会第七届全国委员会副主席。

2007 年 10 月，当选中国共产党第十七次全国代表大会代表。

2008 年 3 月，当选中国人民政治协商会议第十一届全国委员会委员。

2009 年 10 月 1 日，应邀赴天安门城楼观看中华人民共和国成立 60 周年阅兵仪式。

2011 年 5 月 30 日，当选中国科学技术协会第八届全国委员会副主席。

2011 年 10 月 26 日，因年龄原因，不再担任中南大学校长。

2011 年 12 月 8 日，全票当选湖南省科协九届委员会主席。

2013 年 3 月，当选中华人民共和国第十二届全国人民代表大会常委会委员。

科学研究 黄伯云长期从事先进复合材料、高性能摩擦材料、高温结构材料、粉末冶金材料以及其他新材料的研究与开发。他共完成国家自然科学基金重点项目、国家“863”高技术项目、国家“973”重大基础研究项目和国家攻关项目等 10 余项。其中，从 1996 年开始主持研究的“高性能炭 / 炭航空制动材料的制备技术”，荣获 2004 年度国家技术发明一等奖，结束该奖项连续六年空缺的历史，同时，这个项目的成功开发，使中国打破欧、美在此项技术上的垄断；“高性能粉末冶金飞机刹车材料制造”，实现某型飞机刹车材料的国产化；“铁基、钨基复杂精细零部件注射成型技术”，创造一系列具有自主知识产权的新技术，为精密复杂零部件制造提供整套关键技术；研制的“钐—钴和铈钴铜铁磁性材料”成功应用于中国人造卫星的关键通信器件；获国家授权发明专利 10 多项，在国内外发表论文 100 多篇，其中被 SCI 和 EI 分别收录 43 篇、81 篇，出版专著 2 部。

科技企业　为把科研成果尽快转化为先进生产力，中南大学建成年产一万盘炭 / 炭刹车片的工业化示范生产线。

为扩大生产，黄伯云与同事们先后注册成立 4 个学科性公司，其中，2004 年 1 月 15 日，中南大学湖南博云新材料有限公司创业基地投入建设，被有关部门批准可以生产“炭 / 炭”刹车副，该基地占地 150 多公顷，投资 1.5 亿元，当年产值达 5000 多万元。

全校 14 位院士中有 9 名相继办起学科性公司。学校实现 1 亿多元的无形资产资本化，拉动 3 亿元民间资本投资，形成近 5 亿元的资本总量推动科技创新，先后办起 50 多个学科性公司，完成 200 多个新产品的市场化。黄伯云的湖南刹车材料公司仅用一年多时间就形成年产 300 盘的生产线，每年可为中国节约外汇 5 亿多美元。

硕博培养　1992 年至 2005 年期间，黄伯云共培养 6 名学生获得博士后学位，19 名获得硕博士学位，26 名获得硕士学位。

获奖记录　1997 年，国家技术发明二等奖、国家级教学成果二等奖；

1998 年，国家科技进步三等奖；

1999 年，1998 年度（第二届）湖南“光召科技奖”；

2003 年，国家科技进步二等奖、留学回国人员成就奖；

2005 年，2004 年度中国十大科技新闻人物、2004 年度国家技术发明奖一等奖、国家级教学成果二等奖、何梁何利科学与技术进步奖、感动中国 2005 年度人物；

2006 年，中国有色金属工业科技进步特别贡献奖、全国“五一劳动奖章”、“全国杰出专业技术人才”、全国优秀共产党员、湖南省国防科技工业科技创新特殊贡献奖；

2009 年，获“新中国成立以来最具影响的劳动模范”。

张尧学　男，汉族，1956 年 1 月生，湖南常德澧县人，中国工程院院士，1982 年本科毕业于西北电讯工程学院（西安电子科技大学），曾任中南大学校长、清华大学计算机系教授，中国作家协会会员，国务院学位委员会委员，国务院信息化咨询委员会委员，计算机学会普适计算专委会委员，解放军总装备部军用计算机及软件技术专业组专家，*International Journal Of Wireless And Mobile Computing*、*Journal Of Autonomic And Trusted Computing*、*Chinese Journal Of Electronics* 等国内外学术期刊的编委。

曾任教育部高等教育司司长、学位管理与研究生司司长、国务院学位委员会办公室主任、“985 工程”办公室主任、“211 工程”建设办公室主任等学术和行政职务。著有《又见木兰》、《水随天去》等管理类散文集。

2015 年 2 月 11 日，入选“2014 中国互联网年度人物”活动获奖名单。

1976 年 10 月至 1978 年 10 月，在湖南澧县余家台水电站工作，岗位是测绘员；

1978 年 10 月至 1982 年 7 月，在陕西西安电子科技大学（原陕西西北电讯工程学院）电子工程系学习，获学士学位；

1982 年 7 月至 1983 年 2 月，在西安电子科技大学出国研究生预备班学习；

1982 年本科毕业于陕西西北电讯工程学院（现陕西西安电子科技大学）；

1983 年 2 月至 1983 年 9 月，在大连外国语学院日语培训班学习；

1983 年 9 月至 1990 年 3 月，在日本东北大学攻读并获硕士、博士学位；

1987 年 4 月加入中国共产党；

1990 年 3 月至 1995 年 7 月，在清华大学计算机系任教师、副教授、教授，教研组副主任；1994 年 6 月任清华大学计算机系副系主任；1995 年 2 月评定为博士研究生导师；

1995 年 7 月至 1995 年 10 月，在美国麻省理工学院作访问教授；

1995 年 10 月至 1997 年 11 月，电子部计算机司副司长兼全国电子信息系统推广办公室副主任（挂职）；

1997 年 11 月至 1999 年 6 月，清华大学计算机系教授、博士生导师；

1999 年 6 月至 2000 年 6 月，教育部科学技术司副司长（主持工作）；

2000 年 6 月至 2001 年 5 月，教育部科学技术司司长；

2001 年 5 月至 2009 年 6 月，教育部高等教育司司长（其中，2001 年 11 月至 2006 年 5 月兼任中央广播电视大学校长；2004 年 3 月至 2005 年 1 月参加中央党校一年制中青年干部培训班；2007 年 5 月至 2008 年 9 月任北京奥组委挂职总体策划部副部长；2007 年当选为中国工程院院士）；

2009 年 6 月至 2011 年 10 月，国务院学位委员会办公室主任、教育部学位管理与研究生教育司司长；

2011 年 11 月至 2017 年 6 月，中南大学校长（副部长级）。

2011年10月21日，经中共教育部党组研究并与中共湖南省委商得一致，决定张尧学任中共中南大学委员会委员、常委。

2016年，当选为中国共产党湖南省第十一届委员会委员。

任免信息 2016年12月7日，湖南省科协第十届全省委员会第一次全体会议举行，张尧学当选湖南省科协第十届委员会主席。

个人作品

论著 著有《计算机操作系统教程》《计算机操作系统教程——习题解答与实验》《UNIX操作系统》《计算机网络与Internet教程》《走进网络世界》,《中西文操作系统》等。

散文 包括《侘寂天涯》《水随天去》《又见木兰》《另一个清华：一位清华教授的留学散记》等。

发明专利 共申请中国发明专利19项，美国发明专利3项。已获得中国发明专利授权14项。

论文 共发表论文180多篇

主要研究 1995年主持研制成功国内首台网络路由器，并推动这一事关国家安全和信息产业核心产品的产业化；率先在国际上开展主动服务和透明计算领域的研究，提出在时空上扩展冯诺依曼结构、把信息存储、运算和管理分开的透明计算理论与方法，并研究成功了基于该理论的内核分布式操作系统和无操作系统的透明计算终端，广泛用于中国军事、商务、教育和管理等领域，受到国内外学术界的重视,被国外同行认为是“先于云计算,并包含云计算”的原创性学术成果,并正向服务手机、云手机等移动互联网、家庭网等领域扩展。

在网络基础理论方面提出被美国同行称为“Zhang’s method”的交互式协议综合法，推动网络基础理论的发展和进步。以第一获奖人获国家技术发明二等奖一项、国家科技进步二等奖两项；获IEEE AINA07最佳论文奖、何梁何利科技进步奖，美国IET教育基金会教育领先奖以及亚洲开放大学联合会功勋服务奖等奖项、撰写中英文专著和教材8部,其中《计算机操作系统教程》已销售100余万册,成为国内计算机领域的主要教材之一。

主持完成多项国家级科研、国际合作及重大产业化项目。并以第一完成人获国家技术发明二等奖1项、国家科技进步二等奖2项、省部级奖励5项。

主要的研究方向是透明计算和主动服务。透明计算主要是研究如何解决用户通过网络上的同一终端平台使用不同操作系统和相关应用；以及在不同终端平台上使用同一操作系统和相关应用。主动服务是按照用户需求，通过计算机对现有服务进行演化，从而提供尽可能满足用户需求的网络服务的一种计算方法。

主要荣誉一览表

年份	奖项
2015	2014年度国家自然科学奖一等奖
2007	IEEE AINA 2007最佳论文奖（第一获奖人）
	亚洲开放大学协会（AAOU）年度杰出成就奖
2006	中国专利优秀奖（第一获奖人）
	清华大学科研成果推广应用效益奖一等奖（第一获奖人）
2005	湖南省科技进步三等奖（第一获奖人）
	何梁何利基金科学与技术进步奖
2004	美国IET教育基金会教育领先奖
	国家技术发明奖二等奖（第一获奖人）
2002	教育部科技进步奖一等奖
2001	国家科技进步奖二等奖（第一获奖人）
2000	中国高校科技进步奖一等奖
	国家经贸委技术创新管理奖
1998	国家科技进步奖二等奖（第一获奖人）
1997	电子部科技进步奖二等奖
	人事部、国家教委优秀留学回国人员奖
1996	全国电子十大科技成果奖
1995	国家教委跨世纪人才基金
1994	霍英东基金
	清华大学基础研究奖

程　京　1979—1983年，毕业于上海铁道大学（现并入同济大学）电气工程系，并获学士学位。

1983—1986年，任铁道部资阳内燃机车厂柴油机分厂助理工程师。

1986—1999 年，任西南政法大学司法鉴定中心助理工程师、研究员。

1989—1992 年，就读于英国 Strathclyde 大学并获司法生物学博士学位。

曾先后在英国 Strathclyde 大学、Aberdeen 大学、美国 Pennsylvania 大学从事博士后研究，1996—2000 年先后任 Pennsylvania 大学医学院研究助理教授，美国 Nanogen 公司资深科学家暨工程师（Staff Scientist/Engineer）、首席科学家暨工程师（Principal Scientist/Engineer）及首席研究员（Principal Investigator），美国 AVIVA 公司技术总监。

1999 年，获国家杰出青年科学基金。

2009 年，当选中国工程院院士。

1999 年 3 月，正式回国，先后任清华大学生物科学与技术系教授、博士生导师、生物芯片研究与开发中心主任，教育部长江学者计划特聘教授，生物芯片北京国家工程研究中心主任，清华大学医学院生物医学工程系和医学系统生物学研究中心教授、博导，博奥生物集团有限公司总裁。

2017 年 6 月，任民建北京市委副主委。

2017 年 12 月 20 日，程京被选为中国民主建国会第十一届中央委员会常务委员。

2018 年 1 月 30 日，在北京市第十五届人民代表大会第一次会议上，当选为北京市出席第十三届全国人民代表大会代表。

主要成就 程京教授从事医学生物物理研究 27 年，1994 年进入生物芯片这一工程、技术和生命科学交叉的新领域，1999 年 3 月回国后在芯片设计原理、制作工艺、芯片实验室系统集成和配套仪器方面作了系统和深入的创新性研究，并针对基础和临床医学所需开发出系列新技术和产品，产生明显的社会和经济效益。

回国前，发明 2 项核酸萃取技术并参与开发出 3 个产品，由 GE Healthcare 等全球销售 20 余年。首次在国际上研究完成集血液中细菌分离、胞解及杂交检测为一体的芯片实验室系统，1998 年该成果以 Lab on a Chip 为封面文章发表在 Nature Biotechnology 上，并被 Science 当年世界十大科技突破所引用。

1999 年 3 月，程京回国后，为攻克生物芯片设计制作中对检测精度、重复性、通量及价格三高一低要求长期面临的难题，深入研究芯片亲和反应新机制、表面化学、微加工及微样印制均一性等关键技术，建立 5 类共性创新技术：①基于标签技术的突变检测芯片技术；②基于寡核苷酸芯片的蛋白活性检测技术；③检测小分子药物的蛋白芯片竞争免疫分析技术；④提高芯片检测精度和重复性的杂交盖片和特殊点样液技术；⑤无标记、实时、定量、高通量细胞芯片监测技术。基于这五类技术研制出面向临床和科研两大类生物芯片如下：建立用于疾病预防、诊断及预后的快速、高通量分子分型芯片技术体系；研制出多项具有无标记、高通量检测特点的细胞芯片实验室系统。

程京治学严谨、求实创新，主持过国家杰出青年基金和十五重大专项等项目；在 *Nature Biotechnology*、*Nature Communications* 等杂志发表 SCI 论文 140 余篇，SCI 他引 9000 余次，回国后主编中英文著作各 4 部，其中 *Biochip Technology* 为国际该领域第一部英文专著；4 次作主席主办国际生物芯片大会，为 *Human Mutation*（IF 5.05）通讯编辑。他获国际发明专利 118 项，国内发明专利 134 项；主持获批医疗器械注册证及一类备案 58 项，欧盟 CE 认证证书 37 个；获批临床诊断类生物芯片行业标准 7 项、国家标准 14 项 。回国 20 余年，他在生物芯片产业化方面做了大量工作，开发出相关产品 70 余项，产品批量出口欧美十国数百家医院和若干科研机构，累计实现销售收入超 40 亿元。

个人荣誉　曾荣获留学回国人员成就奖（2003 年）、求是杰出青年成果转化奖（2004 年）、中国青年科技奖（2004 年）、国家技术发明奖二等（2007 年）、谈家桢生命科学创新奖（2008 年）、何梁何利科学与技术创新奖（2008 年）、中国留学人才归国创业腾飞奖（2010 年）、首都科技盛典——推动“北京创造”的十大科技人物（2012 年）、2014 中国科学年度新闻人物、中国工程院光华工程科技奖（2014 年）、中国首届杰出工程师奖（2014 年）、全国妇幼健康科学技术奖科技成果奖一等奖（2015 年）、谈家桢生命科学成就奖（2016 年）。享受国务院特殊津贴。

研究方向　主要从事 DNA 芯片、蛋白芯片、细胞芯片和芯片缩微实验室的研究开发和在健康管理、疾病诊断、食品安全检测、药物开发中的应用研究，以及依托互联网大数据和人工智能的大健康管理相关研究。

邱定蕃　1941 年 10 月 20 日出生于香港，江西省广昌县人，有色金属冶金、化工冶金专家，中国工程院院士，“矿浆电解新技术”开拓者。

1962 年本科毕业于江西工学院（现南昌大学）化工系，1989 年通过国家留学考试赴加拿大 Queens' University 学习和研究，并担任该校研究生副导师。1985—2002 年任北京矿冶研究总院主管科研副院长、博导，1999 年当选中国工程院院士，兼任中国工程院化工、冶金与材料学部副主任、常委，中国有色金属学会副理事长。

邱定蕃长期从事有色金属冶金、化工冶金的研究与开发。他研究成功的萃取分离镍、钴技术在中国国内首次实现工业化。此外，他在资源循环方面有较深的研究，主持和参与许多工程院咨询战略研究项目。

主要成就 邱定蕃在长达20年的时间里完成大量的应用基础研究并解决许多工程化难题。20世纪80年代初，邱定蕃主持研究成功的P204萃取分离重金属在中国国内首次实现工业化，为弥补当时国内钴的短缺做出贡献。

此外，他在处理含镍钴红土矿、低品位锰矿等方面也做出重要贡献。1989年，他建议在新疆大型钢镍矿采用先进的“加压浸出镍精炼新工艺”，并作为试验项目总负责人，主持上百人的联合攻关。20世纪90年代，与他人合作发明“矿浆电解新技术”，成为该项技术的开拓者，提出与国外学者不同的反应机理，实现金属的进一步提取，降低能耗，特别是在冶炼过程中不产出二氧化硫。1993年建成中国第一座重金属加压精炼厂，使中国镍精炼从20世纪50年代水平跨入世界先进行列。该项成果获1995年国家科技进步一等奖。1997年在湖南建立世界上第一座矿浆电解工厂，金属回收率提高了10%。该项成果获中国有色金属工业总公司发明一等奖和1998年国家发明二等奖。

邱定蕃参与多项国家重大项目的论证和研究工作。他参与的“国家12个重要领域技术政策研究”获1988年国家科技进步一等奖。他参加中国工程院重点课题“西北地区水资源配置、生态环境建设和可持续发展战略研究”、“中国矿产资源可持续发展战略研究”和“东北地区水土资源、生态环境可持续发展研究”等。2002年，他较早在中国国内提出“加快建设资源循环型社会”的建议，并主持中国工程院“有色金属资源循环利用”、“中国有色稀有金属材料的现状及发展战略”、“新疆可持续发展中有关水资源的战略研究（工矿组）”、“有色金属工业CO_2排放、评估和对策研究”等课题。“云南元阳复杂金矿资源综合利用”获2002年国家科技进步二等奖（排名第一）。

据2012年12月6日华南理工大学机械与汽车工程学院官网资料显示，邱定蕃共获国家和省部级科技进步奖、发明奖和自然科学奖17项。其中，2004年获中国光华工程科技奖，2006年获何梁何利科学技术奖。发表论文100余篇，学术专著6本，其中《矿浆电解》一书是世界上第一本有关这项技术研究和生产的学术专著。作为一种全新的提取冶金，矿浆电解已经显示了生命力，但它仍有待于扩展应用领域，对复杂多金属矿的矿浆电解研究有可能为中国丰富的多金矿寻找到一条有效的处理途径。

著有《矿浆电解》《有色金属工业低碳发展：全国有色金属工业低碳经济及冶炼废气减排学术研讨会论文集》《有色金属资循环利用》等。

2014年，邱定蕃教授倡议并发起中国有色金属冶金学术会议，每年举行一次，得到了中国工程院、中国有色金属工业协会、中国有色金属学会等数十家科研院所、学会、高校及厂矿企业的大力支持，已成为有色金属冶金行业的学术盛会，受到业界的广泛关注。

李幼平 男，1935年出生，福建省泉州市人，中国工程院院士，电子和通信技术专家，1953—1957年在南京工学院无线电系学习，1957—1959年在清华大学无线电系学习，1959—1964年在成都电讯工程学院任教，1964年10月调入中国工程物理研究院从事研究工作，1999年当选为中国工程院院士，现任中南大学计算机科学与工程学院未来网络研究中心主任。

李幼平院士长期从事核武器电子系统技术研究，在无线电遥测、遥控和引爆控制系统的研究中建树颇丰。近年来主要围绕网络融合与网络信息服务，研究新一代信息网络体系结构及其关键技术，从控制互联网冗余流量、加强信息内容监管、提供公共文化服务等角度，提出"双结构互联网""存文化于民间""用内容管理网络"等富有建设性的设想，为解决互联网带宽瓶颈、内容安全等问题找到重要的突破口。

李幼平院士曾获国家科技进步一等奖、国家发明二等奖、国防科技一、二等奖多项。1988年获人事部授予的"有突出贡献专家"称号，1999年获香港何梁何利基金技术科学奖，曾连任中国工程物理研究院两届科技委主任。

科学研究 李幼平院士是中国核武器电子学领域的主要学科带头人，长期从事核武器电子系统技术研究，在无线电遥测、遥控和引爆控制系统的研究中颇有建树。作为主要设计者之一，在20世纪70年代，解决了空中遥测中子难题，能在不进行核爆炸试验的条件下，使飞行中的物理装置得以顺利定型，此后中国的多种核武器就是靠这种方法得以顺利定型；提出模式识别的弹道集合方法，形成惯性变延时引信方案，现已正式被新一代引信所采用；80年代，李幼平提出一种利用碰撞频率自然增长的科学设想，并建议"慢记快发，边记边发"的工程方案。方案付诸实施后，飞行定型的重要数据，再没有因等离子体黑障而丢失。他主持设计中国第一代再入遥测系统，提出新一代遥测系统设计思想。与同事们应用"记忆重发"手段克服等离子体"黑障"问题；发明引测合用弹上设备和测试技术，设计试验场区的遥测遥控系统等。

他在主持中国工程物理研究院科技委工作期间，组织研究核禁试前后的核武器发展战略和技术路线，并提出有益建议，同时《信息资源共享基础结构》研究中，不断提出创新性的建议，对中国核武器发展做出重要贡献。作为研究生导师，他先后指导硕士11名、博士4名。

李幼平具有坚实的专业理论基础，学风正派，治学严谨，并能团结同志，默默奉献。在解决重大技术问题的过程中，李幼平曾获得多种奖励，其中包括国家科技进步一等奖，国家发明二等奖，国家科技重大成果一、二、三等奖多项，全国科学大会奖，部委级科技成果奖多项；1988 年人事部授予他“有突出贡献专家”称号；1999 年获香港何梁何利基金技术科学奖。

◆专家顾问团成员

陈叔红 男，汉族，1952年1月出生，湖南湘潭人，1972年2月加入中国共产党，1970年7月参加工作，研究生学历，历史学硕士。曾任湖南省十一届人大常委会副主任、党组成员。

1970年7月—1971年12月，衡阳市有机合成化工厂工人、干部；

1971年12月—1972年3月，衡阳市工业公司党委办干部；

1972年3月—1973年7月，衡阳市委办公室干部；

1973年7月—1981年11月，共青团衡阳市委副书记、书记；

1981年11月—1987年3月，共青团湖南省委副书记、省青联副主席（其间：1983年9月—1985年9月在湖南师范大学干训部中文专业学习）；

1987年3月—1989年9月，郴州地区行署副专员；

1989年9月—1992年11月，郴州地委副书记（1990年8月—1992年9月兼任郴州市委书记；1992年2月—1992年7月在中央党校地厅级干部进修班学习）；

1992年11月—1995年1月，湘潭市委副书记；

1995年1月—1995年3月，湘潭市委副书记、代市长、市政府党组书记；

1995年3月—1995年8月，湘潭市委副书记、市长；

1995年8月—1997年3月，湘潭市委书记（1995年9月—1997年3月在清华大学人文社会科学学院专门史专业学习）；

1997年3月—1997年12月，湖南省计划委员会副主任、党委副书记；

1997年12月—1998年3月，湖南省外经委党组书记；

1998年3月—2000年4月，湖南省外经委主任、党组书记；

2000年4月—2003年2月，湖南省对外贸易经济合作厅厅长（2002年3月—2003年1月在中央党校一年制中青年干部培训班学习）；

2003 年 2 月—2003 年 12 月，湖南省发展计划委员会主任；

2003 年 12 月—2007 年 4 月，湖南省发展和改革委员会党组书记、主任；

2007 年 4 月—2008 年 1 月，湖南省政府党组成员，省发展和改革委员会党组书记、主任；

2008 年 1 月—2008 年 3 月，湖南省人大常委会副主任；

2008 年 3 月—2013 年 1 月，湖南省人大常委会副主任、党组成员。

中共十七大代表，第九届、十届全国人大代表，第八届、九届湖南省委委员。

2012 年 5 月—2016 年 12 月，长沙岳麓科技产业园成立开发建设专家顾问团，聘请陈叔红为园区顾问团顾问。

吴向东　生于 1941 年 10 月，汉族，湖南省南县人（祖籍湖北天门），大学文化。

1965 年 5 月加入中国共产党，1965 年 8 月参加工作。

1969 年到广东省革委会宣传办、广东省委宣传部工作。

1973 年，任湖南省委组织部干事。

1981 年，任湖南省委组织部办公室副主任，1983 年任湖南省委组织部副厅级组织员，参加省委整党办工作。

1985 年，任湖南省委副秘书长。

1988 年后，任益阳地委书记、邵阳市委书记。

1992 年 9 月任湖南省委政法委副书记。

1993 年 3 月后，任湖南省委常委、省委政法委书记。

1995 年任省委常委、省委秘书长。

1998 年任中共湖南省委副书记。

2001 年 1 月湖南省九届人民代表大会第四届会议当选为省九届人大常委会副主任（兼任人大常委会党组书记）。

2007 年 3 月 29 日湖南省十届人大常委会第二十六次会议在长沙闭幕，湖南省人大接受吴向东辞去省人大常委会副主任。

2012 年 5 月—2016 年 12 月，长沙岳麓科技产业园成立开发建设专家顾问团，聘请吴向东为园区顾问团顾问。

肖雅瑜　男，汉族，1950 年 5 月出生，湖南长沙人，大学学历。

湖南省人大常委会党组成员，1968 年 12 月参加工作，国家一级作曲家，1973 年 11 月加入中国共产党。

1968 年 12 月—1969 年 11 月，沅江县知青；

1969 年 11 月—1978 年 10 月，湖南开关厂工人、车间技术员；

1978 年 10 月—1982 年 8 月，湖南农学院农机系设计制造专业学习；

1982 年 8 月—1983 年 11 月，长沙市人事局党组成员、局长助理；

1983 年 11 月—1984 年 11 月，长沙市南区区委副书记；

1984 年 11 月—1986 年 7 月，长沙市农村工作委员会副书记、市农办副主任；

1986 年 7 月—1988 年 9 月，长沙市农村工作委员会书记；

1988 年 9 月—1990 年 9 月，长沙市郊区区委书记；

1990 年 9 月—1994 年 11 月，长沙市委常委、秘书长；

1994 年 11 月—2000 年 5 月，株洲市委副书记（其间：1996 年 3 月—1998 年 6 月在中山大学岭南学院国际贸易金融系财政金融专业研究生班学习）；

2000 年 5 月—2001 年 1 月，株洲市委副书记、代市长、市政府党组书记；

2001 年 1 月—2003 年 2 月，株洲市委副书记、市长、市政府党组书记；

2003 年 2 月—2008 年 1 月，株洲市委书记；

2008 年 1 月—2008 年 3 月，湖南省人大常委会副主任；

2008 年 3 月，湖南省人大常委会副主任、党组成员。

现任湖南省人大常委会党组成员。

第十届全国人大代表，湖南省第九届、十届人大代表，中共湖南省第六次、八次代表大会代表，第九届湖南省委委员，中共株洲市第八次、第九次代表大会代表，七届、八届、九届市委委员、常委，株洲市第十届、十一届、十二届人大代表，中共长沙市委第七届市委候补委员，八届市委委员、常委，长沙市九届、十届人大代表。

2012 年 5 月—2016 年 12 月，长沙岳麓科技产业园成立开发建设专家顾问团，聘请肖雅瑜为园区顾问团顾问。

罗海藩　湖南省望城县（今长沙市岳麓区莲花镇集贤村）人，毕业于华中科技大学，湖南省人大常委会原副主任。1998 年 1 月至 2003 年 1 月任省人大常委会副主任、党组副书记。

1958 年 9 月加入中国共产党。

1964 年毕业于华中科技大学电力动力工程系。

1964 年 8 月参加工作，任湖南省社教工作队副组长、公社党委副书记，后在省委党校学习。

1967 年 11 月任长沙水泵厂技术员、厂组织科负责人、政治处主任。

1973 年任长沙水泵厂党委副书记、书记、革委会副主任、主任。

1978 年 4 月任长沙市委常委、经委主任。

1980 年 8 月任长沙市委副书记、市革委会副主任、副市长。

1983 年任长沙市委副书记、市长。

1983 年 8 月继任长沙市委副书记，入中央党校学习。

1985 年 6 月任省纪委副书记。

1993 年 3 月任省委常委、组织部部长。

1996 年 2 月任省人大常委会副主任、省委组织部部长。

1997 年 1 月任省人大常委会副主任、党组成员。

2012 年 5 月—2016 年 12 月，长沙岳麓科技产业园成立开发建设专家顾问团，聘请罗海藩为园区顾问团顾问。

李映华 汉族，湖南长沙人，生于 1947 年 12 月。1986 年 7 月毕业于全国妇联管理干部学院妇女运动系。曾任中共长沙市委常委、纪委书记、长沙市委副书记、中共湖南省委组织部副部长（正厅级）、湖南省人大常委会委员、省人大农业农村委员会副主任、中国共产党十四大代表。

2012 年 5 月—2016 年 12 月，长沙岳麓科技产业园成立开发建设专家顾问团，聘请李映华为园区顾问团顾问。

第十二篇

附录

APPENDIX

◆上级文件

长沙市人民政府

长政发〔2009〕32号

长沙市人民政府
关于进一步明确长沙岳麓科技产业园
优惠政策的通知

各区、县（市）人民政府，市直机关有关单位：

为进一步促进长沙岳麓科技产业园（以下简称岳麓科技园）的发展，加快基础设施建设，保证项目顺利推进，结合长沙大河西先导区的财政体制和发展，经研究决定，岳麓科技园在开发建设过程中享受以下优惠政策：

一、岳麓科技园内（经批准的规划范围内，下同）项目在征地过程中的用地管理费按政策标准收取后，50% 部分返还给岳慧科技园。

二、在现行政策条件下，岳麓科技园内的土地出让收入中：

（一）土地出让金在扣除农土资金、征地拆迁补偿调节资金和土地出让手续费后，全额（69% 部分）返还给岳麓科技园。

（二）土地出让中产生的增值部分的市级所得，全额返还给岳麓科技园。

三、对于岳麓科技园内收取的城市基础设施配套费，按政策标准收取后，全额退还给岳麓科技园。

四、上述需返还的资金，均由长沙大河西先导区财政负责办理，岳麓科技园收到上述资金后，必须设立专账，并专项用于国区基础设施建设。

五、本办法从 2009 年 10 月 1 日起施行。

二OO九年九月三日

主题词：经济管理 开发区 管理 通知

抄送：市委各部门，长沙警备区。

市人大常委会办公厅，市政协办公厅，市中级人民法院，市人民检察院。

各民主党派市委。 共100份

长沙市人民政府办公厅 2009年9月3日印发

长沙市人民政府
关于进一步加快工业园区发展的意见

长政发〔2014〕28号

各区县（市）人民政府，市直机关有关单位：

工业园区是区域经济发展、对外开放、招商引资的重要载体，是发展高新技术产业、促进产业集群、带动区域经济结构调整和经济增长方式转变的重要平台。为加快我市省级及省级以上工业园区（含省级工业集中区）发展，加速推进全市新型工业化和新型城市化进程，全面提升我市经济实力，特制定本意见。

一、科学定位

（一）全面贯彻落实科学发展观，以工业发展和项目建设为核心，坚持“布局合理、用地集约、产业集聚、优化升级”的原则，把工业园区建设成为高新技术产业和地方特色产业的聚集区，节约集约用地和生态环境保护的示范区，体制机制创新、科技创新和循环经济的先行区，实现长沙经济又好又快率先发展。

（二）各工业园区根据长沙市国民经济和社会发展规划、土地利用总体规划、城市总体规划、产业空间布局规划、控制性详细规划，遵循整体规划、分步实施的原则，编制工业园区产业发展规划。

（三）按照建设“产业新区、工业新城、产城融合”的总体定位，切实加强工业园区生产、生活、政务、商务等公用配套设施建设，全面提高工业园区配套服务水平。工业园区规划依照法定程序批准后，按照规划组织开发和建设。

（四）优化土地资源配置，提高土地利用效率和效益。国家级、省级工业园区工业用地开发利用投资强度分别不得低于3000万元/公顷、2400万元/公顷。鼓励工业园区及工业园区内企业充分利用其低效用地，用于合作或单独开发工业项目或工业地产。

二、完善体制

（一）在工业园区推行全员竞岗制，实行灵活的绩效工资制度。工业园区可根据发展需要面向国内外自主选聘高素质人才。

（二）逐步完善工业园区管理体制，科学设置管理机构，逐步减少管理层级。强化工业园区经济服务职能，赋予工业园区在资源配置、综合协调等方面更多权限和职责。

（三）加强园区政务环境建设。进一步简政放权，对国家级、省级工业园区赋予市级、区县（市）级经济管理权限，涉及工业园区项目建设的市级及以下审批事项，原则上在各区县（市）或工业园区的政务中心“一站式”办结。

三、产业发展

（一）按照集群集约、错位发展、优势优先的原则，大力推进工业园区主导产业特色发展。国家级工业园区主导产业原则上不超过3个，省级工业园区主导产业原则上不超过2个。市级各项扶持资金根据工业园区主导产业定位给予相应扶持。

（二）根据工业园区确定的主导产业，引导企业向工业园区集聚发展。对原有分散零星的工业用地，根据新型工业化和新型城镇化发展的需要，鼓励和引导其向工业园区集聚，工业园区规划范围外原则上不再新增工业用地。

（三）积极引进国内外战略投资者，包括世界500强、国内500强企业及公司总部和研发、采购中心到工业园区投资兴业，努力提高工业园区引资质量和发展水平。对投资10亿元以上重特大项目，实行“一事一议”“特事特办”，及时协调解决项目实施过程中遇到的困难和问题。

（四）推进工业园区转型和产业结构优化升级，加快淘汰落后与过剩产能，转变经济发展方式，提高行业技术水平和装备水平，实现节能减排和产业调整振兴目标，提升企业经济效益和综合竞争力。

四、政策支持

（一）在市工业发展专项资金中安排5000万元，设立工业园区发展专项资金，用于引导工业园区错位发展、编制工业园区产业发展规划、培育核心竞争力和专项奖励等。

（二）除长沙高新区（含政策区）以外的其他工业园区，以工业园区工业企业上年度实现的增值税、营业税、企业所得税的市级部分为基数，超基数部分的50%返还工业园区。区县（市）比照执行。

（三）区域（含工业园区）间交流项目，自项目投产之日起，两年内产生的税收（除上缴国家、省、市以外部分）及企业新增工业产值等均按5 ∶ 5比例由两个区域（含工业园区）分成和统计，两年后全部归项目落地区域（含工业园区）所有。

（四）工业园区发展用地按照节约集约用地的原则，在符合建设用地定额标准和相关供地政策的基础上，依工业园区发展实际情况予以适当倾斜，对于工业园区内纳入省、市重点项目的用地，各级国土部门予以重点支持。

（五）国土部门牵头编制工业用地“招拍挂”出让方案，根据工业园区控制性详规会同市工业和信息化委、工业园区管委会设置工业用地招拍挂条件，明确产业类型、投资规模及竞买人资格。“招拍挂”方案中不得设置排他性条件。

（六）在市土地储备中心设立各工业园区土地储备专户，在县（市）土地储备中心设立县（市）工业园区土地储备专户。工业园区管委会参与工业用地的土地储备，包括资金安排及委托挂牌等。工业园区根据发展需要适度储备土地，储备土地不在工业园区范围内的，可依法依规进行置换。

（七）对工业园区土地开发过程中（含取得储备用地使用权）产生的土地出让金和土地增值的市级财力部分，市财政专项安排给园区用于基础设施建设。区县（市）比照执行。

（八）建立健全以开发总公司为投资开发主体的开发机制。积极推广政府与外资、民资和各类社会资本合作，加强工业园区基础设施建设。鼓励具备条件的开发公司运用发行企业债券、上市等现代金融工具筹集开发资金。

（九）加大对工业园区用工的补贴力度。鼓励本市劳动力特别是市内职业院校毕业生优先在本地工业园区企业就业。引导各职业培训机构在工业园区建立培训基地和工业园区企业在职业培训机构设立专业培训班，开展面向城乡的职业技能培训，按照相关政策规定享受相应的职业培训补贴。

五、管理考核

（一）市加速推进新型工业化工作领导小组按季召开工业园区工作会议，集中解决工业园区产业规划、政策扶持、重大招商、项目建设等方面的问题。

（二）进一步优化工业园区考核办法，以产业项目建设作为工业园区考核重点，以经济发展、产业培育、科技创新、工业园区管理和生态建设作为重要考核指标，引导园区把工作着力点集中到项目建设和加快工业转型升级上。工业园区考核结果与工业园区专项资金安排等工作挂钩。

六、本意见自 2014 年 8 月 4 日起执行

中共长沙市委办公厅文件

长办发〔2014〕28号

中共长沙市委办公厅
长沙市人民政府办公厅
关于印发《工业园区转型提质发展三年行动计划》的通知

各区县（市）党委和人民政府，市直机关各单位：

《工业园区转型提质发展三年行动计划》已经市委、市人民政府同意，现印发给你们，请结合实际认真贯彻执行。

中共长沙市委办公厅
长沙市人民政府办公厅
2014年11月6日

工业园区转型提质发展三年行动计划

为加快推进我市工业园区转型提质发展，根据《中共湖南省委湖南省人民政府关于进一步加快推进新型工业化的决定》（湘发〔2014〕11号）和《长沙市人民政府关于加快工业园区发展的意见》（长政发〔2014〕28号）精神，结合我市实际，制定工业园区转型提质发展三年行动计划。

一、指导思想和基本原则

（一）指导思想。坚持以邓小平理论、“三个代表”重要思想、科学发展观为指导，深入贯彻落实党的十八大和十八届三中、四中全会精神，坚持解放思想、改革创新，充分发挥政府在优化市场资源配置中的作用，推动我市工业园区由综合性园区向专业化园区转变、由硬环境主导向软环境取胜转变，使工业园区成为构建开放型经济新体制的“探路者”、培育产业竞争新优势的“排头兵”和创新创业的主阵地，实现我市工业园区高效优质同步发展。

（二）基本原则。坚持改革创新，进一步突出园区地位，加大园区管理机制、发展机制、考核机制的改革创新力度，进一步提升园区活力，激发园区内生动力。坚持差异化发展，加大对园区重点产业的培育和扶持，不断提高园区产业集中度和园区差异化、持续化发展，提升园区的比较优势和综合竞争力，实现园区经济总量攀升、产业升级、结构转型、发展提质。

二、目标任务

为培育园区新的经济增长点，探索园区新的发展方向，立足现有主导产业，培育一批重点产业，促进园区持续快速发展，实现总量倍增、结构调优的目标。

（一）总体目标。力争2017年、确保2018年实现全市工业总产值16000亿元、规模工业总产值14000亿元的目标。以2012年期末各园区产业产值为基数，至2017年底，省级以上工业园区重点培育产业的增幅（成长率）较2012年期末增长100%以上，重点培育产业的产值总量占本园区规模以上工业总产值的比重（重点培育产业占比）60%以上。

（二）三年发展目标。各园区分别确立各具特色的重点培育产业，实现差异化、特色化发展，以2014年期末数为基数，实现三年阶段性发展目标。

长沙高新区重点培育高端装备制造、移动互联网、新能源三大产业。其中，高端装备制造业增幅30%以上，产业占比40%以上；移动互联网产业增幅100%

以上，产业占比 20% 以上；新能源产业增幅 100% 以上，产业占比 10% 以上。

长沙经开区重点培育汽车、工程机械、电子信息制造业三大产业。其中，汽车产业增幅 200% 以上，产业占比 35% 以上；工程机械产业增幅 30% 以上，产业占比 35% 以上；电子信息制造业增幅 150% 以上，产业占比 10% 以上。

宁乡经开区重点培育食品、家电、新材料三大产业。其中，食品产业增幅 100% 以上，产业占比 30% 以上；家电产业增幅 100% 以上，产业占比 15% 以上；新材料产业增幅 100% 以上，产业占比 15% 以上。

浏阳经开区重点培育生物医药、电子信息、食品三大产业。其中，生物医药产业增幅 30% 以上，产业占比 20% 以上；电子信息产业增幅 100% 以上，产业占比 30% 以上；食品产业增幅 100% 以上，产业占比 10% 以上。

望城经开区重点培育有色金属精深加工、食品、电子信息三大产业。其中，有色金属精深加工产业增幅 60% 以上，产业占比 50% 以上；食品产业增幅 50% 以上，产业占比 10% 以上；电子信息产业增幅 100% 以上，产业占比 10% 以上。

天心经开区重点培育光伏产业、工业设计，产业增幅 100% 以上，产业占比 60% 以上。

金霞经开区重点培育现代物流和食品加工两大产业，产业增幅 100% 以上，产业占比 60% 以上。

雨花经开区重点培育工业机器人、新能源产业。其中，工业机器人产业增幅 100% 以上,产业占比 12% 以上；新能源产业增幅 100% 以上,产业占比 40% 以上。

隆平高科技园重点培育现代生物农业产业，产业增幅 100% 以上，产业占比 35% 以上；电子商务产业增幅 100% 以上，产业占比 10% 以上。

暮云经开区重点培育以地理信息产业基地、电商基地和服务外包基地为重点的生产性服务业，产业增幅 100% 以上，产业占比 30% 以上。

浏阳工业集中区重点培育工程机械及汽车零部件产业，产业增幅 30% 以上，产业占比 60% 以上。

金洲新区重点培育先进装备制造、新材料产业。其中，先进装备制造产业增幅 100% 以上，产业占比 30% 以上；新材料产业增幅 100% 以上，产业占比 30% 以上。

岳麓工业集中区重点培育公共检测（第三方检测）平台,产业增幅 100% 以上,产业占比 70% 以上。

三、发展措施

（一）优化园区管理体制

1. 提升工业园区地位。根据2014年第21次市委常委会议作出的决定，落实国家级、省级园区党政主要负责人在区县（市）的相关政治待遇。

2. 加大对工业园区简政放权。国家级工业园区赋予部分市级经济管理权限，省级工业园区赋予部分县级经济管理权限，涉及工业园区项目建设的市级及以下审批事项，由各工业园区的政务中心一站式办结。

未在省级及以上园区设立分支机构或授权委托单位的，可依据相关法律法规由市直部门直接委托园区管委会行使权限。在符合长沙市城市总体规划（2013年修订）和长沙市土地利用总体规划（2006—2020年）的前提下，对长沙高新区以外的工业园区范围内工业用地容积率、建筑密度等技术指标进行调整，由市规划管理部门在控规指标修改程序上开辟绿色服务通道。园区范围内的城市管理、临时建筑审批、环境保护监察由园区负责。城市内五区工业园区单笔金额100万元以下的政府采购由园区管委会依法组织采购，区财政部门、招标办进行监管和指导。

理顺区县（市）与园区的财政、税收分成体制。鼓励有条件的园区设立独立金库。

3. 推行灵活的园区用人制度和薪酬制度。创新园区人才机制，扩大园区用人自主权限，加大高级专业技术人员、高级管理人员和留学回国人员以及海外高层次人才引进力度，并为他们充分发挥作用提供良好条件。区县（市）在决定园区机关干部及园区所属街道（乡镇）有关干部任免、考核和奖惩等事项时，应征求园区党工委意见。加大干部交流力度，配优配强园区管理班子，建立园区与园区之间、园区与区县（市）及市直部门之间领导和干部交流机制。探索园区负责人任期责任制。鼓励园区内部推行“末位问责制”，对年度考核排名末位的干部实行问责。

按照绩效挂钩原则，加强园区公司化运作，推行工业园区绩效工资待遇，执行灵活的园区工资体系。

（二）优化园区发展机制

1. 加大重点培育产业的扶持力度。按照集群集约、错位发展、优势优先的原则，加强对重点培育产业和项目的支持，着力培育各具特色的重点产业和核心竞争力，实现园区特色产业持续化发展。

市级各项扶持资金按照各园区的重点培育产业目录，实行有针对性的特色产业扶持。鼓励省级及以上工业园区设立园区产业扶持发展资金，实现市、区两级同步，对符合园区重点培育产业发展规划的主机企业、上下游配套企业在土地、资金上优先纳入扶持范围，促进产业链完善，重特大招商引资项目可实行“一事一议”。

2. 提升产业发展质量。以现有产业为基础，通过科技创新、技术改造、两化融合、兼并重组等方式与途径，提升产业发展质量，实现淘汰落后、转型升级、集群集约、稳健上升的两型发展目标，进一步推动园区两型发展水平。通过节能、节水、节地、节材，促进设计开发生态化、生产过程清洁化、资源利用高效化、能源消耗减量化、环境影响最小化。至 2017 年末，园区规模工业万元增加值能耗在 2012 年的基础上下降 18%，园区单位面积工业投资强度提升 100%，园区单位面积工业产出强度提升 80%。

3. 逐步拓展园区空间。实行“三规合一”，在符合长沙市城市总体规划（2013 年修订）和长沙市土地利用总体规划（2006—2020 年）的前提下，在园区现状建设用地和已编未建用地范围外，通过用地评定以及城市功能定位等分析，将适宜工业发展的用地纳入可拓展用地范围，解决全市各园区发展空间问题。按照“整体规划、合理布局、节约集约、分步开发”的原则，调整园区规划，促进园区加快发展，实现园区的转型升级和产城融合发展。

4. 合理配置园区用地。根据园区发展需要加强园区工业用地土地储备，由市土地储备中心定期划拨一定数量土地给园区，用于园区融资用地。除全市用地规模总量由市政府审批外，园区范围内工业用地从预审到审批，由市直部门授权园区，全部在园区办结。新增建设用地指标对投资过亿元的工业项目用地予以倾斜，重特大项目可实行土地指标单列。

提高土地使用效益，加强园区低效闲置土地再开发管理。对已有的低效闲置存量建设用地，按照《长沙市闲置土地处理办法》《开发园区低效用地再开发管理办法》及我市规范工业地产发展的暂行办法等相关规定，引导进行二次开发。二次开发的实施应在不增加用地面积、不改变土地用途的前提下，通过调整内部布局提高土地利用效率。

5. 完善园区基础配套和平台建设。进一步推动和集聚产业创新平台，大力推进工业园区各类创新平台和产业公共技术平台建设，支持园区重点骨干企业建立工程技术中心和博士后工作站；引导和鼓励园区与高等院校、科研院所、企业共建技术服务平台和产业技术联盟。在市、区两级产业发展资金中加强对园区的国家级平台配套资金扶持，加大对园区自建或共建的公共服务平台、技术平台、高端人才引进培养平台的支持。

坚持产业功能与城市功能统筹谋划，推动新型工业化与新型城镇化融合发展。

打破工业园区服务滞后、配套落后的模式，在工业园区实施产业提速与城市提质、生态建设和民生建设同步推进，加快基础设施、配套功能、公共服务一体化进程，打造宜居宜业、功能齐全的国际化现代化“产业新城”。

按照滚动开发，总体平衡的原则，经市土地管理委员会批准，允许园区的经营性用地比例不高于35%，其土地收益部分按照长政发〔2014〕28号文件相关政策返还园区，促进园区开展以产业集聚区为平台的产城融合、产城一体工作体系。推动园区建好物流中心、再制造技术研发中心、研发中心和第三方检测平台，逐步形成与主导产业配套完善、竞争有力的现代服务体系。

（三）优化园区考核机制

进一步调整和优化园区考核办法。按照《2014年度国家级和省级园区工作目标考核体系》，将工业园区纳入到市级绩效考核并单列。

对国家级园区和省级园区、城区工业园实行分类考核。加大园区的重点培育产业增长率加权计分比重，将园区的项目建设、土地投入产出率、财税贡献率、节约集约用地作为园区考核的主要内容，引导园区把工作着力点集中到打造区域竞争特色、项目建设和加快工业转型升级上。

除房地产开发项目以外，国家级园区每年引进投资过50亿元、省级园区每年引进投资过10亿元的产业项目均可纳入园区年度考核范畴。

（四）优化园区外部环境

各级各部门要共同推进，营造良好的园区和企业发展环境。建立园区“宁静日”制度，除法律法规规定和安全生产、治安等紧急突发事件外，各部门不得在每月1—20日之间进入园区进行检查。“宁静日”之外各部门依法依规对园区内企业进行必要的检查，必须经过园区同意并由管委会安排专人协助联系，不得干扰企业正常经营运作。

建立园区企业“缴费清单”制度。园区对辖区内的企业按照项目建设期、企业运营期分阶段制定企业缴费清单并进行公布，企业依据缴费清单缴纳各项规费，没有纳入公布范围的一律不得入园收费，企业可拒缴缴费清单之外的其他费用。

加大对工业和园区对社会经济推动作用的宣传力度，重点宣传各园区的区域特色和发展贡献，引导各级各部门和社会各界进一步关注园区，为园区经济的快速发展创造优良环境。

中共长沙市委办公厅　　2014年11月7日印发

◆人物名录

一、省、市党代表名录一览表

姓名	性别	出生年月	籍贯	民族	党派名称	任职届别	单位	职务
屈志峰	男	1972年10月	祁阳	汉	中共党员	湖南省第十二届党代会代表	长沙岳麓科技产业园	
卢芳国	女	1961年11月	浏阳	汉	中共党员	湖南省第十一次党代会代表	湖南中医药大学	

二、省、市人大代表名录一览表

姓名	性别	出生年月	籍贯	民族	党派名称	任职届别	单位	职务
曹泽云	男	1959年9月	湖南长沙	汉	无党派人士	长沙市第十二、十三、十四届人大代表	湖南省晚安家居实业有限公司	董事长
陈　静	女	1994年5月	湖南长沙	汉	无党派人士	长沙市第十五届人大代表	长沙奥博检验所	实验室运行保障专员
屈志峰	男	1972年10月	湖南祁阳	汉	中共党员	长沙市第十四、十五届人大代表	长沙岳麓科技产业园	党工委书记
秦裕辉	男	1962年8月	湖南武冈	汉	中共党员	长沙市第十五届人大代表	湖南中医药大学	党委书记

三、全国、省、市政协委员名录一览表

姓名	性别	出生年月	籍贯	民族	党派名称	任职届别	单位	职务
黄惠勇	男	1963年11月	南县	汉族	中共党员	2012—2017年任省政协委员	湖南中医药大学（湖南省中医药研究院）	原党委书记，2017年7月调离
秦裕辉	男	1962年7月	武冈	汉族	中共党员	2016年至任长沙市政协委会	湖南中医药大学（湖南省中医药研究院）	党委书记
何清湖	男	1965年11月	耒阳	汉族	无党派人士	2008年任省政协委员至今	湖南中医药大学	副校长

续表

姓名	性别	出生年月	籍贯	民族	党派名称	任职届别	单位	职务
谢梦洲	女	1964年9月	冷水江	汉族	民建会员	2008年任市政协委员、2012年任省政协委员	湖南中医药大学图书馆	副馆长
左亚杰	男	1965年8月	常德	汉族	农工党党员	2012年任省政协委员	湖南中医药大学第一附属医院	药剂科主任
喻正科	男	1964年1月	宁乡	汉族	无党派人士	2012年任省政协委员	湖南省中医药研究院附属中西医结合医院	副院长
刘继常	男	1968年7月	新化	汉族	致公党党员	政协湖南省第十二届政协委员	湖南大学/长沙嘉程机械制造有限公司	首席专家

四、荣获全国、省、市级劳动模范名录一览表

姓名	单位	奖项名称	授予单位	授予时间
常小荣	湖南中医药大学针灸推拿学院	湖南省五一先锋	湖南省总工会	2011年

五、享受国务院特殊津贴专家名录一览表

姓名	性别	出生年月	党派名称	学位（职称）	单位	职务
廖端芳	男	1959年5月	中共党员	医学博士（教授）	湖南中医药大学	
周小青	男	1957年5月	中共党员	医学博士（教授）	湖南中医药大学	
蒋士生	男	1954年8月	中共党员	学士（研究员）	湖南中医药大学	
彭清华	男	1964年10月	中共党员	医学博士（教授）	湖南中医药大学	副校长
秦裕辉	男	1962年7月	中共党员	医学博士（研究员）	湖南中医药大学	党委书记
何清湖	男	1965年11月	中共党员	医学博士（教授）	湖南中医药大学	副校长
柏正平	男	1958年12月	中共党员	学士（主任医师）	湖南中医药大学	副校长
葛金文	男	1965年9月	中共党员	医学博士（教授）	湖南中医药大学	副校长
邓常清	男	1963年2月	中共党员	医学博士（教授）	湖南中医药大学	医学院院长

六、高级专业技术职称人员名录一览表

姓名	性别	出生年月	党派名称	职称	单位	职务
刘继常	男	1968年7月	致公党党员	教授	湖南大学/长沙嘉程机械制造有限公司	首席专家
周金沙	男	1965年1月	中共党员	高级工程师	长沙市食品药品检验所	副所长
夏立新	男	1966年8月	中共党员	高级工程师	长沙市食品药品检验所	副所长
周　芳	女	1973年4月	中共党员	高级工程师	长沙市食品药品检验所	办公室主任
杨丽霞	女	1981年3月	中共党员	高级工程师	长沙市食品药品检验所	总工程师
何红梅	女	1968年5月	中共党员	高级工程师	长沙市食品药品检验所	仓库管理员
廖　宏	男	1973年2月	中共党员	研究员级高级工程师	湖南宏尚检测技术股份有限公司	董事长
陈迎春	女	1973年12月	中共党员	高级工程师	湖南宏尚检测技术股份有限公司	总经理
邓向民	男	1956年4月	无党派人士	高级工程师	湖南宏尚检测技术股份有限公司	技术负责人
徐　剑	男	1972年2月	无党派人士	高级工程师	湖南宏尚检测技术股份有限公司	业务部经理
刘西茹	女	1975年1月	无党派人士	高级工程师	湖南宏尚检测技术股份有限公司	业务部副经理
彭伍全	男	1964年6月	无党派人士	高级工程师	湖南宏尚检测技术股份有限公司	业务部副经理
彭　跃	男	1970年11月	无党派人士	高级工程师	湖南宏尚检测技术股份有限公司	技术负责人
谭　杰	男	1974年11月	无党派人士	高级工程师	湖南宏尚检测技术股份有限公司	业务部经理
李　娟	女	1974年8月	无党派人士	高级工程师	湖南宏尚检测技术股份有限公司	业务部副经理
李天成	男	1966年1月	无党派人士	高级工程师	湖南宏尚检测技术股份有限公司	技术负责人
蒋士生	男	1954年8月	中共党员	研究员	湖南中医药大学	校长
邹　龙	男	1969年10月	无党派人士	教授	湖南中医药大学	副院长
周良荣	男	1963年8月	中共党员	教授	湖南中医药大学	院长
晏峻峰	女	1965年11月	民盟盟员	教授	湖南中医药大学	副院长
丁长松	男	1975年11月	中共党员	教授	湖南中医药大学	

续表

姓名	性别	出生年月	党派名称	职称	单位	职务
宁德斌	男	1968年1月	中共党员	教授	湖南中医药大学	
王军文	男	1963年5月	中共党员	教授主任医师	湖南中医药大学	处长
罗尧岳	男	1973年7月	中共党员	教授	湖南中医药大学	书记
易　霞	女	1961年9月	中共党员	教授	湖南中医药大学	
陈偶英	女	1972年7月	中共党员	教授	湖南中医药大学	
潘晓彦	女	1970年3月	中共党员	教授	湖南中医药大学	
蒋文明	男	1962年6月	中共党员	教授	湖南中医药大学	书记
李铁浪	男	1969年2月	中共党员	教授	湖南中医药大学	处长
童巧珍	女	1971年11月	中共党员	教授	湖南中医药大学	副院长
张国民	男	1974年12月	中共党员	教授	湖南中医药大学	主任
李江山	男	1972年12月	中共党员	教授	湖南中医药大学	院长
刘春华	女	1968年8月	中共党员	主任医师	湖南中医药大学	副处长
张　熙	女	1970年8月	中共党员	教授	湖南中医药大学	副处长
余望贻	男	1964年3月	中共党员	教授	湖南中医药大学	
田雪飞	男	1973年1月	中共党员	教授	湖南中医药大学	副院长
黄　汀	女	1969年2月	中共党员	教授	湖南中医药大学	副院长
叶利军	女	1964年10月	中共党员	教授	湖南中医药大学	院长
陈小平	女	1973年5月	中共党员	教授	湖南中医药大学	副院长
李　杰	男	1975年11月	中共党员	教授	湖南中医药大学	副院长
杨　瑛	女	1965年3月	无党派人士	研究员	湖南中医药大学	
王若光	男	1967年12月	中共党员	教授	湖南中医药大学	副总经理
肖　平	女	1963年5月	无党派人士	教授	湖南中医药大学	
谢静涛	女	1957年5月	中共党员	教授	湖南中医药大学	
张　泓	男	1963年3月	中共党员	教授	湖南中医药大学	副院长

续表

姓名	性别	出生年月	党派名称	职称	单位	职务
谭克理	男	1963年11月	无党派人士	教授	湖南中医药大学	
张建佳	女	1958年11月	中共党员	教授	湖南中医药大学	
谢梦洲	女	1964年9月	民建会员	教授	湖南中医药大学	副馆长
易法银	男	1955年8月	中共党员	教授	湖南中医药大学	
彭清华	男	1964年10月	中共党员	教授	湖南中医药大学	副校长
葛金文	男	1965年9月	中共党员	教授	湖南中医药大学	副校长
肖小芹	男	1963年5月	中共党员	教授	湖南中医药大学	书记
何清湖	男	1965年11月	无党派人士	教授	湖南中医药大学	副校长
秦裕辉	男	1962年7月	中共党员	研究员	湖南中医药大学	党委书记
谭元生	男	1962年7月	中共党员	教授	湖南中医药大学	副校长
柏正平	男	1958年12月	中共党员	主任医师	湖南中医药大学	副校长
张玉芬	女	1968年10月	中共党员	教授	湖南中医药大学	
熊　辉	男	1963年10月	中共党员	教授	湖南中医药大学	
阳仁达	男	1962年9月	中共党员	教授	湖南中医药大学	书记
曹建雄	男	1963年6月	中共党员	主任医师	湖南中医药大学	副院长
裴　刚	男	1971年2月	无党派人士	教授	湖南中医药大学	副院长
夏新华	男	1962年1月	无党派人士	教授	湖南中医药大学	副院长
刘向前	男	1966年4月	中共党员	教授	湖南中医药大学	副院长
张秋雁	女	1971年7月	中共党员	教授	湖南中医药大学	书记
林丽美	女	1979年12月	中共党员	教授	湖南中医药大学	
廖端芳	男	1959年5月	中共党员	教授	湖南中医药大学	校长
覃　丽	女	1977年10月	中共党员	教授	湖南中医药大学	
李顺祥	男	1964年1月	中共党员	教授	湖南中医药大学	院长
鲁耀邦	男	1961年2月	中共党员	教授	湖南中医药大学	副院长

续表

姓名	性别	出生年月	党派名称	职称	单位	职务
郭建生	男	1953年9月	中共党员	教授	湖南中医药大学	
吴红娟	女	1959年3月	中共党员	教授	湖南中医药大学	
邱赛红	女	1958年5月	中共党员	教授	湖南中医药大学	
彭　菲	女	1963年3月	农工党党员	教授	湖南中医药大学	
杨　勇	男	1972年4月	中共党员	教授	湖南中医药大学	
黄　莺	女	1965年1月	中共党员	教授	湖南中医药大学	
贺福元	男	1965年7月	中共党员	教授	湖南中医药大学	
何　群	女	1958年4月	中共党员	教授	湖南中医药大学	
桂　卉	女	1967年10月	无党派人士	教授	湖南中医药大学	
唐映红	女	1962年11月	无党派人士	教授	湖南中医药大学	
曾　嵘	女	1964年1月	中共党员	教授	湖南中医药大学	
李荣东	男	1966年12月	中共党员	教授	湖南中医药大学	
彭东明	男	1963年10月	中共党员	教授	湖南中医药大学	
张春桃	女	1964年2月	中共党员	教授	湖南中医药大学	
彭彩云	女	1972年11月	中共党员	教授	湖南中医药大学	
杨　崧	男	1960年12月	农工党党员	教授	湖南中医药大学	
陈胜璜	男	1963年12月	中共党员	教授	湖南中医药大学	
王　炜	男	1972年4月	中共党员	教授	湖南中医药大学	
何桂霞	女	1965年8月	中共党员	教授	湖南中医药大学	
潘清平	男	1965年9月	中共党员	教授	湖南中医药大学	
周小江	男	1968年3月	无党派人士	教授	湖南中医药大学	
肖冰梅	女	1968年5月	农工党党员	教授	湖南中医药大学	
周日宝	男	1962年5月	无党派人士	教授	湖南中医药大学	
邓常清	男	1963年2月	中共党员	教授	湖南中医药大学	院长

续表

姓名	性别	出生年月	党派名称	职称	单位	职务
文红艳	女	1963年9月	中共党员	教授	湖南中医药大学	书记
庹勤慧	女	1974年1月	九三学社社员	教授	湖南中医药大学	副院长
雷久士	男	1957年6月	中共党员	教授	湖南中医药大学	
谭周进	男	1971年11月	民盟盟员	教授	湖南中医药大学	
卢芳国	女	1962年11月	中共党员	教授	湖南中医药大学	
陈伶利	女	1979年8月	中共党员	教授	湖南中医药大学	
陈　懿	女	1975年10月	中共党员	教授	湖南中医药大学	
李孟贤	男	1962年3月	无党派人士	教授	湖南中医药大学	
何迎春	女	1973年12月	中共党员	教授	湖南中医药大学	
成细华	女	1974年2月	中共党员	教授	湖南中医药大学	
成战鹰	男	1961年4月	无党派人士	教授	湖南中医药大学	
严　杰	男	1963年8月	无党派人士	教授	湖南中医药大学	
杨胜辉	男	1969年5月	中共党员	教授	湖南中医药大学	
郭志华	男	1964年1月27日	中共党员	教授	湖南中医药大学	处长
肖四旺	男	1962年9月18日	中共党员	教授	湖南中医药大学	书记
顾　星	男	1960年1月13日	中共党员	教授	湖南中医药大学	副院长
岳增辉	男	1966年7月14日	中共党员	教授	湖南中医药大学	总经理
林亚平	女	1955年10月19日	无党派人士	教授	湖南中医药大学	
常小荣	女	1956年6月5日	中共党员	教授	湖南中医药大学	
刘伍立	男	1959年9月18日	中共党员	教授	湖南中医药大学	
肖子曾	男	1959年8月23日	中共党员	教授	湖南中医药大学	书记
邓奕辉	女	1970年6月11日	中共党员	教授	湖南中医药大学	院长
王净净	男	1954年3月12日	无党派人士	教授	湖南中医药大学	

续表

姓名	性别	出生年月	党派名称	职称	单位	职务
魏高文	男	1963年7月	中共党员	教授	湖南中医药大学	
雷　磊	男	1963年6月	中共党员	教授	湖南中医药大学	
丁　青	女	1960年9月	民进会员	教授	湖南中医药大学	
王　萍	女	1959年7月	中共党员	教授	湖南中医药大学	
黄立中	男	1956年11月	中共党员	教授	湖南中医药大学	
宋炜熙	女	1963年9月12日	无党派人士	教授	湖南中医药大学	
朱惠安	女	1964年5月24日	中共党员	教授	湖南中医药大学	主任
王宇红	女	1965年10月7日	中共党员	研究员	湖南中医药大学	副主任
胡志希	男	1962年12月5日	中共党员	教授	湖南中医药大学	副院长
喻　嵘	女	1969年5月20日	中共党员	教授	湖南中医药大学	院长
欧阳建军	女	1961年8月1日	中共党员	教授	湖南中医药大学	
袁振仪	女	1957年8月25日	中共党员	教授	湖南中医药大学	
文乐兮	女	1962年10月15日	中共党员	教授	湖南中医药大学	
陈　安	女	1966年8月	中共党员	教授	湖南中医药大学	
胡方林	男	1968年5月	中共党员	教授	湖南中医药大学	
赵国荣	女	1955年10月	中共党员	教授	湖南中医药大学	
李新华	男	1965年2月	中共党员	教授	湖南中医药大学	
魏飞跃	男	1958年2月	无党派人士	教授	湖南中医药大学	
刘慧萍	女	1979年1月	中共党员	教授	湖南中医药大学	
黄政德	男	1955年2月	中共党员	教授	湖南中医药大学	副书记
谭达全	男	1954年6月	中共党员	教授	湖南中医药大学	副校长
赵新广	男	1969年3月	无党派人士	教授	湖南中医药大学	
周小青	男	1957年5月	中共党员	教授	湖南中医药大学	副校长
蔡　雄	男	1976年1月	无党派人士	教授	湖南中医药大学	

续表

姓名	性别	出生年月	党派名称	职称	单位	职务
刘旺华	男	1973年12月	中共党员	教授	湖南中医药大学	
孙贵香	女	1976年8月	中共党员	教授	湖南中医药大学	
黄献平	女	1962年3月	中共党员	教授	湖南中医药大学	
黄碧群	女	1959年10月	中共党员	教授	湖南中医药大学	
郁保生	男	1955年10月	中共党员	教授	湖南中医药大学	
肖碧跃	女	1974年2月	中共党员	教授	湖南中医药大学	
李光锋	男	1964年1月	中共党员	教授	湖南食品药品职业学院	党委副书记、副院长
甘湘宁	女	1968年5月	中共党员	教授	湖南食品药品职业学院	副校级领导
张小清	女	1968年1月	无党派人士	教授	湖南食品药品职业学院	专任教师
黄　云	女	1968年6月	中共党员	教授	湖南食品药品职业学院	专任教师
张　梅	女	1965年12月	农工党党员	教授级高讲	湖南食品药品职业学院	专任教师
刘其林	男	1963年9月	中共党员	高级教师	学士中学	工会主席
彭向华	女	1977年3月	中共党员	高级教师	学士中学	
李正荣	男	1972年1月	中共党员	高级教师	学士中学	
周海燕	男	1957年5月	中共党员	高级教师	含浦中心学校	
李旭光	男	1967年12月	中共党员	高级教师	含浦中心学校	含浦教育总支书记
瞿恒芳	女	1977年4月	中共党员	高级教师	联丰小学	校长
李小平	女	1975年1月	中共党员	高级教师	联丰小学	副校长

◆领导论坛

振兴跨越　蓄势赶超

——关于加快岳麓科技产业园发展的几点思考

屈志峰

工业园区是区域经济转型升级的主阵地和最前沿，是区域经济社会发展的潜力所在、后劲所在、希望所在。岳麓科技产业园作为岳麓区唯一的综合性园区，担负着引领产业振兴、经济腾飞的使命和重担，要紧紧抓住难得的历史机遇，充分发挥区位、资源和空间优势，以大思路促进大建设，以大建设促进大发展，以大发展实现大跨越，真正意义上成为区域经济发展的带动区、科技创新的实验区、宜居宜业的新城区。

一、驻足发展的现实基础和客观态势

自划归岳麓区以来，园区秉承“精心规划、精致建设、精细管理”的原则，全面完善城市功能，集聚优势产业，其基础设施体系和现代产业体系初步完备，相继获批为省级服务外包示范基地、省级科技成果转化示范基地和省级工业集中区。

1. 着力编规划，在指引精工布局上创示范。坚持尊重自然的规划理念，优化提升规划布局，使工业元素、科技元素、生态元素有机融合。一是高瞻谋划未来蓝图。紧扣“五年内晋升国家级开发园区”的总体目标，凝练概括了“岳麓智谷·活力新城”的未来新城形象。充分发挥集体智慧，研究确立了“总部商务基地、科技研发中心、文化创意高地、两型宜业新城”的发展战略定位，为园区开发建设指明了路径方向。二是同步提升全域规划。《园区五年振兴纲要》完成初步文本，将明确园区未来五年的重大发展战略和主要工作任务。邀请知名设计公司编制完成《产业战略研究和发展规划》，并通过先导区国土规划部评审。《控制性详细规划》完成初步成果并进行初审，得到市、区规划部门一致好评。排水、电力等专项规划及中心商务岛、中心商务走廊等重要节点均已完成初步规划设计。

2. 强力促项目，在助力产城融合上塑形象。项目是园区经济的生命线，园区是众多项目的集合体，要实现跨越赶超，最终都应落实和体现在项目上。一是产业项目强力推进。围绕“项目达效、产业集聚”，切实加强项目跟踪服务，不断提升园区经济活力。中铁轨道交通、晚安家居投产达效。联东U谷、浦洋节能等产业“园中园”项目全面启动主体工程建设。上城国际广场等城市综合体建设顺利。省奥林匹克中心、中心商务岛等项目签订合作协议。九城集团、三马名车等企业总部进驻园区。二是招商引资成效显著。树立“招大商、选优商、引强商”的理念，加强项目推介，邀请专业宣传策划公司，精美制作项目介绍指南与招商手册。加强宣传造势，巧借湖南日报、湖南卫视等媒体平台，发布头版报道及专题宣传。加强引进力度，成功签约联东U谷、上药九旺等一批优质项目，共计进驻企业120余家。三是基础配套逐步完善。茯苓冲路等道路陆续竣工，含浦大道等道路加紧施工，20多条主次干道为园区产业发展布局和要素配置构建了交通路网新格局。中小学校、三甲医院、高端楼盘、综合卖场等城市元素加速汇集，常住人口已逾10万，城市人气日益聚集。不断美化、亮化、绿化、优化城乡环境，一座品位彰显、魅力无穷的现代活力新城初具雏形。

3. 致力挖潜质，在区校实质合作上谋进展。充分挖潜科教资源，积极对接中南大学，探索建立多领域、全方位、深层次的合作。一是签署战略合作协议。协同相关部门成功举办2013中国（长沙）科交会岳麓专场暨区校共建中南大学科技园启动式，促使区政府与中南大学签署共建中南大学科技园合作协议，拉开了区校深度合作大幕，携手打造科技创新创业示范性园区，铸就区校合作典范。二是制定成果转化路径。充分整合双方资源，建设5万平方米科技企业孵化器和科技中小企业培育中心；建设50亩科技研发、中试的科技企业加速器；建设100亩中南大学科技研发总部基地；建设1500亩高科技企业产业化基地，承接科技孵化毕业企业和高校专家教授、校友的规模化发展企业；实现500家以上科技型企业（项目）入驻园区。三是强化扶持保障举措。研究制定《关于中南大学科技成果孵化基地企业入驻扶持的暂行办法》、《岳麓科技产业园科技企业孵化器认定和管理办法》等系列政策。积极筹措资金成立智芯风险投资公司。投入建设资金10亿多元，建成孵化基地4个，吸纳入孵企业70余家，荣获科技成果138项，科技型企业的集聚效应和辐射效益日渐彰显。

二、促进发展的优劣分析和形势研判

园区正处于跨越发展起步期，在经济总量、产业基础、资源禀赋、政策条件、基础设施等方面均没有明显优势，要在激烈的区域竞争中占有一席之地存在不少困难和挑战，这就需要对园区情况和当前形势准确分析，结合现有优势、提升自身影响、实现产业互补、力求错位共赢，从而推动更快速度、更高质量的发展。

1. 优劣分析。园区地处大河西先导区的核心区和起步区，与中心城区隔江相望，与岳麓山大学城比邻而居，可谓地理位置优越，交通方便快捷，自然环境优美，科教资源雄厚。但与得天独厚的先天优势相比，园区也存在明显的后天不足：一是综合实力不强。与先进园区相比，园区在发展速度、质量和效益上还有不小的差距，尤其是综合实力不强，经济总量偏小，缺乏龙头型、旗舰型大企业、大集团，主导产业的集聚度还不高。二是管理体制不顺。主要是多重管理权责不清，事权难集中，管理难统一，导致项目调规难度大、手续审批难、土地指标紧，一些项目被搁浅、被延误。三是要素支撑不足。园区发展逐步进入快速车道，但尚未真正进入良性循环轨道。在当前发展过程中，用地受限、资金紧张、人力缺乏、权限不足等问题不同程度的存在，难以适应新形势的发展。

2. 比对分析。工业园区作为加速工业化和城镇化的第一推动力，长沙“四区十园”互为依存、竞相发展，对于仅列末席的我们而言，均可为最贴近的示范榜样。

3. 形势研判。当前，正处在一个经济大变局中，宏观经济复杂多变、要素制约日益加剧、发展竞争日趋激烈，但机遇大于挑战，有利条件多于不利条件。一是跨越赶超的时机已经成熟。市委、市政府明确提出“一江两岸、东提西拓”战略，长沙西扩之势日益强劲、西进步伐明显加快。梅溪湖、洋湖、大王山三大片区全面发力，地处三区交界的园区，正逐步激发二、三产业集聚的硅地效益。二是跨越赶超的动力更加充足。中南大学科技园、现代医药物流园、文化创意产业园、联东 U 谷工业园等产业“园中园”全面启动，使园区产业格局逐步形成。而成功跻身省级工业集中区，将园区纳入省级园区的管理模式，享受省级园区的各项优惠政策，势必将促进招商、金融、土地等方面的全面提升。三是跨越赶超的态势催人奋进。中部崛起、“3+5”城市群等一系列战略举措，使园区必将聚集更多的要素、释放更大的潜力。区委、区政府举全区之力推进园区振兴工程的信心与决心，也激励着园区要增强危机感、紧迫感，努力打造发展新优势，全面提升综合竞争力。

三、加速发展的预期分析和对策举措

产业发展平台的快速扩张、重大项目的全面建设、新城开发的纵深推进，使园区未来 3—5 年将进入一个厚积薄发、高速发展的黄金战略机遇期，在全区乃至全市经济总量目标中承担更大份额，为转型升级和跨越发展发挥更大作用，其预期发展特征主要体现在：一是总量扩张和质量提升的跃进期。未来五年，园区产业发展空间将极大扩展，产业容量和项目承载能力大幅提高，大体量高端项目推动主导产业加快集聚将产出更大规模，园区产业规模和发展质量将进一步提高。二是产业升级和技术创新的调整期。未来五年，园区医药物流、文化创意等主导产业将向链条式、高端化环节延伸，主导产业创新引领作用和规模集聚优势将进一步凸显。科技研发平台、产业创新平台建设将进一步集聚创新创业人才，促进自主创新能力提高和科研成果转化。三是基础开发与功能培育的上升期。未来五年，园区在资源整合、管理体制调整的基础上，将加大开发建设投入力度，拉开拓展区建设框架，建设规模将进一步扩大。按照土地集约使用的量化指标布局项目，平均投资强度和产出水平将大幅提高，从而实现园区基础配套功能和产业功能协调发展。四是产业功能与城市功能的融合期。未来五年，园区现代制造业在扩规模、提质量、促升级的同时，研发创新环节和市场营运环节的培育壮大将催生生产性服务业大发展。商贸娱乐、休闲餐饮、金融办公等多种业态于一体的商业办公综合体扎堆园区，不断提升生活性服务业发展能级，进而形成工业化与城市化互融共促格局。为实现预期发展，其主要推进重点为：

1. 推进建管并重，实施提质提速行动。按照“建管并重”的城市发展理念，把规划、建设、管理有机结合起来，保障发展质量和开发速度同步提升。一是规划方面，坚持理念与实际并重。按照顶层设计、全域规划的原则，既要有总体规划，又要有专项规划，既要有用地的布局规划，又要有产业的发展规划。要把园区置于一流城区发展格局中搞好规划，围绕空间拓展、形象扮靓、品质提升，完善总体规划和控制性详规，做好片区规划和辖区道路、生态、节点等城市形象设计，做好文化创意产业园、医药物流产业园等产业发展规划，提高新城品质内涵。二是建设方面，坚持效益与品质并重。按照突出重点、突破单项、整体配套、全面推进的原则，加快构筑基础设施配套、要素保障体系、自然生态环境等“硬环境”。有序推进含浦大道、学士路等主干道的拓改工程，加快完善建成区的雨污分流、管网改造及线路下地，给入园客商和入住居民带来舒适环境。要充分发挥平台公司的融资、开发、建设主体作用，5 年内力争投资 100 亿元用于生态绿化维护、公共服务设施、市政基础配套，全面推进拓展区建设和项目布局。三是管理方面，坚持投入与产出并重。紧紧把握经济发展规律，用市场经济的手段抓园区开发，通过市场运作、滚动开发，积极吸引各种社会资金和金融资金投资园区基础设施建设，促进园区投资主体多元化。注重税源结构调整，突出主导产业贡献，提高第三产业比重，形成商业反哺工业的良性格局。切实做活、做足土地开发文章，搞好土地储备，实现供地可控，每年计划性出让经营性用地 400—600 亩。盘活土地存量，采取 BOT、BT 等形式利用外资，筹资建设。

2. 推进产城融合，雕琢宜居宜业新城。产业是城市发展的基础，城市是产业发展的载体。园区的地理位置，决定了园区是一座现代新城；园区的本质要求，又决定了园区需要产业集聚。园区要把握产城融合的趋势，推动现代产业、现代生活、现代都市协调发展。一是坚持在承接产业转移中做好“增量”文章。按照“招大、引强、择优”的思路，着力瞄准中央国企、上市公司、知名品牌，力争在引进产能规模达到10亿元、50亿元以上的大项目上取得重大突破。结合初步形成的产业优势和园区特色，主攻医药物流、检测设计、文化创意、高新科技、现代服务等产业，大力引进科技型、内涵性中小企业进驻，实现新兴产业的增长突破。加强对入园企业和项目的选择，根据投资强度、建筑密度等强制性指标提高项目准入门槛，最高强度地集约利用土地资源。二是坚持在转变发展方式中做好“提升”文章。切实将引进壮大现代服务业作为转变发展方式的一个重点方向，大力引进发展高端百货、连锁经营、电子商务等现代流通方式，继续强化银行、证券、保险等金融业态招商。依托建成区、拓展区中心区域精心打造学士大道高端商务轴和环地铁口商务圈，着力引进具有全国影响力的商业项目和国际国内一线品牌门店，建设一批融购物、餐饮、休闲、娱乐为一体的大型购物中心。大力发展社区商业，不断满足各个层次、不同类型人群的消费需求。三是坚持在推动新城开发中做好“生态”文章。遵循生态发展理念，彰显滨江临山环境优势，开展绿化、景观等专项研究，大力实施“绿化”和“彩化”工程，使园区建在公园里、建在森林里、建在花园里，打造全省最美的生态园区。要以“两岸两河”为重点，逐步实现玉赤河、靳江河景观廊道的对外开放，使其成为地域景观特色和园区品牌形象。要完善“三纵三横两环”的辖区交通网络，形成区内道路大循环，贯通对外交通大动脉，使园区成为长沙西南片区的重要交通枢纽。

3. 推进区校联动，构筑创新创业乐园。高等院校云集、科研院所林密、科技人才密集是园区的最大优势，也是其无与伦比的现实资源，要努力把科教优势转变为经济优势，推动城区、校区、园区“三区联动、融合发展”。一是提升区校合作高度。加强校地合作是转变经济发展方式的重要举措，是推动综合实力提升的重要力量，要将区校合作提升到市级层面，争取更高层次、更大力度的优惠政策与资金支持。定期举行区校合作工作例会，建立区校合作服务协调机制，研究双方在技术转移、创新创业和经济社会发展等方面的主要合作事项、有关措施等。贴近园区发展战略，充分发挥智囊作用，从教授专家的专业角度为园区的发展决策提供参考。二是拓展区校合作宽度。要充分发挥省会优势和名校优势，拓宽合作领域，落实合作项目，把区校合作从科技产业等专门领域转为全面的战略合作。全面加强与中南大学生物医药、检测技术，湖南大学工业设计、先进制造，湖南师大艺术创作、创意设计等驻区高校优势学科的深度对接，提高科技成果就地孵化、转化、产业化率。三是延伸区校合作深度。加强区校资源梳理和对接，发挥学校人才、资源和技术优势，为园区推荐科技产业项目，提供招商选商信息。在中南大学科技项目库中精细选择一批成长性好、技术含量高、市场前景广的项目，给予重点扶持和对口服务，争取多出成果、早出成果。鼓励园区、企业与学校科研机构以多种形式共建联合实验室、工程技术中心、成果转化中试基地等研发机构。

4. 推进虚实互补，加快倍增倍升进程。没有思想的大解放，就没有园区经济的大发展。要善于运用改革的办法、创新的精神破解发展难题，努力使自己的眼光更远一些、视野更宽一些、思考更深一些、举措更实一些。一是以虚养实，大谋略兼顾大气魄。园区要努力克服起步难的困境，深入学习研究先进园区的成功经验，掌握其精华，从中借鉴有益的东西，解决自身发展面临的困难和问题。要从体制机制上与市场经济接轨、与国际规则接轨，克服小富即安、小进则满的思想观念。要用足、用好、用活现有政策，以政治家的气度看待项目，以企业家的眼光捕捉项目，以战略家的思维谋划项目，以外交家的策略争取项目。要跳出园区看园区，大胆地拿出最好的资源、最好的项目吸引投资，运用最优惠的政策、最优质的服务留住客商，寻求共同发展。二是以实补虚，大开发助推大发展。要按照“五个凡事”的工作要求，把心思用在项目上、把办法用在落实上，集中时间、集中精力、集中资源推进项目建设。全方位构建项目跟踪、平台服务等方面的政策服务体系，形成软件服务功能和硬件设施水平有机结合的投资环境支持体系。强化责任意识，对每一个项目、每一项工作、每一次任务，做到层层细化、层层分解、层层落实，用明确的目标和数据增强项目建设主体和具体工作人员的紧迫感和压力感。充分发挥平台公司的市场化运作优势，积极参与开发建设项目的指导、协调、管理和监督工作，实行有限“自治”，提高工作效能。

◆后记

满怀激情撰园志，奋笔勤耕写春秋。历时两度寒暑，经数次推敲增删，精心锤炼,《岳麓科技产业园志》(简称《园区志》)终于完成60余万字的送审稿。《园区志》真实、系统、客观记述了长沙岳麓科技产业园从2002年至2016年的发展历程，全面展示了园区各项事业发展的骄人业绩，充分体现了园区人艰苦奋斗、励精图治的精神风貌，是园区奉献给改革开放40周年的一份厚礼。是园区政治建设、经济建设、文化建设的一大丰硕成果，是园区检验检测迈入世界的一张亮丽名片。

领导重视，上下合力。志书是官书，是百科全书。园区修志工作，起步较晚，2017年7月正式全面启动。园区党工委、管委会十分重视《园区志》编纂工作。2017年8月成立《长沙岳麓科技产业园志》编纂委员会，以园区老领导曾跃平、张永久、周浩波为顾问，党工委书记屈志峰为主任，管委会主任黄燕为副主任，园区领导班子成员和曾在园区担任过副主任级别老干部为委员。编纂委员会下设编辑部，由办公室牵头，三位改非老干部担任园区志专干并聘请四位经验丰富的资深修志老师，编务由各局室选派资料员和临聘在读大学实习生担任。

2017年9月22日，园区党工委、管委会组织召开《岳麓科技产业园志》编修工作推进大会，与会者256人，党工委书记屈志峰提出“高度重视，抢抓进度，敢于担当园区修志工作重任”的重要讲话。管委会副主任舒拉作了岳麓科技产业园志编修工作推进工作报告，就修志工作作具体部署安排。长沙市地方志办公室副主任贺国成，业务指导处处长高路和岳麓区史志档案局负责人莅临指导，发表热情洋溢的重要讲话。会后，各级领导来到《岳麓科技产业园志》编辑部，亲切与修志工作的老干部和修志老师及资料员交谈指导。屈志峰书记对编辑部的人员深情嘱托：请各位专家在志稿上妙笔生辉，为园区增添光彩。

2018年4月20日，长沙市政府督导办王飞主任，市地方志办公室副主任张列群、贺国成，业务指导处处长高路莅临园区指导修志工作。通过翻阅《园区志》初稿，长沙市志办贺国成副主任热情赋诗予以点赞："岳麓高新三改面，重视方志从未断。后来居上成效好，要素齐全值得看；专家修志压力大，兰台同仁是模范。放下包袱多保重，持之以恒应点赞；督查督办再推动，时间紧迫抓紧干；上下齐心出精品，进度质量有胜算。"市政府督查室王飞主任说："修志工作非行家教授莫属"，给予我们极大的鞭策和鼓舞。

十年磨一剑，两年出志稿，实属不易。回首修志历程，感触颇深，修志是一项庞大的系统工程，涉及方方面面，时间跨度长，资料收集整理难度大，素材甄别不容易，可谓是艰苦、辛苦加清苦。特别是聘请的四位老师，年轻的年过花甲，长者年逾古稀，思维敏捷、潜心修志、开拓创新。业务精干、笔耕不倦、无私奉献，一年半的时间里，几乎每天加班到深夜，主动放弃节假日休息时间，夜以继日赶进度。资料收集问卷清单、调查笔记 215 盒 2500 万字，资料长篇卷稿 129 万字，初稿 75 万字，送审稿近 60 万字，沉甸甸的园区志送审稿，这是勤劳和汗水的结晶，我对园区志书编辑部的全体人员，及鼎力支持配合园区修志工作的驻园企事业单位，深表由衷的敬意；对长沙市地方志办公室和岳麓区史志档案局各领导和专家多次亲临指导鞭策，表示衷心感谢。

翻阅园区志，胜读十年书，感慨万千。一本好的园区志书具有清晰的发展思路，超强的时代节奏，骄人的工作业绩，催人奋进。2002 年我们园区属望城县管辖的一个新园区、小园区，一穷二白，随着改革开放不断深入、新时代、新思想、新气象、新作为，园区茁壮成长。2008 年园区成建制划归长沙岳麓区管辖。2012 年跻身湖南省经济开发区行列。园区获批国家检验检测认证服务平台示范区、国家检验检测高技术服务业集聚区、国家智能网联汽车（长沙）测试区、省科技成果转化示范基地、省检验检测服务示范集聚区，省检验检测特色产业园以及省服务外包示范园区。作为园区人，我们为新时代讴歌，为园区发展礼赞，为园区人自豪。

由于志书体例独特，加之园区志尚属首次，时间较紧，任务较重，水平有限，错误疏漏还很多，志稿有待精炼完善，通过此次领导专家评审后，我们将进行认真修改完善，精心锤炼一部园区志书精品。

致：

长沙岳麓科技产业园志编辑部

2018 年 11 月 28 日

[illegible]

[illegible]

[illegible]

[illegible]

[illegible]

[illegible]

[illegible]编辑部

2018年11月28日